本书为国家社会科学基金项目"阳明学派'以内在证超越'之路径研究"（19BZX066）的阶段性成果

本书得到扬州大学出版基金资助

良知学的调适

王塘南与中晚明王学

程海霞 著

中国社会科学出版社

图书在版编目（CIP）数据

良知学的调适：王塘南与中晚明王学／程海霞
著. — 北京：中国社会科学出版社，2021.10
ISBN 978 - 7 - 5203 - 9019 - 4

Ⅰ.①良… Ⅱ.①程… Ⅲ.①王时槐（1522 - 1605）—
哲学思想—研究 Ⅳ.①B248.25

中国版本图书馆 CIP 数据核字（2021）第 176165 号

出 版 人	赵剑英
责任编辑	韩国茹
责任校对	张爱华
责任印制	张雪娇

出　　版	中国社会科学出版社
社　　址	北京鼓楼西大街甲 158 号
邮　　编	100720
网　　址	http://www.csspw.cn
发 行 部	010 - 84083685
门 市 部	010 - 84029450
经　　销	新华书店及其他书店

印刷装订	北京市十月印刷有限公司
版　　次	2021 年 10 月第 1 版
印　　次	2021 年 10 月第 1 次印刷

开　　本	710×1000 1/16
印　　张	25.25
插　　页	2
字　　数	412 千字
定　　价	149.00 元

凡购买中国社会科学出版社图书，如有质量问题请与本社营销中心联系调换
电话:010 - 84083683

王时槐对江右王学的拓展（代序）

张学智

江右为宋元以来学术文化发达之地，书院林立，生员众多。其中又以吉水、安福、庐陵、泰和等地为最。又阳明一生军事、政治、学术活动与江右甚有关系，其弟子就《明儒学案》所记，亦以江右为最多。其中学行皆著者，有邹守益、欧阳德、聂豹、罗洪先、刘文敏、刘邦采、黄宏纲、何廷仁、陈九川、王时槐、邓以赞、万思默、胡直、邹元标、宋仪望等数十人。其间学术宗旨颇不一致，但大体倾向笃实用功，主张良知经锻炼后方可恃任，较少就王龙溪高明卓绝一路。黄宗羲评江右王门言："姚江之学，惟江右得其传，东廓、念庵、两峰、双江其选也。再传而为塘南、思默，皆能推原阳明未尽之旨。是时越中流弊错出，挟师说以杜学者之口，而江右独能破之，阳明之道赖以不坠。盖阳明一生精神俱在江右，亦其感应之理宜也。"

王时槐（1521—1605，号塘南）的学问进境，大体分为三个阶段：第一阶段是五十岁去官归乡之前。此期师从多门，质之四方，学无定向。第二个阶段是归乡后的十余年间，此期反躬密体，为学以求心体之空寂为主。第三个阶段是六十岁之后，此期主寂感不二，视生生不已之真机为宇宙的本体，万物的法则。寂是功夫，是透显生生真机之体的手段。

第一阶段虽亦认为学无分于动静，但偏重于以心静拒外诱，保持心的虚寂本体。也就是说，相对于晚年重视心的内容方面，此时他重视的是心的形式方面。此时他对于佛教养心之法有所汲取，用功之总方向，在后天之为善去恶以保持先天本寂之心。这个阶段，聂双江之归寂、罗念庵之主静、陆光祖之佛学、钱德洪的重视后天诚意都对他有重要影响。

王时槐强调静寂之体的一个原因是欲对当时学弊进行纠正。这就是，标揭未发之中为性，以戒惧为复性之功，以防离性驰情。宋代诸儒主静之学多就收敛一路，以救情荡性凿之敝。阳明针对朱子学占统治地位以后学者着眼于见闻，夸多斗富而遗落德性之弊，倡致良知之教。不数十年而王门流弊又起，以情识冒认良知，以不作工夫为超脱。罗念庵之主静，倡收摄保聚，正所以救正王学流弊。王时槐自认为为学宗旨近于念庵，其纠正学弊之苦心也同于念庵。

王时槐中年时代虽遵循归寂以通感的用功方向，但对寂感、体用一而不二这一点强调甚多。对归寂的倚赖亦远较聂双江为轻。他有见于王门在这些问题上争讼不已，对邹守益、欧阳德等对聂双江的质疑问难着意避免，故起始就强调寂感、体用、先天后天一而不二。随着功夫的深入，随着对本体的体认的加深，对天道、性体等与本体相通的范畴内涵的理解加宏，亦由于晚年对身心把捉的放松，拘执的脱化，王时槐在坚持体用不二的基础上，渐渐转向从正面对本体的含蕴进行体认与描述。

王时槐晚年，大力提掇的是"生生真机"这一观念。此观念远承《易传》《中庸》，近承明道、阳明。生生既是宇宙之最高原理，也是宇宙间事物之真实本质。它是宇宙本体，是天地间之唯一存在，故体用范畴不足以刻画它。它不是具体存在物，故经验知识不能描述它。对它的把握只能用直觉体证。此是孔门求仁之真脉。他特别重视生生之几的本体性，特别标示它的种种形上学性质，提醒学者不仅要将它与道家的本体"无"区别开来，亦要与宋儒"诚无为，几善恶"的"几"区别开来。对形上学的充分阐发，是王时槐超出江右诸君的特出之处。江右学者的重点在功夫论上，论述也主要是围绕己之为学宗旨，在心之动静、体用、中和、已发未发上着眼，较少对天道性命本身及天道性命与良知心体的关系作发挥。王时槐以八十年磨勘有得之体验，直造形上本体，其境界与识度已迥出江右诸子之上。他对良知心体的内容、形式的阐释，亦一以他对天道性命之形上本体的理解为基础。

生生之真几这个本体又可以用心、性、命、意等概念来表示。不同的概念有不同的强调点。比如，此本体可叫作心，用本心刻画本体，是因为心最能表达本体虚而生的性质，心最能忘怀自我而达到与本体为一的境地。而达此境地即谓之学。此处之"心"是象征的、类比的说法，是天心。王塘南同时有大量关于人心的论说。据天人一本之原理，天心与人心在性质与功能上本来相通。

用心字描述本体看重的是它的虚而能生之性质，用性命二字描述本体看重的则是它的永恒不变而具有理则，及它的运行既有机缘又有必然性这一点。而性又是天与心中之理——良知的中介。性命就是宇宙本体，如指向人，性命就是天在人这一宇宙个体上的表现。天有其真常之理，此理即宇宙普遍法则；天有其默运不息之机，这个不息之机就是大化流行之过程。过程是法则的表现，法则是过程的主宰和理数。人亦有真常之理，此理即人生生之性。人亦有默运之机，此默运之机就是人在宇宙中的生命过程。天人不二，皆"性者命之性，命者性之命"。

由性命说，王时槐自然引出他的良知说。在他这里，性是天理与人的知觉意念的中介，而良知恰是这样一种存在。此乃王时槐晚年对于性命与良知关系之深造有得之见。此见是对于程朱之"性即理"与阳明之"良知是天理之昭明灵觉"二种思想的融合。此中性是形而上者，故不容言，无可致力。命是形而下者，指人的形气构成之肉体，有知觉意念等功能，同时它是性所显发之地。良知上接天理，下连人心。其内容是天理，其表现在知觉。故是先天之子，后天之母。"知属发窍"之知，指良知，良知是性之呈露，意同于王阳明所谓"良知是天地万物发窍处"，"良知是天理之昭明灵觉"。良知是性命合一体。

王时槐对本体的理解与诠释，取益于《周易》者甚多。其收敛身心，归于虚寂，而后体天地之生机之说，吸取了《周易》"潜龙勿用"的思想。而其对宇宙本体的证解，与他对《周易》乾坤两卦的性质的解释大有关系。就天道说，宇宙总体为性，此之谓乾元。它是一切具体事物的来源，故"乾知太始"。此性在流行中贞定为万事万物，故"坤作成物"。性与万物可说是一与多、理与事、体与用之关系。又援引《中庸》以入《易》。"乾知太始"之知，即良知，良知是人之性。天之明命即《中庸》所谓"天命之谓性"，良知乃天之所命，是为性体，非知识之知。"坤作成物"之作，乃七情百行之作，是性之流形。此流形乃自然而然，非造作强为。故性是体，七情是用；性是知，七情是行。人这一性命合一体是即知即行，即体即用的。仅就天道与万物，人之性与情的关系之阐发说，王时槐对《周易》的吸取是明显的，而且他是将《周易》化入其他理学经典特别是《中庸》之中来论证的。这在他的著作中随处可见。

在以上境界之观照下，王时槐对理学的重要概念皆取融释态度。不仅对程朱陆王取调和态度，即对儒门中一些重要学说，也力主和会。这种和会，立基于他对天道性命之本体之体认。所指斥者，在沉空滞有，这里主要指佛道二教及俗儒之学。而他所举之周敦颐、二程、陈献章、王阳明，皆能"出入佛老然后返归六经"，且因佛道学养之陶镕熏习，其儒学更加深厚广大。塘南之学多指向对宇宙本体的体悟、对理学各范畴的融释浑化、对各种黏滞的消溶蜕出，故强调对天道性命之觌体透彻，反对在道理见解上落脚。同时亦告诫学者，此种境界的达成，此种识度的获得，非荡涤情识，体究至山穷水尽地步不能照见。此是塘南八十年磨勘至此的心得，非可以笼侗视之。

关于对朱子、阳明的调和，塘南着眼于格物与致良知在穷理尽性以达至宇宙根本之理这一点上的一致。朱子之即物穷理，初学者所穷为物理，而知道者体认其为性理。性理者，宇宙根本之理、统一之理。阳明之致良知，所致者为此宇宙根本之理、统一之理在人心之呈现。所谓"良知者，所性之觉"，"良知者，天理之昭明灵觉"。格物致知即推致良知所知之天理于事事物物。在王时槐看来，朱子之格物与阳明之致良知，到穷理尽性之极处，二说可以归一。所谓逐外、专内之说，在此境界下只视为功夫着重点之不同。此不同不碍其根本意旨之同。但塘南对朱子、阳明二人所处之学术背景，所欲纠治的弊病，和所产生的流弊，皆有清楚的分辨，故对二人之学术贡献，皆有中肯之评价，是以心无内外、物无内外之学问境界来论说朱子阳明之学可以归一，而判定朱子阳明两家后学所产生的弊病，实起于不善学朱子阳明。从这里看，王时槐有明确的调和朱子阳明两家之学的意愿。他此种融合所据之理论，实本于他对天道性命的高迈理解，此不同于江右诸人。他对江右学派之融合朱子阳明之意，实有发展、大成之功。

王时槐晚年，以对天道性体的证悟为为学宗旨，透悟性体，此谓透性。以收敛身心，退藏于密，在细微之几上去除形气对性体的染污，恢复性体之粹，此为研几。透性是对本体的体证，具体的修养功夫在研几。研几语本《易·系辞》："夫易，圣人之所以极深而研几也。"几者，事物将形未形之微细状态。塘南所谓几，所谓研几，都与传统解释不同。他把几看作生几，而所谓生几，是性体之生意之呈露，此几唯是善，不过极端微细而已。而因几是动而未形，有无之间，故气机亦萌动，与生几若即若离。此时之研几，即保存此微细之善而养至广大坚固之势。此即"入于极深"。而保存此微细之善，就在于使它绵绵若存，退藏于密。如陈白沙之静中养出端倪，几即端倪。唯此几为善，为性之呈露，为一切善的行为的根据，故发用不穷。而它本身因极微细，或缄藏渊深。此处之研字，细审而保藏之意多，研究而识知之意少。研几实为知行合一。故他提醒人注意，研几绝非念头生起而后辨别善恶。念头上辨善恶是粗几，是显著之有，非动而未形，有无之间者。研几重在保存本有之善端，念头上辨别则重在区分善恶，二者确有隐显、轻重之不同。

王时槐晚年学说之重点在将生生不已之性体收归于淡泊恬退之心体，将对本体之透悟落实于慎独、研几之实修，将归寂、主静之旨作为其生生密几显现之条件。先天后天、本体功夫打并为一，既克服了聂双江割裂先天与后天、已发与未发、动与静、体与用的倾向，又克服了钱德洪在后天意念上用功，不能直接上通本体因而落于第二义的缺点。同时因为重视研几、慎独之实修，从而避免了王龙溪顺任先天本体，疏落后天功夫的偏向。他的慎独学说对刘宗周也有一定影响。另外塘南之学由于形上之识度特精，概念之间的分析与融摄有较高的程度，因而整个理论在论证、体悟的深度和含摄面的广度方面都超过了江右余子，可谓能光大王学的人物。

目　录

绪　论

王时槐（1522—1605），字子植，号塘南，吉安安福人。师从江右王门的刘两峰，为阳明的二传弟子。在阳明后学风起云涌的中晚明，阳明弟子可谓众多，择取其二传弟子王塘南作个案研究，并以此为基点对阳明后学进行梳理，必定有其缘由。这是首先须阐明的问题。其次，目前塘南思想研究大致可以分为派系研究、个案研究与专题研究三个向度，各自得失亦须检讨。在此基础上，本书研究的宏观思路得以确立。最后，通过对当下阳明后学研究中体用观的分析与反思，笔者提出了基于体用观层面的研究进路与主要框架，而塘南思想本身的深度与广度恰可由以呈现。

一　缘起

在明代学术思想史上，阳明无疑是最有影响的哲学家。哲学是一种体系化的思维，而阳明思想并不是一个封闭的体系。其之所以能进一步展开，并最终推动明代声势浩大的阳明学运动的形成，正是基于其本身具有开放性[①]。此种开放性在阳明弟子，包括一传弟子与二传弟子，尤其是一传弟子那里得到了充分的揭示。

比起阳明与其一传弟子的光环而言，阳明学二传弟子的影响还未能被真正揭示。他们站在阳明学兴起的风口浪尖，凭借自身对阳明学的把握与理解，作出自己在当时的较为理性的推动作用。一方面，他们属于阳明后学，

---

① 此种"开放性"当有其内在的义理根由。

其对阳明思想的把握主要来自阳明自身的文本以及阳明一代弟子之间的论辩。比起亲承师泽的一传弟子，他们对于阳明的体系可能并不熟识，但是正因如此，他们也没有了维护师门的固执。另一方面，他们又亲历时弊如何在阳明学的各种展开中寻找到依据。因此，他们自身就是处在阳明学与其流弊所造成的张力之间。此时，他们所做的不是无视社会流弊、单向度地维护师门；亦不是因病发药、随处立言，而无视儒学传统与理论体系的连贯性。

如果说阳明一传弟子的论辩是阳明学兴起的特色的话，那么此种论辩实际上在二传弟子之间表现得并不明显。二传弟子更多是依据自身的实践与当时的社会现实而提出自己的思想。他们所面对的主要不是对于阳明学真谛的理解，而是在坚持阳明学方向的同时如何纠正其流弊的问题。这不是一个"人病"与"法病"的问题。当然，若从对阳明学持高度欣赏的角度来看，阳明学并无"法病"，其流弊是"人病"。此似乎未为不可。但是值得注意的是，既言"人病"，当以个体性为前提；既言"流弊"，又当超出个体性，而具有群体性之特征，而此群体性实与"法"相关。也就是说，人病之流弊，必包含法病之因子。此为良知学调适之根由。

在此前景①之下，对于阳明二传弟子的研究亟待展开，此既是对阳明学本身的发展作出回顾并加以检讨的必要环节，又是对包括朱子学阳明学在内的明代儒学内部互动的一种细致考察。更为相关的是，在明代三教合流的背景之下，阳明二代传人所具有的立场，无疑亦反映了此种合流的高潮与转向。

在阳明学本身的研究日趋成熟、而阳明一代主要传人基本得到研究的基础之上，要把握阳明后学的整体走向，必然要对阳明的二代传人进行个案研究。而且，阳明学特别是其一代传人思想研究的深入，实际上还有待于对二代传人的思想进行把握。毕竟对于阳明学的进一步反思，以及对于整个儒学史的认识，在二代传人的思想中有更为多样的体现。但是，目前立足于阳明二代传人的个案研究还未正式起步。而此种个案研究的迫切性并不意味着关于阳明一代传人的研究已经完美无缺。实际上随着阳明后学个案研究的逐个完成，关于阳明后学的整体研究与专题研究才能更进一步得以检讨和阐发。

---

① 笔者对"前景"一词的使用主要是与"背景"相对而言。对于本书而言，"前景"代表笔者的立论前提，而"背景"代表研究对象即塘南所处的客观环境。至于笔者自身的"背景"，此非本书察考之范围；至于研究对象自身之"前景"即塘南立论的主观前提，此正是本书察考塘南哲学思想、在得出结论之过程中所须加以揭示的。

选择阳明二代传人作为研究对象应该说是当下阳明学研究的趋势，但是在众多二代传人中何以选择王塘南，却是由塘南个人的为学经历及其特色所决定的。关于塘南的为学经历及其具体特征，笔者将在下一章作一整体的介绍。而这些经历在塘南思想中可能构成的影响，则会在具体的思想中加以论述。总体来看，塘南师从刘两峰，又获侍邹东廓；曾驻足于慈湖的不起意之学，又为刘师泉所指点；曾受教于刘三五，又曾请益于龙溪、绪山；与罗念庵有学术交流，对于聂豹评价甚高。也就是说，塘南与阳明一代门人的接触非常广泛。同时，塘南属于阳明学的重镇——江右王门的一员。实际上，江右王门在《明儒学案》中得以精彩的呈现，与塘南对江右之学的强调以及塘南本人所编撰的《吉安府志·人物篇》不可谓无关。塘南与阳明二代及其以后的传人之间的交往更是频繁。《明儒学案》中所提及的胡直、李见罗，塘南曾与之共讲会；刘泸潇、罗匡湖，塘南曾与之共撰述。[①] 塘南晚年甚至与浙中的王畿所共论学，同讲会。邹南皋于塘南著作有三序，陈蒙山更是塘南一生道友。不仅如此，塘南与罗近溪有过密切的交往，对近溪的评价不可谓不独道。许孚远、唐鹤徵与塘南有过重要论学，钱启新更以弟子相称。由上所列人物来看，塘南不仅与江右王门、浙中王门、南中王门、泰州学派有交往，同时与甘泉学派、东林学派亦有往来。实际上，身处江右，塘南对周濂溪、朱子、陆象山、罗整庵等思想家的思想亦极为熟识。

正是因为塘南思想广泛的涵摄面，后人对于塘南的评价也有所不同，甚而截然相反。此亦是塘南思想的一大特色。黄宗羲将之视为阳明学"赖以不坠"[②] 的江右王门的代表之一；高攀龙认为，"今虽云阳明之宗，实则象山之派，塘南可谓洞澈心境者矣"[③]；胡煦认为"阳明之传，唯王时槐最得圣道之精"[④]；此后，又有人认为塘南之学"不尽主姚江"[⑤]。另外还有观点认为，

---

① 《吉安府志》即是他们共同撰修而成。

② 黄宗羲：《明儒学案》（上），中华书局1985年版，第333页。

③ 高攀龙：《高子遗书》卷八《观〈白鹭洲问答〉致泾阳》，《四库全书》（集部），第1292册，第473页。联系上下文来看，高攀龙对塘南的评价先扬后抑。但是此条材料本身反映了塘南之学与象山之学的关联性，实亦不谬。

④ 胡煦：《周易函书别集》卷十三《籥灯约旨》，《四库全书》（经部），第48册，第1032页。胡煦实就塘南对性善的理解而言。

⑤ 《〈孟子师说〉提要》，黄宗羲：《孟子师说》篇首，《四库全书》（经部），第208册，第831页。

在江右遍地皆是阳明弟子的时代，"奋然起而攻阳明之徒者，罗整庵始之，王塘南继之"①。袁中道认为："阳明之学，传之淮南而后，近惟塘南先生悟圆而形方，实为嫡派。"② 由此可见，在晚明清初，学界对于塘南的评价截然不同。此种评价虽各有立场，却折射出了塘南思想中所涵摄的众多关系，包括与阳明本人、与江右王门、与泰州学派，乃至于与象山学、朱子学之关系。另外，在与江右王门的关系中，亦牵涉其与浙中王门的关系。

以上仅就儒学内部而言。塘南本人亦有学佛的经历。他和佛学名士陆五台的交往是他涉及、解读佛学的一个明证。而陆氏对塘南有着从仕途到学术的深刻影响。不仅如此，塘南因佛学而产生的对于生死关切问题的思考一直存在，并最终在儒家内部得到化解。因此，他以儒通佛、以佛讲儒的开放立场与深刻的儒家认同意识并存。③ 另外，塘南对于道教虽未有明显涉足，但其具有较为深厚的老庄情结。同时，其对包括道家在内的三教关系的认识，是明代思想家三教融合思想的丰富佐证。另一个值得注意的现象是静坐，塘南虽从未给予静坐很高的评价，静坐却是其一生所坚持并受用的修养方式。

塘南一生为学的特色不仅表现于其思想可能具有的广度上，同时，塘南亦是极具疑问精神的思想家。他对自己的为学历程所用的语词表达不外乎"辗转疑悟"，"不知其几"，"苦心殚力"④。他在 81 岁时与其一生道友陈蒙山论及自己的为学历程时，有言曰："弟⑤平日疑处极多，盖如迷路之人，但见一歧一径可以措足，即往趋之，及行到有碍处，乃又别趋一路，是以屡生疑，屡换手。"⑥ 实际上，塘南此种"屡试屡疑"的经历体现了其

① 计东：《送蔡先生还先江序》，载于谢旻等监修《江西通志》卷一百三十九，《四库全书》（史部），第 518 册，第 111 页。

② 袁中道：《珂雪斋前集》卷十《郧水素言序》，《续修四库全书》（集部），第 1375 册，第 580—581 页。

③ 黄宗羲言："先生尝究心禅学，故于弥近理而乱真之处，剖判得出。"［《明儒学案》（上），中华书局 1985 年版，第 468 页。］

④ 塘南言："……学问一事，生切己研修，辗转疑悟，不知其几，诚苦心殚力数十年，迄今乃仅有一斑之见，非漫然道听途说者比。"引自《友庆堂合稿》卷一《答邓元中》己卯（1579），清华大学图书馆藏清光绪三十三年重刻本。

⑤ 《宪世编》载为"某"。唐鹤徵：《宪世编》卷六《塘南王先生》，《四库全书存目丛书》（子部），第 12 册，第 838 页。

⑥ 《友庆堂合稿》卷二《答陈蒙山年丈》壬寅（1602）。

为学之体悟中创造、创造中体悟的特色。在提及自己不断疑悟的原因时，塘南言："友朋中常谓弟不当如是，然弟正欲寻康庄大路而不得，是以不得不出于此。此殊可悯，非得已也。"① 塘南五十归田，他仅用三年的时间即"若有见于空寂之体"。然而在其随后的三十年时光中，这样的体悟又存在着几次较为明显的转换。他在 69 岁时所撰的《塘南居士自撰墓志铭》② 中，在言及自己悟得空寂之体之后，又言："又十年，渐悟于生几微密，不涉有无之宗，以为孔门求仁之旨诚在于此。"③ 如果说此种体悟反映了塘南对于生几说的推崇的话，那么此种推崇亦为黄宗羲所肯认。④ 然而塘南思想中的体悟式创造并未因此而结束。在 80 岁时，塘南在《答徐鲁源》一书中提及自身于"亥岁（1599，78 岁）抱病"，"复遭弱子夭折之痛"，"病益滋甚"，卧床两年。病中不念世缘，并对自己以前的为学进行反思。其言曰："……因自觉旧时虽锐意为学，未免在精魄激作处承当，于道尚远，自此息机澄虑，一切休歇，始觉稍有契悟。"⑤ 在稍后所撰的《恭忆先训自考录》中，认为自己五十三有悟寂体，十年之后，"复自觉体用未融"，从而强调寂运不二，并对生几说进行反思，"惟著空著相，堕落二边，后学通患，乃不得已，姑提生机二字，与及门之士共商之，且以请正于四方有道者"⑥。此实际上说明继研几之后，塘南还提出了新的学说。在 81 岁时，塘南对自己此前两年病中的"契悟"又提出反思，认为此"未免在形气上收摄"，并勇于承认自己为学"屡生疑，屡换手"的求道特色。如此来看，在其致仕之后三十多年的为学经历中，塘南的思想不断进行着"创造性转换"。实际上，塘南思想中的每一次"生疑"与"换手"皆与其对有所疑有所悟的自思自得相关。正基于此，塘南思想本身具有的创造性亦是同时代的其他思想家所无法比拟的。

因此，可以说，在阳明的二传弟子中，称塘南是一个思想涵摄面广而

① 《友庆堂合稿》卷二《答陈蒙山年丈》壬寅（1602）。

② 以下简称《自撰墓志铭》。

③ 《友庆堂存稿》卷五《自撰墓志铭》，湖北省图书馆藏明万历十三年刊本。

④ 黄宗羲以"透性为宗，研几为要"为塘南论学宗旨。参见氏著《明儒学案》（上），中华书局 1985 年版，第 468 页。

⑤ 《友庆堂合稿》卷二《答徐鲁源》辛丑（1601）。

⑥ 《恭忆先训自考录》，《王塘南先生自考录》，江西省图书馆藏民国初年重刻本。

又富有理论创新的思想家，可谓实至名归。笔者对其哲学思想进行研究，正缘于此。

二 现状中的研究向度及其检讨

到目前为止，学术界对塘南哲学思想的涉及，从嵇文甫的《晚明思想史》（1943）到蔡仁厚的《王学流衍——江右王门思想研究》（2006），其间60年里，先后有：钱穆《宋明理学概述》（1952）、牟宗三《心体与性体》（1968）、冈田武彦《王阳明与明末儒学》（1971）、唐君毅《中国哲学原论》（原教篇）（1975）、钱穆《宋明理学总评骘》（1977）[①]、牟宗三《从陆象山到刘蕺山》（1979）、侯外庐等主编《宋明理学史》（1984）、张学智《王时槐的透性研几说》[②]、吴宣德《江右王学与明中后期江西教育发展》（1996）、张学智《明代哲学史》（2000）、蔡仁厚《江右王门何、黄二先生学行述略》（2000）[③]、吴震《王时槐论》（2001）[④]、钱明《阳明学的形成与发展》（2002）、戢斗勇《王时槐哲学本体论辨正》（2003）[⑤]。仅用如此的篇幅就能穷尽研究现状，由此可知，对于塘南思想的研究，不可谓之多，但无论是钱穆、牟宗三还是冈田武彦、唐君毅，无论是侯外庐、张学智还是吴震、钱明，他们对塘南的思想皆有所重视。此无疑形成了塘南思想研究中"量少质重"的吊诡。上述对塘南思想的研究虽历时较长，但各有特色。在此，笔者对于现状的查考，主要从上述研究成果所呈现出的派系研究、个案研究与专题研究三种向度契入，兼以历时性向度。

1. 派系研究

此是一种基于派系基础上的塘南思想研究，从思维的向度而言，是先

---

① 此乃论文，载于钱穆《中国学术思想史论丛》卷七，安徽教育出版社2004年版。

② 此乃论文，载于《中国哲学史》1997年第3期。

③ 此乃论文，载于郑晓江主编《江右思想家研究》，中国社会科学出版社2003年版，第242—253页。

④ 参见吴震《聂豹 罗洪先评传》，南京大学出版社2001年版，第256—295页。

⑤ 此乃论文，载于郑晓江主编《江右思想家研究》，中国社会科学出版社2003年版，第279—294页。

有派系，后有塘南思想的论证。此种先有派系后有塘南思想论证的研究模式大体可以分为三个层次。

第一层次是将塘南归于宋明儒学的某一派系来研究。主要以牟宗三先生为代表。牟先生在《心体与性体》中对宋明儒学进行了五峰蕺山系、象山阳明系、伊川朱子系三系的划分①，其认为第一、二系是纵贯系统，"心性之学"为"道德哲学"而涵一"道德形上学"，此为宋明儒之大宗，亦合先秦儒家之古义；第三系是横摄系统，为旁枝，是主智主义的道德形上学，是外在的、观解的形上学。正是在此基础上，牟先生又认为第一、三两系虽然皆以"道体性命为首出"，但是仍可以根据"即存有即活动"与"只存有不活动"进行区分，并指出第一、二系的归路为心性为一，而第三系的归路则是心性不能为一。在此三系两归的思路中，牟先生认为："阳明弟子多矣，望风而从之学者亦多矣。然能稍真切于师门之说而紧守不渝者亦唯钱绪山、王龙溪、邹东廓、欧阳南野、陈明水五人而已。"② 对于双江、念庵，牟先生认为，其是在良知的范围内而误解良知。③ 对于两峰、师泉、塘南，牟先生则指出："依两峰、师泉、塘南之趋势而可归于刘蕺山（指师泉）或较近于朱子（指塘南）而言，则良知教必不能自足。"④ 具体而言，牟先生认为，塘南不仅视性命为首出，而且心性不能为一，因而近于朱子。牟先生由此再次提出："故江右王门自双江、念庵起以至两峰、师泉与王塘南止，只示其由不解王学而横生枝节与曲折，而渐离乎王学。"⑤ 此是牟先生对于塘南的派别划分。基于这样的立场，在塘南的具体思想分析中，牟先生依据《明儒学案·塘南学案》的相关材料，时时以朱子与阳明之区别对之进行裁判，最终指出，塘南思想是误解良知而复摭拾良知，扭曲而成。在此基础上，牟先生又指出："全部《江右学案》其中除东廓、南野、明水外，皆如龚定庵《病梅馆记》所

---

① 牟宗三：《心体与性体》（上），上海古籍出版社1999年版，第42页。

② 牟宗三：《从陆象山到刘蕺山》，上海古籍出版社2001年版，第282页。

③ 牟先生言："王学之归于非王学自双江、念庵之误解始。双江、念庵犹在良知内纠缠也。自两峰、师泉以至于王塘南则归于以道体性命为首出，以之范域良知，由此，遂显向刘蕺山'以心著性，归显于密'之路而趋之趋势。"（牟宗三：《从陆象山到刘蕺山》，上海古籍出版社2001年版，第283页。）

④ 牟宗三：《从陆象山到刘蕺山》，上海古籍出版社2001年版，第291页。

⑤ 牟宗三：《从陆象山到刘蕺山》，上海古籍出版社2001年版，第299页。

说对于梅施以扭曲以求美，而实病梅而不美，焉得谓为'得王学之传'乎？"①

牟先生对于宋明儒学的派系划分及其义理的精彩，不是本作察考的范围。仅就对塘南的思想解析而言，牟先生处处用其对朱子与阳明的划分模式来剪裁，在显示出其对于自身哲学义理体系建构之自信的同时，难脱"判教"之嫌。牟先生之弟子林月惠视其师对阳明后学的把握是"判教"的进路②，认为"在牟先生宋明理学三重义理形态的衡定下，聂双江与罗念庵皆无义理上的定位，即使刘两峰、刘师泉、王塘南等人的思想，也都是'归显于密'的过渡"，"如是，千岩竞秀的王门诸子思想，只具有王学历史发展过程中的'过渡'价值，鲜见其思想义理上的独立意义"③，可谓鞭辟入里。

第二层次是将塘南归于阳明后学的某一派系来研究。对塘南思想进行阳明后学的派系划分，黄宗羲在《明儒学案》中将之归为江右学案实是创始。黄宗羲虽似以地域来划分派别，他本人亦较为强调浙中王门与江右王门的区分，较为强调王门后学中两个有所对立的派系，④ 派系划分实基于某一宗旨而形成。阳明一传弟子为学的划分最早见于龙溪对"良知异见"的评定。《明儒学案》通过提揭宗旨对此划分进一步强化，并突出江右王门，以与浙中王门相抗衡。在宗旨与地域的关系上，尽管后来研究阳明后学的绝大部分思想家对于黄氏的地域划分持有议异⑤，毕竟仅依地域划分、师门传承，而没有宗旨参与的话，泰州学案不当在王门之外，罗近溪亦不

---

① 牟宗三：《从陆象山到刘蕺山》，上海古籍出版社 2001 年版，第 313 页。

② 彭国翔在《良知学的展开——王龙溪与中晚明的阳明学》一文中首先提及。参见彭氏《良知学的展开》，生活·读书·新知三联书店 2005 年版，第 340 页。

③ 林月惠：《良知学的转折——聂双江与罗念庵思想之研究》，台湾大学出版中心 2005 年版，第 24 页。

④ 黄氏言："姚江之学，惟江右得其传，……是时，越中流弊错出，挟师门以杜学者之口，而江右独能破之，阳明之道赖以不坠。"（黄宗羲：《明儒学案》，中华书局 1985 年版，第 333 页。）

⑤ 从嵇文甫开始历牟宗三、陈来等。可贵的是后来者更为清晰地指出此种划分所存在的问题。嵇氏认为，《明儒学案》是以地域分配，而各家主张有不能以地域为限者。参见嵇文甫《晚明思想史论》，东方出版社 1996 年版，第 16 页。《明儒学案》中的江右与浙中是不是地域分派，此仍是一个值得讨论的问题。即便是地域分派，其作为一个哲学思想史的著作，此种划分的意义亦为一些学者所赏识。林月惠对此就作过积极的评价。参见林月惠《良知学的转折——聂双江与罗念庵思想之研究》，台湾大学出版中心 2005 年版，第 26—27 页。

当在江右学案之外，因此呈现黄氏进行派别划分的宗旨依据更为关键。

在黄宗羲视塘南为江右王门之后，嵇文甫、冈田武彦又对塘南的派别归属进行了分析。

嵇文甫将阳明后学划为左、右以及谨守师门三派。谨守师门派主要是东廓、绪山诸子。左派主要是龙溪、心斋，流而为狂禅。右派主要是双江、念庵，共为各种王学修正派的先驱。此书认为："大概浙中之学近左方，江右之学近右方。"① 由此，塘南被放在王门右派中介绍。在具体观点上，嵇氏从《明儒学案》的相关材料出发，认为塘南思想精于辨析，且对王学流弊的批评具有影响，对良知的理解独道，折中于江右与浙中等，这些见解非常精道，可以说嵇书对于塘南思想的介绍有开创之功。但是讲解较为简略，缺乏义理的分析，此与塘南以思辨见长的学术特征并不相应。

冈田武彦将阳明后学分为现成、归寂、修证三派。现成派即是以二王为中心的左派，提倡良知现成。归寂派即是以聂罗为中心的右派，提倡良知归寂。② 修证派即是以邹东廓、欧阳南野为中心的正统派，提倡良知修证说，③ "致力于矫正现成派的流荡与归寂派的偏静"④。冈田武彦将塘南的思想放于归寂派中加以介绍。吴震先生在其《王时槐论》一文中对阳明后学的派别划分以及对王塘南的派别归属实际上与冈田武彦的提法一脉相承。冈田氏认为，在归寂派系统中，刘两峰晚年信奉归寂说，"归寂派到了念庵门人万思默与两峰的门人王塘南时，又开了新局面"⑤。吴震先生亦指出，塘南被认为是阳明后学展开过程中所存在的以聂罗为代表的"主静主义"潮流的一分子。即便如此，冈田氏对于塘南思想的介绍仍有其自身的特色。冈田氏依据《明儒学案》与《王塘南先生自考录》，提出了塘南

---

① 嵇文甫：《晚明思想史论》，东方出版社1996年版，第32页。
② 冈田氏认为，归寂派开始偏于静。此派远离王学富有生命力的流动的心学，而倾向于静肃为宗的宋代性学。参见［日］冈田武彦《王阳明与明末儒学》，吴光、钱明、屠承先译，上海古籍出版社2000年版，第226页。冈田氏言："归寂派甚至把王学与宋学看作是一脉相通的。所以在他们心目中，宋学和王学的纠葛似乎并不存在。"参见［日］冈田武彦《王阳明与明末儒学》，吴光、钱明、屠承先译，上海古籍出版社2000年版，第129页。
③ 值得注意的是，冈田氏以"修证"为"正统"，与嵇氏明显不同。
④ ［日］冈田武彦：《王阳明与明末儒学》，吴光、钱明、屠承先译，上海古籍出版社2000年版，第105页。
⑤ ［日］冈田武彦：《王阳明与明末儒学》，吴光、钱明、屠承先译，上海古籍出版社2000年版，第227页。

思想中以虚寂为性、以生几救时弊以及重视体用区分等思想，颇有创见。[①]就派别划分而言，与嵇氏相比，其共同性在于都有左、右派的划分，代表人物亦相同。塘南皆是被放于右派中加以介绍。而有所不同的是，嵇氏将右派视为修正派，以别于遵守师门一派。而冈田氏言及的修证派则是正统派，亦即嵇氏所言的遵守师门一派。因此，在提法上有所不同。此实际上亦反映了嵇氏与冈田氏所持立场的区别。嵇氏承袭黄宗羲的立场，立足于师门，强调右派对左派的修正。而冈田氏立足于时代的潮流，认为"明末思想界，唯独现成派的思想显得最为兴盛"[②]。正基于此，王门左派为良知观上的合理派，而作为谨守师门的正统派，反成良知观上的修证派。因此，嵇氏与冈田氏所言之修证派，前者相对于师门而言，后者相对于良知观之潮流而言，两者实有较大区别。若于此不察，对阳明后学的派系划分则易为纷扰。具体到对塘南的研究而言，冈田氏对塘南的归宗，有可能存在的问题即为，在聂罗归寂的思想笼罩下来察考塘南的思想。因此，在论及塘南以虚寂为性的思想时，冈田氏特别强调塘南从静功入门，并试图阐明其原因。由此来看，将塘南划为归寂派的最大理由即在于将体寂与功夫上的静坐相联系，从而视静坐为归寂之工夫。尽管塘南强调性体虚寂，而且静坐功夫伴随塘南一生，但是塘南对本体内涵的把握，实有所变化。若以寂为体、以归寂为工夫来理解塘南思想，难免失之粗略，同时亦未能正视塘南自身的思想特色。

除此而外，钱明先生亦曾对阳明后学进行派系划分，将塘南划为主敬派，而与双江的主静相区别。但所持论据并不充分，在此不作具体论述。

第三层次是将塘南归于阳明后学中江右王门的某一派系来研究。持此观点的主要有吴宣德，其在《江右王学与明中后期江西教育发展》（1996）一书中，提及江右王门的派别划分，主要分为六个派别。一是主敬与独知派，以邹、欧阳为代表。二是归寂与主静派，以聂、罗为代表。三是研几派，转移于前两派之间，以王时槐为代表。四是觉性派，以胡直为代表。五是止修派，以李材为代表。六是主宰流行派，以刘邦采为代表。此种派别划分虽然只占其中的一章，但是单独就江右王门进行派别划分可谓独辟蹊径。尽管在

---

① 冈田氏所用《王塘南先生自考录》这一材料，是同时代的大陆研究者所不具备的。

② ［日］冈田武彦：《王阳明与明末儒学》，吴光、钱明、屠承先译，上海古籍出版社2000年版，第105页。

江西教育发展这样的专题之下，对江右王学进行分派的思路亦属理所当然，但是就阳明后学的研究来看，此种重视江右王门内部的派别划分，颇具特色。不过，仅从"研几"的角度并不能完整地把握塘南的整体思想。

与此种研究思路相近的还有蔡仁厚先生的《王学流衍——江右王门思想研究》一书。蔡先生将阳明后学的江右学派分为"三支一脉"。一支以聂双江、罗念庵为代表，为私淑而滋生疑误者；一支是以邹东廓、欧阳南野、陈明水为代表，为阳明之亲炙嫡传者；一支以刘两峰、刘师泉、王塘南为代表，为渐离心宗而别走蹊径者。一脉指罗近溪。蔡先生认为："他是泰州派下真能成正果者，代表王学的圆熟之境。"① 蔡仁厚先生独辟江右王门，进行开创性的研究，深有创见。此亦是阳明后学研究中所呈现的一种必然趋势。

蔡仁厚先生关于阳明后学"三支一脉"的分派实际上有两种标准。一是精熟于王学的标准，一是宋明儒的划分标准。此两重标准合在一起则成牟宗三宋明儒划分标准之翻版。仅从塘南的派别归属与研究来看，蔡先生所坚持的标准实际上与牟先生如出一辙，不必多言。但是蔡先生此处所提及的精熟于王学的标准还是值得思考的。就此标准来看，不仅两峰、师泉、塘南是游离的，即便双江、念庵亦不能算在王门之列。蔡先生认为，在"聂、罗私淑阳明、属江右王门"的前提下，"以阳明所讲为标准，来衡量聂罗二家之讲论，这是理所当然之事。若有人为聂罗抱不平，则聂罗可以退出王门，以独立学人之身份成一家言。但其涉及王学各点，则仍然不能脱开王学之尺度。这是学术之公，必须尊重"。② 依蔡先生看来，对王门后学的研究思路就是要以阳明的思想为标准来评价其学术意义与义理地位，如此来看，阳明思想就是一至高无上的权威，聂罗只有接受这一权威的审判，承当"空劳扰攘"的罪名，否则就将被踢出王门。与此种理解相吊诡的历史事实是，双江在阳明生前并未称为门人，而念庵亦终身只承认自己私淑，倒是阳明门下的著名弟子绪山、龙溪不断劝导聂、罗以阳明为师。实际上任何一种以权威自居的思想最终必因其封闭性而走向权威的化解，而阳明弟子所具有的开放心态则是阳明学能够掀起中晚明思想运动的不可忽视的因素。如此来看，在对包括塘南在内的阳明后学进行研究时，

---

① 以江右王门为一独立领域，立足于阳明思想的开放立场，分疏出其中的差异，必嘉惠学界。
② 蔡仁厚：《王学流衍——江右王门思想研究》，人民出版社2006年版，第63页。

是否切合、精熟阳明本人的思想，可以作一思考的视角，但相对于衡定阳明后学的义理地位而言，其既不唯一，也不主要。

在言及师泉、两峰、塘南在思想史上的意义时，蔡先生言："在王学'花烂映发'之时，江右王门渐渐形成一股'主静'的倾向。"蔡先生认为，此是周濂溪的思路，并引以延平的静坐，强调其为"助缘"。[1] 此种主静当然是就前人"归寂""主静主义"的意义上而言的。[2]

2. 专题研究

关于塘南思想的专题研究，主要有以下两个角度。

一是就"意"的角度所进行的研究，主要以唐君毅和钱明两位先生为代表。

唐君毅先生在《中国哲学原论》（原教篇）中并未对塘南的思想作派别的归属，而是从意的角度对于塘南与蕺山思想进行关联。他认为阳明思想中之"意"有好善恶恶与有善有恶两种含义，阳明本人并没有进行分析，而在刘蕺山之前，王一庵、王塘南等人对此有所涉及。依据《明儒学案》，唐先生认为，塘南意的含义是良知之默运，并认为此默运是言心性之学断不可少的。此是唐先生对王塘南之"意"的肯定，同时，唐先生将之放于阳明后学中进行定位，特别是其对阳明后学进行融通的理解，有很大的合理性。不仅如此，唐先生还认为塘南将性、知觉、意、念作上下四层以观，而工夫则在由知之默运的意中悟性，仍是刘师泉"于流行识主宰"之路数。在意与念的关系上，此书认为塘南不如蕺山斩得分明。唐先生强调意与性体之关联，可以说看到了塘南思想性体念用的层面。

在唐先生关于意的理解的基础之上，钱明先生在《阳明学的形成与发展》一书中，亦在意的专题下理解塘南的思想。钱先生所依据的材料为《友庆堂合稿》与《王塘南先生自考录》。钱先生认为，从阳明到念台，主"意"有一个转变的过程，并分析了阳明一传弟子对于意的理解。同时，较为新颖地指出，塘南对"意"的认识有一个过程。此书在意根与真几之间进行区分，认为生生不息是意根，是独，而真几只能是"非有非无"。

---

[1]　参见蔡仁厚《王学流衍——江右王门思想研究》，人民出版社 2006 年版，第 84—87 页。

[2]　冈田武彦、吴震皆有言及。

同时认为，意与知，是比性低一个层次的概念。此书还认为塘南有时亦将意用作念，进而认为其在概念使用上的含混性，是刘念台与黄宗羲未提及其主意思想的原因。与唐君毅对于塘南意的专题的涉及相比，钱先生的理解更为细致。但是钱先生将塘南归为阳明后学中的主敬派，派别归属与专题研究本身的关联性未能充分考量。

二是从"良知论"与"格致论"的角度进行研究，主要以吴宣德为代表。

吴氏在《江右王学与明中后期江西教育发展》（1996）一书中，在"良知论""格致论"的主题下，探讨了塘南的思想。就良知论而言，此书认为，与江右先辈相比，塘南良知说的特色在于，一是就发窍而论，二是就先天与后天相互交换的中介环节而论。就格致论而言，此书认为，塘南的格致论糅合了阳明、朱子、罗洪先以及江右其他学者的多种格致论，主要体现为"研几"说。其从体用角度对于几所作的理解颇具特色。此书将研几功夫定位为"江右王门中的一个比较有个性的格致工夫论"。此种视域的特色在于较为注重江右思想家之间的观念比较，但具体到思想家个人，则体系性不强。

3. 个案研究

个案研究在此处主要是指在未明显预设派系归属的情形之下，对塘南思想所作的整体性研究，既包括属于理学史研究范围内的个案研究，亦包括独立的个案研究。具有代表性的研究主要有以下四种。

一是钱穆的《宋明理学概述》（1952）、《宋明理学总评骘》（1977）。钱先生在"王门诸流"一章中介绍了王时槐的思想[①]，主要的思路是视塘南为"承通陆王"而"融会程朱"，对于塘南思想中知、意、念、性、命的区分进行了充分的肯定，并对其心性关系进行贯通理解，开创性地提及塘南思想中言性的"不朽论"。此书认为陆王讲心学皆少言性，而塘南从性体上透悟，因此补充了陆王许多未说到的话。钱先生认为，塘南思想在程朱与陆王之间进行调和，从而避免两者之流弊。毋庸置疑，钱先生在分

---

① 参见钱穆《宋明理学概述》，兰台出版社 2001 年版，第 320—330 页。

析塘南思想时所持有的是程朱陆王二系"调和说"的立场①，但此种立场或是钱先生分析问题时所具有的前见，或是其思维展开的向度，因而不具有明显的派系预设性，所以在此仍算是个案研究。

二是侯外庐等主编的《宋明理学史》（1984）。②此书主要是按《明儒学案》之体例对于王门后学进行介绍。此书认为"从其学术思想的内容来看，主要仍集中在修养论方面"，因而从工夫论着手来探讨塘南思想。此书认为塘南所言工夫是从探究本源着手，通过涵养工夫，达到本心良知自然呈露。此书认为塘南以"透性研几"说而提出"慎独"工夫，而"透性"提出的原因在于对"归寂派"的批评。"透性"为"研几"的前提。"几""知""意""念""识"是对"本心真面目"不同方面的描述。在慎独方面，此书认为以"慎独"为收敛的修养方法与以静坐枯寂为收敛的修养方法大相径庭，这一观点后来为刘宗周所继承。另外，此书认为塘南思想中论证缜密、独树一帜，与其对佛学思想的吸收密切相关。具体来说，一是对佛语如"中道""不二"的直接借用；二是辨析方法上，如对几、意、知的论证，均受佛教中道观的影响。不仅如此，此书还独道地指出王时槐的研几说背后，隐藏着经世、践履的精神，后来刘宗周、李颙等人将其发扬光大。但是由于时代的限制，此书以气一元论的唯物主义来定性塘南。后来，任大援撰《晚明学者王时槐思想初探》（1987）一文，大体不离此思路。此后，戢斗勇在《王时槐哲学本体论辨正》（2003）一文中，即对此气一元论提出反驳，认为塘南的哲学本体论是性本论，是在程朱理本论与陆王心本论之间所作的调和。从纠偏来看，

---

① 钱穆在《宋明理学总评骘》一文中尝提及其关于宋明儒学不同于牟宗三的四点理解。一是与牟先生以宋明儒上承先秦儒的观点不同，钱先生强调两者之别。二是与牟先生强调陆王为正统，程朱为歧出的观点不同，钱先生认为由濂溪明道之正统而衍分出程朱与陆王之两歧，程朱偏向人文，陆王偏向宗教。三是与牟先生以重内心洗涤推许阳明之观点不同，钱先生以内心洗涤为助缘，并认为，明道识仁阳明致良知，是从正面下工夫识理，而不反对助缘，而其门人受佛学影响，则重内心洗涤。四是与牟先生以格物穷理为歧出不同，钱先生认为，程朱居敬为内心洗涤工夫，而格物穷理则是向外，包含修齐治平的积极工夫。而陆王专重内心洗涤工夫，人生的圈子有所紧缩，但皆主张积极的理想人格，完全以内心境界来衡量。钱先生认为，向外寻理与向内寻求两种偏向皆有流弊。参见钱穆《宋明理学总评骘》，《中国学术思想史论丛》卷七，安徽教育出版社2004年版，第272—280页。

② 任大援撰《晚明学者王时槐思想初探》（《孔子研究》1987年第4期）一文，与此内容较为接近，不再另述。

此文不失意义。但仅此仍不能体现处于阳明后学背景下塘南思想的特色。

三是张学智的《明代哲学史》①。此书是将塘南放在江右思想家之中介绍的。总体评价为塘南思想涵摄面广而具体概念分析精，在深刻与全面方面超过江右余子，对刘宗周产生较大影响，因此，塘南是王门学者中富于理论创造、能光大王学的人物，是王学发展中一个不容忽视的环节。此书的思路是从本体指向工夫。在本体处强调意为性之呈露，而此意有本体工夫两个层面，一是心之本体，本质为生生；一是心体生机的奔突冲创，显发于意识层面。由此展开对知、意、物关系的分析，非常自然。在工夫层面上，强调"透性"与"研几"。

在对"透性"的阐述中，指出塘南用生生之理来释性，其实质是调和程朱陆王二派，并认为此种调和是明代后期王阳明再传弟子中出现的新动向。另外，对于塘南思想中的性、良知与命三个概念作了重要区分，认为此是透性之根本。在透性上，强调儒佛之本质区别，同时，亦以慎独来别儒佛。此书认为，塘南的"透性说"发展了修证派、归寂派，调和了王门其他派别。

在对"研几"的阐述中，较为细致地分析了研几与诚意、透性的关系，并将格物说、知行观视为研几说的引申，很有新意。

四是吴震的《王时槐论》（2001）。此文虽将塘南视为阳明学展开中以聂、罗为代表的"主静主义"潮流中的一分子而加以介绍，但是在具体论述中，此书以本体论与工夫论为视角，对塘南的思想进行个案式研究。此书认为，"从'性体本虚'到'透性研几'，对两者关系的把握，乃是理解塘南思想的一个关键"②。

在本体上，此书对"性体本虚"进行了探讨。其认为，塘南强调心性本体的虚寂性具有绝对性，因为其在现象界能够得以保持。在心性关系上，此书一方面认为塘南所理解的性与万物的关系是阳明心与物关系的延伸；另一方面又认为，塘南区分心之体用，同于人心道心的划分，此正是对阳明学的修正。

在工夫上，此书认为，透性研几、收敛归根、潜心至虚、握几凝道，意思相当，充分反映了塘南思想在工夫论问题上的主要特征。其区分主要

① 张学智尝撰《王时槐的透性研几说》一文，梳理塘南的哲学思想。后出的《明代哲学史》对塘南亦有专章讨论。因此，本书主要就《明代哲学史》进行分析。

② 吴震：《王时槐论》，《聂豹 罗洪先评传》，南京大学出版社 2001 年版，第 267 页。

在于，透性研几是大原则，收敛归根等则是工夫论的具体方法。此书还指出，塘南"悟由修得"的工夫论，乃是针对当时"务玄谈"而"薄实修"的学风提出的又一大原则，不是枝节之修。

此书另外有一特色就是，相对而言，较为详细地介绍了塘南的生平学行。但是将塘南"学定而无余惑"定为63岁，实需要作具体分析。

以上四种个案研究，综合来看，前三种个案研究主要从理学史的角度来梳理塘南的思想，论述各有偏重：钱穆偏重程朱陆王之融和，侯外庐偏重工夫论，张学智则既重本体论又重工夫论；而第四种独立的个案研究既补充了塘南生平学行方面的材料，又于本体论与工夫论特别是工夫论上进行了深入的阐述。但是个案研究亦可能存在偏差，比如无视阳明后学的背景，可能无法形成相应的问题意识，从而只能对塘南思想作理学史的介绍；比如忽视塘南的为学经历从而无视塘南本人思想的前后变化；再如未能在塘南的生平学行与其学术思想之间寻找到关联。

通过以上对研究现状的三个层次的分析，笔者认为，当下塘南思想研究的宏观思路应是较为全面地占有材料基础上的个案研究最具有优先性。[①]唯有立足于较为深入的个案研究，塘南的思想才能得以全面而系统的理解。同时这样的研究应当重视塘南本人与阳明后学之间的思想互动，如此才能为阳明后学的派系研究以及专题研究提供基点。基于以上现状的检讨，本作的宏观思路即是尽可能全面占有材料基础上的个案研究。而以上现状中所涉及的具体观点，笔者将在塘南思想的具体分析中作进一步

---

① 彭国翔言："至少在国内学界，阳明后学往往不被视为一流的思想家，似乎不值得进行深入的专门研究。其实，某个人物是否称得上一流的思想家，或者其思想中是否存在有价值和原创性的东西，是要在我们有了较为全面与深入的研究之后才能够加以判断的。……事实上，中晚明的阳明学既非只是阳明思想的余绪，当时诸多阳明学者更不应当仅仅被作为王阳明到清初诸大儒之间二三流的过渡人物，他们思想蕴含的丰富性皆足以分别从事专门的个案或专题研究。并且，阳明学虽然起源于王阳明，但其作为一个学派和时代思潮在社会上发挥广泛而深远的影响，却更多地要归功于阳明第一二代的门人弟子。"参见彭氏《良知学的展开——王龙溪与中晚明的阳明学》，生活·读书·新知三联书店2005年版，第15页。彭国翔又言，"在以整个中晚明的阳明学为基本考察对象的前提下选择龙溪为透视的焦点，以及在以龙溪思想本身为基本考察对象的前提下讨论龙溪思想在中晚明阳明学中的意义与定位"（参见彭书第17页），两者的论述角度与方式有所不同。彭氏此书主要以前者为标的，而笔者则倾向于从后者立言。因为以塘南思想为焦点对阳明学进行透视的工作在未对塘南思想进行专门研究之时是无法展开的。但是立足于塘南思想的个案研究并不是排斥中晚明阳明学中的问题意识，实际上，身处中晚明的江右思想家塘南亦是在对阳明后学的回应与互动中发展自身思想的。

检讨。

　　需要进一步指出的是，以上研究，除了冈田武彦、钱明、吴震之外，绝大部分学者是以《明儒学案》作为研究材料。《明儒学案》在"江右王门学案"中，将塘南学案独立一卷，体现了黄宗羲对塘南思想的重视。此亦是塘南思想研究现状中"质重"的原因。但是仅凭《明儒学案》，难以对塘南思想进行发展式把握，此亦可以理解塘南思想研究何以呈现"量少"的样态。实际上，塘南本人的著述主要有《友庆堂存稿》十四卷①、《友庆堂合稿》七卷补遗一卷②、《王塘南先生自考录》③，另外，塘南还尝主撰《吉安府志》三十六卷④，辑《广仁类编》四卷⑤。除此而外，还有后人对于塘南思想的编撰。一是唐鹤徵《塘南王先生》⑥，一是黄宗羲的《江右王门学案五：太常王塘南先生时槐》⑦。笔者正是依据上述材料，对塘南思想在阳明后学的背景下进行全面而系统的论述。

　　① 该书为塘南"同郡门人"贺沚编，万历三十八年萧近高刻本，共四册，湖北省图书馆藏。从其体例上看，卷之一—卷之三为序，包括文集序、言录序、寿序、官调考绩序、谱册序等众多方面；卷之四为记，共15篇；卷之五为志铭，共21篇；卷之六为墓表，共4篇；卷之七为传，共4篇；卷之八为行状，共4篇；卷之九为祭文，共11篇；卷之十为杂著17篇，附书10篇，附诗32首；卷之十一—卷之十二为公移，卷之十一为漳南公移14件，卷之十二为原任漳南道公移6件；卷之十三—卷之十四为语录，卷之十三为语录18则，卷之十四为语录24则。值得注意的是关于语录部分在《友庆堂存稿》目录中写为"卷之十三四《合稿》已备，兹为重刷"，而在正文中，仅有前十二卷，没有十三、十四卷的内容。
　　② 该本为塘南门人贺沚编、万历三十八年邹元标序，清华大学图书馆藏清光绪三十三年重刻本，共七册。关于《友庆堂存稿》与《友庆堂合稿》内容之比较，详见钱明、程海霞《江右思想家王时槐考述》，《中国哲学史》2007年第2期。
　　③ 该书不分卷，其中主要有塘南"万历庚子（1600）秋月庚戌"所作的《自考录》与同年所作的序、其门人贺沚所作的《续补自考录》与《明理学太常寺卿王塘南先生行述》，同时还载有与塘南同时的吴士奇于"万历三十三年乙巳冬十二月望日"即1605年12月所作的《明理学太常寺卿王塘南先生传》，时距塘南去世仅两个月。该本为民国九年后学王锡馨重刊本，新增了塘南自撰的《重建塘南王公诚心堂助建录》《增刊塘南先生教子手卷》、王补敬撰于民国八年的《〈教子手卷〉跋》以及王锡馨撰于民国九年的《〈教子手卷〉跋》。江西图书馆有藏，此藏本是由王锡馨先生惠赠，通俗图书馆藏，后为江西人民图书馆珍藏。
　　④ 王时槐纂，余之桢修：《吉安府志》，书目文献出版社1991年版。
　　⑤ 共二册。塘南于"万历十一年"所辑。至于《广仁类编》的刊刻情况，据塘南后人注曰，此书共二册，"已刻，板在家。原文：已刻，板在金田；又改，系族人刻，今在家"（《自考录》文末《增刊塘南先生教子手卷》）。清宣统二年得以重刊。此重刊本，江西图书馆有藏。
　　⑥ 唐鹤徵：《宪世编》卷六《塘南王先生》，见载于《四库全书存目丛书》，子部，第12册第823页。
　　⑦ 黄宗羲：《明儒学案》卷二十一《江右王门学案五：太常王塘南先生时槐》，中华书局1985年版。

三 典范例证对体用观的共同关注及其历史蕴含

笔者的宏观思路，即基于阳明学背景下的塘南思想研究，既已呈显，紧接着就是要在阳明后学研究与塘南思想研究之间寻找一个契合点。此契合点要既能够反映当下阳明后学中涉及个案的典范研究的特征，又能够得以展开、形成多种维度，从而对塘南的思想进行多层面的阐释。

当下对于阳明后学涉及个案的典范例证主要有两例，一是《良知学的展开——王龙溪与中晚明的阳明学》①（以下简称彭书），一是《良知学的转折——聂双江与罗念庵思想之研究》②（以下简称林书）。前者是将龙溪思想与中晚明良知学的运动相结合，后者是择取聂罗思想来呈现"王门诸子与阳明致良知教的互动关系"。既称之为典范例证，本身就体现了阳明后学研究的最前沿成果，亦是到目前为止，关于阳明后学研究最为可取的模式。尽管阳明后学的研究才刚起步，但是有此典范例证，无疑令人对阳明后学的研究前景表示乐观。实际上，笔者宏观思路的择取，亦是受此种典范例证的影响。但有所不同的是，笔者关注的重点既是个案研究，亦是派系研究。既涉及派系，其中对于阳明后学之间的互动与比较即是必然。由于塘南思想中存在着与江右王门、浙中王门等王门后学，甚至与朱子学的关联，因而笔者更为关注阳明后学之间思想比较所持的视角。因此，笔者发现，以上两例在进行比较时，对于体用观有着共同的关注。

1. 典范例证对体用观的共同关注

彭书与林书对于体用观的关注主要表现在两个方面：一是对体用思维方式的涉及，一是对体用表达层面（范域）的涉及。

（1）体用思维方式的涉及

先举彭书为例。彭书在"中晚明阳明学的本体与工夫之辨"一章中，

---

① 彭国翔：《良知学的展开——王龙溪与中晚明的阳明学》，生活·读书·新知三联书店2005年版。

② 林月惠：《良知学的转折——聂双江与罗念庵思想之研究》，台湾大学出版中心2005年版。

在对双江与龙溪的思想进行比较时，有如下之言：

> 　　双方的不同之处，在于设定与安顿良知的基本架构有别。由双江以上的文字已大体可以看到，这种基本架构的差别具体反映在对寂感、内外、未发已发之间关系的不同理解上，总而言之可以归结为双方体用观的根本差异。龙溪与双江之间的诸多辩难，可以说是这一差异的集中反映。事实上，正是这种体用观的根本差别，构成了中晚明阳明学良知观念产生分化的重要原因之一。而这种体用观的不同，也是朱子学与阳明学在思维方式上存在基本分歧的一个重要表现。这一点也贯穿于中晚明阳明学本体与工夫之辩的许多具体问题之中。①

此段话实际强调了体用观的差异作为一种比较的标准，所涉及的主要有三个方面：一是双江与龙溪之间最根本的差异是体用观的不同；二是此种根本的差异亦是中晚明良知观念分化的重要原因之一；三是将此种差异的根由诉诸朱子与阳明在体用思维方式上的差异。

此种以体用观的差异来厘定中晚明阳明后学中错综复杂的本体与工夫之辩，独具创见，嘉惠学界。实际上，能从错综复杂的阳明后学的论辩中，梳理出这样一个可以通约的差异，实非易事，不仅要对阳明后学的典籍进行阅读，而且要能够全面掌握其学术上的互动。这也正是该书作为阳明后学研究典范的根本原因。

笔者在择取研究进路之前所要反思的是：朱子与阳明体用思维方式的差异何在？此种差异又如何在阳明后学中得以呈现？彭氏认为，朱子持二元论的体用思维方式，而阳明持一元论的思维方式，即便是在中晚明的阳明学中，朱子的思维方式作为一种"前见"，仍在产生影响而并非"销声匿迹"。龙溪所指出的异见良知的"共同症结"即是此思维方式，龙溪所作的批判亦在于此。无疑彭氏是持龙溪的立场，在对阳明后学的具体分析中，彭氏认为，龙溪、邹守益、欧阳南野、黄弘纲、陈九川无论在本体还是在工夫上对阳明的思维方式都有自觉的把握，与此相应的是，两峰、念

---

　　① 彭国翔：《良知学的展开——王龙溪与中晚明的阳明学》，生活·读书·新知三联书店2005 年版，第 327 页。

庵、师泉、塘南，甚至是见罗，皆是受朱子二元论思维方式的制约。彭氏的理解无疑具有突破性。但令笔者不解的是，龙溪在异见良知问题上所作的体用思维方式上的分判，如何能体现双江的立场，又如何体现其他阳明弟子的立场。也就是说，此种分判于龙溪思想的梳理无可厚非，但在未对双江以及其他阳明弟子的思维方式作专题考察之前，即以龙溪的分判进行裁割，难免厚此薄彼之嫌。

具体而言，彭氏认为："朱子是将'体用一源'理解为一种相即不离的关系，但这种相即不离的基础却是体用之间形上与形下的区别。无疑，朱子的体用观反映的是一种二元论的思维方式。并且，朱子将这种二元论的体用思维方式广泛贯彻到了理气、性情、未发已发、内外、寂感、阴阳、动静、中和等几乎理学的所有范畴。"① 彭氏认为，阳明的"体用一源"思想显示出"殊为不同的特点"。彭氏认为朱子尽管强调体用须有别，但毕竟主张二者不相离。"不过，单凭这几句话还不能判断阳明与朱子的体用观不同，因为朱子尽管强调体用须有别，但毕竟还主张二者不相离，似乎也未必不可以接受阳明'即体而言用在体，即用而言体在用'的表达。但是，正如体用观作为一种基本的思维方式被朱子普遍运用于理气、性情、未发已发、内外、寂感、阴阳、动静等范畴一样，阳明在从未发已发、动静、寂感、内外的角度论述良知本体时，贯彻的也同样是作为其基本思维方式的体用观。因此，从阳明相关的讨论中，我们可以更为明确地把握到他对'体用一源'的理解。"② "在朱子的思想系统中，前后、内外、动静、寂感等均表现为一种二元的关系，虽不相分离，却各自有别。而阳明认为良知本体'无前后内外而浑然一体'，'无分于有事无事'，'无分于寂然感通'，'无分于动静'，显示出明显的一元论倾向。为了打破传统朱子学那种二元论的思维方式，阳明甚至运用了禅宗惯用的吊诡的表达方式和比喻。"③ 彭氏认为："'未扣时惊天动地，既扣时是寂天寂地'的吊诡之辞，以及所谓'人之本

---

① 彭国翔：《良知学的展开——王龙溪与中晚明的阳明学》，生活·读书·新知三联书店2005年版，第334页。

② 彭国翔：《良知学的展开——王龙溪与中晚明的阳明学》，生活·读书·新知三联书店2005年版，第335页。

③ 彭国翔：《良知学的展开——王龙溪与中晚明的阳明学》，生活·读书·新知三联书店2005年版，第335页。

体常常是寂然不动的，常常是感而遂通的。未应不是先，已应不是后'，也鲜明地反映出阳明对'体用一源'的理解委实不同于朱子，而表现为一种一元论的思维方式。"①

在分析了阳明与朱子体用观之不同之后，彭氏指出，"亲炙阳明的及门弟子如龙溪、钱绪山、邹东廓、黄洛村、陈明水等人"，其对阳明一元论的体用思维方式存在着"自觉"的把握。② 彭氏进而指出了朱子、阳明在"体用一源"上的一元论与二元论差异，并引龙溪"存省一事，中和一道，位育一源，皆非有二也。晦翁随处分而为二，先师随处合而为一"一语来说明龙溪对朱子与阳明在体用观这一基本思维方式上的根本差别有明确的意识。查考龙溪原文为："晦翁既分存养省察，故以不睹不闻为己所不知，独为人所不知，而以中和分位育。夫既己所不知矣，戒慎恐惧孰从而知之？既分中和位育矣，天地万物孰从而二之？此不待知者而辨也。先师则以不睹不闻为道体，戒慎恐惧为修道之功。不睹不闻即是隐微，即所谓独。存省一事，中和一道，位育一原皆非有二也。晦翁随处分而为二，先师随处合而为一，此其大较也。"③ 此是龙溪所提及的晦翁与阳明的不同。这一点可以言朱子阳明在未发已发中和上的理解不同，但龙溪只从分说与合说对两者进行区分，而非指体用之间的关系。实际上，朱子分而为二是在用上、工夫上分，而不是于体用之间来分。而阳明的"合而为一"亦是在用上、工夫上合，即将朱子存省、中和、位育于用上合为一道。此须详察。

正如彭书立足于龙溪来察考阳明后学，林书是基于双江、念庵的个案研究④来考察阳明后学。作为个案研究，林氏本应较易偏向于双江的立场⑤，但是实际上所倾向的却是龙溪的立场。这是一个非常有趣的选题，不仅表达了作者所具有的勇气，同时颇具智慧，因为此种选题使得对阳明亲炙弟子与私淑弟子之间的对话与论辩的论述显得较为客观。⑥ 但是正是

---

① 彭国翔：《良知学的展开——王龙溪与中晚明的阳明学》，生活·读书·新知三联书店2005年版，第336页。
② 彭国翔：《良知学的展开——王龙溪与中晚明的阳明学》，生活·读书·新知三联书店2005年版，第337页。
③ 王畿：《书婺源同志会约》，《王畿集》，凤凰出版社2007年版，第39页。
④ 林氏的博士学位论文亦是以此为题。
⑤ 彭书即是选择了偏向龙溪的立场。
⑥ 笔者认为这样的选题所显示的意义不能轻视。

作者的客观立场与主观立场的不一致，在问题的论述上，林氏对于双江、念庵的个案研究的意义就倾向于重点指出其与阳明良知学之间的差异。就体用观而言，林书比彭书更为可取的是，林书较为强调对话双方的立场。一方是阳明亲炙弟子所代表的阳明本人的"即用见体"立场，另一方则阳明私淑弟子双江"立体达用""体立而用自生"的立场。而对于念庵的体用观，林书则有两种表达。一是在念庵不契"即用见体"这一主题的情况下，认为念庵主张"承体起用"①；一是在念庵对双江的寂感二分进行批评时，又认为念庵的"收摄保聚"之功所体现的思维方式与阳明"体用一源"的思维方式具有一致性。② 林书对于双江体用观的理解，细致入微，附有图示，给人留下了深刻的印象。

同样，笔者较为关注的是体用观差异的体现及其来源。林氏认为，阳明"亲炙弟子"，对"致知"工夫的理解与诠释，一致采取"即用见体""即用显体"的论述方式③，而面对阳明殁后、多以情识承当良知的状况，双江提出了"归寂说"，且其采用的表达方式是"立体达用"。④ 此是工夫论上"致知"与"归寂"的不同。而具体分析此差异时，林氏所举的是南野与双江的辩论。林氏指出，"双江对体用关系是采取一种静态而直线式的描述"，"故体用必相对而言，强调体用有别"，此种体用正如双江所云"未发对发言，先对后言，寂对感言，体对用言"，实际上然与所以然之间是一种存有论式的推证，体优先于用而存有，因而双江谓"用生于体""立体以达用"。而且，体与用之间是超越的区分，二

---

① 林月惠认为，念庵首先意识到的不是良知本体的"活动性"——当下即用见体，而是"理欲之辨"。因为只有"承体起用"，才能谈"即用见体"。此"承体"即是"承领本体"之意。参见林月惠《良知学的转折——聂双江与罗念庵思想之研究》，台湾大学出版中心 2005 年版，第 286 页。

② 林月惠言："念庵修正了双江寂感二分的义理架构，认为良知心体无分于寂感。'寂'意味着心体的'思不出位'，主宰常定；'感'指的是心体'发微而通'的感通性。没有'绝感之寂'，也无'离寂之感'，二者体用相即，同出而异名。这与阳明就良知自身而言'体用一源'的思维方式是相同的。因而，念庵的'收摄保聚'之功，亦无内外、动静之分。时时'收摄保聚'，即是时时'致良知'。"参见林月惠《良知学的转折——聂双江与罗念庵思想之研究》，台湾大学出版中心 2005 年版，第 386 页。

③ 林月惠认为，对阳明的亲炙弟子而言，体用一源，良知即体即用，但良知心体本无形象方所可求，故须于良知呈现之感应变化中识取本体。参见林氏《良知学的转折——聂双江与罗念庵思想之研究》，台湾大学出版中心 2005 年版，第 535—537 页。

④ 林月惠用"以涵养良知本体为'致知'要义"来解释"立体达用"。参见林氏《良知学的转折——聂双江与罗念庵思想之研究》，台湾大学出版中心 2005 年版，第 292 页。

者异质异层，分属形上与形下二界。① 林氏还认为，双江的本旨在于"彰显体在存有及实践上的优位性"，强调"立体"工夫，反对"遗体而任用"。②

与此相对应，林书指出："南野认为体用关系不能如双江以原委、首尾、本末、先后、内外、因果、工夫效验等关系视之。"林氏认为，"南野体用观的特色即在于强调体用无间，体用为一的关系"，并进而指出此种体用关系是一种"由体见用""由用见体"的"动态的双面向思考"。③ 因而，"南野不著重'静以复体'，而是动态就良知发用呈现而致之，由良知之用以见良知之体"④。

在诉及此两种体用观差异的根由时，林书认为，在工夫论上⑤，双江是取朱子"心分体用"的思维方法，既表现在"在未发之中与已发之和的推证上"，又表现在对"良知与知觉的对反"的强调上。林氏认为，双江的"体用二界，理气二分，寂感相对"所取的是"朱子体用一源的含义"。⑥ 因此，双江与阳明学亲炙弟子之间体用观的差异也就转化为阳明学与朱子学的差异。林氏认为："朱子之体用一源，著重体用之别而合一，阳明之体用一源，则强调体用无别而为一。"⑦"阳明之'一源'，建立在

---

① 参见林月惠《良知学的转折——聂双江与罗念庵思想之研究》，台湾大学出版中心 2005 年版，第 517 页。

② 林氏指出，双江的观点是强调只有"立体"才是有本原的工夫，一旦"立体"，便自能"达用"，由是而"体用一源"。双江以这样的思路来解读南野"即应感变化之知而致之"，即是"即用以为体"，遗体而任用，殊不可解。参见林月惠《良知学的转折——聂双江与罗念庵思想之研究》，台湾大学出版中心 2005 年版，第 519 页。

③ 林月惠：《良知学的转折——聂双江与罗念庵思想之研究》，台湾大学出版中心 2005 年版，第 520 页。

④ 林月惠：《良知学的转折——聂双江与罗念庵思想之研究》，台湾大学出版中心 2005 年版，第 521 页。

⑤ 双江言："良知是未发之中，寂然大公的本体，便自能感而遂通，便自能物来顺应。"林书认为"便自能"预设'本体一源'的思路。参见林月惠《良知学的转折——聂双江与罗念庵思想之研究》，台湾大学出版中心 2005 年版，第 211 页。林氏指出："从本体论层面直接分析良知时，双江似取阳明体用一源之义。但从工夫论层面解析良知时，双江则取朱子心分体用的思维方法，强调良知与知觉的对反，体用二界，理气二分，寂感相对，则是取朱子体用一源的含义。"参见林月惠《良知学的转折——聂双江与罗念庵思想之研究》，台湾大学出版中心 2005 年版，第 218 页。

⑥ 林月惠：《良知学的转折——聂双江与罗念庵思想之研究》，台湾大学出版中心 2005 年版，第 218 页。

⑦ 林月惠：《良知学的转折——聂双江与罗念庵思想之研究》，台湾大学出版中心 2005 年版，第 217 页。

'体用为一'的思考上；朱子之'一源'，则以'体用二分'为基型。"①
此即彭书中所提及的龙溪的看法。林氏认为此种差异也就是日本学者石川
泰龙成所指出的，朱子的体用一源，具有理论上的"分析性机能"，阳明
之体用一源，则著重"综合性机能"。②

由此，林氏认为双江与阳明亲炙弟子的论辩，"就是双江惯用朱熹
'分而为二'的体用观，而阳明亲炙弟子所坚守的就是阳明'合而为一'
的体用观"③。因此，林书与彭书的相似之处，就在于在分析双江与阳明亲
炙弟子之间的差异时溯源于阳明与朱子体用观的差异。此种差异就在于
"分而为二"与"合而为一"。

从上述内容来看，林书与彭书的相同之处在于在涉及阳明后学的分判
时溯及朱子与阳明体用思维方式的差异，但是有所不同的是，林书将这一
差异指涉的层面主要限制在双江与阳明的亲炙弟子之间，而彭书则延至阳
明的二传弟子。正如前文所言，在涉及阳明二传弟子的个案研究之前，彭
书延至的方式有厚此薄彼之嫌。与此相关的思考是，在阳明后学错综复杂
的关系中，是否存在着诸如朱子与阳明体用思维方式的差异这样一种比较
简约的分判标准，不免令人质疑。即便这一标准存在，是否能够真正反映
阳明后学自身所具有的特色。实际上，在阳明后学中进行差异化理解本身
无可厚非，但是对这种多层差异的溯源性思考却值得推敲。正是溯源性使
得多重差异化为一种差异，在林书与彭书中，皆化约为朱子与阳明体用
观的差异。笔者认为，此种化繁为简的方法实际上不利于体现阳明后学思
想本身的丰富性，但是其之所以能够实现这样的化约却令人深思。此与体
用表达的层面紧密相关。

（2）体用表达层面的涉及

彭书虽然没有明确言及体用表达层面，但是其对体用思维方式范域的界
定，恰是说明了体用本身所要表达的层面。正如前文所表明的，体用思维方
式本作为龙溪诊断"异见良知""共同症结"的标准，却成为彭氏自身的立

---

① 林月惠：《良知学的转折——聂双江与罗念庵思想之研究》，台湾大学出版中心2005年
版，第527页。按：此点实与彭书所论无异。

② 林月惠：《良知学的转折——聂双江与罗念庵思想之研究》，台湾大学出版中心2005年
版，第527页。

③ 林月惠：《良知学的转折——聂双江与罗念庵思想之研究》，台湾大学出版中心2005年
版，第713页。

场，从而实现了对阳明后学的分判。彭氏认为，在本体论上，在阳明身后除龙溪而外，邹守益、欧阳南野、黄弘纲、陈九川对阳明的这一思维方式也都有自觉把握，而如双江那样虽能自觉认同阳明学却"不自觉地沿袭了传统朱子学体用思维方式"者，在阳明后学中也"决非孤立的现象"，如两峰、念庵、师泉、塘南，皆持朱子二元论的思维架构。① 不仅本体论上受此种思维方式的差异的制约，工夫论亦是如此。在工夫论上，彭氏认为，主要表现为三种不同的工夫路数。持一元论体用观的弟子，如龙溪、邹东廓、欧阳南野、陈明水、钱绪山，在工夫论上的一个共同主张就是"不主张与日常经验相脱离"。此是一种工夫路数。持二元论的弟子，则表现为两种有所区别的工夫路数。一是聂罗等人，在追求"究竟工夫"时，着力点放在"体"上。② 因而在工夫实践中，"往往表现出重视静坐、要求摆脱下学经验干扰的内收静敛倾向③"。一是以刘师泉、塘南、见罗为代表，"在分体用为二的前提下在体与用两方面同时作工夫④"。彭氏还认为，在"良知与知识的关系问题上"以及"与龙溪有关见在良知的辩难中"，皆体现了"朱子学二元论与阳明学一元论两种体用思维方式的碰撞"。如此来看，彭氏在论及两种思维方式在阳明后学中的运用时主要涉及的有本体界、工夫论、良知与知识的关系以及对见在良知的理解方面。实际上，良知与知识的关系以及"见在良知"的问题所蕴含的是本体与现实关系的层面。也就是说彭书在体用表达上所涉及的层面主要是本体界、工夫论以及本体与现实的关系。

同样立足于阳明学"体用一源"的立场，如果说彭书在体用表达层面上还是一种间接的提示，那么林书在此方面则有明确的论述。林书旨在将阳明与双江的比较细化为同一范域（层面）体用同质异质的比较，认为在心性论与形而上的范围内，"体用一源"有三种不同的运用。

一是良知本体之体用。在此范域内，林书认为，阳明对于未发已发、寂感诸问题的讨论，最能彰显阳明的新义。"要言之，未发之中、寂然不

---

① 在言及见罗时，彭氏指出其已经有了脱离阳明学话语体系的自觉。
② 彭国翔：《良知学的展开——王龙溪与中晚明的阳明学》，生活·读书·新知三联书店2005年版，第354页。
③ 彭国翔：《良知学的展开——王龙溪与中晚明的阳明学》，生活·读书·新知三联书店2005年版，第355页。
④ 彭国翔：《良知学的展开——王龙溪与中晚明的阳明学》，生活·读书·新知三联书店2005年版，第357页。

动是指良知为虚灵之体；已发之和、感而遂通是形容良知也具明觉之用。体即良知之体，用即良知之用，体用一源也。故'未发之中'自然'发而中节'，'寂然不动'自然'感而遂通'，体用是同质同层的分析关系，良知本体之存有义与活动义，同时俱显，一时明白起来。"① 在提及双江的理解时，林书认为："双江用'虚灵知觉'来形容良知之体用，是阳明与朱子之思惟的混合型。就良知本体言，双江偏于'本体义'的说明，未发之中、寂然不动之体，虚灵之本体，是良知的同义词，是天命流行的性体。而关于良知之'用'的描述，双江则不著意，甚或因支解而误解。"② 此种误解主要表现为双江将阳明的"明觉"理解为"知觉"。林书认为，双江用虚灵与知觉来形容良知之体用，其思维方式近于朱子。林书认为："因此双江对阳明从良知本体上说的明觉感应之'用'，与良知须落实在具体道德情境（现实的经验世界）中完成的'用'，不仅无法分辨其义理分际，且将二者的超越之'用'义，一概视为形下的知觉活动。"③

二是本体与工夫之体用。林书言："就内圣之学、成德之教言，本体论是'体'，工夫论是'用'，本体论与工夫论之理论架构必须相应一致。在这个意义上，我们可进一步探讨'本体'与'工夫'的'体用一源'。"④ 林书认为，阳明转化了"体用一源"的思维方法，因而能"跳开程、朱论寂感、已发未发的窠臼，与道南一派深求未发之中的可能流弊"，"并改造朱子本体论与工夫论的理论架构，另辟蹊径，发展出一套'即知即行、即心即物、即动即静、即体即用、即工夫即本体、即下即上'的致良知教特色"。⑤ 而双江关于本体论与工夫论的思想却是两种不同的理论架构。在本体论上，良知"时寂时感"，"无先后内外之分"，"良知之觉是性体自然之觉，虽属知觉，却与良知是相容的关系"。在工夫论上，心分

---

① 林月惠：《良知学的转折——聂双江与罗念庵思想之研究》，台湾大学出版中心 2005 年版，第 564 页。

② 林月惠：《良知学的转折——聂双江与罗念庵思想之研究》，台湾大学出版中心 2005 年版，第 564 页。

③ 林月惠：《良知学的转折——聂双江与罗念庵思想之研究》，台湾大学出版中心 2005 年版，第 566 页。

④ 林月惠：《良知学的转折——聂双江与罗念庵思想之研究》，台湾大学出版中心 2005 年版，第 567 页。

⑤ 林月惠：《良知学的转折——聂双江与罗念庵思想之研究》，台湾大学出版中心 2005 年版，第 569 页。

体用，心之体是性，是良知，而心之用却是"属情识作用之知觉"，此知觉与良知并不相容，因此，此时"良知只具'体'义而遗却'用'义"。①

三是良知天理流行之体用。此是就境界意义而言。②良知之天理即是"体"，良知天理之流行发用即是"用"。此既是阳明亦是双江所欲达到的境界，但是阳明到达这一境界的方式则是要经过"本体与工夫之辩证发展"，要通过致良知，"良知之天理便经由人的具体道德实践，下贯于经验现象世界里的种种具体特殊行为与事事物物之中。……因而每一特殊具体的道德行为或事事物物，因良知天理之主宰，而具有普遍、客观而真实的意义"。③"至此境界，犹如阳明所诠释的'气亦性，性亦气'，原无性气之分。此乃良知天理流行下'体用一源'的圆融义。"④而双江到达这一境界的方式是归寂，具体的步骤是"由静坐气定下手"，"做无欲持敬的工夫"，到达熟处，自然能够实现良知天理之流行。林书认为，双江的工夫途径，"自有周程以来主静之传统为支柱，亦与李延平观喜怒哀乐未发前气象相似，实有其实践上的可能"，但并非致良知教的思路。⑤

通过以上三个范域（层面）的比较，林书认为，双江与阳明在体用观上的本质差异主要表现为：其体用思考分属两面，即异质异层与同质同层；其运用分属两向，即静态并列与动态辩证。林书对于阳明与双江思想比较的三个范域实际上体现了体用表达的三个层面：一是本体论上的体与用；二是本体与工夫之间的体与用；三是境界论上的体与用。

彭书与林书共同关注体用的思维方式与体用的表达层面，前者是通过溯源而化约为朱子与阳明体用观的差异，而此种化约之所以能够实现，必须在

---

① 林月惠：《良知学的转折——聂双江与罗念庵思想之研究》，台湾大学出版中心 2005 年版，第 570 页。

② 林氏言："明瞭阳明就本体与工夫而言'体用一源'之义后，良知天理流行的圆融境界便不难理解。"参见林月惠《良知学的转折——聂双江与罗念庵思想之研究》，台湾大学出版中心 2005 年版，第 572 页。

③ 林月惠：《良知学的转折——聂双江与罗念庵思想之研究》，台湾大学出版中心 2005 年版，第 572 页。

④ 林月惠：《良知学的转折——聂双江与罗念庵思想之研究》，台湾大学出版中心 2005 年版，第 573 页。

⑤ 林月惠：《良知学的转折——聂双江与罗念庵思想之研究》，台湾大学出版中心 2005 年版，第 574 页。

朱子与阳明本身对体用关系的使用中寻找原因；后者虽体现了作者自己对体用的理解层面，实际上亦与朱子与阳明本身体用观的使用层面密切相关。

2. 体用观层面的历史蕴含

在比较朱子与阳明体用观的层面之前，首先对宋明以前的体用观层面作一简单的回顾。

早在《易传·系辞下》中，就有关于"体"与"用"的表达。如"刚柔有体"，"精义入神，以致用也"，"显诸仁，藏诸用"等。"体"，在汉字中，最初是指身体而言。许慎《说文解字》中言其为"总十二属也"。而段玉裁注之为人体的十二个部位。① "用"，许慎言其为"可施行也"②。由此来看，体用关系的一种理解则是指身体（或其某一部位）与其施行的关系。此在中国哲学史上，亦是经常提及的。例如手动，手为体，动为用。由此来看，此时的体用实际上是指物体与施行。值得注意的是当体是指人身体的首，包括顶、面、颐；身，包括肩、脊、尻；手，包括厷、臂、手；足，包括股、胫、足，共十二个部分时③，"用"的动力即施行的发令者还不是体本身。后来此种思想有所转化。郑玄（127—200）言："礼者，体也，履也。统之于心曰体，践而行之曰履。"④ 此处的体履即是指体用关系。⑤ 由此来看，体倾向于内化的、知的方面，而履倾向于外化的、践行的方面。郑玄对体的理解，表明了体之内涵由身体或身体的部位向心的方向转化。不仅如此，"东汉道教的参同契以为体内用外"⑥。此与郑玄的理解有接近之处。王弼（226—249）《老子注》第三十八章言："虽

---

① 段玉裁：《说文解字注》，江苏广陵古籍刻印社1997年版，第166页。

② 段玉裁：《说文解字注》，江苏广陵古籍刻印社1997年版，第128页。

③ 许慎并未明言此十二个部分，而段氏"合文全书求之"。参见段玉裁《说文解字注》，江苏广陵古籍刻印社1997年版，第166页。

④ 孔颖达《礼记正义》云："郑（玄）作序云：'礼者，体也，履也。统之于心曰体，践而行之曰礼。"郑玄此语，参见陈荣捷《宋明理学之概念与历史》，"中研院"中国文哲研究筹备处1996年版，第175页。

⑤ 虽然郑玄此处未曾提及"用"，但是此处的"履"，亦值得关注。许慎《说文解字》言"履"为"足所依也"，而段氏补注之曰："履依叠韵，古曰履，今曰屦。古曰屦，今曰鞋。名之随时不同者也。引申之训践，如君子所履是也。又引申之训禄，……又引申之训礼，……"参见段玉裁《说文解字注》，江苏广陵古籍刻印社1997年版，第402页。

⑥ 参见罗光《儒家形上学》，台湾学生书局1990年版，第34页。

贵以无为用，不能舍无以为体。"① 王弼强调体用本身的同质性，用的无不能舍体的无。由此来看，体用关系上有三种观点，一是身体部位与施行的关系；二是心与践行的关系，是内与外的关系；三是体与用具有同质性的方面。即用须由体来规定，从用的特征可以溯及体的特征。

另外，在佛学中，体用关系又有新的思维向度。僧肇（384—414）撰《般若无知论》，其中有言曰："难曰：'论云："言用则异，言寂则同。"未详般若之内，则有用寂之异乎？'答曰：'用即寂，寂即用，用寂体一，同出而异名。更无无用之寂，而主于用也。是以智弥昧，照逾明；神弥静，应逾动。岂曰明昧动静之异哉？'"在体用关系上，有人主张寂同而用异，此是体用异质性的一种表达，即体与用显示出相反的特征。而僧肇则认为，体用"同出而异名"，此实际上是体用同质的一种表达。法藏（643—712）在《金师子章》言："金师子者，能喻法也。究其本元即有……金况法界体也，师子喻法界用也。今则从法就喻，略启十门分别故，得理事镕融、一多无碍矣。"以金喻法界体，以师子喻法界用。从义理上看，金师子之喻可以视为体同用异、体用异质的一种具体表达。《坛经》第十五章有言："灯是光之体，光是灯之用。名即有二，体无两般。"②《坛经》所言，在体用上则又有了不同。灯为体，光为用。由此来看，佛学中关于体用有两种表达。一是物体与其作用。如灯与光，强调并无二体，而是一体及其作用。此可引申为体用"同出而异名"，体用同质。二是强调体同而用异。如金与师子，此是以性质为体，而以具有此种性质的事物为用。佛学以此来言理事一多之关系。由此可知，佛学实更为强调体。③

唐代经学家崔憬撰《周易探玄》，其中有言曰："凡天地万物，皆有形质。就形质之中，有体有用。体者即形质也。用者，即形质上之妙用也。……假令天地圆盖方轸为体为器，以万物资始资生为用为道。动物以形躯为体为器，以灵识为用为道。植物以枝干为器为体，以生性为道为用。"④

---

① 参见陈荣捷《宋明理学之概念与历史》，"中研院"中国文哲研究筹备处 1996 年版，第 175 页。

② 参见陈荣捷《宋明理学之概念与历史》，"中研院"中国文哲研究筹备处 1996 年版，第 175 页。

③ 北禅的神秀强调体用相即。参见罗光《儒家形上学》，台湾学生书局 1990 年版，第 34 页。

④ 转引自方克立《论中国哲学中的体用范畴》，《中国社会科学》1984 年第 5 期。

此处所言的体实际上是指实际的形质，用即是形质所有的作用。即便是天之体也是指其形质的一面。值得注意的是在言及动物时，以形躯为体器，以灵识为用道。此种表达与东汉时所言的身体（或某一部位）及其运行，实际上是有区别的。灵识实际上不是指运行，而是指运行背后的主宰。因此，在唐代关于用的理解上，多了一层对于作为身体部位的体的主宰性。此处所表达的，实际上是对用的强调而不是对于体的强调。

以上是宋明以前的体用观。接下来介绍宋明时期的体用观，以小程、朱子与阳明为主。

（1）小程的体用观层面

小程（1033—1107）在《易传序》中曰："至微者理也，至著者象也。体用一源，显微无间。"① 小程以理为体、为微，以象（事）为用、为著。"体用一源"是指理事一源，"显微无间"是指理象并不相离，无所间隔。他又言："至显者莫如事，至微者莫如理，而事理一致，微显一源。古之君子所谓善学者，以其能通于此而已。"② 小程所言的"事理一致，微显一源"，使得体用首先被表达为理微与事显的关系。用理事理解体用，无疑是继承了佛学的观点。体是隐微，而用是显著。此是对于体内而用外思想的一种引申，同时亦是体用异质的一种表达。不仅如此，小程言"体用一源，显微无间"，实亦体现了体用同质的内涵，用"无间"来强调体与用的不离。因此，后来的思想家有的强调体用的同质性，有的则强调体用的异质性，此皆是就理事关系而言。

除理象关系之外，小程还言及了体用关系的其他层面。程子说："以己及物，仁也；推己及物，恕也。③ 忠恕一以贯之。忠者天理，恕者人道。忠者无妄，恕者所以行乎忠也。忠者体，恕者用，大本达道也。"④ 又言："大本言其体，达道言其用。体用自殊，安得不为二乎？"⑤ 可见，体为天

---

① 程颢、程颐：《河南程氏文集》卷八《易传序》，《二程集》，中华书局 2004 年版，第 582 页。

② 程颢、程颐：《河南程氏遗书》卷二十五，《二程集》，中华书局 2004 年版，第 323 页。

③ 此处有小字注为："违道不远是也。"

④ 程颢、程颐：《河南程氏遗书》卷十一，《二程集》，中华书局 2004 年版，第 124 页。

⑤ 程颢、程颐：《河南程氏文集》卷九《与吕大临论中书》，《二程集》，中华书局 2004 年版，第 606 页。与此相类似的表达还有："大本言其体，达道言其用，乌得混而一之乎？"（程颢、程颐：《河南程氏粹言》卷一，《二程集》，中华书局 2004 年版，第 1182 页。）

道，为大本，为忠，为无妄；用为人道，为达道，为恕，为所以行乎忠。此时的体用实际上表达的是天人关系。不仅如此，小程还言心有体用。"心一也，有指体而言者（自注：寂然不动是也），有指用而言者（自注：感而遂通天下之故是也）。惟观其所见如何耳。"① 心有体有用，是由"所见"不同而决定。此是体用有别的方面。同时，小程又强调"显微无间"，其言曰："咸恒，体用也。体用无先后。"② 如果连贯上条材料来看，体用之不同在于：体是天道，是大本，是心之寂然不动，是至微之理；用是人道，是达道，是心之感而遂通，是至著之象。体用之同质的可能性在于，体用"一源"，体用所指虽有别，但同源自心，心之体用源自心，理体事用源自合理事之道。不仅如此，体用在空间上"无间"，在时间上"无先后"。

　　如此来看，小程的体用观，实际上包含着两个层面。一是体用的不同，此实包含异质与同质的方面。如体微用显、体寂用感，此是言异质。如体天道、用人道，体大本、用达道，此是言同质。二是"体用一源"，同一源头，"体用共时无间"。此是小程关于体用的理解。值得注意的有两点：一是体用同质是指体用自身的特征同质，并不是说明体用本身无分别；③ 二是体用一源，并不是说体、用作为两个概念之间没有区分的必要。

　　（2）朱子的体用观层面

　　朱子曾就小程的"体用一源，显微无间"进行过具体分析。朱子言："'体用一源'者，自理而观，则理为体，象为用，而理中有象，是一源也；'显微无间'者，自象而观，则象为显，理为微，而象中有理，是无间也。……且既曰有理而后有象，则理象便非一物。故伊川但言其一源与无间耳。其实体用显微之分则不能无也。今曰理象一物，不必分别，恐陷于近日含胡之弊，不可不察。"④ "一源"是指理中有象，源则为理，理的包容性大，而"无间"是指象中有理，所言为象，象的包容性大。

　　如此来看，朱子与小程观点的不同则在于，小程所指的体用之间，一

----

① 程颢、程颐：《河南程氏文集》卷九《与吕大临论中书》，《二程集》，中华书局2004年版，第609页。

② 程颢、程颐：《河南程氏遗书》卷十一，《二程集》，中华书局2004年版，第119页。

③ 关于体用异质，胡宏言："天理人欲，同体而异用，同行而异情。"［黄宗羲原著，全祖望补修：《宋元学案》（第二册），中华书局1986年版，第1371页。］

④ 朱熹：《晦庵先生朱文公文集》卷四十《答何叔京》，《朱子全书》，第二十二册，上海古籍出版社、安徽教育出版社2002年版，第1841页。

源并未暗含其源为体，而"无间"亦并未就"用"而言。实际上，"一源"则是体用的源头为一；"无间"则是体用不相离，并未偏于体（用在体中），或偏于用（体在用中）。用在体中，强调的是体；体在用中，强调的是用。朱子此种分析，实际上体现了自身对体用关系的理解。既然是用理象来表达体用，那么理象则是有分别的。朱子此句说明在强调体用分别的基础上，强调体用一源。朱子指出："至于形而上下，却有分别。须分得此是体、彼是用，方说得一源。分得此是象、彼是理，方说得无间。"① 也就是说，先分得体用，然后才有"一源"与"无间"之表达。朱子强调体用区分基础之上的体用一源，林月惠称之为"体用合一"，颇有道理。在"体用一源"的体中有用、用中有体两个层面上，朱子偏向于体中有用。"体用一源。体虽无迹，中已有用。"② 此是朱子的体用观。

朱子的体用观中亦有一种层面是承继历史上以物为体，以运行、作用为用的体用观而来。"问道之体用？曰：假如耳便是体，听便是用；目是体，见是用。"③ 此就身体或物体与其运用、施行的关系而言，是体用关系的原初义。④ 朱子还曾对体用作过明确的界定。"问：前夜说体用无定所，是随处说如此。若合万事为一大体用，则如何？曰：体用也定。见在底，便是体，后来生底便是用。此身是体，动作处便是用。天是体，'万物资始'处便是用。地是体，'万物资生'处便是用。就阳言，则阳是体，阴是用。就阴言，则阴是体，阳是用。"⑤ 此处的体用关系实际上有三重含义。"见在底"为体，"后来生的"是用；此身是体，动作处是用；天与万物资始成体用，地与万物资生成体用。就阳而言，阳体阴用；就阴而言，

---

① 朱熹：《晦庵先生朱文公文集》卷四十八《答吕子约》，《朱子全书》第二十二册，上海古籍出版社、安徽教育出版社 2002 年版，第 2227 页。

② 朱熹：《朱子语类》卷六十七，《朱子全书》第十六册，上海古籍出版社、安徽教育出版社 2002 年版，第 2221 页。

③ 朱熹：《朱子语类》卷一，《朱子全书》第十四册，上海古籍出版社、安徽教育出版社 2002 年版，第 116 页。

④ 朱子言："坐则此身全坐，便是体；行则此体全行，便是用。"（朱熹：《朱子语类》卷十六，《朱子全书》第十四册，上海古籍出版社、安徽教育出版社 2002 年版，第 514 页。）"如秤，无星底是体，有星底不是体，便是用。且如扇子有柄，有骨子，用纸糊，此便是体，人摇之，便是用。"（朱熹：《朱子语类》卷六，《朱子全书》第十四册，上海古籍出版社、安徽教育出版社 2002 年版，第 230—240 页。）

⑤ 朱熹：《朱子语类》卷六，《朱子全书》第十四册，上海古籍出版社、安徽教育出版社 2002 年版，第 239 页。

阴体阳用。此是朱子对体用关系的总结，由此联系朱子理事体用观来看，理为体，是见在底，事为用，是理之动作，是后来生的。由此可以看出，朱子实际上强调的是体中有用，体能生用的思路。朱子对体用的界定同时亦表明体用的主体为体，体能决定用。就此来看，体似乎并无动作，而用才是动作处。牟宗三先生以朱子之理只存有而不活动，此亦不无道理。但是朱子又言："'体'与'用'虽是二字，本未尝相离，用即体之所以流行。"① 此句中的"之所以"实际上有两种理解。一是强调"……的原因"，即认为用是体所以流行的原因。此是以用为体之流行的原因。二是强调"用来……的方法"，即认为用是体"用来流行的方式"。此是强调体之流行。第一种理解显然不确。由此来看，在体与用的关系上，朱子认为用是体之流行方式。体用观的原初指涉层面是物体及其动行，而朱子创造性地将之理解为道体及其流行方式。此种理解，将体与用视为存有与活动的关系、主宰与流行的关系。同时亦强调用与体并不相分，用就是体的流行方式。② 因此体用即指体及自身的流行。此乃林书所言的本体论的体用层面。从朱子体用分言的立场来看，体为存有，用为活动，体用并不相离。具体到理事关系，朱子认为，用为体之流行，事为理之活动。因此，理本身既存有，又活动。此活动即是指事。此种理事关系，实际上已经具有同质性。但是此仍是就本体论之体用而言。

　　另外，朱子体用观的指涉层面还体现在众多方面，如性心关系（性体心用）③，性情关系（性体情用）④、四德与四端的关系（德体端用）⑤、四

----

① 朱熹：《朱子语类》卷四十二，《朱子全书》第十五册，上海古籍出版社、安徽教育出版社 2002 年版，第 1513 页。

② 若从朱子偏重于体的角度来看，亦可以视朱子是"以体消用"。

③ 朱子还言："性、心只是体用。体、用岂有相去之理乎？"（朱熹：《晦庵先生朱文公文集》卷四十《答何叔京》，《朱子全书》第二十二册，上海古籍出版社、安徽教育出版社 2002 年版，第 1824 页。）由此来看，朱子虽然言性体心用，但是性心并不相离。

④ 朱子言："故程子曰：'有指体而言者，"寂然不动是也"，此言性也；有指用而言者，"感而遂通是也"，此言情也。'"（朱熹：《朱子语类》卷五，《朱子全书》第十四册，上海古籍出版社、安徽教育出版社 2002 年版，第 230 页。）"故以其未发而全体者言之，则性也；以其已发而妙用者言之，则情也。"（朱熹：《朱子语类》卷五，《朱子全书》第十四册，上海古籍出版社、安徽教育出版社 2002 年版，第 230 页。）

⑤ "以其体言，则有仁义礼智之实；以其用言，则有恻隐、羞恶、恭敬、是非之实。"（朱熹：《朱子语类》卷六，《朱子全书》第十四册，上海古籍出版社、安徽教育出版社 2002 年版，第 242 页。）

端与四情的关系（端体情用）①、仁爱关系（仁体爱用）②、中和关系（中体和用）③。朱子体用观之所以具有如此丰富的指涉层面，其原因在于朱子将体用视为某一主体的体用，主体的不同，就形成不同的体用。"知对仁言，则仁是体，知是用。只就知言，则知又自有体用。"④ 仁为体，知为用，此并未言明仁知统一于何，但朱子言知又自有体用。也就是说，知有其体用，即体用可统于知。⑤ 朱子认为体用是相对于主体而言的。成中英认为："从心性结构来看，朱子的心性论的完整性应为：理生性，性生心、身，而理、性、身、心则各有体用，并在层级的次第上为体为用。"也就是说，在性理关系上是理体性用；在心性关系上是性体心用；在性情关系上是性体情用；而在理气的关系，理为体，气为用，而气又与身相联系，因此，理为体，气身为用。同时身之欲又为身之功能，因此身为体，欲为用。由此成氏认为此是一个"层次实现论"的体用关系。⑥ 成氏此种圆融朱子体用观的思路本身虽能凸显朱子体用观的多层面，其所揭示的单向度的派生关系亦是以朱子理象层面的体用观为基础，从而展现了朱子与阳明的明显区别，但是此种体用观掩盖了朱子体用关系中所蕴含的"用"的层面。此涉及朱子的第二次中和之悟。朱子所悟之结果为：心分未发（静）、已发（动）二时。若从较为彻底的体用观来看，实际上也就是朱子在心分体用（后文称之为第一级体用）的基础之上，又在"心之用"的方面，区

① "'赤子匍匐将入井，皆有怵惕恻隐之心'，只此一端，体用便可见。如喜怒哀乐是用，所以能喜怒哀乐是体。"（朱熹：《朱子语类》卷十七，《朱子全书》第十四册，上海古籍出版社、安徽教育出版社 2002 年版，第 588 页。）

② "仁是体，爱是用。……爱自仁出也。"（朱熹：《朱子语类》卷二十，《朱子全书》第十四册，上海古籍出版社、安徽教育出版社 2002 年版，第 690 页。）

③ 在涉及体用的主体时，朱子言："道者兼体、用，该隐、费而言也。"（朱熹：《朱子语类》卷六，《朱子全书》第十四册，上海古籍出版社、安徽教育出版社 2002 年版，第 236 页。）"谓之中者，所以状性之德，道之体也，以其天地万物之理，无所不该，故曰天下之大本。谓之和者，所以著情之正，道之用也，以其古今人物之所共由，故曰天下之达道。"（朱熹：《中庸或问》，《朱子全书》第六册，上海古籍出版社、安徽教育出版社 2002 年版，第 558 页。）另有言载为："曰：'然则中和果二物乎？'曰：'观其一体一用之名，则安得不二？察其一体一用之实，则此为彼体，彼为此用，如耳目之能视听，视听之由耳目，初非有二物也。'"（朱熹：《中庸或问》，《朱子全书》第六册，上海古籍出版社、安徽教育出版社 2002 年版，第 559 页。）

④ 朱熹：《朱子语类》卷三十二，《朱子全书》第十五册，上海古籍出版社、安徽教育出版社 2002 年版，第 1163 页。

⑤ 值得注意的是在仁与知的关系上，朱子更为重视仁。在仁与知的关系上，知只能作为用。

⑥ 成中英：《合内外之道——儒家哲学论》，中国社会科学出版社 2001 年版，第 265 页。

分出了"体""用"（后文称之为第二级体用）。此是朱子体用思想的细密所致，而阳明主张合说，将朱子"心之用"上的"体""用"合而为一。而朱子对于"心之用"亦区分"体""用"之处理，正表明了其对于"心之用"本身的重视。此是朱子心性论的最大特色，亦是其体用观指涉层面的进一步拓展，即是在"用"之中开发出另一层"体"与"用"。①

（3）阳明的体用观层面

与朱子在理事层面的体用观相对应，阳明的体用观主要强调的是良知之体用。②

"体即良知之体，用即良知之用，宁复有超然于体用之外者乎?"③ 此是言良知之体用，将体用统一于良知，认为良知之外别无体用。此虽言体用，实际上所强调的仍是良知的地位。此与朱子强调理的倾向是一致的。实际上阳明亦强调良知就是天理。④ 正是由于对良知地位的强调，阳明认为："知是心之本体。"⑤ 联系上文朱子以仁为体，以知为用以及"知又自有体用"的思想来看，阳明对知的强调在朱子的思想体系中，则为第二级之体用。而就阳明的思想而言，良知即是天理，无疑，阳明实是将良知拉回到朱子所言的第一级之体用上进行讨论。与朱子强调体用观上的生成性、流动性有所不同，阳明反对朱子第二级体用的区分。当阳明的弟子问及心分动静体用时，阳明认为，动静不可为体用。

阳明弟子薛侃（字尚谦，号中离，1486—1545）问阳明："先儒以心之静为体，心之动为用，如何?"阳明答曰："心不可以动静为体用。动静时也，即体而言用在体，即用而言体在用。是谓体用一源。"⑥ 此是阳明对体用一源的解释。此种思想与朱子的体在用中、用在体中，以

---

① 当然，朱子于"心之用"上又分体用的划分，实际上与其对于动静两种工夫的分疏有关。朱子未发已发亦是在此意义上立言，在工夫上则有动静二时之区分。

② 林氏指出："相较于朱熹体用观无所不包的运用，阳明则将体用关系绾摄于两方面的解释，一是良知本体，一是本体与工夫。"（林月惠：《良知学的转折——聂双江与罗念庵思想之研究》，台湾大学出版中心 2005 年版，第 711 页。）

③ 王守仁：《王阳明全集》（上），上海古籍出版社 1992 年版，第 63 页。

④ 阳明认为，心的本体是良知，亦是天理。"这心的本体，原只是个天理，原非无体，这个便是汝之真己，这个真己是躯壳的主宰。……汝若真为那个躯壳的己，必须用这个真己，便须常常保守着这个真己的本体。"［王守仁：《王阳明全集》（上），上海古籍出版社 1992 年版，第 36 页。］

⑤ 王守仁：《王阳明全集》（上），上海古籍出版社 1992 年版，第 6 页。

⑥ 王守仁：《王阳明全集》（上），上海古籍出版社 1992 年版，第 31 页。

及寂然之用、感通之体的思想是一致的，与朱子第一级之体用观是极为相似的。而其不同就在于，阳明认为朱子第二级之体（静）用（动）之分实际上是时间的划分，不能体现体用的关系。小程就曾明言，体用无先后。在此方面来看，阳明更为坚持小程的观点。而真正的体用实际是体用一源的关系。也就是说，相对于体而言，用就在体中，相对于用而言，体就在用中。如此，才能体用不分，体用一源。阳明持较为严格的体用观，认为体用观的使用层面，不当涉及时间上的先后以及工夫之间的关系。否则就不能全用在体，全体在用，就不能体用一源。

阳明相似的表达还有："所谓动亦定，静亦定。体用一源者也。"① 若将动静视为用的话，定则为体，这说明用的不同状态皆是有体。此似乎强调的是体。但是阳明又言此为"体用一源者也"。在强调体的前提下，又指出体用一源，似乎有将此一源理解为体的方面。阳明认为，朱子对"致中和"的注疏，过于剖析，恐令人误以为致中和工夫有动静二时之别。② 此言表明，阳明认为朱子本身并无此别，恐令人生别。实际上，此亦是阳明本身的理解。朱子第二次中和之悟之后，分动静二功。但是中和实际上主要还是表达其第一级的体用观。

尽管朱子的体用观显示出丰富的层面指涉性，阳明仍有新的体用层面的开发。此主要表现为阳明在本体论与工夫论上对用的重视。

在本体论上，阳明强调以觉为体，并进而强调以用为体。阳明以知为体，认为良知是"天理之昭明灵觉"③。朱子以觉为用，在仁知关系上，朱子言："知对仁言，则仁是体，知是用。"④ 而朱子又明确反对以觉言仁。由此来看，朱子反对以觉为体，阳明则以觉为体，此是阳明对体用中"体"的含义的进一步拓展。在此基础上，与朱子强调主体及其运行相对，阳明强调以用为体。阳明言："目无体，以万物之色为体。……心无体，

---

① 王守仁：《王阳明全集》（上），上海古籍出版社 1992 年版，第 63 页。
② 参见林月惠《良知学的转折——聂双江与罗念庵思想之研究》，台湾大学出版中心 2005 年版，第 433 页。
③ 参见张学智《明代哲学史》，北京大学出版社 2000 年版，第 104—106 页。
④ 朱熹：《朱子语类》卷三十二，《朱子全书》第十五册，上海古籍出版社、安徽教育出版社 2002 年版，第 1163 页。

以天地万物感应之是非为体。"① 值得注意的是，阳明此处所要表明是以用为体的思想，也就是指体在用中之义。阳明并不如朱子那样认同体用是指物体及其动行或作用。阳明言"目无体""耳无体""心无体"时，目、耳、心实际上都是物体，都可行动或作用，但是阳明所要表达的则是此体并不是可以把捉的，不是固定的一个实体，而是一个本体，是通过"万物之色"……"以天地万物感应之是非"而呈现的本体。如此来看，阳明此段材料虽然没有出现"用"这一字眼，但是其所要表达的实际是以用消体、以用言体的思想。如果说，朱子有以体消用思想的话，那么阳明则偏向于以用消体。由此可知，朱子对用的质缺乏信心，而阳明则对用的质充满自信。以用言体，此是阳明本体论之理解。

阳明重视用的思想还体现在其工夫论上。在工夫论上，阳明在"是体定是用"的基础上强调因用求体。阳明言："盖体用一源，有是体即有是用，有未发之中，即有发而中节之和。"② 此处的"有是体即有是用"，实际上可从以下几个层面来看，其一，体用一如、中和一如、已发未发一如，此与朱子以体之流行为用的思想相似，实指本体之体用。在阳明后学中，此亦并无异议。其二，良知为体，致良知为用。有良知之本体，即有致良知之工夫，此是就本体与工夫的关系而言，阳明、龙溪等人即是持此立场。其三，有是体，因此工夫是立体之工夫；有是用，是体立而用自生的效验。此是就工夫与效验的关系而言。念庵、双江即是持此思路。此种思路，在阳明的思想中亦有影子。阳明言："不可谓未发之中，常人俱有。盖体用一源，有是体即有是用。有未发之中，即有发而中节之和。今人未能有发而中节之和，须知他未发之中亦未能全得。"③ 阳明还言："正心，复其体也；修身，著其用也。""体正而无不善之动也。"④ 由此来看，如何能得未发之中以复其体，此是为学的重要工夫。因此，双江将之视为立体，实是阳明思想的体现。⑤ 此三个层面皆是阳明思想所指涉的层面，亦体现了阳明在朱子思想的基础上，对体用层面的进一步开发。

---

① 王守仁：《王阳明全集》（上），上海古籍出版社 1992 年版，第 108 页。
② 王守仁：《王阳明全集》（上），上海古籍出版社 1992 年版，第 17 页。
③ 王守仁：《王阳明全集》（上），上海古籍出版社 1992 年版，第 45 页。
④ 王守仁：《王阳明全集》（上），上海古籍出版社 1992 年版，第 1197 页。
⑤ 在此层面上，林书认为双江的思想主要承继了朱子的思想而不是阳明，此亦甚奇怪。

以"是体定是用"为基础,阳明强调因用求体。阳明指出:"夫体用一源,知体之所以为用,则知用之所以为体者矣。虽然,体微而难知,用显而易见也。……君子之于学也,因用以求其体。"① 为学工夫为即用见体、因用求体。与朱子以"用即体之所以流行"来强调"体"有所不同,阳明更为强调体用之间的互摄关系,以此呈现其对用的重视。

以上是阳明的体用观。阳明体用观层面的丰富性并不可以化约为即用见体之工夫论。同样,对朱子的体用观持化约的态度无疑亦有所偏颇。彭书与林书从朱子理事关系所体现的体用观出发,认为其是一种强调体用有形上形下之别的思维方式。彭书将之界定为二元论的体用观②,并认为:"朱子将这种二元论的体用思维方式广泛贯彻到了理气、性情、未发已发、内外、寂感、阴阳、动静、中和等几乎理学的所有范畴。"③ 林书认为:"朱子是以其理气二元、不离不杂的方式来理解'体用一源',其体用观实与其理气说两两相应。在此种思维方式下,朱子虽言体用不相离,却也强调体用有别。如朱子即用许多相对的关系来显示体用确实有分别。举例而言,现在与将来、天地与鬼神、天道与人道、阴与阳、大本与达道、性与情、未发与已发、中与和、仁与爱、仁义礼智与恻隐羞恶恭敬是非、德与才、持敬与穷理……等,皆可以体用分别之。"④ 从体用观的指涉层面来看,此恰是说明了朱子体用观所具有的丰富性。甚至可以说,在体用观所指涉的某些具体层面,朱子的思想与阳明的思想极为接近。如朱子用"体用一源"的思想来表达寂与感的关系时,曾言:"其寂然者无时而不感,其感通者无时而不寂也。是乃天命之全体、人心之至正,所谓体用一源。……然于其未发也,见其感通之体;于已发也,见其寂然之用,亦各有当而实未尝分耳。"⑤ 朱子用"感通之体"与"寂然之用"实际上表明了寂与感体中有用、用中有体的关系。此处并未有所偏向。此时的理解,

① 王守仁:《王阳明全集》(上),上海古籍出版社1992年版,第146—147页。

② 林书认为此种界定不甚精确。

③ 彭国翔:《良知异见——中晚明阳明学良知观的分化与演变》,《哲学门》第2卷(2001年第2册)。

④ 林月惠:《良知学的转折——聂双江与罗念庵思想之研究》,台湾大学出版中心2005年版,第524—525页。

⑤ 朱熹:《易庵先生朱文公文集》六十七《易寂感说》,《朱子全书》第二十三册,上海古籍出版社、安徽教育出版社2002年版,第3257—3258页。

实际上，与阳明"未扣时惊天动地"，"已扣时寂天寞地"的思路完全相同。如果说，阳明的"未扣""已扣"还有时间段的分际，因而表达并不确切的话，那么朱子的"感通之体"与"寂然之用"则完全体现了体与用之间"一而二""二而一"的关系。因此，朱子理体事用的体用观本身所包含的层面并非单一的异质异层所能言尽。用异质异层的体用观来化约朱子体用观指涉层面的丰富性，难免有误。

在阳明与朱子体用观的理解中，还有一点值得关注。即朱子所言"见在底"为体与阳明、龙溪所言见在良知的关系。朱子的见在，强调的是本有，是一种溯源意义上的见在。而见在良知，强调的是良知本有同时又现显的特性。此两者是相区别的。若是离开了良知的当下呈现，或者仅言当下呈现是一种动力与能力，而不是现有，实际上皆偏向于朱子对"见在"的理解，而与阳明、龙溪对"见在"的理解有别。

在宋明以后，对体用观较为精彩的理解，还见之于熊十力的《体用论》。按熊先生的理解，体用实际是实体（包含本体）与功用的关系。实体本身是变动不居的，而功用即是实体变动不居而变现为万行。此万行，是万象，亦是迁流不住之义。也就是说功用是实体的变现。因此，体用不二。① 而对于实体变动的原因，熊先生诉诸实体自身的复杂性即包含物质与心灵两种性质。"两性相反"，"所以起变动而成功用"。实体本身有两个方面，因而其变动即其功用亦有两个方面。在功用层面上，一方面是对本体的保任，是辟，是不化为物；另一方面是不保任本体，是翕，是化为物，此是象的存在。熊先生认为，此种体用观，是宇宙论中的体用问题。体为宇宙实体，变动而为宇宙万象。宇宙万象是实体之功用，是用，是"物质与精神种种现象的通称"。同时，熊先生亦言，此种理解，是基于"阐明变化之道"的《易经》。② 与朱子、阳明的体用观相比，熊先生从体用的最基本的含义即物体及其运动与本体及其运行的理解中，得出用为体之运行的变现。在体用一源的前提下，朱子偏向于体，而阳明偏向于用。但是熊先生强调的是体用不二。体是用的根据，用是体的变现。此后，熊先生弟子唐君毅又将体之变现为用的"变现"理解为"感通"，进一步突

---

① 与前人强调体用一源不同，熊先生所强调的是体用不二。
② 熊十力：《体用论》，中华书局1994年版，第176页。按：此种对实体的相反性质的预设，使得"用"得以形成的原因变得不可再追问。

出了体用心境之间"互相为用"的思想。①

以上主要围绕朱子与阳明体用观的指涉层面，对体用观层面的历史蕴含作一梳理，此实是基于当下阳明后学研究之现状——以朱子与阳明体用观的差异来理解分判阳明后学——而对以朱子与阳明为代表的体用观的指涉层面的丰富意蕴进行还原，从而为笔者的研究进路与研究架构提供根据。

四　研究进路与研究框架

既是作为阳明后学背景下的个案研究，笔者的研究进路就必然涉及阳明后学本身的线索以及塘南思想自身的线索。笔者无意兵分两路进行详细考察，而是在塘南思想的自身发展中，时时对照其所处的背景而加以论述。在此处，笔者主要是通过阳明后学研究现状中体用观的反省以及体用观本身所具有的丰富意蕴来为塘南思想的具体层面提供架构。

根据上文关于体用观指涉层面的分析，体用实际上有以下几层关系。

一是由体指向用。主要是指主体及其运用。此是一种纵向的关系，主要有三种情形。一是物体及其运动或功用。此是现实论的问题。二是本体及其流行。此是狭义的本体论的问题。三是本体及其变现。此是本体与现象的关系问题，属于广义的本体论。

二是体用对待（异质）的关系。此是一种横向的关系。主要是指体用统一于一个主体而言。此时的体用是作为一个主体的两个方面而言，更为强调体用之分别。

三是体用同质的关系。此是言本体与工夫的关系。此是就纵向的关系，如郑玄认为，用无则体不能舍无，即是此种关系的体现。

四是体用生成的关系。此可图示为"体 1——用 1（体 2）——用 2（体 3）……"此主要表现为朱子对第二级体用观的强调，即朱子在"心之用"上又分"体"与"用"的思路。

五是体用相消的关系。其所指为工夫与效验的关系，主要包括两个方

① 唐先生认为，言感通而不言变现，此实际上是说感通实能体现心境互相为用之义，而变现实是"特定境"，有所滞，而感通实是"永不滞于此所通"之义。参见唐君毅《生命存在与心灵境界》（上册），《唐君毅全集》卷二十三，台湾学生书局 1986 年版，第 13 页。

面。一是以体消用，强调体。此是体立而用自生的思路。二是以用消体，强调用。此是即用见体的思路。

体用观所指涉的五种关系，实可以化归为本体论与工夫论两大板块。一、二层面属于本体论板块，三、四、五层面属于工夫论板块。

正如熊十力先生认为体用是哲学根本问题，笔者倾向于认为体用关系本身所具有的丰富性与完整性恰好可以诠释、理解各个具体个案本身的丰富性与完整性。当然，亦包括阳明二传弟子塘南在内。而塘南的思想，恰对以上层面皆有涉及。简而言之，如：

（1）惟生几者，天地万物之所从出，不属有无，不分体用。此几以前更无未发，此几以后更无已发。若谓生几以前更有无生之本体，便落二见。又以知属体，意属用，皆自生分别。且以知而照意，即是以一心照一心，心心相持如鹬蚌，然大属造作，非自然也。①

（2）盖宇宙万古不息，只此生生之理，本无体用可分，真所谓可一言而尽也。②

（3）惟知为先天之子、后天之母，则此知正在体用之间。③

以上所言，是塘南对本体论之体用的理解，以及塘南通过知、几开发出体用指涉的新的层面。

……要之，心体而物用。可言体用，不可言内外。④

此是就本体与现象的关系而言。

（1）惟世儒判有无，分寂感，离体用，即未论孔门，彼二氏亦且排斥以为二见；若混有无、寂感、体用以为一者，又彼家所谓颠顶佛

① 《友庆堂合稿》卷一《与贺汝定》庚寅（1590）。
② 《友庆堂合稿》卷一《答贺汝定》辛卯（1591）。
③ 《友庆堂合稿》卷一《答萧勿庵》丁酉（1597）。
④ 《友庆堂合稿》卷五《〈初刻大学古本〉跋》。

性。其不足语孔门之旨均也。①

（2）……故即知便是行，即体便是用，是之谓知行一、体用一也。②

以上是就本体与工夫的关系而言。

若谓只存本体而念虑事为任其遗漏，则岂有悬空之本体？若谓只于念虑事为著力而本体可缓，则所谓念虑事为者又从何处流出？是皆自作二见，而不知"体用一原，显微无间"之理矣。且本体存乎悟者也，念虑事为存乎修者也。故本体上著"用工"二字不得，舍念虑事为，亦无用工处矣。③

此是就工夫论而言。

正是基于体用关系本身所包含的丰富层面，以及塘南体用层面指涉的本体、现实、工夫等方面，笔者主要从本体论与工夫论两大板块对塘南的思想进行介绍。

在具体结构上，主要分为六章进行论述。第一章主要就"先考之训""先师之教"与"良友夹持"三个方面，介绍塘南五十岁以前的学思过程，强调塘南五十岁以后思想得以升华的思想资源。第二和第三章，主要论述塘南哲学思想中的本体论。第二章主要就本体界体用关系所具有的不同内涵对塘南五十岁以后思想中关于本体理解的变迁作一阶段性区分。第三章主要通过"本体与物事""性与气""性与病""性与命"等关系来探讨塘南对本体界与经验界关系的理解，其中涉及本体的形上流行（本然流行）与本体的形下流注（现实发用）两个方面，后者体现的是善恶并存的现实，而前者则体现了本体对现实可能具有的导向作用。第四至第六章主要探讨塘南错综复杂的工夫论系统。第四章主要探讨塘南工夫论的彻悟本体的原则，以及在此原则的指导下，塘南先默识后敬存的工夫论框架。由此再来反观塘南对悟修关系的理解，尽管塘南有先悟后修与先修后悟两种悟

---

① 《友庆堂合稿》卷一《答李见罗》庚辰（1580）。
② 《友庆堂合稿》卷二《再答宪使修默龚公》壬寅（1602）。
③ 《友庆堂合稿》卷一《答邹子予》戊子（1588）。

修关系的理解，但是先默识后敬存的框架主要指向的是塘南先悟后修的悟修关系。第五章主要探讨塘南之研几思想。在阳明后学中，对于几的讨论实非个别现象，塘南之研几从提出到融通，皆是在阳明后学之背景下进行。在先默识后敬存的工夫论架构中，塘南之研几实属于默识工夫。第六章主要探讨塘南之收敛思想，与研几相类，在阳明后学中，实亦有关于收敛思想之派别划分。塘南对收敛的强调亦与此背景密切相关。塘南基于收敛工夫的实践用途而为收敛工夫寻找义理根据。在此义理根据的寻找中，收敛与研几工夫之间的关系亦须加以处理。此又涉及本体与工夫、工夫的著意与自然、从后天入手与归于先天此三重关系。在此基础上，塘南收敛工夫的实质亦须加以揭示：一是负的讲法，一是为中下根人立言。最后阐明收敛工夫的《易经》根据。由此，塘南的工夫论得以全面呈现。在结论部分，笔者对塘南思想集阳明后学之大成、融贯宋明儒之思想特色作了论述，并对塘南思想在宋明儒学史中进行具体定位。在此基础上，笔者对当下涉及塘南的派别划分进行简单回应，并对塘南的为学宗旨进行概括。此是阳明后学背景下的塘南思想研究。作为对未来的展望，笔者在文末从对塘南思想之研究反观阳明后学的研究前景，力图为当下的阳明后学研究提供潜在线索。

第一章　多方求质　辗转参寻

——塘南五十以前的学思过程

　　塘南学术思想的真正创发是在五十以后。作为塘南代表性著作的《友庆堂合稿》，除了几首诗而外，所收录的皆是塘南五十以后的著作。塘南尝言其五十以前的为学经历是"未有闻①"。确实，比起晚年思想的精彩呈现，塘南五十以前较为留意于仕途。但是任何思想的产生都不是无源之水、无本之木。塘南五十以前的为学实是一个"多方求质、辗转参寻②"的历程。在此，拟对塘南五十以前的为学活动进行一次较为客观的思想还原，从而为塘南后来思想的创造性发展寻找潜在线索。③

　　对五十以前的为学经历，塘南在其65岁所撰的《书西原惜阴会籍》④中是这样记录的："予夙生多幸，于弱冠时，得师事两峰刘先生，侧闻阳明王先生指受圣学之余绪。已而，谬通仕籍，以学力未坚，遽涉尘境，深惟坠佚前闻是惧，然此衷弥切，沉思密体，未敢少懈。而请质于四方名

---

　　① 《友庆堂存稿》卷五《塘南居士自撰墓志铭》，湖北省图书馆藏明万历三十八年刻本。按：此铭除载于《友庆堂存稿》卷五外，亦见载于《友庆堂合稿》卷末。后者在文末增了以下内容："此志铭撰于万历十六年戊子（1588）季夏九日，时先生六十有七也。后乙未（1595）迄癸卯（1603），岁有改订，甲辰（1604）以后不复经笔矣，先生卒万历三十三年乙巳（1605）十月初八日卯时，享年八十有四。"另起一行为："三十八年（1610）正月内中丞卫公、侍御顾公会题。"另起一行为："请谥尚俟部覆焉，门人庐陵贺沚缀补。"从"内中丞卫公、侍御顾公会题"的内容来看，此铭撰于塘南六十七岁时，此比《恭忆先训自考录》所载时间迟两年。笔者以《恭忆先训自考录》所载时间为准。

　　② 《恭忆先训自考录》篇末，《王塘南先生自考录》。

　　③ 关于塘南为学经历及其学思的详细经过，参见拙编《王塘南先生为学年谱》，《国学研究》第二十四卷，第333—384页。

　　④ 《友庆堂合稿》卷六《书西原惜阴会籍》。按：《书西原惜阴会籍》并未注明时间，但考"是年"乃是塘南门人倡"每岁季秋能仁之会"（九月西原大会）之时，因而作此推定。参见《恭忆先训自考录》"年六十五岁"条。

贤，抠趋于郡邑先觉，考证于先儒异同，不遗余力，反求诸己，则垢障之屡积，意见之横生，歧径之疑似，其乍闻而旋翳，暂通而屡滞，展转焦劳，不知其几。盖根钝器劣，故力苦而机窒如此。徒以志不中阻，惭愤自激，誓竟此生，必前无却。"由此来看，塘南实际上在师从两峰之后，虽走上仕途，却是"以学力未坚，遽涉尘境，深惟坠佚前闻是惧"，从而为学不辍。与此相似的表达还见于塘南同年始撰的《塘南居士自撰墓志铭》（后文简称《自撰墓志铭》）中，其言曰："自弱冠师事两峰刘先生，请事圣学，已而入仕，虽以其钝功所及，求质于一时诸先觉，切磋于四方良友，精神所注，未敢荒昧，顾迹涉尘鞅，迄无专力，以是五十而未有闻焉。"[1] 此是塘南23岁（师从两峰）直至50岁（挂冠归田）期间的为学历程。虽然塘南认为自己年及五十，而于道"未有闻"，但是其为学仍是一个循序渐进、厚积而发的过程。此一过程，塘南在79岁所撰的《恭忆先训自考录》（后文简称《自考录》）中也曾作过较为详细的描述："某夙负钝资，所幸自幼承先考之训，知趋于正。稍长，闻先师之教，志弥切，然于道茫然无所入，辗转参寻，疑障万端。及入仕，勉自检饬，复遇良友启迪，切偲之益，得免颓惰。平生不为身家之计，一于学而已。年及五十，道犹未明，乃身自惭愤，弃官而归，志益精专，功无作辍，逾年稍有所窥……"[2] 据此，塘南五十以前的为学过程是从"先考之训"开始，经历"先师之教""良友夹持"而得以发展的。在此不妨将"先师"的范围扩大到刘两峰以外，那么塘南师从两峰以后的为学过程则是师友启迪互发而成。以下主要从"先考之训""先师之教"与"良友夹持"三个方面进行论述。

一 先考之训

"先考之训"主要是指塘南之父对塘南的教导。塘南之父王一善（1478—1547），字元夫，号积斋。王积斋之先祖为"抚之金溪人"，后唐

---

[1] 《友庆堂存稿》卷五《自撰墓志铭》。
[2] 《自考录》篇末。

同光间刺史顺之"卒官吉州，因家安成，仍名其地曰金溪"，①"后世居吉之安福南乡金田下南塘"②。嘉靖间，"始徙吉郡城"③。"明嘉靖初，先大夫封光禄少卿，积斋府君始徙吉郡城居焉"。④"族属繁衍，历贵仕"，而积斋之"曾大父庶立、大父续、父稀礼，皆不显"。⑤ 积斋早年治《易》，"游安福邑庠"⑥。虽常思振兴家世，但乡试"连举不利"，后弃举业，"游楚之湘阴"。⑦ "时同祖诸弟皆客寓楚之湘阴"，王积斋亦"同诸弟寓于邑之第八都界头市"。因塘南"先嫡母赠宜人刘氏屡生子不育"，故王积斋"卜娶"塘南"先母赠宜人姜氏"，生塘南。⑧ 王积斋在湘阴之时，尝"阴贷赀于客，嚣嚣争丝粟，君恻然轻其息，不忍割以自肥"，有人"负之"，竟也不与计较。"遇相指构者，秉公曲直之，湘中人叹服其善。"王积斋亦"尝择胜地，植花木，赋诗饮酒，超然世外之想"。晚年归吉郡，"至遇显客，无低昂"。⑨ 塘南受其父之影响极深。在塘南"万历庚子（1600）秋月庚戌"（时年79）所撰的《〈恭忆先训自考录〉自序》中，塘南言："先大夫于晚岁始举时槐，虽爱之甚至，而望之甚殷。即在稚年，未尝一厉色一峻词以示诃斥，第时时以古圣贤嘉言善行训迪之，时槐敬服膺不敢忘。及稍长治经，既壮从仕，垂老乞休，既耄益自省惕，诚惴惴焉坠佚先训是惧也。"正基于此，塘南在因门人贺汝定（名沚，字汝定，吉之庐陵人）⑩ 之请而撰《自考录》之时，"仍题其卷端曰'先训'"。考王积斋的一生，对塘南的教导大致有以下几个方面。

---

① 邹守益：《明故积斋王君墓志铭》，《邹守益集》，凤凰出版社 2007 年版，第 1060—1061 页。按：此铭实据陈蒙山为塘南父所撰之行状而成。

② 载于《友庆堂合稿》卷末的《自撰墓志铭》将"南塘"写为"塘南"，明唐鹤徵撰《塘南王先生传》载为"塘南"［参见《四库全书存目丛书》（子部），第 12 册，第 823 页］，载于《友庆堂存稿》卷二的《诚心堂助建录序》亦载为"下塘南"。但是在《自考录》"年四十岁"条、"年四十七岁"条、"年七十三岁"条皆载为"南塘"。另外，王先顺主编，王复先总纂《金溪王氏族谱》（2005 年第 10 次续修）亦写为"南塘"。

③ 《友庆堂存稿》卷五《自撰墓志铭》。

④ 《友庆堂存稿》卷五《亡儿郡庠生景衡偕配毛氏合葬圹志》。

⑤ 邹守益：《明故积斋王君墓志铭》，《邹守益集》，凤凰出版社 2007 年版，第 1061 页。

⑥ 《自考录》篇首。

⑦ 邹守益：《明故积斋王君墓志铭》，《邹守益集》，凤凰出版社 2007 年版，第 1061 页。

⑧ 《自考录》篇首。

⑨ 以上参见邹守益《明故积斋王君墓志铭》，《邹守益集》，凤凰出版社 2007 年版，第 1061 页。

⑩ 贺汝定，隆庆庚午（1570）举于乡，授文昌令。塘南尝为其《玉阳会纪》撰《〈玉阳会纪〉序》，见载于《友庆堂合稿》卷三。

1. 重程朱思想、重《诗》《易》教育

塘南之父极为重视塘南的早期教育，特别是程朱思想与《诗》《易》等方面的教育。

塘南言，其年幼"稍有识，能步履"之时，"即每日出门外小江中，坐滩石，与群儿嬉，复携小石归至外庭内室，处处磊积以为乐"，待到七岁入塾，则将其所积尽弃。① 对于此事，塘南言："先考暨姜宜人大悦。"② 据《自撰墓志铭》载："生母姜氏，赠宜人，姜为楚湘阴著族，先大夫晚寓湘，姜宜人来归，生予于湘阴之界市。自幼先大夫亲授句读、解经义，渐习制度文字，教以孝弟忠信、端身正行之大节。十岁始自楚携归吉郡。"塘南入学的最初读物是《三字经》，虽未费力，却"诵习甚易"。先考曰："是可教也，不必更授以杂书。"塘南七岁的冬天，"即教读《大学》"。王积斋将这些书"自点句读，付之塾师，口授之"。塘南在楚中时，"楚俗尚鬼"，岁时赛会，众多生童出塾观看鼓吹迎神，塘南则不出。其他孩童乘老师不在之时，去"觅酒聚饮"，塘南亦不往。叔父先辈闻之，也皆以为可教。塘南言："比七龄，命入乡塾，能舍其幼时戏弄之具，一意读诵。每授书，数过辄能记。已而属对偶颇便捷，府君偕先叔南衢公喜曰：'此儿可教也。'"③ 在楚三年，塘南读完《四书》《易本义》等。④ 10 岁时，由湘反吉。"寻返螺川，召善画者写一幅府君衣巾坐、时槐执经侍侧，自题四句于其上曰：黉泮早游，云程未遇，经授后人，伸我屈志。"此画后毁于火，但是塘南念此画而不忘，晚年"乃复以家藏府君遗像摹写此幅，奉之中堂，晨夕展敬，以申永慕之万一"。⑤

塘南父尝自题家中堂柱，曰"立志非万仞高，不可以为人；读书无一字用，不可以言学"，提醒塘南用心为学。⑥ 塘南 10 岁时，为"取友"方便，由治《易》改治《诗》。11 岁，即读《性理大全》，跟塾师学作举业

---

① 唐鹤徵言："其幼志能悔过自新概见矣！"［唐鹤徵：《宪世编》卷六《塘南王先生》，《四库全书存目丛书》（子部），第 12 册，第 823 页。］

② 参见《自考录》"年七岁"条。

③ 此见载于《自考录》。

④ 参见《自考录》"年十岁"条。

⑤ 以上引自《友庆堂存稿》卷十《〈先考光禄府君教子图〉跋》。

⑥ 参见《自考录》"年七岁"条。

文字。12 岁，其先父又认为其"记诵未广"，往湘，"自督教之"。"至湘始读《史略十科策》，尝以梅福上书命某作论，先考览之大悦，以为可教。"在塘南 14 岁时，其父以其"未知古人事亲事长、立身行己之道"，命读《小学》。① 积斋每授塘南之书，"既口授之，复解释其义"，认为如此既"便于记诵"，"且理路渐通"。② 此就是塘南 7—15 岁的教育。与其说受学于塾师，不如说受学于其父。

就王积斋教育塘南的内容来看，从 7 岁的《三字经》《大学》到以后的《四书》《易本义》再到 10 岁以后读《诗》、11 岁读《性理大全》、12 岁读《史略十科策》、14 岁读《小学》，从句读到诵习，到通理，到论文，为塘南的为学打下了深刻基础。塘南在《自撰墓志铭》中是这样评价其父的："自幼先大夫亲授句读、解经义，渐习制度文字，教以孝弟忠信、端身正行之大节。"由此来看，塘南之父对塘南的教育以程朱思想为主。塘南尝言其父曰："先考雅不喜释老，而尊信程朱，时时举孝悌忠信、先贤实行以示某，复粘二程先生、司马温公、赵清献公画像于堂壁，俾知瞻仰。"③ 程朱思想对塘南后来为学颇具影响。塘南作为两峰的弟子，初从两峰却室碍无所得，与其受父之深刻影响不无关系。最终塘南亦是在程朱与阳明之间进行了某种融合，此亦是以王积斋为代表的程朱思想与以两峰为代表的阳明思想的融合。尽管塘南其父的实际影响在塘南师从两峰、师泉等人之后，可能有所淡化，但是作为父亲，其对儿子的无形影响仍然存在。因而在学术情趣上，塘南一开始就和王学左派的思想倾向格格不入。

王积斋对塘南思想的具体影响主要表现为《诗》与《易》两个方面。

（1）与《易》相关的方面。王积斋早年就尝治《易》。④ 据《自考录》载，塘南十岁之时已读完《易本义》。后因治《易》者少乃改治《诗》。塘南仲子景明、小子景衡皆治《易》。可见，治《易》实是塘南的家学。塘南后曾师从师泉，而师泉的主要代表作即《易蕴》；师泉的弟子多治《易》，塘南亦与其多有交往。如 73 岁时，塘南尝为师泉弟子朱松岩作

---

① 以上参见《自考录》相应年条。
② 参见《自考录》"年十四岁"条。
③ 《自考录》"年七岁"。
④ 塘南言及"府君早治《易》"，参见《友庆堂存稿》卷十《〈先考光禄府君教子图〉跋》。

《〈池舍易训〉序》。① 不仅如此，塘南还对万思默的"艮背之说"颇感认同。45 岁时，塘南闻万思默的艮背之说，由此静坐内观；② 63 岁时，在与罗念庵言玄门之学时，亦提及"艮背之说"。③ 在塘南晚年的思想中，其对"潜龙勿用"的强调、对乾元之旨的详尽阐发等，皆反映了其思想中较为明显的易学倾向。

（2）与《诗》相关的方面。据《自考录》所载，塘南 10 岁时，由湘返吉，由治《易》改治《诗》。个中原因，据塘南言，是出于取友方便。但是《诗》实亦是王积斋本人所擅长的。王积斋尝"作感兴诗若干首"，诗风"悠然质直"④ 而塘南改治《诗》，可能亦与其父的《诗》学倾向有关。塘南在 25 岁秋赴乡试时，正是以《诗经》中式。⑤ 此次中举，塘南之父功不可没。其尝"以《诗》授仲子槐，亲指授句读，迪以实践，俾从名师友游。及擢科第，授官南京兵部，未尝沾沾自喜"⑥。由此表明，王积斋教子的方式通过科举的检验而证明为是成功的。实际上，塘南的一生亦是诗语不断，此在塘南的主要代表作《友庆堂存稿》与《友庆堂合稿》中皆有所记载。《友庆堂存稿》中所载塘南诗词 32 首，而《友庆堂合稿》所载诗词 55 首，其中有 11 篇重合，也就是说，《存稿》与《合稿》载有塘南诗词共有 76 首之多。四库馆臣尝在《友庆堂合稿》的"提要"中谓王塘南"诗词不多作，亦非所长；文皆讲学之语，而兼出入于老庄之间，明季所谓心学者也"⑦。塘南在提及其《友庆堂存稿》的两次编录时指出："晚归田，益毕力研求，瞬息无懈，惟虚生是惧。诚自惭资钝，用志不得不专勤，故于诗文殊未暇攻，即有酬答，亦不以拙陋为歉也。岁癸巳（1593），年且耄矣，试检曩昔诸稿，其中有与友人论学及于世道于伦理有关系者，不欲悉弃，姑取有十之一二，命童子录之，题曰'存稿'。后五年，复检甲午（1594）以后诸稿，亦录取一二，题曰'续存稿'。总成数帙，藏于

---

① 《友庆堂合稿》卷三《〈池舍易训〉序》。
② 《自考录》"年四十五岁"条。
③ 《友庆堂存稿》卷七《近溪罗先生传》。
④ 邹守益：《明故积斋王君墓志铭》，《邹守益集》，凤凰出版社 2007 年版，第 1061 页。
⑤ 参见《自考录》"年二十五岁"条。
⑥ 邹守益：《明故积斋王君墓志铭》，《邹守益集》，凤凰出版社 2007 年版，第 1061 页。
⑦ 《四库全书总目提要》，中华书局 1965 年版，第 1595 页。

家。言虽不文，聊以示儿曹，俾知予暗于闻道而苦于致力之梗概云。"① 由此来看，不论是《存稿》还是《续存稿》，皆是塘南诗、文的汇集。此实际上亦体现了塘南对文道关系的理解。塘南在 66 岁所撰的《庐陵县儒学新建文昌阁记》中，视文为"纯德之文"。塘南指出："惟学主于纯德，则余力学《诗》《书》、六艺之文无不可者。不然，徒诵遗编，或贻买椟还珠之诮；专攻材艺，或堕玩物丧志之失，将以称于天下曰文，可乎？"② 此亦表明塘南认为诗文所呈示的"纯德"才是诗文之价值所在。

2. 重视祭祠族谱

王积斋曾这样教导塘南，"每食初饭，止许食蔬。再饭，或有肉味，长者食，方许食"。时虽客居于湘，但"岁时必严祀先之典"。王积斋总是要塘南也"入班端肃供事"。③ 唐鹤徵④于此尝评价道："所以培养之者又如此。"⑤ 王积斋"素嫉缁黄妄诞惑众，巫觋符章，一切都绝，独诚于祀先"。塘南于此"敬识于心"。在塘南年十七八之时，其父在楚。塘南与二三兄弟在家，岁时举行奉祭，"先一夕，出宿于外，质明行事。男妇分班肃立，失仪者罪"。塘南能够如此依礼而祀，王积斋"闻之大悦"。⑥ 四年后的仲春，塘南受教授李友轩之命典收祭品，"祭品至一无留难"。"比讫事"，李氏称许塘南曰："古人序事所以辨贤，盖如此。"⑦ 此种祭祀祖先所具有的虔敬在现实生活中则表现为兄弟之间的友睦以及家庭的融洽。王积斋"同祖兄弟七人，友爱如同胞，忧乐关情，有无相恤。暇则竟日共谈，一以教子弟循理读书为事"。其亦尝题其堂曰："兄弟怡愉，留与儿孙作式样；圣贤仰止，休耽释老薄彝伦。"⑧ 正是这种对宗族观念的重视，使得身为同祖兄弟七人之长的王积斋常告诫家人"毋眩利，毋汹气，毋惑内言，

---

① 《〈友庆堂存稿〉自序》，载于《友庆堂存稿》篇首。
② 《友庆堂存稿》卷四《庐陵县儒学新建文昌阁记》。
③ 《自考录》"年七岁"条。
④ 唐鹤徵，字元卿，号凝庵，常州人。隆庆辛未进士。唐荆川之子，南中王门的重要代表。
⑤ 唐鹤徵：《宪世编》卷六《塘南王先生》，《四库全书存目丛书》（子部），第 12 册，第 823 页。
⑥ 《自考录》"年十八岁"条。
⑦ 《自考录》"年二十二岁"条。
⑧ 《自考录》"年七岁"条。

毋狥群小，以间我骨肉。间有异同，必柔声曲意，务安全成就之"。王积斋"与闺阃言"，"陈廉耻，述礼让，油油然不峻不迫"，因而"童稚妇女"皆"晓然心服"。① 王积斋一生"尝恨族谱祭祠不饬，族属未赒"，病急之时，仍于心耿耿，临终嘱塘南终其志愿。② 塘南正是在其父的熏陶之下，一生不断地履行其团结宗族、兴隆宗族的使命。39 岁，赴金田展墓。40 岁夏六月，著《友庆堂家训》，秋八月，定议"迁祠合祭"，建"金溪王氏南塘祠"，使得"同九世祖一派下族谊以明"。47 岁时，塘南"捐金偕族人修南塘族谱，割田入祠供祭"。53 岁时，"始倡集金田两祠缙绅士人同大桥朱易庵丈一族"以每年冬于元阳观举会三日。57 岁时，"始倡集金田两祠族人行乡约"。据塘南 65 岁所预撰的《自撰墓志铭》载，因先祖曾居"吉之安福南乡金田下南塘"，后迁吉郡城，塘南"不敢忘所自出"，"故自号塘南居士"。72 岁时族议修总谱。"冬，金田东山祠族人……倡议东山、南塘同出一祖，不当分为二族，谋于某，宜合为一。议既协，遂修总谱，设奠两祠告祖，长幼序坐，昭穆秩然，百余年暌异未一之宗，至是复联如旧矣。"73 岁仲夏，族总谱锓梓，塘南为之撰序、跋。74 岁，"冬，构书屋于金田祖居遗址之上"，匾其堂曰"诚心"，并自题堂柱曰"子臣弟友四未能，学期慥慥；格致诚正一以贯，德乃明明"。③ 终其一生，塘南秉承其父遗志，重视祭祠族谱。

3. "独诚于筮"

在《自考录》中，塘南并未提及其父王积斋有卜筮之倾向，但是在邹守益所撰墓志铭中有所提及。"生平不喜浮屠老子教，独诚于筮，筮罔不验。"④ 王积斋诚于筮，故而在正室"屡生子不育"之时，"卜娶"塘南生母姜氏。《自考录》中提及了塘南的两次占卜。一次是在"年二十五岁"条，塘南 19 岁、22 岁两赴乡举而未中，1546 年，即在 25 岁时的夏五月，塘南"读书于郡之水东真常观"。据塘南言："夜梦升三清殿，有金甲神人，长丈余，自殿后出，据西而坐，语某曰：'汝当连登科第。'见殿上炉

---

① 邹守益：《明故积斋王君墓志铭》，《邹守益集》，凤凰出版社 2007 年版，第 1061 页。

② 邹守益：《明故积斋王君墓志铭》，《邹守益集》，凤凰出版社 2007 年版，第 1061 页。

③ 以上参见《自考录》相应年条。

④ 邹守益：《明故积斋王君墓志铭》，《邹守益集》，凤凰出版社 2007 年版，第 1061 页。

瓶，皆鹿鹤之状。"后就此事问占。"占者云：'鹿鹤盖寿征也。'"说此次占卜与王积斋没有丝毫关系，显然并不符合实际。据邹守益载，王积斋晚归吉郡。1546 年正是王积斋去世前一年。作为关注家族前景与儿子仕途的父亲，一定会希望儿子早入仕途。正是由于此吉兆，才促使塘南勇赴是秋的乡试并得以中举，并在来年春的会试与廷试中接连中式，终成进士。另一次占卜，《自考录》"年五十一岁"条虽有所载，而实际的占卜时间是塘南在光禄寺任职时，时塘南年四十五。如果说上次是就塘南"入仕"与否进行占卜，那么，此次则是就塘南的仕途进行占卜。是年三月，塘南降为光禄寺少卿，他将此次降职表述为"宦情日薄"。此时塘南家人"叩正阳门关王庙求签，得一签曰：'万里鹏程君有分，吴山顶上好钻龟。'后逾月复往，叩得一签曰：'身似菩提心是镜，长安一道放春回。'"塘南指出："初不解其说。及至陕，乃知'吴山'在陕，为西镇；'钻龟'者，卜出处也；陕西，古长安也；'一道'者，守关西也；'放春回'者，得告休而春归也；'身菩提心镜'者，从事于身心之学也。其灵验如此。"此是塘南 50 岁以前与为学相关的两次占卜，如果说第一次占卜实寄托着父亲对儿子入仕的期望，那么第二次占卜实是家人受积斋之影响而对塘南仕途所作的关注。

　　塘南之父对塘南的影响，在学术思想上主要表现为程朱思想的影响以及《诗》《易》的影响，在生活中主要表现为重视宗族祭奉，同时亦重视占卜。实际上这些影响亦是合而为一的。塘南 48 岁时曾作古诗《示方相士》[1]，64 岁时曾作古诗《示黄星士》[2]，83 岁时曾作古诗《欧大初以形家术游郡别归安成》[3]，仅从诗名上即可看出其与从事占卜之人的交往。另外，塘南 76 岁时所撰的《赠沈完宇堪舆》言及"沈君挟奇术，山川游历遍"[4]，同年所撰的《赠熊楚阳日者》言及"楚阳挟奇术，叩请门如市"[5]，79 岁时所撰的《赠王明宇》（二首）中言："王君蚤治经，……已乃读父书，五行精所择。据理推象纬，自是超凡术。吾尝叩其言，审谛极详密。"[6] 由此来看，塘南本身与这些相士的交往并不少见。

---

① 《友庆堂合稿》卷七"古诗"《示方相士》己巳（1569）。
② 《友庆堂合稿》卷七"古诗"《示黄星士》乙酉（1585）。
③ 《友庆堂合稿》卷七"古诗"《欧大初以形家术游郡别归安成》甲辰（1604）。
④ 《友庆堂合稿》卷七"古诗"《赠沈完宇堪舆》丁酉（1597）。
⑤ 《友庆堂合稿》卷七"古诗"《赠熊楚阳日者》丁酉（1597）。
⑥ 《友庆堂合稿》卷七"古诗"《赠王明宇》（二首）庚子（1600）。

此即是"先考之训"对塘南的影响。当然，王积斋影响塘南的同时，儿子的仕途亦为其增加了荣耀。在 32 岁时的夏四月，塘南得升南京礼部主客司郎中，而后来，在秋七月的三年考绩之后，塘南之父得赠南京礼部主客司郎中。在 49 岁即隆庆四年，塘南"复除光禄寺少卿"。其尝于隆庆元年为父请封，而至是得补封，"得加赠光禄少卿"。①

二　先师之教

塘南"自幼承先考之训"，其作用在于使"知趋于正"。塘南认为，正因此，他"自少不能为世俗放荡之事"。但是塘南亦坦言"欲效古先儒之饬行，又未能也"。② 正是在此时，塘南得闻先师两峰之教。

1. 受教于两峰

刘文敏（1490—1572），字宜充，号两峰，江西安福三舍人。早游邑庠，后绝意科举，一心治学，明正德间与族弟刘师泉、族侄刘晓共同师从阳明，归而砥切于家。曾与双江、念庵论学。曾因滁阳朱逊泉所荐而为学宪徐存斋所召，辞而不负，一心向学。年八十三而卒。著有《论学要语》一卷。③

关于塘南受学两峰的具体情形，主要有以下三种记载。

塘南撰《先兄浙江昌化教谕前峰先生墓志铭》曰：

> 岁甲辰，与蒙山陈子论文于西塔禅寺。陈子言，有两峰刘先生者，越中阳明王先生高弟子也；其谈学本性善，宗践履，不为言语文字，由乡人而可至于圣人之道。先生欣然喜曰："我固知学当有此也。"遂率时槐偕陈子往谒两峰先生。一见有契于心，遂执弟子礼。两峰先生严毅崇峻，教无多岐，一以致知为宗。时槐愚钝，每未有

---

① 以上参见《自考录》相应年条。
② 《自考录》"年二十三岁"条。
③ 参见《友庆堂合稿》卷三《两峰刘先生志铭》；王时槐：《刘邦采传》，载王时槐纂、余之桢修《吉安府志》卷二十四"理学传"，书目文献出版社 1991 年版，第 363—364 页。

省，先生独洒然曰："知者心之体，致之以复其体也。吾信其必为孔氏嫡传矣。"自是东廓邹公、双江聂公、念庵罗公讲学于复古、青原、玄潭，先生与时槐必俱往。①

《自考录》"年二十三岁"条曰：

某资拙而钝，自少不能为世俗放荡之事，然欲效古先儒之饬行，又未能也。以是莫知适从。是年，两峰刘先生设馆于郡西之西塔寺，陈蒙山丈嘉谟一见先生以示圣学，蒙山悦而师之，不以教人。已而诸友闻之，颇窃笑。某因问："何笑？"曰："闻蒙山讲学耳。"某曰："讲何学？"曰："欲为圣贤耳。"某曰："学为圣贤，岂可笑？"乃就蒙山问之，蒙山曰："我不能述先生之言，子可自往叩之。"某乃见先生，遂执弟子之礼。先生示以程朱教人居敬穷理之功。某乃检寻程朱论学语及罗整庵先生《困知记》，依其说，体诸心而行之。久之，竟窒碍无所得。

明唐鹤徵撰《塘南王先生》曰：

……先生（塘南）曰："学为圣贤，岂可笑？"乃就问之。嘉谟曰："先生示我以阳明先生之学。"先生曰："以予所闻，欲学圣贤，必由程朱之教而入，何为阳明？"嘉谟曰："我不能述先生之言，子可自往叩之。"先生乃见两峰，遂执弟子礼，示以立志致良知之说。先生退而潜思，犹以程朱教人居敬究理似为稳实，而有疑于良知之说，且以阳明先生指本心为知，似不及孔门指本心为仁、程门指本心为天理更亲切，与嘉谟往复辨论，不合。先生乃检寻程朱论学语及罗钦顺《困知记》，依其说，体诸心而行之。久之，竟窒碍无所得。②

关于塘南师从两峰的机缘，据材料一所载，1544 年，塘南友陈蒙山与

---

① 《友庆堂存稿》卷五《先兄浙江昌化教谕前峰先生墓志铭》。
② 唐鹤徵：《宪世编》卷六《塘南王先生》，《四库全书存目丛书》（子部），第 12 册，第824—825 页。

塘南兄王时松在郡西的西塔禅寺论文，而陈氏向王时松力推两峰，认为其是阳明的高弟，谈学"本性善，宗践履，不为言语文字"，强调"由乡人而可至于圣人之道"。而时松听后，欣然喜曰"我固知学当有此也"。因此，时松率塘南，偕陈子，执贽两峰之门。① 而据材料二记载，1544 年，两峰设馆于郡西之西塔寺，陈蒙山因见其所示圣学，因而以两峰为师，而"不以教人"。此意为蒙山师从两峰而未向人言。其他诸友知晓此事后，有所窃笑。塘南不明缘由，而问诸友"窃笑"之由。诸友的回答是"闻蒙山讲学耳"。值得注意的是此处的讲学可能是指蒙山师从两峰而讲学一事。而当塘南听说是讲圣贤之学时，断然指出："学为圣贤，岂可笑?"诸友笑蒙山之原因，笔者虽未作详细考察，但亦可作些推测。一是蒙山本人以前可能从不信圣贤之学，而此次从学，前后有所转变。二是两峰的学问不够具有影响力。三是诸友对圣贤之学（或阳明之学）的鄙夷。不管是哪一种原因，塘南的"学为圣贤，岂可笑"足以表明其对于蒙山的支持。塘南于此就问蒙山，蒙山指其不能述先生之言，从而让塘南亲往叩之。塘南因而拜见两峰，"遂执弟子礼"。而材料三，则增加了一些内容。也就是塘南问及蒙山，两峰所示为何时，蒙山的回答是所示为阳明之学。而塘南进而指出，学为圣贤是由程朱而入，何为阳明。蒙山不能回答，于是塘南见两峰，遂称弟子。此是塘南就教于两峰的机缘。材料一较为强调的是时松对于塘南的影响，并强调三人同时称弟子。材料二较为强调的是塘南本人对于圣贤之学的寻求，并强调是蒙山先受学于两峰。而材料三更为强调朱子与阳明的对立，并强调塘南对阳明学心存疑惑而受学于两峰。综合来看，塘南实是欲为圣贤之学，从而就教于两峰。此是塘南为学实践的动力所在。此是对塘南师从两峰的原因之考察。

与此原因之考察相关的一个问题，就是两峰所教之内容。材料一认为，蒙山所言的两峰之学："其谈学本性善，宗践履，不为言语文字，由乡人而可至于圣人之道。"而塘南执弟子礼之后，两峰"教无多岐，一以

---

① 王时松（1519—1563），字子操，号前峰，江西安福人。嘉靖甲辰二十三年（1544），与塘南同举于刘两峰。乙卯（1555）举于乡。壬戌春（1562）授浙江昌化教谕，癸亥（1563）夏四月五日以疾卒，年四十有五。参见《友庆堂存稿》卷五《先兄浙江昌化教谕前峰先生墓志铭》。《自考录》"年二十七岁"条载："先兄时松旧同执贽于两峰先生之门。"《自撰墓志铭》载："自弱冠师事两峰刘先生，请事圣学。"

致知为宗"。在此点上，塘南指出，其兄时松对于致知的理解是："知者心之体，致者以复其体也。"塘南对于两峰所教内容的揭示还见于《两峰刘先生志铭》①，其中有言曰："（两峰）其学一以致知为宗，而殚精毕志，操存克治，一瞬一息，不少懈逸。语默作止，事无巨细，必蹈准绳，深以末学驰骛空谈、遗忽实行，可为痛戒。每与学者言知体虚明，皎如赤日，但依此知，自照自察，以祛习气，涤凡情，纤瑕勿留。意念感应，生生化化，务协天则。云销日朗，垢尽鉴明，天全而性复矣。其教人大指如此，不涉多歧，词简而义切……"材料二则指出："先生示以程朱教人居敬穷理之功。某乃检寻程朱论学语及罗整庵先生《困知记》，依其说，体诸心而行之。久之，竟窒碍无所得。"以上是塘南所言的两峰所教内容的不同。而材料三是唐鹤徵所撰。唐氏指出，两峰所示为"立志致良知之说"。而塘南则是退而潜思，认为程朱之学教人居敬穷理，更为稳妥，从而有疑于良知之说。而且，将本心指为知，与孔子将本心指为仁、程门将本心指为天理有所不同，而后者更为亲切。于此与蒙山"往复辨论"，却不能相合。于是，塘南寻程朱论学语与罗钦顺的《困知记》来参看②，"依其说，体诸心而行之"，竟无所得。材料三突出了程朱与阳明思想在塘南思想中的对立，此是唐氏自身立场的反映。但是从前面两条材料来看，塘南前后所言及的两峰所教内容，确有不同。

因此综合以上三条材料，亦能看出些眉目。材料一表明塘南之兄时松在理解良知之教方面要比塘南容易。此间接表明塘南对良知说有所不契。材料二表明塘南曾有一个检寻程朱之学的内容、"体诸心而行之"却无所得的经历。此实际上极有可能的。塘南所受"先考之训"以程朱之学为主，因此，在最初接触阳明之学时难免有所抵触。但是正是对于阳明学的

① 《友庆堂合稿》卷三《两峰刘先生志铭》。

② 塘南尝撰《罗钦顺传》，参见王时槐纂、余之桢修《吉安府志》卷二十四"理学传"，书目文献出版社1991年版，第354—355页。塘南言："整庵罗先生钦顺，字允升，泰和人，弘治五年举乡试第一……当其时越中阳明王公倡明良知之学，海内贤士翕然信从。先生潜心体究，不苟附和，乃著《困知记》以明其所得。其说曰：'孔子教人莫非存心养性之事。夫心者，人之神明；性者，人之生理。理之所在谓之心，心之所具谓之性，不可混而为一也。其或认心以为性，真所谓差毫厘而谬千里矣。'又曰：'虚灵知觉，心之妙也；精微纯一，性之真也。释氏之学大抵有见于心，无见于性，其所谓空即虚也，所谓觉即知觉也，觉则神用无方，即灵也，是皆心之灵而岂性之谓哉！'先生盖至疑于越中之学，故其言如是，又贻书王公及与欧阳南野公，往复辨析，大指不越于此。虽所见异同，竟未叶一，然本其苦心，主于防世卫道，诚忧深而思远矣。"

接触，使得其依程朱之学"体诸心"而行亦产生困难。也就是说正是阳明学的介入，使得塘南对于朱子学开始有所不契。材料三虽不免主观，但从另一侧面显示了两个方面的内容。一方面，与阳明以本心为知相比，塘南更为认同程子以本心为天理的立场；另一方面，塘南对朱子学已有不契。无论是塘南本人的表达，还是唐鹤徵的表达，皆表明了阳明学与朱子学的对立。此当是塘南23岁时思想的客观呈现。当然，此客观亦是相对的，毕竟材料一、二、三成文之年份有所不同，阳明学的境遇实有浮沉。

与此相关的记录还见于两处。一是刘元卿撰《南太常寺卿塘南王公行略》载："公自弱冠师事两峰刘先生，深契王文成之学。"[1] 一是清代陈诜撰《〈明理学太常寺卿王塘南先生自考录〉序》载："其二十三岁时，检寻程朱学语及罗整庵先生《困知记》，体诸心而行之，久之，竟窒碍无所得者，则仰钻瞻忽之见也。"[2] 其中的"深契"与"仰钻瞻忽"，皆体现了作者本人的立场，前者所持为阳明学的立场，后者所持为程朱学的立场。实际上，阳明学与朱子学的此种对立，在当时每一个以朱子学为背景的人那里，都能深刻感受到。此处不妨举塘南之师两峰为例。塘南尝言：

> 岁壬午，先生（两峰）年二十有三[3]，则与其族弟师泉先生共学，思所以自立于天地者，或至夜分不能即枕。一夕，语师泉先生曰："学苟小成，犹不学也。盍亟省之?"已而，读阳明王公《传习录》，所论格物致知之旨与宋儒异，展转研思，恍若有悟，遂决信不疑，躬践默证。久之，惟觉动静未能融贯，乃叹曰："非亲承师授不可。"则买舟趋越中，见王公，执侍门墙，往复三历寒暑，归而与师泉先生砥切于家。其学一以致知为宗……[4]

与此相似的记载还见于王时槐所撰的《二贤祠记》中。

---

① 刘元卿：《刘聘君全集》卷八《南太常寺卿塘南王公行略》，《四库全书存目丛书》（集部），第154册，第199页。

② 《自考录》篇首。

③ "岁壬午"为1522年，时两峰33岁。若两峰为23岁，当岁在壬申，即1512年。

④ 《友庆堂合稿》卷三《两峰刘先生志铭》。

两峰先生初为邑诸生，则已毅然以希圣为学，曰："学苟小成，犹不学也。"而矜庄严重、语默作止，必揆诸礼，凝然竟日，不少疏懈。及见阳明王公诗有"还谁一语悟真机"之句，爽然自失曰："吾学非欤？"复闻王公论格致与宋儒异，殚精沉思至废寝食，恍若有悟。久之，得读《传习录》，遂决信不疑，独体验日用动静未能融贯……①

由此来看，两峰先是因阳明之言而疑宋儒之学为非，然后闻阳明所论格致与宋儒异，而"恍若有悟"，后读《传习录》而信，接下来又因动静未融而师事阳明，"亲承师授"三年。即便如此，两峰亦非完全放弃程朱之学。塘南在《自考录》中所言两峰所教程朱之学，亦表明在塘南师从两峰之时，程朱的居敬穷理之功亦是两峰教学的重要内容。也就是说，从两峰33岁始到塘南23岁止这段时间里，两峰思想中仍存在着朱子学与阳明学的纠缠。两峰33岁时，即1522年，阳明学实处于急速发展期。塘南23岁师从两峰时，即1544年，阳明学则处于不断分化期。而在塘南撰《两峰刘先生志铭》的1572年或稍后，阳明学宛然成为阳明后学，派系林立，各有所宗。不仅如此，黄宗羲亦曾言及两峰所具有的宋儒倾向："由先生（刘阳）言之，则阳明之学，仍是不异于宋儒也，故先生之传两峰也，谓：'宋学门户，谨守绳墨，两峰有之。'"②刘阳评价两峰能守宋学门户，此亦说明了两峰的宋儒倾向。当然，待黄宗羲举此言时，阳明后学已改头换面，风华不再。由此可以看出，阳明学对当时士大夫思想的冲击非常之大。

王积斋对于王塘南的影响并不因为积斋的去世而消失，而刘两峰对于塘南的影响亦非刚开始就有充分体现。塘南刚接触两峰的致知之教，必然有所不契。塘南言："稍长闻先师之教，志弥切，然于道茫然无所入，辗转参寻，疑障万端。"③此种不相契，亦可理解为先考之训与先师之教之间的对峙。塘南师从两峰，实是受父之命。④但是师从阳明的两峰与信奉程

---

①　王时槐：《二贤祠记》，载于谢旻等监修《江西通志》卷一百三十三，《四库全书》（史部）第517册，第717页。

②　参见黄宗羲《刘阳传》，《明儒学案》（上），中华书局1985年版，第443—444页。

③　《自考录》篇末。

④　参见邹守益《明故积斋王君墓志铭》，《邹守益集》，凤凰出版社2007年版，第1061页。

朱的王积斋之思想必有所不同。塘南与两峰思想的不相契还表现为在26岁举进士待职之时，塘南因自己"学未闻道""不谙吏事"欲请告归。"学未闻道"是塘南的谦辞，但是从一个侧面说明了在师从两峰两年之后，塘南于其所学并未有特别的感受。此种不契实际上在塘南后来的经历中亦有体现。心无内外，此是阳明学的主要命题，而塘南在28岁时，即师从两峰五年之后，对于钱绪山的"心无内外"仍是不能完全理解。

> 钱绪山先生自广东舟返，过螺川。某于舟次听教，至南浦而别。一日侍坐山寺，方丈某问曰："何谓心无内外？"时寺僧方在殿叩钟，绪山先生曰："今闻钟时，我不往彼，钟不来此，而声闻无间，心无内外可知矣。"某犹未释然。及归螺川，问两峰先生何谓心无内外，两峰先生曰："汝谓心有内外乎？且道汝心所管至界到何处而止，若心所管摄无至界、无止处，则此心廓然无际，何内外之有？"某乃豁然有省。[1]

绪山对"心无内外"的理解与两峰对"心无内外"的理解，实有所不同。绪山认为，我与钟之相互感通，而心无内外。而两峰所呈示的心无内外，是指人心的管摄范围无所止境。两峰称此为"廓然无际"，因而无有内外。[2] 此时为1549年，两峰年六十。此两解恰好反映了朱子心具众理与阳明心即理两种理路纠缠下的浙中一传与江右一传之分别：在阳明学的体系中，此是一个万物一体的感通；而在朱子的体系中，此是心之统率、管摄义。由此来看，塘南对于阳明学的理解，本身就有朱子学背景，同时亦有其师两峰不完全契于阳明的教法。[3] 因此，此时，言塘南"深契王文成公之学"，难免主观。换言之，塘南对阳明之学的接受有一个过程。

两峰对塘南的影响还体现在塘南后来的为学过程中。在塘南48岁时，两峰曾示学塘南。"岁己巳（1569），先生（两峰）年八十，犹陟三峰之巅，静坐百余日。已而，语时槐曰：'夫道本自不离，非力挽之使不离

---

[1] 《自考录》"年二十八岁"条。

[2] 两峰关于心事关系尝言："事上用功，虽愈于事上讲求道理，均之无益于得也。涵养本原，愈精愈一，愈一愈精，始是心事合一。"（黄宗羲：《明儒学案》，中华书局1985年版，第436页。）按：两峰此处所言"心事合一"，乃境界义。

[3] 江右一传刘两峰主张以虚为宗，后文有表。

也。'"① 后两峰以"以虚为宗",托道塘南。② 在江右先贤中,塘南为两峰撰文最多。1559 年,两峰年七十,塘南为其撰寿序言:"其教人随材开导,大率以断除嗜欲,销磨世味,戒惧于独知之密,体验于事为之著,以修身而复性。"③ 两峰卒后,塘南为其撰墓志铭,并撰《奉先师两峰刘先生主入祀复真书院告文》④,《议举先师两峰先生入乡贤祠呈》⑤,《二贤祠记》⑥。1579 年,两峰之子正夫卒,塘南为之撰《忝峰刘君墓表》⑦。在《二贤祠记》中,塘南对两峰之评价为:"惟默坐澄心,研极于声臭俱泯之原,谨察于真机呈露之端,周慎于笃伦应物之用。"

两峰作为塘南之师,与同为江右王门的罗念庵、聂双江之思想甚为相契。念庵尝言:"其(两峰)与聂公友也,闻其所语此心寂感之机、归寂之要,十余年来未尝轻一诺焉。一日,忽自省曰:'公之言是也。'人之目刘君者,若负而可释,若探而可执,若有所守而不易,而年且六十矣。"⑧由此表明,两峰最终信奉的是双江的思想。⑨ 另外,两峰与念庵在思想上亦有所契合。"聂豹推重其人曰'海内真布衣'。其邑人御史刘阳,学行长者,亦厕公于陈真晟、刘闵之间。与族弟邦采砥切于家,操存克治,瞬息不少懈,出而偕东廓、念庵诸子交修共证,尝七宿松原与念庵极论。念庵初觉未一,已乃倾信。既别,贻以诗曰:'叹息卓尔域,千载能几谐。目击中有存,意会言无乖。'其深契如此。"⑩

---

① 《友庆堂合稿》卷三《两峰刘先生志铭》。

② 实际上,塘南在就教于两峰之前,曾于 1541 年与贺少龙同攻应世之文,后受教于两峰之时,亦尝就教于贺少龙之父贺龙冈。塘南撰《少龙贺公志铭》曰:"嘉靖辛丑,始与公(贺少龙)联笔砚,共攻应世之文,凡三年,而公以癸卯秋举乡闱易魁。时予师事两峰刘先生,请事圣贤之学。而公之父,教授龙冈先生以圣学,于两峰先生切偲至密。龙冈先生尝语公(贺少龙)曰:'夫学贵虚。虚者,万有之宗也。'"(《友庆堂存稿》卷五)

③ 《友庆堂存稿》卷一《寿宗师两峰刘先生七十序》。

④ 《友庆堂存稿》卷九。

⑤ 《友庆堂存稿》卷十。

⑥ 王时槐:《二贤祠记》,谢旻等监修《江西通志》卷一百三十三,《四库全书》(史部),第 517 册,第 716—717 页。

⑦ 《友庆堂存稿》卷六。

⑧ 罗洪先:《罗洪先集》卷十四《刘两峰六十序》,凤凰出版社 2007 年版,第 612 页。

⑨ 由两峰六十而推之,时约为 1549 年。而十年前,即 1539 年,双江归寂的思路实已奠定。

⑩ 沈佳:《明儒言行录》卷八,《四库全书》(史部),第 458 册,第 904—905 页。

2. 获侍于东廓

邹守益（1491—1562），阳明弟子，字谦之，号东廓，江西安福人。明正德六年（1511），26 岁，会试第一，廷试第三，授翰林编修。历官考功郎、太常少卿兼侍读学士、南京国子监祭酒，后罢归讲学。年七十二卒。隆庆元年（1567），赠南京礼部右侍郎，谥文庄。① 其子颖泉，其孙德涵、德溥、德泳，《明儒学案》皆有传。东廓初见阳明于虔台，执弟子礼。正德十四年（1519），助阳明平宸濠。东廓因此而受起用，1524 年因大礼议而谪判广德州。平濠后，阳明至南昌，50 岁提致良知教，秋月归越。东廓后从德州随至越，师侍阳明。

东廓尝言："刘子宜充教于西塔，予以赈粜往访之，获与王子时槐、陈子嘉谟游。继而二子同举于乡，同升于大廷，复同切磋于青原，瞿瞿不改于素，善类咸器焉。"②另外，塘南亦言："予曩幸侍文庄公讲席之侧，窃闻其謦欬之余，久矣。"③"时槐不敏，当忆曩侍邹文庄公讲学于东山禅院，文庄公指塔示诸生曰：'若曹知彼建塔何意乎？盖取义于顶天立地云尔，彼异教且然，矧为吾儒明正学、尽人道以参两间，可不以顶天立地为志乎？'诸生闻者皆惕然有省。"④ 塘南受教于东廓的经历由此可见一斑。⑤东廓的思想实际上给塘南留下鲜明印象的是："先生之学，以万物一体为大，以子臣弟友惓惓相顾为实地，以戒慎恐惧健行不息为真功，以寂感体用通一无二为正学，以肫肫皜皜合德天地为极致。语具在遗集中。先生不立异同，不设险奥，百家群议卒不能出其范围之内，而业明纯一，能使海宇之士闻风而向服。盖阳明王公之学盛于东南，实赖先生力也。"⑥

---

① 王时槐：《邹守益传》，载王时槐纂，余之桢修《吉安府志》卷二十四"理学传"，书目文献出版社 1991 年版，第 355—356 页。

② 邹守益：《明故积斋王君墓志铭》，《邹守益集》，凤凰出版社 2007 年版，第 1061 页。

③ 《友庆堂合稿》卷三《东山会田记》。

④ 《友庆堂合稿》卷三《文昌塔记》。

⑤ 塘南曾作《邹氏学脉序》（《友庆堂合稿》卷三），其中言及邹东廓、邹颖泉、邹宪金、邹聚所，并提及东廓曾孙："公之曾孙、庠生衮子予氏，凤禀英资而志绳世德，敬辑祖父三世教语，汇为一编，题曰'邹氏学脉'。予得受读之。子予尝及予门问学，予嘉其不袭海内奇诡之谈而直信家学之得其宗也，因僭以肤见，缀序于编端，以俟知言者择焉。"

⑥ 王时槐：《邹守益传》，载王时槐纂，余之桢修《吉安府志》卷二十四"理学传"，书目文献出版社 1991 年版，第 356 页。

3. 心仪慈湖"不起意"

塘南最初之所以未能相契于两峰之学或东廓之学的一个更为重要的原因，在于塘南本人对举业的关心。塘南 19 岁、22 岁两赴乡试而未举，在 23 岁时，受南庵赵公祖元点拨，意识到为文不仅要"一任胸臆"，而且要"博览勤习"[①]。自此文思益进。塘南 25 岁梦呈吉兆，并于是年中举，次年中进士。在进士之后，出仕之前，塘南偶得《慈湖遗书》。

> 某自以初登第，学未闻道，且不谙吏事，欲暂请告归。自仲夏至秋，皆注门籍称病，出就天坛神乐观栖止以俟，三逾月而后上疏。一日偶过道士房，见架上群书，信手探之，得《慈湖遗书》一部，览之，觉洒然有省，默体诸心，见之日用动静之间，但不起意而天机自畅，遂遵信不疑。至七月，吏部不开进士请告之例，乃出就部选，得南车驾主事。[②]

塘南虽是暂请告归，而实际上是"出就天坛神乐观栖止以俟"。一天偶过道士房，得慈湖书简一部。此书是象山弟子杨简（1141—1226）所作。杨简，字敬仲，浙江慈溪人，学者称慈湖先生，其学主张不起意。在即将迈向仕途之时，塘南认为不起意的简易更契合自己。由此来看，塘南此时对程朱之学与阳明之学皆不甚相契，而是对慈湖"不起意"情有独钟。此是塘南倾向于简易之学的体现。塘南读《慈湖遗书》而觉"洒然有省，默体诸心，见之日用动静之间，但不起意而天机自畅"。与程朱之学以及《困知记》的体诸心而觉窒碍相比，塘南于慈湖不起意之学有现实之受用。此是塘南对"不起意"之学的初证。此后，塘南对"不起意"之学遵信不疑。

是年十月，抵南京，任车驾司主事，"不起意"之学再证于友。

> 十月抵南京任。时南昌裘鲁江、泰和刘两江、安福欧三溪诸公皆

---

① 《自考录》"年二十三岁"条。
② 《自考录》"年二十六岁"条。

于公暇相聚讲学。某曰："吾近得《慈湖遗书》，体而行之，殊觉简易融畅。"鲁江大称赏曰："此至道也，幸勿再疑。"某乃益遵信。①

裴鲁江与阳明后学往来甚密，但一直不称己为阳明弟子。而是时，塘南提信"不起意"之学，裴鲁江大为赞赏，嘱塘南"幸勿再疑"。塘南或许是有疑于两峰、东廓所教，而得裴鲁江之语，益加遵信"不起意"之学。此是"不起意"之学的二证。

塘南抵任未久，闻父病，亟请假归。"不起意"之学三证于路途。

某从陆归，途次起居酬应，一以慈湖不起意之学行之。因见舆夫遇路之高下险葬，前者呼，后者诺，恍若有悟曰："此即不起意之学也。彼呼者不以自矜，诺者不以为耻，两无心焉。总之，欲此舆之安而已。故不起意之学，愚夫愚妇可与能，而圣人之道不越乎此也。"②

塘南认为不起意之学实是"无心"而为，而且，此在舆夫亦是可行。正基于不起意之学如此简易，塘南得出了"愚夫愚妇可与能，而圣人之道不越乎此也"的结论。

不仅如此，次年（1528），闻父王积斋卒，塘南以不起意之学临丧，颇得力。

春二月至螺川，始闻先考弃世，徒跣奔至家。朝夕哭踊，一至情所发，不假安排。虽哀毁骨立，非强为也。自信以为不起意之学颇得力。③

塘南指出，其"一至情所发，不假安排"，此是不起意之学的四证。

塘南在其后来思想的发展过程中，曾对不起意之学有所评价。"问：'有谓不起意之学，一任此心念念变化，更不遏制，自然活泼快乐，所谓无功之功，乃真功也。何如？'曰：'不然。为此语者，盖未悟心原，姑任

---

① 《自考录》"年二十六岁"条。
② 《自考录》"年二十六岁"条。
③ 《自考录》"年二十七岁"条。

意念之迁转不停，如人坠江流，随波推荡，尤以情兴激作谓为快乐，实则驰而不止者也。若果达心原，则廓然朗然，如日常照而无纤翳，乃知前所云者皆落影响，非究竟法矣！'"① 此未为《友庆堂合稿》所载，但在塘南63岁所撰《三益轩会语》中有一条与之相似。"问：'杨慈湖教人不起意，何如？'曰：'是慈湖悟后语也。但凡人习气障重，何由遽能不起意？譬如人已溺水，曾无救援方便之术，而在岸者极谈岸上之乐，虽其言皆是，而于曲成之方未善矣。乃知周子主静、程子主敬、阳明先生致良知之说，皆未谈岸上之乐，而急施手援之力，真善诱人者也。'"② 由以上两条关于不起意之学的评价来看，塘南晚年对不起意之学有了较为明晰的理解。一方面，塘南认为，若未悟心原而强调不起意，那只是意念流转；若是悟得心原之后，便会知道那种强调"此心念念变化"的"自然活泼快乐"，实际上只是影响，而非心原。另一方面，塘南认为，慈湖的不起意之学实是悟后之语。一般人因习气较重，不能够做到不起意。而这样的工夫，对于一般人而言，既不关键，亦不及时，此就如同面对溺水之人而言在岸之乐。塘南认为，慈湖不起意不如周子主静、程子主敬与阳明致良知来得"善诱人"。

塘南二十六七岁时，得之于四证的不起意之学，如何又为塘南所放弃呢？此与塘南受教于师泉相关。

4. 受教于刘师泉

刘师泉（生卒不详），即刘邦采，阳明弟子，刘两峰从弟，字君亮，号师泉。丁父忧服阕，不复应举。提学副使赵渊强之试而中举，授寿宁教谕，升嘉兴府同知，寻弃官归，讲学不辍，年八十六卒。著有《易蕴》二篇。③ 塘南27岁时居父丧在家。是时东廓同师泉讲学于永和之青都观。

> （王时松）一日见某在丧次，问曰："吾弟近日之学如何？"某以慈湖不起意之学对。是时，邹东廓先生同刘师泉先生讲学于永和之青

---

① 唐鹤徵：《宪世编》卷六《塘南王先生》，《四库全书存目丛书》（子部），第12册，第844页。

② 《友庆堂合稿》卷四《三益轩会语》。

③ 王时槐：《刘邦采传》，载王时槐纂、余之桢修《吉安府志》卷二十四"理学传"，书目文献出版社1991年版，第364—365页。

都观，先兄往听讲。师泉先生问某何似，先兄以不起意对。师泉先生曰："此固是好，但包裹世情尚在耳。"先兄归以告某，此语真切中吾病。及七七日毕，权厝先柩于家园，躬往安福南乡之南院，请师泉先生下教。终日侍坐，尽舍往日不起意之见，悉心以听先生之教。同志聚者数十人。先生善开发人，随问一答，令人爽然有省。每日自朝至暮，不起于坐，研摩自心，初焉如入暗室，冥无所见，久之，似开一隙，始露微明。但每日二膳后，谷气未消，似有昏蔽，仍坚坐不起，以敌退之，移刻复明。先生教人不得遽用自然，某益用苦功，瞬息不懈。先生亦以为有志可教也。会两旬乃别。①

此段亦为唐鹤徵的《宪世编》所辑，但有两处值得注意：一是唐鹤徵在"但包裹世情尚在耳"后加上了自己的评价："真不起意则已念且无所容，何以包裹世情？"二是与"先生教人不得遽用自然"不同，唐鹤徵所载为"刘公教人不得享用现成良知"。在《自考录》中，师泉对塘南的指点，主要体现在三个方面。第一，师泉认为塘南所言"不起意"，"包裹世情尚在"。师泉此种理解，实际上也就是塘南后来所言的"未悟心原，姑任意念之迁转不停"之意。②为塘南所四证的不起意之学，在师泉只此一句的指点之后，塘南立即意识到"此语真切中吾病"。于是在父丧七七之后，往安福南乡请教于师泉。而师泉指点的第二方面，则是静坐。塘南指出，自己是尽舍不起意之学而悉心听教，每日不起于坐。塘南一生静坐不止，但其真正的开端，实始于此时。塘南提及静坐的体会是"初焉如入暗室，冥无所见，久之，似开一隙，始露微明。但每日二膳后，谷气未消，似有昏蔽，仍坚坐不起，以敌退之，移刻复明"。塘南对静坐的最初体验，是能消谷气，而使内心复明。无疑塘南"研摩自心"实有其效。也正是如此，静坐伴随塘南一生。但塘南此后对静坐的体验，从未作过比此更为具体的论述。第三方面，师泉教以"不得遽用自然"，唐鹤徵称其为"不得享用现成良知"，何者更为真实，甚是难言。但是"遽用自然"，实际上是

---

① 师泉所言，为《自考录》"年二十七岁"条所载，是在1548年。而塘南的点评，实在1584年所集的《三益轩会语》中，时塘南已63岁。

② 唐鹤徵：《宪世编》卷六《塘南王先生》，《四库全书存目丛书》（子部），第12册，第844页。

与塘南任用不起意而未悟心原之自然是相关的。若从良知的角度来看，亦是不得享用"现成良知"之义。1548 年，以双江与念庵为代表的江右王门与以龙溪为代表的浙中王门之间的为学争辩已经拉开帷幕。早在 1547 年秋，念庵闻双江归寂之说，言其"示以良药，倏然心警，不谋而诺"。1548 年，念庵作《夏游记》，历三年而成。1551 年，双江为之撰序，言与念庵识二十年（从 1530 年至 1550 年），论始合。1548 年，先是龙溪入石莲洞与念庵论未发之中，后龙溪、绪山参加青原大会。《自考录》"年二十七岁"条曰："钱绪山、王龙溪二先生自浙来，东廓先生邀入青原大会，九邑缙绅士人皆集。与会者七八百人，其徒步往听教。"塘南还尝言："戊申，邹文庄、罗文恭、钱绪山三先生联江浙诸先辈讲学于青原山中，环坐而听者数百人。"[1] 赴会者有龙溪、绪山、东廓、念庵、双江、南野等。龙溪在会上论"良知与意见之别"，此后王门一传弟子之间的辩论正式开始。[2] 此会师泉是否参加，不得而知。塘南受教师泉，不值会期，当时师泉讲学安福南乡。与从工夫角度强调"见在良知"与"自然"的提法相比，师泉更为主张将其视为效验。正基于此，才不得"遽用自然"（"不得享受现成良知"）。在阳明后学中，龙溪一脉主张"见在良知"，而泰州一脉主张任其"自然"。如果说塘南《自考录》所载的"不得遽用自然"反映的是师泉反对泰州学派的立场，那么唐鹤徵所载"不得享用现成良知"反映的就是师泉反对龙溪一脉的立场。以上三个方面，实际上是联系在一起的。不起意只是"遽用自然"的一种体现。而静坐亦是"不得遽用自然"的表现。来年即 1549 年，塘南便开始与郭华南静坐，此后"习静"一生，此无疑与受教于师泉相关。塘南对不起意之学的心仪，虽经师泉的指导，而"尽舍"，但是，其对"不起意"之学从信到弃的过程，反映了其为学立场实现了由阳明后学的龙溪、心斋到江右之学的转向。也正基于此，塘南后来才有视"不起意"之学为"悟后语"而非"切实工夫"的反省。

塘南对师泉的评价，在《刘邦采传》中有所体现。塘南认为，师泉是

---

① 《友庆堂存稿》卷八《华南郭君行状》。

② 龙溪言："临别，出双江、东廓、念庵三公所书《赠言》卷，祈予一言，以证所学。"（王畿：《致知议略》，《王畿集》，凤凰出版社 2007 年版，第 130 页。）龙溪由此而撰《致知议略》，拉开论辩序幕。

针对王门后学中"以揣摩为妙悟，恣纵为乐地，情爱为仁体，因循为自然，混同为归一者之非"，而提出自己的主张，强调："以心之体曰主宰，贵知止以造于惟一；心之用为流行，贵见过以极于惟精。是谓博约并进，敬义不孤。性命兼修之学，如车轮鸟翼不可偏废。"[1] 由此来看，塘南认为师泉是反王学流弊而强调在主宰与流行两处用功。[2]

5. 受教于刘三五

塘南言：

> 戊申（1548）春，槐奔归襄事，因亲炙先师刘两峰先生、三五师泉二刘先生于复真书院，请事圣贤之学，公（王时椿）亦欣然共学。[3]

刘阳（生卒不详），字一舒，号三五，安福人。弱冠从彭石屋、刘梅源受学，后师阳明。嘉靖四年（1525）举于乡，任砀山知县，升福建道御史，后引疾归，召而不起。著有《洞语》《人伦外史》《山壑微踪》《接善编》《吉州正气》等。[4] 关于三五的为学倾向，塘南尝言：

> 先生既亲受业王文成公之门，志大而识远，然深患后学谈空玄而遗伦物，言有余而行不副，每闻士人驰说于窈冥而染情于世味，辄为蹙额疾首，叹惋而不已，故其言曰："今世学者喜言不睹不闻，似密矣，然于可睹可闻者，顾疏脱而不检，其可乎？且喜言著察，似精矣，然于行与习者，竟恣肆而逾闲，其可乎？"[5]

三五反对堕于空寂与流于情识两种时弊，此亦为塘南所继承。关于塘南"戊申春"受教于三五的具体内容，塘南并未言及。关于三五之思想，

---

① 王时槐：《刘邦采传》，载王时槐纂、余之桢修《吉安府志》卷二十四"理学传"，书目文献出版社1991年版，第365页。

② 关于师泉主宰与流行的观点，笔者在后文论述。

③ 《友庆堂存稿》卷五《先兄吉府典膳一峰公偕配谢刘二孺人志铭》。

④ 王时槐：《刘阳传》，载王时槐纂、余之桢修《吉安府志》卷二十四"理学传"，书目文献出版社1991年版，第361—363页。

⑤ 《友庆堂合稿》卷三《三五刘先生文集序》癸巳（1593）。

《明儒学案》有载。

> 先生曰："境寂我寂，已落一层。"两峰曰："此彻骨语也。"自东
> 廓没①，江右学者皆以先生为归。东至岱宗，南至祝融，夜半登山顶
> 而观日焉，残冰剩雪，柱杖铿尔。阳明所谓"清福"者，悬记之矣。
> 先生于师门之旨，身体精研，曰："中，知之不倚于睹闻也；敬，知
> 之无怠者也；诚，知之无妄者也；静，知之无欲者也；寂，知之无思
> 为者也；仁，知之生生与物同体者也。各指所之，而皆指夫知之良
> 也，致知焉尽矣②。"由先生言之，则阳明之学，仍是不异于宋儒也，
> 故先生之传两峰也，谓"宋学门户，谨守绳墨，两峰有之"。其一时
> 讲席之盛，皆非先生所深契。尝谓师泉曰："海内讲学而实践者有人，
> 足为人师者有人，而求得先师之学未一人见。"③

刘三五对良知进行会通式的理解，认为其为中、为敬、为诚、为静、
为寂、为仁，实是各有所知，统体而言，皆指知之良，皆能因致知而尽。
与江右王门的双江、念庵强调良知之良相似，刘阳亦是从"良知之良"而
非"良知之知"上进行强调。此点对塘南亦有所影响。塘南亦尝指出，人
性之善与此心之良是相通的。④ 对刘阳的思想，《明儒学案》所载表明有
二：其一，三五认为阳明之学与宋儒之学并不相异；其二，当时讲学，非
三五先生所契。三五曾对师泉言，讲学虽不乏其人，"而求得先师之学未
一人见"。由此看来，刘阳对当时阳明后学中强调分野的讲学现状实有所
不满，此亦是其用"良知之良"来会通"中""敬""诚""静""寂"与
"仁"的原因所在。三五融通宋儒与阳明后学的论学方式无疑给塘南留下
了一定的印象。塘南身处阳明学与朱子学碰撞、纠缠的时代，对刘三五之
为学一定颇感亲切。事实上，在后来关于宋儒与明儒关系的论述中，塘南
就继承了三五此种圆融会通的立场。⑤

---

① 邹东廓 1562 年离世。

② 刘阳原语为："故曰'致知'焉尽矣。"黄宗羲：《明儒学案》（上），中华书局 1985 年
版，第 446 页。

③ 黄宗羲：《明儒学案》（上），中华书局 1985 年版，第 443—444 页。

④ 《友庆堂合稿》卷一《答友人》甲戌（1574）。

⑤ 参见结论部分。

6. 受教于绪山、龙溪

钱德洪（1496—1575），名宽，字德洪，为避先世讳，而以字行，后改字洪甫，号绪山，浙之余姚人。王畿（1498—1583），字汝中，号龙溪，浙之山阴人。两者同为阳明高弟，同为嘉靖十一年（1532）进士。

塘南27岁时，前往听受青原大会。是会，阳明一传弟子云集，其中包括龙溪、绪山。塘南在28岁时，曾听钱绪山"心无内外"之教。绪山通过"声闻无间"来言心无内外。声闻无间，因而内外无间，因而心无内外。内外实是一同呈现，不可相分。而塘南于此未释，后经两峰指点而有省。实际上，塘南与绪山的交往不仅于此。塘南在49岁即1570年的春天，曾谒钱绪山、王龙溪。《自考录》曰：

> 是春北上，过浙谒钱绪山公于钱王祠，谒王龙溪公于金波园。钱公论学谆切，王公谓："平常心是道，不可过求。"[1]

唐鹤徵言：

> 明年（1570）春，北上访阳明高弟钱德洪、王畿于杭，各有指示。[2]

由此来看，塘南对龙溪之学与绪山之学皆有所了解。

7. 就教于罗念庵

罗洪先（1504—1564），字达夫，号念庵，江西吉水人。年二十二举于乡，嘉靖八年（1529）进士，授翰林修撰，嘉靖十八年（1539），召改左春坊赞善。后上疏忤旨削籍，居家读书访学。年六十一卒。隆庆元年（1567），诏赠光禄寺少卿，谥文恭。[3]

---

[1] 《自考录》"年四十九岁"条。
[2] 唐鹤徵：《宪世编》卷六《塘南王先生》，《四库全书存目丛书》（子部），第12册，第824页。
[3] 王时槐：《罗洪先传》，载王时槐纂、余之桢修《吉安府志》卷二十四"理学传"，书目文献出版社1991年版，第359—361页。

塘南师从两峰之后，曾随王时松往会听讲（1544），此时念庵便讲学其中。塘南年二十七（1548），听讲九邑大会，时罗念庵亦讲学会中。[1] 塘南年三十五至三十七，分巡漳南道时，曾写信与念庵探讨为学归宿问题。其后在 38 岁即 1559 年的夏六月，塘南为乞母铭而造访念庵，再次讨论为学归宿与生死问题。

> 某在闽三年，未尝与人谈学，以空言不若见之行事也。惟自念学到究竟，必有归宿，始为大成。尝赍书质之罗念庵先生。至是，躬诣先生宅上，乞墓铭。先生见名刺，即出大门外相迓，升堂坐定，问曰："向所云归宿者何如？"某以生死之说对。先生默然。念庵先生持己清严，其观人亦制行为重，后学敬惮，未敢狎见，然先生汲引心切，与后学言，每倾怀开示，亦未尝专立一说。于某注念甚渥，以为可教，尝曰："汝但自求自试，久当自得。"一夕，偶谈及生死，先生曰："人死则已矣，更何有乎！"某先后所得念庵先生手柬，裱成一卷，以备观省，实心师之。冬十一月，葬先母姜宜人于螺山。念庵先生撰志铭。[2]

稍后，念庵书于塘南曰："往年青原屡承颜色，未得顷刻相对。然私心固已向慕，不待言之形也。比闻归宿之论，私心跃然，念曰：'交游中若此者可复多得耶？'则又窃计相去尚远，不得即朝夕以遂相扣。已而闻报，虽甚邑邑，然亦稍自释，以为知执事者，岂独在予？其屈固将以为伸，而欲问者固可藉以面承也。比执事枉教，则益深惬私心，自信以为向之所见不谬，而又得闻所未闻，独自愧未有实得，不足以效切磋，然犹量己或可勉强追逐万一，不为执事鄙弃，则今方得所依尔。"[3] 所谓"青原屡承颜色"，即指塘南受学两峰之后，屡听念庵会讲。"比闻归宿之论"，指塘南在漳时曾写信论及归宿一事。"已而闻报"，乃是指念庵接到塘南之来

---

① 此在《自考录》是年条有载。

② 《自考录》"年三十八岁"条。

③ 罗洪先撰，王时槐删订《念庵罗先生文要》卷二《与王塘南二》己未（1559），其中的第一书。[上海图书馆藏万历三十一年吴达可序刻本，国家图书馆馆藏《念庵罗先生文要》（缩微胶片）六卷。]

信。"比执事枉教"则是指塘南38岁夏六月的造访。念庵言"又得闻所未闻"，实是指塘南以"生死之说"言为学归宿。念庵言"自愧未有实得，不足以效切磋"，此亦表明念庵不契塘南以生死论归宿之义。此后，塘南是否有与念庵书，笔者查考而未得。但在是年，念庵再次致书塘南，提及归宿之论是释老之言。"洞居旬日，旦暮念慕有在归宿之说，二氏屡言之，吾儒略不举，似岂果有之耶？亦直任之也。夫要有便有，要无便无，原无定在。惟有所在，故二氏之说似有落泊。圣人或以为拘不是之务也。下圣人斯其至矣。兄谓如何？"① 念庵将生死归宿与"定在"联系在一起，此"定在"是三教之辩的内容。

在塘南39岁时（1560），念庵亦曾两书塘南。在第二书中，罗氏言："执事往日见教以常知为主，便自照察不遗，又谓此知炯炯，即死亦终有安顿处，近时当亦精明矣。生绝外许时，不似旧散漫太甚，只觉宁息处非可以人力为，即精明处亦不可以人力为。不可以人力为而后工夫至密而可久，不识执事证之为如何也？言不尽意，惟逆志而教之。"② 由此信可知，塘南所提及的实际上是有所主宰之意，如此才能安顿生死。此时56岁的念庵强调自己是"绝外许时"，且强调无论宁息处，还是精明处，皆"非可以人力为"。

塘南43岁时（1564），三月升尚宝司卿，是年，罗氏致书塘南言及"乃今相见"，由此推测，是年，塘南与罗氏亦有见面。而念庵在此书中言："夫学之归宿，固未可豫定，至其必为此不为彼，明白较量，固可一时而定。执事之所定，世人不知不识者。既瞭然矣，其能已于精进哉？"此是念庵对塘南归宿之论之评定。继而念庵又言："京国，名利场也，名利，人之所易惑者，执事此行顺矣，于极顺中不动乎意，其能乎？视极顺中与不顺等，其能乎？于名利之去来无少加损，而吾之所以不因之有增减，其能乎？此亦千百年之一辨也，丝毫牵系，终身之累。幸不为迁。"③

---

① 罗洪先撰，王时槐删订：《念庵罗先生文要》卷二《与王塘南二》己未（1559），其中的第二书。

② 罗洪先：《罗洪先集》，凤凰出版社2007年版，第221页。此书即为罗洪先撰，王时槐删订《念庵罗先生文要》卷二《答王塘南二》庚申（1560）中的第二书。尤为可贵的是后者注明了时间。

③ 以上引自罗洪先《罗洪先集》，凤凰出版社2007年版，第221页。此书即为罗洪先撰，王时槐删订《念庵罗先生文要》卷二《与王塘南》甲子（1564）。同样，后者注明了时间。另外，后者无"丝毫牵系，终身之累。幸不为迁"一句。

念庵此处实就指塘南升迁而言。

以上是塘南在 50 岁之前与念庵的交往，由于塘南 50 岁以前的思想很少有材料记载，因此，念庵书于塘南之内容，就显得极为重要。从中亦可以看出，塘南所关注的是生死归宿的问题。塘南后来借佛学之生死观建构儒家之生死观，实与此密切相关。① 塘南 63 岁始修《吉安府志》时，为罗念庵撰传云："先生之学始致力于践履，中归摄于寂静，晚彻悟于仁体。"② 唐鹤徵以及后来的黄宗羲对念庵的评价皆是承袭塘南此说。③ 塘南对念庵的思想极为熟识，念庵对塘南的思想亦极有影响。邹元标尝言塘南"言必曰'文恭'、'文恭'"，虽是誉美其师④，倒也体现了塘南为学思想与念庵相关联的事实。塘南在 81 岁时，编《念庵罗先生文要》，并为之撰序。其言曰：

> 直指安节吴公按莅吾吉，笃崇正学，追慕先生，亟欲表章其遗言，以端士习。爰取先生旧刻《全集》语时槐曰："先生非以诗文传，贵以学传也。子盖服膺先生之训有年矣，盍掇其切要语梓之，俾海内志学之士有考焉？"予敬诺，乃检阅得其十之三，录之，题曰"文要"。复缀鄙言于末简，以见先生系斯道之重如此。⑤

在此序中，塘南提及了念庵以未发言良知的思想。此是念庵思想留给塘南的最为深刻的印象。⑥

8. 听教于聂双江

聂豹（1487—1563），字文蔚，号双江，吉之永丰人。正德十二年即

---

① 关于塘南的儒学生死观，由于篇幅所限，本作不作介绍。其大意是塘南受禅宗超生死之影响，提出了儒家重生死的生死观，从而与佛学之生死观相抗衡。

② 王时槐：《罗洪先传》，载王时槐纂、余之桢修《吉安府志》卷二十四"理学传"，书目文献出版社 1991 年版，第 360 页。

③ 张卫红将此种对念庵的评价，溯源于唐鹤徵，或未能关注塘南与念庵之交往。此种交往，表明了塘南 50 岁以前对生死归宿问题的关注，但从另一个侧面亦说明了念庵对生死问题的理解。张氏的观点参见其博士学位论文《罗念庵思想研究——以致知工夫为中心的生命历程与思想世界》。（中山大学博士学位论文，2006 年。）

④ 邹元标师罗念庵。

⑤ 《友庆堂合稿》卷三《念庵罗先生文要序》壬寅（1602）。

⑥ 念庵以未发言良知，后文再表。

1517 年进士，知华亭县，寻召为御史，已而按应天稽察马政。谒阳明，闻良知之说，其后以书问学阳明。已而按闽，建养正书院，刻《大学古本》《传习录》，后升苏州守，讲学于学道书院，连丁内外难，居家十余年，后知平阳府，寻升陕西按察副使。为忌者中而下狱，事白落职归。嘉靖二十九年即 1550 年召起，升尚书，寻进太子太保。后上疏忤旨，得致仕。年七十七而卒。卒时，家无余金。隆庆元年（1567），诏赠少保，谥贞襄。所著有《致知议略》《良知辨》《幽居答述》。①

塘南 23 岁受学于两峰之门，"自是，东廓邹公、双江聂公、念庵罗公讲学于复古、青原、玄潭，先生（王时松）与时槐必俱往"②。塘南因此得闻双江之学。除此而外，塘南与双江的交往，有明确记载的主要是在其 38 岁时，即 1559 年。是夏六月，塘南先母卒，塘南曾乞贷于聂贞襄。③

> 先生（塘南）尝语其门人贺公定斋曰："某初丁艰，乞贷聂贞襄公。公曰：'子义不轻求，当有以应。'久待乃得，微讶其迟也。及晤聂公侄泉崖云：'叔顷鬻一骏得三十金以应。'先生愕然感激。"④

塘南评价双江之学为：

> 先生患当时学者率以知之发用为良知，落支节而遗本原，特揭未发之中。学者乍闻疑骇，辨诘纷起。先生贻书与欧阳文庄公，其略曰：良知本寂，感于物而后有知。知其发也，不可遂以知发为良知而

---

① 王时槐：《聂豹传》，载王时槐纂，余之桢修《吉安府志》卷二十四"理学传"，书目文献出版社 1991 年版，第 358—359 页。

② 《友庆堂存稿》卷五《先兄浙江昌化教谕前峰先生志铭》。

③ 塘南"初丁艰"，若指丁外艰，则是在嘉靖戊申（1548），时聂双江尚在狱中，乞贷一事必不可能。而双江卒于嘉靖癸亥（1563）。在此期间，塘南于嘉靖己未（1559）丁内艰，时双江已于四年前致仕归。故将乞贷一事系于此年。塘南尝撰《祭双江聂先生文》，见载于《友庆堂存稿》卷九。

④ 此为萧文礼（学立）所言，系于（清）郭景昌辑，（清）萧文礼补辑《吉州人文纪略》卷一《明参政王时槐传》文末。北京图书馆藏清康熙十九年照天轩刻本。

忘其发之所自也，故学问之功，自其主乎内之寂然者求之，使之寂而常定也，则感无不通，外无不该，动无不制，而天下之能事毕矣。是非愚之见也，先师云："良知是未发之中，寂然大公之本体，便自能感而遂通，便自能物来顺应。"此岂录中长语哉？初先生被逮时，从容出见使者，易囚服，慨慷就道，室中悲号不胜，先生若不闻。门人父老送之，无不流涕。先生神色不动，第抗手而别。罗文恭公见之大敬服，至是闻未发之说，深相契合。①

塘南认为，双江是因患以发用为良知的时弊，而强调未发之中。同时塘南指出，念庵因为双江临逮而"神色不动"所感，而深相契合于未发之说。双江临逮乃是 1547 年年末。由此可见，念庵契合双江的时间亦大概是在此时。正基于此，1548 年青原大会之后，双江、东廓、念庵以《赠言》别龙溪，② 龙溪因此而撰《致知议略》，阳明一传弟子之论辩初显端倪。

在塘南的先师之教中，还应包括欧阳德。但主要不在于欧阳德为王门一传中的江右弟子，而是因为塘南在《吉安府志》中曾为其撰传。不仅如此，塘南还尝为《南野先生年谱》撰序。③

欧阳德（1496—1554），阳明弟子，字崇一，号南野，吉之泰和人。嘉靖二年即 1523 年举进士，知六安州。历刑部员外郎、翰林编修等，丁外艰时，与邹文庄、聂贞襄、罗文恭讲学青原梅陂之上，后官至礼部尚书。诏赠太子太保，谥文庄。④ "先生年谱成，其孙詹录君宗翰持以示予。" 塘南因之而序年谱。在此序中，塘南对南野是这样评价的："盖孔门特揭求仁为圣学之宗，而先儒复以万物一体之说申绎其旨。世之君子明于一体之仁，然后可措于经世以达吾道于天下。……予故曰，明于一体之仁，然后可措于经世以达吾道于天下也。是道也，吾独于欧阳南野先生见之。……先生惟能忘己以一体于物，故能措于经世以达其道于天下，是

---

① 王时槐：《聂豹传》，载王时槐纂，余之桢修《吉安府志》卷二十四"理学传"，书目文献出版社 1991 年版，第 359 页。

② 龙溪言："临别，出双江、东廓、念庵三公所书《赠言》卷，祈予一言，以证所学。"（王畿：《致知议略》，《王畿集》，凤凰出版社 2007 年版，第 130 页。）

③ 《南野先生年谱序》，见载于《友庆堂合稿》卷三。

④ 王时槐：《欧阳德传》，载王时槐纂，余之桢修《吉安府志》卷二十四"理学传"，书目文献出版社 1991 年版，第 356—358 页。

真有得于圣门求仁之学，非世之所称道学孑然孤守、无裨于世者之为也。"① 对于南野的学术倾向，塘南指出："初阳明王公得先生，大见期许，凡语来学者必曰：'先与崇一论之。'先生教人，一以良知为宗，随方开导，根理要而切事情，条晰而疏畅，由其说，可因时达变，尽分而行吾道。听者皆洒然知先生为通儒，而其学果可适于用也。"② 塘南还提及欧阳德曾回复罗钦顺关于良知为知觉的质疑。③ 由此来看，塘南对欧阳南野之思想亦是相当了解。

以上所言刘两峰、邹东廓、刘师泉、聂双江、欧阳南野、刘三五、罗念庵，外加上江右的罗钦顺，塘南称之为"八先生"。塘南在《吉安府志》卷二十四"理学传"的结语中言：

> 吾吉自正嘉以来，谭学才至众，乃士所共宗，必曰八先生云。夷考八先生学，各有从入，非遵一涂辙。诚各自其精思力践，中有独见而得之，以故不相沿袭，而卒之岿然各底于成，岂徒守旧闻、循声附和，与矜饬末节、外无玷缺者比伦哉？抑八先生所存者远矣，固不恃言以传也。然百世而下，有欲追绎其遗续，舍言曷以哉？爰述其手撰与所口授尤要切者，著于篇，俾志学之士可考而择焉。④

由此来看，塘南认为八先生之学虽非"遵一涂辙"，但是皆"精思力

① 《友庆堂合稿》卷三《南野先生年谱序》甲午（1594）。

② 王时槐：《欧阳德传》，载王时槐纂、余之桢修《吉安府志》卷二十四"理学传"，书目文献出版社1991年版，第357页。

③ 塘南言："罗文庄公颇疑致良知之说近于佛氏。先生贻书曰：'知觉与良知，名同而实异。凡视听言动皆知觉也，而未必皆善。良知者，恻隐羞恶恭敬是非，所谓本然之善也；致知云者，非增广其见闻觉识之谓也，循其恻隐羞恶恭敬是非之知而扩充之，以极其至，不使其蔽昧亏歉。有一念之不实者，所谓致曲以求诚，故知至则意诚矣。此与佛氏所谓圆觉所谓含藏识者既已不同，而其功在于格物，益与佛氏异矣。物者，事也，思虑觉识、视听言动、感应酬酢之迹也，然而有善有恶，有正有邪。格物者，为善而不为恶，从正而不从邪，随其位分，修其日履，循其良知之天理而无所蔽昧亏歉者也。日积月累，日就月将，而弗能已，不如是则旦昼所为牿其良心而违禽兽不远矣。故格物者，圣门笃实真切用力之地，没身而已者也。彼佛氏以事为障，以理为障，既不知所谓格物而其径超顿悟，又焉有积累就将之实哉？"（王时槐：《欧阳德传》，载王时槐纂，余之桢修《吉安府志》卷二十四"理学传"，书目文献出版社1991年版，第357—358页。）

④ 王时槐纂，余之桢修：《吉安府志》卷二十四"理学传"，书目文献出版社1991年版，第365页。

践"，有其独见而"各底于成"。此是塘南对江右先贤的评价，显示其不拘于一家的开阔视野。

不仅如此，塘南在 50 岁以前，还曾见教于周罗山①、刘见川②与周原山③。塘南 46 岁那年二月，其嫡母丧。居丧期间，塘南与陈蒙山订西原惜阴会于能仁寺，特请周罗山、刘见川、周原山枉教。从与会任教者有两峰、师泉的情形来看，周罗山、刘见川、周原山，亦可算是塘南之师。塘南曾为此三老撰传于《吉安府志》。

以上是塘南为学经历中的"先师之教"。

三　良友夹持

塘南在提及自己 50 岁以前的为学经历时，必然要提到"良友夹持"，"良友启迪切偲"。塘南尝言："……及入仕，勉自检饬，复遇良友启迪切偲之益，得勉颓惰，平生不为身家之计，一于学而已。"④ 下文拟依时间顺序，论述塘南所受"良友夹持"之情形。塘南师从两峰的动因与蒙山相关，因此，首先介绍蒙山之学。

1. 蒙山之学

陈嘉谟（1521—1603）⑤，字世显，号蒙山，江西庐陵人，嘉靖二十六

---

① 周禄，阳明弟子，字以道，号罗山，江西庐陵人。以贡为青阳训导、黄冈教谕。学以见过为宗，与同志士友订惜阴之会。著有《大学约言》《绪言》二篇。参见王时槐《周禄传》，载王时槐纂、余之桢修《吉安府志》卷二十五"儒行传"，书目文献出版社 1991 年版，第 378 页。

② 刘教（1506—1574），字道夫，号建州，又号见川，江西庐陵藤桥人。举于乡，为泰兴、江阴教谕，广平知县，刑部主事，升广西梧州郡守。后归田，与同志诸友订惜阴会，莅会八年。著有《论孟笔议》《暨阳广平咏史》《西省祗役》《苍梧芝亭稿》若干卷。参见《友庆堂存稿》卷五《见川刘先生志铭》。

③ 周祉，周禄之弟，号原山，江西庐陵人。以选贡，官至肇庆通判。参见王时槐《周禄传》，载王时槐纂、余之桢修《吉安府志》卷二十五"儒行传"，书目文献出版社 1991 年版，第 378 页。

④ 《自考录》篇末。

⑤ 陈蒙山尝为塘南所辑《广仁类编》撰序，其落款为"年弟庐陵陈嘉谟拜书"（陈嘉谟：《〈广仁类编〉序》，载王塘南辑《广仁类编》篇首。《广仁类编》，清宣统二年刊本，江西省图书馆有藏）。此处所言的"年弟"是指"进士同年"而蒙山为弟。根据《明儒学案》所载，蒙山"癸卯，年八十三卒"，即蒙山逝于 1603 年。由此可得出蒙山之生卒年。

年（1547）进士，即与塘南为同年进士。历官给事中，后出之外，仕至四川按察司副使。隆庆四年（1570）移疾归。召为湖广布政司左参政而不起，致力于学。晚年甚敬塘南，年八十三而卒。著述有《〈四书〉〈周易〉就正稿》《念初堂存稿》《续稿》《道德阴符经注疏》《朱陆摘要》等。①

从上文塘南师从两峰的经历来看，塘南师从两峰实受蒙山之影响。《明儒学案》言："（蒙山）少读书西塔，值刘两峰在焉，即师事之。间以其说语塘南，塘南心动，亦往师之。一时同志邹光祖、敖宗濂、王时松、刘尔松辈，十有七人，共学两峰之门。螺川人士始知有学，先生倡之也。（蒙山）归田后为会青原，与塘南相印正。慨然士习之卑陋，时举江门名节藩篱之语，以振作之。凡来及门者，先生曰：'学非一家之私也，有塘南在，贤辈盍往师之。'其忘人我如此。"② 陈蒙山与塘南为同年进士，塘南师从两峰之时，尝与陈蒙山辩本心为知还是本心为天理的问题，未合。塘南 27 岁时即 1548 年，其父去世，蒙山为之撰《行状》；塘南 46 岁时与蒙山订西原惜阴会于能仁寺。50 岁以后更是相与论学，往来密切。查考塘南为学年谱，塘南一生参订讲会，基本皆与蒙山相关，可谓是一生道友。塘南尝言："予则自弱冠时独侍笔札缔心盟，已而共受学于两峰先师之门，及退居林下相与结社，朝夕切偲，迄今又三十年矣。"③ 另外，塘南曾为蒙山的《西方亿》作跋④，表达其对儒佛关系的理解。塘南未曾明确提及蒙山的为学观点，但是蒙山为学所论，有见录于《明儒学案》者，大体亦可以看出其思想倾向及其对塘南可能具有的影响。塘南弟子贺汝定尝向蒙山问《易》。⑤ 由此表明蒙山对《易》学亦有钻研。考《友庆堂合稿》，塘南写于蒙山有五书。虽篇幅不长，但是其具体内容实亦与蒙山本人的思想紧密相关。另外，通过《明儒学案》的材料来看，蒙山实际上一方面较为重视《易》，用乾性坤命之理来说明万物一体，由此说明不存在"来去"、不存在"全归"的思想；另一方面，蒙山认为，复得心体之本然，此是学问之头脑。因而对于静坐工夫，他认为是首先要洞见天地之原，然后静坐才

---

① 参见谢旻等监修《江西通志》卷七十九，《四库全书》（史部），第 515 册，第 705—706 页。
② 黄宗羲：《明儒学案》（上），中华书局 1985 年版，第 495 页。
③ 《友庆堂存稿》卷二《〈荣寿录〉序》。
④ 《〈西方亿〉跋》，见载于《友庆堂合稿》卷五。
⑤ 塘南言："……及见所与蒙山丈，致问于《易》义者甚详。"参见《友庆堂合稿》卷一《答钱启新道长》庚寅（1590）。

是有益的。此实际上是强调悟得之后，本体对工夫的指导。同时蒙山亦有对悟修关系、理气关系、三教之辩的理解。其中亦有与塘南不类之处。塘南为学非从"万物一体"入手，而强调"探本穷原"。与其生死观相联系，塘南对全归甚为重视，此与蒙山有别。不仅如此，塘南视静坐为彻悟本原的工夫，与蒙山所言悟后之工夫实亦有别。遗憾的是，从现有材料来看，蒙山与塘南在思想上并未形成较为深入的论辩。

2. 华南之学

郭春渠（1513—1582），字以受，号华南，吉之万安下驿里人。嘉靖戊申（1548），赴青原山九邑大会，闻阳明学，始疑而后悟。己酉（1549），与塘南并栖西峰禅寺二年。后返万安，与邹西渠联会于南台禅寺。辛未（1571）得授南昌郡学司训，丙子（1576）升连江学谕，后升国子监助教。未及任而卒。[①] 尝从邹东廓、罗洪先为学。[②]

塘南28岁时即1549年，与郭华南静对西峰禅寺。

> 己酉，（郭华南）与予并栖郡城郊外之西峰禅寺，竟日静对，各各内观，不杂语，不散步，惟以静中心得互相咨决。盂蔬杯粥，寒暑不懈，如是者盖二年。当其时，君与予学皆未明，独其专志苦切，不谋而合。抚今追昔，亦不知其何心也。岂天秉之衷适与君符，有不偶然者耶？予复集螺川愿学之士十余人为惜阴之会，其赋资慧朗过君者不少，至毕用全力则朋辈皆以为不逮也。已而予就任南署……[③]

塘南对静坐的实践，始于此前获侍师泉之时。而是年，实际上是塘南对静坐的正式实行。"惟以静中心得互相咨决"，"如是者盖二年"。同时，塘南还提及两人此时"学皆未明"，但能"专志苦切，不谋而合"。华南1548年闻阳明之学，始疑而后悟。塘南认为华南为学"毕用全力"。1549年的静坐，于塘南与华南，皆是学犹未明时的为学修养方式。也就是说，

---

① 《友庆堂存稿》卷八《华南郭君行状》；王时槐：《郭春渠传》，载王时槐纂，余之桢修《吉安府志》卷二十五"儒行传"，书目文献出版社1991年版，第381页。

② 参见谢旻等监修《江西通志》卷七十九，《四库全书》（史部），第515册，第703页。

③ 《友庆堂存稿》卷八《华南郭君行状》。

与蒙山言静坐为悟得心原之后的为学方式不同，塘南与华南此时实是未悟心原而静坐。是年，塘南不仅接受了两峰"心无内外，是心之管摄无边际"的指点，而且还用"一念不息即是事"来回答两峰五鼓时分所提出的"此时未应物，心有事乎"的问题。① 由此可知，塘南认为，静坐之时，"念之不息，事之不息"。从此前一年师从师泉时对静坐体验的描述来看，塘南似乎是承认有一种无念的状态，而此时又言一念不息，如此来看，念实贯通应物与未应物。就此来看，应物、未应物只是动静之别，而非有念无念之别。另外，与首言归寂而四面树敌的双江相比，塘南最初提及本体之寂的观念，实是在撰于1573年的《与郭华南》一书中。毕竟这是塘南继其师之后，首次提出自己学术上的独立的观点。而且，强调本体之寂，较易被惯于静坐的郭华南所接受。

如果将郭华南算作塘南入仕之后的第一个良友，那么第二个就应是金存庵。

3. 存庵之学

塘南30—31岁时，即1551—1552年，任职车驾司，其间与笃志躬行之君子金存庵逐渐相知。存庵奉其父督学宪副金一所之教，以喜怒哀乐未发之中为学，耻空谈而专习静，色温而内劲，言动一无所苟。塘南与处朝夕，甚是受益。

金中夫（1515—1590），江西督学宪副金一所之子，讳立敬，学者称为存庵先生，浙江之临海人。嘉靖丁酉（1537）举于乡，历官南车驾主事、福建参议、福建督学宪副、河南参政、山西宪长、江西宪长、湖广左使、工部左侍郎。致仕后，杜门习静，年七十六卒，所著有《约言存省》《圣谕八行注释》及诗文若干卷。②

塘南言：

> 往予始仕，得为南驾部主事，适存庵先生亦以初授至。同署共事称寅采，顾犹不知其为同志也。盖先生宿研圣学，深自崇晦，不出诸

---

① 参见《自考录》是年条。
② 参见王时槐《存庵金先生行状》，载于《友庆堂存稿》卷八。

口；而予亦颇蒙僻守，耻尚言说。故两人衷所向往虽皆锐情远业，而竟隐默无少暴露焉。一日偶促对密谈，微伸肤见，大为先生所许可。予于是得窥先生宏邃渊涵之万一。先生既不予鄙，则时时示以学贵主静，以潜养未发之中，直溯明道程子，以达于孔颜之正脉。既不蹈先代训诂考索之繁，亦不袭近世驰空遗实之失。及徐视先生气温而栗，貌恭而顺，喜怒不形而动必循轨，应事酬物，屹然不易其介而又浑然不涉于矜。予于是敬服先生，以为真诚践履、精粹纯一之君子。①

金存庵学贵主静，涵养未发之中，而直溯明道。既不主张训诂，亦不驰空遗实。关于金存庵的思想，罗洪先亦曾提及："执事得庭训为多，故于明道所指示未发处勘得亲切，须时时各有难戠足处切磋，侭是无穷也。"② 由此来看，塘南对涵养未发之中这样一种习静方式有所体贴，实际上是与金存庵的交往分不开的。习静与驰空遗实有别，与空谈有别。此种习静，一方面是文道相对待、考据与义理相对待，而从事于道、从事于义理的实践；另一方面又是有别于空谈的实践。

塘南入仕之后的第三个良友是陆五台。

4. 五台之学

塘南的为学经历特别是佛学经历实与陆五台密切相关。陆五台（1521—1597），名光祖，字与绳，浙江平湖人，嘉靖二十六年（1547）进士，官至吏部尚书。王畿晚年常与他论学。其与塘南之交往，在塘南学行中，明确可查考的有六七次之多。塘南尝撰《祭陆五台太宰文》，其言曰：

时槐早幸厕于榜末，初尚阻于瞻承。既逾数岁，属有奇遭，一邂逅近于东鲁之郊，目击而遂成心契。及同官于金陵之署，公暇而极沐耳提。公本博大而恢宏，予实浅隘而迂滞，然公不以其格调之稍殊，而且以为根器之可进。既促席于典客之司，复联榻于鹫峰之院，究谈儒释之宗，深研生死之理。予始者积疑而未融，公愈益恳词而劝诲。至

---

① 《友庆堂存稿》卷八《存庵金先生行状》。
② 罗洪先：《答金存庵》，《罗洪先集》，凤凰出版社 2007 年版，第 411 页。

于守职应务，时有执心，公必直言规正，匡其僻谬，惟其爱深而望切，是以语密而教勤。①

"早幸厕于榜末"，言指陆氏与塘南为同年进士。几年后"一邂逅于东鲁之郊，目击而遂成心契"。"同官""金陵"，即指塘南33岁时为南礼部主客司郎中，时陆五台为南礼部祠祭司主事，两人"一相见，若宿契"。而陆五台对塘南"公暇而极沐耳提"的具体内容主要是"究谈儒释之宗，深研生死之理"，并对塘南的"时有执心""直言规正"。这些内容，在《自考录》中并未明言②，但是在其他相关材料中有载。唐鹤徵言："先生在礼部时，陆光祖方为主事，日举佛学，且极谈生死轮回之说。先生雅不慕佛，而陆亹亹谈不置，且曰：'汝既信不及，暂置之，他日必自信耳。慎勿起谤，即断善根。'"③ 由此来看，实际上，陆五台与塘南论及佛学，并"极谈生死轮回之说"，陆氏还断言塘南"他日必自信"佛学生死之理。刘元卿言，陆氏尝告诫塘南，为人处世，"执一不变，非所以应世"，并与塘南论及佛学。塘南"于是亦取佛氏书阅焉"。④ 由此来看，塘南是听信陆五台之言而观佛书。其实，对自己的闻道过程，塘南本人亦作过回顾与反省："盖始者，由释氏以入"；"已乃稍稍疑之，试归究六经"；接着又经"屡疑屡悟"之反复，"而后学定而无余惑"。⑤ "由释氏以入"，即指陆五台在佛学上对塘南思想的影响。另外，唐鹤徵言："（陆五台）复邀先生（塘南）携楊过鹫峰寺检阅藏经，曰：'先代大儒皆参此而成。佛典不来东土，则必无周程诸大儒矣。'复时时举西方净土之说以示。先生虽未顷信，然自此渐发疑端，密密参寻，期究明此一事矣。"⑥陆氏对塘南言及先代大儒是

① 《友庆堂存稿》卷九《祭陆五台太宰文》。
② 《自考录》"年三十三岁"条曰："五台高朗有卓识，一相见，若宿契，每日升堂毕，即过主客司与某论学。五台不拘末节，自合矩度。然五台雅重绳趋尺步之士，故于某独心契焉。"
③ 唐鹤徵：《宪世编》卷六《塘南王先生》，《四库全书存目丛书》（子部），第12册，第826页。
④ 刘元卿言："其（塘南）为南主客也，所善独陆五台。陆高旷，宜不相入而臭味独合。陆尝戒之曰：'至人处事，不远人情，汝执一不变，非所以应世。'陆雅崇佛，公弗善也。陆曰：'汝但信未及，必有他日，且姑等之，无作谤语，自断善根。'公于是亦取佛氏书阅焉。"［刘元卿：《刘聘君全集》卷八《南太常寺卿塘南王公行略》，《四库全书存目丛书》（集部），第154册，第199页。］
⑤ 《友庆堂存稿》卷五《自撰墓志铭》。
⑥ 唐鹤徵：《宪世编》卷六《塘南王先生》，《四库全书存目丛书》（子部），第12册，第826页。

参佛而成，此种论断作为塘南了解佛学的理由，无疑显得非常充分。正基于此，塘南才"密密参寻"，试图通晓儒佛之关系。

如果说上述内容体现了陆五台对塘南转向佛学的主导性牵引，那么此种牵引所起的作用，实际上亦与陆五台对塘南为政方面的影响紧密相连。在为政方面，塘南42岁时即1562年，因陆五台承让，得升尚宝司少卿。①塘南尝言："已而，予方备数于外臬，寸牍不入于中朝，竟叨荐陟，实赖特援。"②"备数于外臬"指塘南1562年调除四川按察司佥事。而塘南70岁那年九月，诏为贵州参政；十月，升南鸿胪寺卿，俱未赴任。次年春正月，升南京太常寺卿。寻奉旨以新衔致仕。此为《自考录》"年七十岁"条与次年条所载，但皆未提及陆五台。而塘南所撰《祭陆五台太宰文》亦曰："公膺简眷柄铨衡，乃不我遐遗，三疏而骤用之。予自顾衰龄，惧负知己，引疾请辞，得奉俞允，虽重违推毂之盛心，亦庶几无辱公哲鉴之万一矣。"③由此来看，塘南71岁得以新衔致仕，实有陆氏掌铨而疏荐在先。以上是陆氏对塘南为政的影响，而言其与为学的影响紧密相连，此主要表现为，在塘南归田以后，陆五台曾贻书示佛学，希望塘南能够归依佛门。塘南言："予既谢事归田，追绎公之夙诲，毕力斯道，庶期晚闻。公复贻以远缄，示之净业，盖精彻于幽玄，非局迹于事相，可谓不惜秘授、直示衣珠者矣。"④而在塘南61岁时，尝过钱塘江，憩虎跑寺，而陆五台"来会三日"。⑤

由上文可知，塘南在33岁时接触佛学，并与陆五台言及"儒释之宗""生死之理"。而塘南34—37岁"在漳三年"期间，曾经写信给念庵，提及为学"当有归宿""方为大成"的观点。此后，便一直与念庵讨论为学归宿一事。念庵终不契塘南归宿之论，而塘南此论实是缘于其33岁所涉及

---

① 《自考录》"年四十三岁"条曰："先是部议欲以郎中陆五台为尚宝少卿，五台白于相徐存斋公曰：'有贤者在蜀臬，当以尚宝处之。'公问为谁，五台以某对。公以语吏部议，未决。五台复白徐公曰：'某所让者惟王金事一人耳，余人则某不能让也。'部议始决，命下。友人南昌万两溪名恭，时为兵侍，入谢徐公。公曰：'吾不识王君何状。'两溪曰：'王子居官虽久而绝无世态。异日到京见相公，且不能以一语称谢也。'公曰：'如此，其贤可知矣。'"
② 《友庆堂存稿》卷九《祭陆五台太宰文》。
③ 《友庆堂存稿》卷九《祭陆五台太宰文》。
④ 《友庆堂存稿》卷九《祭陆五台太宰文》。
⑤ 参见《自考录》"年六十一岁"条。

的关于佛学生死之理的讨论而提及的。塘南在其儒学思想尚未成形之时，对于佛学的生死问题，不免心动。正是由于这一点，塘南后来在归于儒学之后，对生死归宿问题进行回应，从而形成了儒佛之辨思想中极为精彩的内容。

5. 近溪之学

罗汝芳（1515—1588），字惟德，号近溪，江西建昌南城人。年十七，闭关对镜澄心，久之成病。后读《传习录》，病乃去。尝师事颜山农。年二十九，举于乡。明年会试中式，廷试不赴。年三十九，成进士，授太湖知县，以教化代刑，历刑部主事、郎中，出为宁国守、云南按察副使、参政，得请致仕。年七十四卒。门人私谥为明德先生。①

塘南34岁即1555年受职分巡漳南道时，离南京，过太湖，访太湖令罗近溪。近溪邀塘南至演武场"观兵壮射"，并向塘南介绍其练兵之法。同时，近溪提及"吾此心每日在百姓身上周回，不暂释也"。塘南听后"悚然谨识之"，及其抵于漳南，尝仿近溪练兵之法而行，颇有成效。② 塘南在《自考录》"年三十八岁"条中总结三年的为官经历时，曾言"赤子之心未失，洁己爱民"，似受近溪影响。

1562年，塘南41岁，以内艰服阕入京，尝与罗近溪夜对"剧谈"。近溪言："吾与王子剧谈，诚祝天愿，有契于吾言也。"而所谈之内容，亦不详。时近溪以刑郎在京，常集一山罗公、合溪万公、小鲁刘公、见罗李公、鲁源徐公辈，"日夕聚论，商榷理学"。③

1565年，塘南44岁，参与灵济宫大会。近溪以宁国守入觐，向首辅徐存斋（阶）进言，当劝主上以务学为急。④ 春某夕，近溪招塘南"联榻

---

① 参见《近溪罗先生传》，载于《友庆堂存稿》卷七；亦载于《友庆堂合稿》卷三。
② 参见《自考录》相应年条。
③ 参见《自考录》是年条。
④ 参见《友庆堂存稿》卷七《近溪罗先生传》。与此略有不同的是，据近溪弟子所集《盱坛直诠》载，罗近溪进言以讲学成就人才为急。（明）曹胤儒辑《盱坛直诠》曰："乙丑，（近溪）入觐。……谒政府徐公。公访以时务，师曰：'此时人材为急，欲成就人材，其必由讲学乎！'公是之，遂属师合部、寺、台省及觐会诸贤，大会灵济宫，徐政府手书程子《定性》一书、'学者先须识仁'一条，令长子携至会所，兵部南离钱公出次朗诵，诸公悬师（近溪）申说，师亦悉心推演，听者跃然。"（参见曹胤儒辑《盱坛直诠》，台湾广文书局1991年版，第233页。）

而寝"。四鼓时分，塘南与罗近溪相与论学。塘南主张"直透本心"，而近溪所指示的方便之门是"从乐而入"。[①]

1578 年春，时塘南已归田多年，而近溪亦"谢事还"，塘南买舟往建昌，访近溪于从姑山房。近溪与塘南亦有一段论学。[②]

> 先生曰："学必有定向，庶可决成。"予请示，先生直以一语酬答，予爽然有省。予留从姑逾旬，见先生天真粹朗，彼己尽忘，八荒洞然，了无畛域。语笑动静，食息寝处，神机自运，不涉人力。朝夕盂蔬，与客共食。客至盈座，亦无增味，熙怡竟日。诸生不问，则默无繁言。盖先生以精神感人，有出于言诠之外者矣。予见先生博大浑涵，普爱同人，略无拣择，境随静闹，不生取舍，乃自愧予之浅衷局量，耽僻厌烦，誓当顿舍宿障，庶可通于大方也。时有士人以专持佛号求往生为学者。予问曰："若此者何如？"先生曰："得无全靠彼乎？"予曰："学者摄心方便之门不一，亦均之为有靠矣。"先生曰："此当有辨。"临别，先生送予舟行，以勿复致疑为嘱。[③]

近溪指示"学必有定向"。塘南留旬日而别。而近溪"简易坦荡，与人相对，形骸俱忘"之形象无疑给塘南留下深刻印象。同时近溪"每日蔬饭共食，不设酒殽，方外缁流皆得入席共饭，口不数数，谈学而神态超然，迥出尘表"。塘南由此而"自愧器局狭小不及也"，并称其"受益有得于言语之外者"。[④] 塘南与近溪关于为学方便之门的讨论，后文再论。

塘南 63 岁秋，罗近溪过螺川访其于白鹭院，相与论学。

> 甲申（1584），先生（近溪）过螺川，访予白鹭院中。予试问玄门之学。先生曰："岂尝有所闻乎？盍言之？"予漫述艮背之说。先生

---

① 参见《友庆堂存稿》卷七《近溪罗先生传》。
② 关于此处所言"为学依靠"一段，在《旴坛直诠》中亦有所载，但将之系于1584 年，实为不当。
③ 《友庆堂存稿》卷七《近溪罗先生传》。
④ 《自考录》"年五十七岁"条。

曰，"内典谓吾人自咽喉以下名为鬼窟"，因极口赞中庸二字。曰："平常是道，何事旁求？"①

从塘南的"直透本心"到"摄心方便之门"再到"艮背之学"，此是塘南以为学方便之门多端的形式会通三教的思想。与此有所不同，从"从乐而入"到辩为学方便之门，再到"平常是道"，实际上反映了近溪的三教立场。

1588 年秋九月，近溪罗先生卒。1596 年冬，近溪孙、国学生怀智访塘南于螺川，塘南于是时（或稍后）为近溪撰传。在此传中，一方面，塘南从践行的角度来肯定近溪。他指出："先生既没，海内咸望风追仰。然予窃谓后学真知先生者盖寡。彼徒见先生之标末而未窥先生之底里，故或妄意以为慕先生之学，而未免失其矩步，以蹈于纵荡之归也。先生脱略蹊径，浑无朕迹，人所共知，而不知其中贞白无瑕，一切外物嗜好都绝，芥视千金，矏然不浼，举以与人，若拂轻尘，实出性成，非由强作。"② 塘南并举近溪"以公费置官库"以及"鬻产贷金以至急师友之难"等例来说明其践行之蹈矩，并将近溪的"脱略蹊径"，视为悟后之境，而非强为。另一方面，塘南从"严辩佛老"的角度来肯定近溪。塘南言："先生蚤岁于释典玄宗无不探讨，缁流羽客延纳弗拒，人所共知，而不知其取长弃短，迄③有定裁。今《会语》出晚年者，一本诸《大学》孝弟慈之旨，绝口不及二氏。"塘南并举近溪孙伯愚尝私阅禅家之书而为其所责一事，表明近溪之立教，"一出于正"。"而昧者以浮诡之心藉口于先生之探讨延纳，遂冥然蔑伦叛圣以沉溺于诐淫者，不亦远哉？"由此塘南认为，近溪之学"大而有本，中凝一而外融畅"，而后学未窥其本，只见其末，以恣情为率性，终入无忌惮之中庸。④ 塘南为近溪撰传，提及近溪辩二氏。此实不尽然。近溪强调"平常是道"，主要是反对塘南所言的"艮背之说"。塘南 49 岁会龙溪时，龙溪所指为"平常心是道，不可过求"，亦与此相关。⑤ 与其说

---

① 《友庆堂存稿》卷七《近溪罗先生传》。
② 《友庆堂存稿》卷七《近溪罗先生传》。
③ 曹胤儒辑：《盱坛直诠》，台湾广文书局 1991 年版，第 283 页所载为"确"字。
④ 以上皆引自《友庆堂存稿》卷七《近溪罗先生传》。
⑤ 塘南 44 岁获闻万思默艮背之说，遵照执行，49 岁访龙溪而得指示。

近溪辩二氏，不若说近溪近禅，强调"当下即工夫"①。正因如此，其反对倡导静坐内观的"艮背之说"。

6. 鲁源之学、思默之学

塘南43岁时为尚宝司卿，时徐鲁源、万思默，"俱在郎署"，锐志讲学，塘南认为其"甚受夹持之益"。②

徐用检（1528—1611），字克贤，号鲁源，浙之兰溪人。嘉靖四十一年（1562）进士。塘南尝言："始予备数符司，先生为仪部郎。每公退，必邀予静对，夜几半乃罢，以为常。其言多砥切激发，未有定指。"③ 黄宗羲言其"师事钱绪山，然其为学不以良知，而以志学"④。邹泸水⑤云，徐鲁源之学"以求仁为宗旨，以学为实功，以孔氏为正鹄，而谓无事不学，无学不证诸孔氏"⑥。徐鲁源尝与塘南有过关于仁知之辩论，鲁源既不主仁，亦不主知，而是主于学。⑦ 由此可以看出，邹泸水与黄宗羲评价之偏重。在工夫论上，徐氏强调要能够"先见其面目"，从而认为，先观未发气象，如此才能发而中节。⑧但是从其将"天下之大本"解释为人伦天性，⑨ 实可知其虽强调未发气象，实际是与归寂一路是完全不同的。他强调工夫的中道，要于"作止语默""一率其本然之知"⑩，能高而不求异，

---

① 陈来先生言近溪的思想如下："强调身心自然妥帖而忽视德性培壅，以'浑沌'讲良知，以'当下'即工夫，以赤子之心不虑不思为宗旨，一开李贽童心说之先河，使一切本能直觉都变成被肯定的良知良能。"参见陈来《有无之境——王阳明哲学的精神》，人民出版社1991年版，第335页。

② 参见《自考录》是年条。

③ 《友庆堂存稿》卷十《螺川请益别言》。

④ 黄宗羲：《明儒学案》（上），中华书局1985年版，第304页。

⑤ 邹东廓之孙邹德泳，号泸水。

⑥ 黄宗羲：《明儒学案》（上），中华书局1985年版，第306页。

⑦ 《友庆堂存稿》卷十《螺川请益别言》。

⑧ 徐鲁源言："《易》：'首出庶物，万国咸宁。'夫心，天君也，时时尊之，俾常伸万物之上，将众动，可得其理而成天下之亹亹。然欲知事之之道，则须先见其面目。先儒令学者观未发气象，所以求见其面目也。由是而之焉，'发皆中节'，无所往而不尊矣。"参见黄宗羲《明儒学案》（上），中华书局1985年版，第305页。

⑨ 黄宗羲：《明儒学案》（上），中华书局1985年版，第308页有言曰："问：'何谓天下之大本？'曰：'适从外来，见街头孩子被母痛笞，孩子叫苦欲绝。已而母去，孩子牵母裾随之而归，终不忍舍。是非天下之大本乎？'"

⑩ 参见黄宗羲《明儒学案》（上），中华书局1985年版，第306页。

能卑而不徇人。在性与治性之功之间，他更为强调后者。① 在为学工夫之变与不变之间，其强调要能够于变上彻透，才会"主宰常宁"②。此实际上虽强调立体，但有反对静功的倾向。其主张从所思中见"耳目心思之大原"③。对于生死问题，徐鲁源认为，不可专言生死，如此只是自私的做法，而是要学求复性，当生则生，当死则死。④ 此种化解生死的思路实与塘南提倡重生死来构建儒家生死观的思路有别。另外，徐鲁源还较为强调智识对于本然的遮蔽。塘南曾有三书致徐鲁源⑤，在第二书中提及徐氏"濯暴务专，污杂必尽"⑥ 的观点，塘南认为此是实功。在第三书中，塘南提及"承示天然不变之旨"，从而强调要能够实修。塘南以此实修、实功与近世学者所具有的"一悟便了""以冒认为悟"的学风相区别。⑦ 塘南在47岁居丧期间，徐鲁源曾经过吉，与塘南有关于仁知问题的讨论。塘南61岁曾访徐鲁源于兰溪，仁知的讨论仍在继续。⑧ 后鲁源过吉亦回访过塘南。此乃塘南与徐鲁源的交往。

万廷言，字以忠，号思默，江西南昌东溪人。据《明儒学案》载：万思默之父师阳明，思默曾师念庵。⑨ 塘南初见思默时43岁，时并未提及与其相契。而在其44岁时，曾与近溪言及直透本心，而近溪认为"莫从乐而入"。塘南于此似乎亦不相契。一年之后，即1566年春正月，塘南为人所劾。三月，降受光禄寺少卿。力请求退，不允。是时，得闻思默艮背之说。

> 时万思默为光禄寺丞。光禄职务甚简，复得思默同寅，因闻艮背之说。每日在寺中静坐内观，从事艮背之说，久之，颇觉有效。⑩

---

① 参见黄宗羲《明儒学案》（上），中华书局1985年版，第308页。
② 参见黄宗羲《明儒学案》（上），中华书局1985年版，第308页。
③ 参见黄宗羲《明儒学案》（上），中华书局1985年版，第310页。
④ 参见黄宗羲《明儒学案》（上），中华书局1985年版，第307页。其言曰："问：'先生既不非生死之说，何不专主之？而曰性、曰学，何也？'曰：'性率五常，学求复性，大公至正之道也。如此而生，如此而死，何不该焉。专言生死，生寄死归，自私耳矣。'"
⑤ 其中第一书为《友庆堂合稿》卷二《答徐鲁源》第一书 辛丑（1601）。
⑥ 《友庆堂合稿》卷二《答徐鲁源》第二书 辛丑（1601）。
⑦ 《友庆堂合稿》卷二《答徐鲁源》甲辰（1604）。
⑧ 《友庆堂存稿》卷十《螺川请益别言》。
⑨ 参见黄宗羲《明儒学案》（上），中华书局1985年版，第501页。
⑩ 《自考录》"年四十五岁"条。

塘南认为，静坐内观，从事艮背之说，颇觉有效。塘南契于艮背之说，实际上与其仕途迷茫、学期有成的心境是分不开的。关于塘南是年的经历，清陈诜撰《〈明理学太常寺卿王塘南先生自考录〉序》①曰："四十五岁时，从事艮背之学，则所谓博文约礼者非耶?"此表达了陈氏自身的理论立场。是年，塘南尝作诗与万思默，曰："无闻四十独伤神，梦寐空惭见古人。天末逢君悲已晚，岁寒结伴语偏亲。肯于物外驰心久，欲向寰中用力频。万里东溟期共挽，衰残莫负百年身。"②此更能体现塘南此时的心态。万思默艮背之说对于塘南思想的影响一直存在，塘南63岁时与罗近溪相见，叩问玄门之学，塘南直接以艮背之说应对，此就是证明。塘南与思默有书信往来，《友庆堂合稿》中载有塘南致万思默的四封书信。其中第一书是塘南60岁时对万思默主张"性本离念"而又"不得以即念即空为解"的主张提出理解。③塘南此时所持为性念之间的中道立场。此后，塘南于69岁时两书思默，表达其对当时高明之士只强调悟而反对修的观点的看法。而塘南74岁书于万思默时，所表达的观点是为学各有方便之门，"吾辈正不必执见争辨，要在自己大彻"④。据塘南弟子贺汝定所载，塘南还在81岁那年三月，会万思默于樟镇。为会三日，与思默会间无多语，而"私相印证之言不得闻"。既相别去，塘南则"亟叹思默公之学正当精深"。不仅如此，塘南"间岁放舟会万思默丈于桑林"。⑤塘南与思默此时的交往，可谓讲学不止、证学不息。正是此种共讲互证的为学热情，使得塘南即便在其生命的最后几年，著作成果亦非常之丰硕。

思默之思想，根据《明儒学案》所载，其"罢官归，杜门三十余年，匿迹韬光，研几极深。念庵之学得先生而传"⑥。思默对静坐较有体验，同时亦对"艮"卦所表达的"思不出位"之义有所领悟，而契证于念庵。入仕后于动静寂感有无安排拟议用心二十年，后还山而静摄默识自心。后觉气静神恬，机皆在我，而渐入"佳境"。黄宗羲认为，思默视《易》为天体流行，而将乾元至善之体融结为孩提之爱敬。⑦思默与塘南有多次书信

---

① 《自考录》篇首。
② 《友庆堂合稿》卷七"律诗"《次韵答万思默丈》丙寅 (1566)。
③ 《友庆堂合稿》卷一《答万思默》辛巳 (1581)。
④ 《友庆堂合稿》卷一《答万思默》丁酉 (1597)。
⑤ 贺沚：《续补〈恭忆先训自考录〉》篇末，见载于王时槐《自考录》文后。
⑥ 参见黄宗羲《明儒学案》(上)，中华书局1985年版，第501页。
⑦ 参见黄宗羲《明儒学案》(上)，中华书局1985年版，第502页。

交往，① 就其内容来看，思默主张静悟心体，反对专于解释。思默在本体论上，强调生理流行；在工夫上，强调要能够立得主宰，而具体工夫主要有静坐（收敛）、涵养、知止、研几、敬存等方面。此与塘南思想呈现较大的相似性。但是在关于意、几的具体理解上，其与塘南的思想仍有差别。

以上是塘南50岁以前所受良友夹持之情形。在塘南50岁以后的为学道路上，不仅有以上众多师友相益助，而且还有李见罗②、胡庐山③、王敬所④等良友的同论学，共印证。再加上塘南弟子如贺汝定、钱启新、贺弘任、曾德卿等请益不辍。正因此，塘南的思想不断得以生发，最终形成一个极为庞大、圆融的论学体系。

综合塘南50岁以前的为学历程，不难看出，塘南为学的辗转参寻，真可谓是"请质于四方名贤，抠趋于郡邑先觉，考证于先儒异同，不遗余力，反求诸己"的艰难历程。相对于塘南50岁以后思想的开枝散叶、花开花艳的精彩呈现而言，此正所谓不翕聚则不能发散。此种翕聚的过程，实是始于先考之训、先师之教。本章之所以不惮其烦地对这一过程进行细致梳理，旨在呈示塘南思想之源的博杂多样，从而形成塘南50岁以后思想论证的背景，并为这样的论证提供一些可能的来源探究。⑤ 在塘南50岁以前的学思过程中，如果说，明显具有程朱学倾向的先考之训代表其最早的思想资源的话，那么主要由阳明一代掌门所构成的先师群体本身的活动及其对塘南本人的具体点拨则代表了其成年以后的思想资源。而在塘南受先师之教的同时，亦受着良友夹持。二者相互触发，使得身处阳明后学之中的塘南形成了自己学术中的独特视野与调适理路。

---

① 参见万廷言《学易斋集》，国家图书馆藏明万历刻本。

② 李材（1519—1595），字孟诚，号见罗，吉之丰城人。嘉靖壬戌（1562）进士。万历庚辰（1580），塘南《与李见罗》曰："近见老丈所刻《道性善集》，其义至精，可谓不堕二边，而直显中道矣。此意弟似能佩服一二。"（《友庆堂合稿》卷一）

③ 胡直（1517—1585），字正甫，号庐山，江西泰和人。嘉靖进士。1547年冬，胡直受学念庵。念庵初不甚喜良知，亦不尽信阳明，而专言主静无欲。胡直言其未契，但对于无欲之训，甚熟。

④ 王宗沐，字新甫，号敬所，台之临海人。嘉靖甲辰进士。欧阳南野弟子。［参见黄宗羲《明儒学案》（上），中华书局1985年版，第315页。］

⑤ 这些来源探究尽管只是可能，而且有些方面还不能形成明显的线索，但是与先入为主相比，此无疑较为客观。

第二章　寂而常照　寂运双泯

——本体界体用之调适

任何本体论，首先是关于本体的描述，而任何关于本体论的描述，就描述者自身而言，实际上都是其境界上的证得。塘南 50 岁以前的学思过程，反映了塘南思想本身屡试屡疑的调适特征，在 50 岁以后，此种学术特征，仍有较为明显的体现。也就是说，塘南因其境界的调适而证得的本体亦存在着调适。笔者在此主要从历时性向度考察塘南对于本体理解的阶段性特征，呈现其在关于本体论述上的前后变化，并试就此种变化的原因进行分析，从而形成塘南本体论理解的基本构架。

一　当体自寂　寂而常照

塘南对本体的最初证得，实始于 1553 年。对此，塘南自己曾有明确的记载。

（1）……以是五十而未有闻焉。及退休，大惧齿衰，惕然惭悚，则悉屏绝外纷，反躬密体，瞬息自励，如是者三年，若有见于空寂之体。①

（2）年及五十，道犹未明，乃身自惭愤，弃官而归，志益精专，功无作辍，逾年稍有所窥。始焉自觉本性空寂，了无一物，超然首

---

① 《友庆堂存稿》卷五《自撰墓志铭》。

出，不受尘滓，颇似得力。举以语人，同志亦多见信者，如是者垂十年。[1]

以上两段材料，皆表明塘南悟得"空寂之体"的时间为归田以后。塘南五十归田，51 岁即 1572 年春抵家。据材料一载，塘南归田以后，"悉屏绝外纷，反躬密体"，"如是者三年"，而"若有见于空寂之体"。"如是者三年"，实是始于塘南 51 岁春抵家之时，到 53 岁时为止。与材料一相比，材料二未提及塘南有悟于空寂之体的具体时间，但较为明确地论述了塘南对此体的理解。"自觉本性空寂"，此即是"若有见于空寂之体"的另一种表达。"本性空寂"的内涵为"了无一物，超然首出，不受尘滓"。此是内心澄然、空无一物之境界。塘南举以语人，亦为人见信。为人见信，本身就已经表明，此时在为学之士的心目中，并不存在着一个本体论的典范。任何的本体论首先是一种境界上的证得，而此境界论是否真实，实际上是要通过效验——理论表达者自己的践行以及由此践行而实成的可信度——来察考。于阳明如此：阳明在自身化境的基础上，言及良知本体的内容；于双江亦是如此：念庵信得双江的归寂说，很大程度上亦因为双江临逮之前的从容气度令其折服。而正因为没有本体论的典范，由境界本身的提高而形成的本体论的描述、变化以及其互相印证才是可能的。塘南持此种关于本体的描述，"如是者垂十年"。也就是说，在约 53 岁到 63 岁之间，塘南基本上是持"空寂之体"的本体观。以下就对塘南此段时间关于本体的描述作一梳理。

塘南关于空寂之体的最早描述，实始于 52 岁。塘南指出：

> 夫天地万物，生于寂。寂者天下之大本也。此体[2]广大无际，六合一沤，万古一息。宇宙生生，起灭千状，而寂自若也。然见寂即非真寂。何也？寂与己对故也。当体自寂，复谁见哉？此理在探原反本，极深而自得之，但实透真原，反身而诚，便作天壤间了事人矣。[3]

———

[1] 《自考录》篇末。

[2] 唐鹤徵：《宪世编》卷六《塘南王先生》将"此体"写为"寂体"，参见《四库全书存目丛书》（子部），第 12 册，第 830 页。

[3] 《友庆堂合稿》卷一《与郭华南》癸酉（1573）。

　　塘南认为，天地万物生于寂，寂为天下之大本。此时寂实际上是从万物本原的角度进行界定，塘南亦称之为"寂体"。寂体广大无际，六合只是"一沤"，万古只是"一息"。因此，虽宇宙生生起灭，但是"寂自若也"。在寂与生的关系上，生实为当下人之活动的经验界，而寂实是本体界。经验界的万千变化，于本体之寂实无影响，"而寂自若"，实是指"寂体"所具有的主宰经验界而自能"岿然不动"的含义。在对寂的证得上，塘南认为，"见寂非真寂"。塘南此处言及"见寂"，实有所指。

　　在阳明后学中，念庵与双江对"见寂"有过讨论。双江于狱中撰《困辨录》，倡归寂之说。念庵关于《困辨录》的理解，直接体现于其所撰的《〈困辨录〉序》①、《〈困辨录〉后序》② 以及《〈读困辨录抄〉序》③ 三序中。前两序撰于1551年，第三序撰于1553年。念庵对双江归寂之说的态度，从1551年到1553年，亦有一个从推崇到有所异议的过程。第三序就体现了此种"异议"。在第三序中，念庵主要就三个层面来论述。其一是世儒对于双江归寂主静说的批评，念庵以为实际上并无道理。其二是念庵为双江的归寂主静说作辩护。念庵用"不知言，无以学"一语来理解双江立言立场的重要性。念庵认为，与以知觉为良知的妄学相比，"主静"有"不逐于妄学之功"。静的作用正是"澄汰"知觉之流，而显良知之源。其三，念庵又指出，双江《困辨录》在立言方面可能存在的问题。正是在第三个层面上，念庵提出了其对"见寂"的理解。

　　念庵引双江所言"未发，非体也。于未发之时，而见吾之寂体"一语，并对之作出分析。念庵指出："夫未发，非时也；寂无体，不可见也。见之谓仁，见之谓知，道之鲜也。余惧见寂之非寂也，是故自其发而不出其位者言之，谓之寂；自其常寂而通微者言之，谓之发。盖原其能戒惧而无思为，非实有可指得以示之人也。故收摄敛聚可以言静，而不可谓为寂然之体；喜怒哀乐可以言时，而不可谓无未发之中。何也？心无时，亦无体，执见而后有可指也。"④ 针对双江以未发为时、强调未发之时有见于寂

────────────

① 罗洪先：《罗洪先集》，凤凰出版社2007年版，第471页。按：此序撰于1550年。
② 罗洪先：《罗洪先集》，凤凰出版社2007年版，第472页。
③ 罗洪先：《罗洪先集》，凤凰出版社2007年版，第474页。按：此序撰于1553年。
④ 罗洪先：《罗洪先集》，凤凰出版社2007年版，第475页。

体的"见寂"，念庵表达了完全不同的理解。念庵认为，未发实是指本体，而不是指时间。但是其又言"寂无体"，此"体"实是体段、实体之意，而非本体之意。念庵认为，本体之寂，若是可见，就是对本体的执实而论，"见寂之非寂也"。由本体来看，寂发实是指其两个面向。本体是寂发的统一，而寂本身只是表明本体的"发而不出其位"之意，只是本体的一个层面。心之本体无有已发未发之时的区分，心之本体亦无可以执实之体段可言。此是念庵对见寂的批评。

双江强调未发之时见寂，念庵否认未发之时的存在，同时反对执体为实，从而反对双江"见寂"的提法。正是基于此种背景，塘南对"见寂"作出批评。塘南指出，寂与己相对，也就是说，于己层面，可以言见寂，而于体之层面，当体自寂，当下本体自是寂然，实不依赖于任何的"见"而存在。"见寂"属于与"寂"相对应的"己"的范域。体之层面与己之层面，是本体层面与境界层面之差别，亦是客观层面与主观层面之差别。念庵与塘南虽皆反对"见寂"，但在论证的思路上实有不同。念庵是从寂发一体、未发已发一体的角度来强调本体，进而认为"见寂"实际上不能体现本体之空寂，反对执寂为实。塘南则是从寂己相对而区分出本体与境界、客观与主观，"见寂"属于境界之主观层面，非本体之客观层面。正基于此，此寂是本体自寂，而非于境界上见得之寂。正如前文所言，任何本体论都是境界论上的证成，塘南所言及的当体之寂，亦是就其境界上的证成而言。但是一旦此境界论上关于本体的理解被指为本体论，则意味着此为境界上的唯一的最高层面。在此意义上，见寂实际上可以体现境界的不同层面，从而与体现最高层面的本体之寂有所区别。而塘南是如何避免境界上的主观多样性层面从而强调与"己"相对的"寂"所具有的客观性、本体性的呢？此实取决于塘南对证悟当体自寂的工夫的理解。塘南认为，要证得当体自寂，即要能够"探原反本"，"极深而自得之"。所谓"探原反本"也就是"实透真原""反身而诚"的工夫，如此才能证得性体本寂，"作天壤间了事人"。由此来看，"见寂"实非工夫，真正的工夫应是"探原反本"的"极深"工夫，此是以"原"与"本"为航标而开始的道德修养的征程。所谓"原""本"是远离主观的本体层面，塘南通过探原反本的工夫而证悟得性体本寂，由此使得其虽"有见于空寂之体"，但此"空寂之体"实已脱离"己见"的主观层面，而具有本体上的客观义。也就是说，探原反本的工夫，使得塘南在己与本原之间架设了桥梁，使得"实透真原"之所见超越了"己见"的局限，正是在此意义上，"见寂"才与"当体自寂"有着严格区分。因此，塘南指出，"当体自寂，复谁见哉"。塘南此处对于寂体的强调，可以从两个方面来看。一方面，寂体与生相对，在此点上，塘南实承双江以寂言体的观点，而与念庵以寂发为一来言体的思想不类；另一方面，寂与己相对，在此点上，塘南实承念庵反对执寂为实的思想，从而与双江"见寂"之观点不类。

细晰来看，寂与生相对，说明寂体与客观经验世界有所区别，在此点上，寂体似归于主观。与此同时，塘南又指出，寂与己相对，在此点上，寂体实际上又从主观倾向返回到与客观之经验界相区分的本体之客观界。此是塘南对本体之寂的理解。有趣的是塘南在后来回顾自己为学经历时指出"若有见于空寂之体"，① 似有"见寂"的嫌疑。同时，在"若有见于空寂之体"的方式上，塘南言其为"屏绝外纷，反躬密体"，此似乎亦是肯认了一个未发时段。此无疑又体现了双江未发见寂对塘南提出空寂之体的影响。但是塘南在79岁所撰的《自考录》中则将"若有见于空寂之体"表达为"自觉本体空寂"，从而避免了"见寂"可能体现的执寂为实的倾向及其具有的主观性。正是在此意义上，塘南指出，此体"了无一物，超然首出，不受尘滓"。

此是塘南52岁书于郭华南时所呈现的关于本体的理解。问题在于，为何要将本体的理解书于郭华南呢？当然，也可以说塘南只是表达当时自己的思想，实无意于选择对象。但是这样的回答不能令人满意。塘南曾言，"若有见于空寂之体"之时，亦为同志"见信"。塘南在52岁时，首先对郭华南表达其关于寂体的思想，当然希望能够见信于郭华南。实际上塘南对郭华南言寂体，与郭华南之思想亦有关系。从塘南与郭华南的交往来看②，塘南在28岁时，尝与之静对城郊的西峰禅寺，各各内观，并以静中心得互相定夺。③ 无疑，对静坐有较多体会的郭华南是塘南描述其"空寂之体"的较为合适的人选。毕竟此离塘南致仕从学仅两年，如此短的时间，已有所悟，要为人见信，并非易事。同时，塘南的"空寂之体"是通

---

① 《友庆堂存稿》卷五《自撰墓志铭》。
② 参见第一章中的"华南之学"。
③ 参见《自考录》是年条。

过与静坐极为相似的"屏绝外纷，反躬密体"① 的工夫而证悟，此亦是"静中心得"的体现。郭华南是否认同塘南对于"寂体"的理解呢？如果认同，郭华南是否向塘南表示过其认同呢？如果确实表示过，此在塘南的著述中有无说明呢？查考塘南的著述，虽然塘南写给郭华南的书信只有52岁所撰的那一封，但其后来又撰《华南郭君行状》，提及了郭华南的相关观点。

> 岁乙亥（1575），君乃以书抵予曰："吾是秋婴疾，杜门者四十余日，若有省焉。夫性湛然具足，不受污染者也。而过焉不及焉，其流行发用也，非性之罪也。惟流行发用之过且不及，必学焉以易其恶，以协于中，此精一之功所不容已也。"②

郭华南认为，性"湛然具足"，"不受污染"，而"过"与"不及"，实是性体"流行发用"，而"非性之罪"。郭华南此时在对本体的理解上，实与塘南相一致。

塘南将寂与生、与己相对，而华南将性与"流行发用"相对。无论是"生""己"，还是"流行发用"，皆就经验界、现象界而言，都与本体形成对待。塘南对寂的理解，并非以寂体及其流行发用的体用关系去探讨，因为此"流行发用"已经是发用、"生"的层面，是经验界的层面，而寂有其自身的体用层面。

由此来看，"当体自寂"所强调的内容主要包含三个层面。一是此寂实是强调万化之本原，从而与现象界相对。二是此寂实是就超越于主体自身限制的本体自身而立言。三是此寂实非指其在现象界中之流行发用而言。

以上塘南对于寂体的理解，皆是使用"性体"一词，但是与此同时，塘南实亦用心来言说其寂。如果说"当体自寂"强调的是本体界的寂，那么，塘南亦指出此本体是"寂而常照"。

---

① 《友庆堂存稿》卷五《自撰墓志铭》。
② 《友庆堂存稿》卷八《华南郭君行状》。

> 所论"去念守心"四字俱未佳。念不可去,心不可守。真念本无念也,何去之有?真心本无相也,何守之有?惟寂而常照,即是本体,即是功夫,原无许多歧路费讲说也。①

本体无念可去,无相可守,因此,本体不可执实来看。此本体实是真念,是真心。就此角度来看,塘南此时关于本体的讨论,实无心体与性体之区别。与此相关的理解,还见于其 53 岁《答友人》一书。塘南认为,"此心"有所"愧怍","必改之而后快"。此于"众人皆然",并非强作,"乌得而罢之"? "乌得而废之"? 因此,"此心之良与尧舜无异",此非"后生",而是"与生俱生","万古如一日"。塘南又言:"孔子曰:'仁远乎哉,我欲仁斯仁至矣。'……颜子曰'欲罢不能',盖真见此性之不容已。学者果知自性之良,则知虽在愚夫愚妇,同具此性者。皆欲罢而不能,非独颜子为然也。执事所谓终必罢废者,是自窒其混混之源而力障其放海之势,生之不敢闻命者,此也。"② 塘南通过人之"欲仁"的不容已说明人的"自性之良"。此乃是"混混之源",具有"放海之势"。由此来看,塘南既言"此心之良",亦言"自性之良",既言"欲仁",又言"性之不容已"。此时心体与性体实无明显区别。不仅如此,塘南还表明,"混混之源"所言为至善之体,而"放海之势"所指为此体所具有的不容已的特征。此是本体论上关于体用含义的一个重要层面,也就是主体与其特征的关系,实际上是主体与其功用的关系。此一关系于本体层面的使用,并不少见。阳明关于良知之理解,即包含此种关系。如阳明指出良知自觉时,此良知即为主体,"觉"即为良知之功用。

塘南认为,"寂而常照,即是本体,亦是功夫"。"寂"为照之主体,"照"为寂之功用。在主体与功用这一层面的体用观的使用上,体与用统一于主体,实际上并不存在体用二分的理解。因此,"混混之源"与"放海之势"、寂与照实为一而不为二。寂作为能照之主体,自具有照得万化分明之功用。只要证悟此本体,就能够使得寂体"能照"之功能得以发挥。因此,在工夫论的倾向上,不必考虑本体能否为照,而是要证悟寂

---

① 《友庆堂合稿》卷一《答族生永卿》乙亥(1575)。

② 以上引自《友庆堂合稿》卷一《答友人》甲戌(1574)。

体。此种工夫论倾向，塘南将之表达为"彻本体"。

在 54 岁所撰的《答萧兑嵎》① 一书中，塘南对自己的为学经历作过一次总结，其中提及其为学的"彻本体"转向，并对其所彻之本体进行描述。

> 夜来趋候请教，未悉。弟愚钝之资，从事此学者几三十年而未有所得。盖往往执意见，分门户，起炉作灶，自立主张，恃此以为究竟，而不知本性未彻，纵饶展转扭捏，出奇入正，终非原来旧物，宜其用力愈劳而愈无凑泊处也。归田以来，一切刊落，全身担荷此事。久之，渐觉有省。今虽未敢谓为大彻，然似于旧时种种同异学术，尽皆不取不舍。此体廓然，充塞宇宙，形形色色，条理脉络，不匮不紊，非由造作。道固如是，然非有直还天地之志，非有洞视万古之识，徒欲将此身与世上凡夫较量得失，争论同异，护持门户，则藐乎其小矣，似不足以语于大道之域也。②

塘南指出，自己 50 岁以前的学思过程，实是"执意见，分门户，起炉作灶，自立主张"，以此为究竟，"而不知本性未彻"。因而，"用力愈劳而愈无凑泊处"。用阳明的思路看，此实是为学工夫缺乏头脑、关键。塘南归田以后，渐于本体有彻。他指出："此体廓然，充塞宇宙，形形色色，条理脉络，不匮不紊，非由造作。道固如是。"此体至大至虚，条理分明。"道固如是"实是说明道体本来如此，非由人造作而得如此。于此实不必怀疑。但此亦并非人人悟得，只有具备极其高远的志与识，才能语此"大道之域"。由此来看，塘南归田以后的思想与归田以前有所不同。但是此种不同，若仅以 50 岁来划分，未免过于截然。实际上，塘南早在 44 岁与近溪论学之时，就尝言"吾惟在直透本心耳"。"直透本心"即是彻悟本体之意。但是塘南对近溪所指示的为学方便之门"从乐而入"似乎并不相

---

① 萧廪（1523—1587），塘南友，字可发，号兑嵎，吉之万安人，己酉（1549）举于乡，乙丑（1656）会试登第，历行人司行人、福建道监察御史、太仆寺少卿、太常寺少卿、南京太仆寺卿、光禄寺卿、都察院右佥都御史等。年六十五卒。著有《奏疏》十卷、《陕西荒政》二卷、《诗文》十卷、《微言》二卷。（《友庆堂存稿》卷八《兑嵎萧公状》）
② 《友庆堂合稿》卷一《答萧兑嵎》乙亥（1575）。

契，倒是在一年之后，对万思默提倡静坐的"艮背之学""颇觉有效"。塘南此后想来是持此方式以直透本心，此亦能理解其在 49 岁访龙溪时，龙溪何出"平常心是道，不可过求"之言。但是塘南并未因龙溪之指示而放弃此种直透本心的方式，归田之后，更是"一切刊落，全身担荷此事"，从而有所彻悟。塘南称"虽未敢谓为大彻，然似于旧时种种同异学术，尽皆不取不舍"。也就是说塘南关于本体的证悟，实际上是不由见解、门户以及旧时的学术而来，而是自彻自证。"未为大彻"实为谦辞，强调自彻自证才是重点。

以上是塘南对空寂之体的理解。而塘南在 63 岁，曾对"空寂之体"有进一步的认识。他指出：

> 弟自归田（50 岁）以来，一纪有余，更无他念，独于此理实殚志研摩，今虽未能大彻，然绝非守昔年旧见，聊安一隅已也。盖弟①昔年实自探本穷原起手，诚不无执恋枯寂，然执之之极，真机自生，所谓与万物同体者，亦自盎然出之，有不容已者。②

此是塘南又一次对萧兑嵎提及自己的为学经历，表达其境界上的变化。塘南认为，此时所见，实非"昔年旧见"。所谓"昔年旧见"，即是指"弟昔年实自探本穷原起手"，"探原反本""极深而自得之"③ 而对空寂之体所作出的理解。此应是塘南强调从倡导静坐的"艮背之说"入手而直透本心的阶段，就时间跨度而言，大概是从塘南 45 岁到 63 岁之间。塘南指出，虽"自探本穷原起手"，"诚不无执恋枯寂"之病，但是"执之之极，真机自生"。也就是说，此时所证得的体，实际上"真机自生"，而非"空寂之体"。此是塘南在境界论上的变化。值得注意的是，塘南并未对"空寂之体"作出否认。相反，塘南认为正是对"空寂之体"的"执之之极"，才有了新的体证。塘南此处所言的"执恋""执之之极"并非强调工夫的自然性，而是强调彻本体的强烈倾向性。塘南对此"执"的肯定，

---

① 唐鹤徵：《宪世编》卷六《塘南王先生》中为"某"字，参见《四库全书存目丛书》（子部），第 12 册，第 843 页。

② 《友庆堂合稿》卷一《与萧兑嵎》甲申（1584）。

③ 《友庆堂存稿》卷八《与郭华南》。

说明以"静坐"为主的"执"的工夫于其自身有极大的受用，同时亦表明其对以静坐为主导的彻本体工夫的坚持。

塘南关于空寂之体的理解，实与阳明后学本身的思想倾向紧密相关，"空寂之体"的提法，在形式上比较类似于双江"归寂"说中对于本体的理解。双江言："寂，性之体，天地之根也，而曰'非内'，果在外乎？感，情之用，形器之迹也，而曰'非外'，果在内乎？抑岂内外之间，别有一片地界可安顿之乎？即寂而感存焉，即感而寂行焉，以此论'见成'似也。若为学者立法，恐当下一转语。《易》言内外，《中庸》言内外，今曰无内外；《易》言先后，《大学》亦言先后，今曰无先后。是皆以统体言工夫，如以百尺一贯论种树，而原枝叶之硕茂由于根本之盛大，根本之盛大由于培灌之积累。此鄙人内外先后之说也。"① 此是双江《致知议略》中对龙溪的诘难。

双江以寂为体、以感为用，以寂为性、以感为情，强调寂感体用的内外先后之别。塘南所举寂体与生发的区分，实与此相关。在此基础上，塘南强调寂之优先性，此与双江更是如出一辙。而依双江对龙溪的辩难来看，龙溪是以现成、当下言良知，而当下即是感，即是情，即是迹，龙溪从"当下""现成"立言，强调寂感为一。此是双江对龙溪思想的推断。前文对朱子体用观层面的考察中，提及朱子尝言"见成"与"后生"相对应，双江以"感"来理解"见成"，与朱子并不相类，亦不与龙溪相类。朱子"见成"是言体，而龙溪之"见成"强调体用合一而偏于用。而龙溪之"见成"，亦非继承朱子"见成"之意。龙溪强调寂感为一。其言曰："良知不学不虑，寂照含虚，无二无杂。如空谷之答响，明镜之鉴形。响有高下，形有妍媸，而谷与镜未尝不寂然也。"② 龙溪用空谷与答响、明镜与鉴形来说明良知与其不学不虑的特征的关系，说明寂与照的关系。由此来看，龙溪以寂感为一、寂照为一来言良知，实际上是将寂感关系等同于寂照关系。

不仅龙溪如此，东廓亦是如此。东廓尝言："学无寂感，寂感以言乎其所指也。譬之日焉，光其体，照其用，而以先天后天分，是以体用为先

---

① 聂豹：《聂豹集》，凤凰出版社 2007 年版，第 376 页。
② 王畿：《答刘凝斋》，《王畿集》，凤凰出版社 2007 年版，第 273 页。

后也。……倚于寂则不能以有为为应迹，倚于感则不能以明觉为自然。"①
东廓认为，光其体，照其用，此实际上是其主体与其功用的关系，是就本
体论而言，因此，此主体与功用之间，实不可有先后之分。东廓将寂感关
系亦理解为寂照关系，从而批评双江区分寂感为先天、后天的观点。

塘南在此点上，一方面继承了双江将寂感区分为先天后天的立场，另
一方面又继承了龙溪、东廓寂照为一的立场。就塘南的思想来看，本体实
存在两种体用观。一是寂照所表达的本体及其功用的含义，一是寂感所表
达的本体及其现实发用的含义。而就前者而言，此实是阳明后学关于本体
理解的共有之义。在阳明一传弟子关于致良知工夫的争辩中，若能注意其
本体论上对本体与其功用方面存有的共识，那么，此种争辩中所具有的无
谓的成分或许会减少许多。因此，即便是塘南后来关于本体论的论述有所
变化，亦不能就此批判其关于"空寂之体"的本体论有所不确。此大概亦
是塘南的"空寂之体"，虽是"屏绝外纷""反躬密体"而得，却为同道
所"见信"的缘由吧！此亦可以解释——缘何塘南后来随着境界的变化而
对本体的论述有所侧重时，却始终未对"空寂之体"提出更多批评。

二　不堕二边　不执二见

塘南在 63 岁左右对本体的理解有所变化。塘南认为此是"执恋枯寂"
"执之之极"的结果。但仅以此为原因，未免化约。查考塘南 53 岁至 63
岁期间的著述，不难发现，塘南思想的此种变化与其强调中道思想紧密
相关。

关于中道思想，或者说关于中道方法的使用，亦可称为中道观，塘南
早在 44 岁时即 1565 年，就已经有所涉及。是年，贺少龙之父贺龙冈卒②，
塘南撰《龙冈贺先生墓表》，提及贺龙冈的思想，其中有言曰"辨格致之

---

① 邹守益：《双江聂子寿言》，《邹守益集》，凤凰出版社 2007 年版，第 112—113 页。
② 贺钧（1486—1565），字信夫，号龙冈，江西庐陵人，以乡荐得耒阳知县，复为鹿水知县
等，后改应天府教授。卒后因推恩得封南京兵科给事中。（参见《友庆堂存稿》卷六《龙冈贺先
生墓表》；《贺钧传》，载王时槐纂、余之桢修《吉安府志》卷二十五"儒行传"，书目文献出版社
1991 年版，第 377—378 页。）

非逐，远有无之并离"①，此实际上就是中道思想的表达。是年，塘南还撰诗云："此知本自塞天地，逐物翻令窒化机。若道致知休离物，物知成对尚疑非。"② 以上关于"逐物"与"知物成对"的提法，实际上就是对中道思想的寻求。

既然塘南在53岁以前，就已经对中道思想有所运用，那么，将塘南63岁左右对本体体证的变化归结为中道思想，似乎有点牵强。虽然如此，但是同一方法在不同时期、不同事件的处理上，产生的效果可能并不相同。塘南在强调"空寂之体"时，之所以没有运用中道思想，是因为在本体论的体用关系主要被理解为主体及其功用的关系时，实无法在主体与功用之间提出中道，而必是要作出偏重于主体的理解。此就是塘南不用中道思想来分析本体寂照问题的原因。但是，正是因为塘南本来对中道思想比较熟悉，故而在53岁至63岁之间，对于中道思想才有进一步认识与使用，从而使得塘南关于本体的层面有了新的证悟。

塘南在56岁时，尝书于朱易庵③，言及其对于"孔门之中"的理解。

> 伏承尊翰指示先后天之真面目，且云"不可离且混，始合孔门脉络"，皆至教也，弟谨服膺矣。弟迩来于此处钻研，亦稍稍窥得其近似，今蒙明示，亦朗然信之不疑矣。夫知者，先天之发窍也。谓之发窍，则已属后天矣。虽属后天，而形气不足以干之。故知之一字，内不倚于空寂，外不堕于形气，此孔门之所谓中也。④

朱易庵"指示先后天之真面目"，强调先天、后天"不可离且混，始合孔门脉络"。塘南指出自己于此处亦有钻研，亦窥得其近似，只是未曾确信，现经朱易庵提及，故而"信之不疑"。接着，塘南就"知"作出分

---

① 塘南曾引龙冈之言曰："今世学者谈格物则皆逐物矣。夫格物者为良知谋，非为事物也。"（《友庆堂存稿》卷六《少龙贺公志铭》）

② 《友庆堂合稿》卷七《次韵呈万台溪年丈论格物》乙丑（1565）。

③ 朱调（1512—1596），字以相，号易庵，吉之安成大桥人。不赴举业，尝师邹东廓，后为刘师泉高弟。50岁以后，赴会讲学不辍，著有《梅山语录》。（《友庆堂存稿》卷五《易庵朱先生墓志铭》）按：塘南尝撰《〈梅山语录〉序》，见载于《友庆堂存稿》卷二；亦尝撰《寿朱易庵丈七十序》，见载于《友庆堂存稿》卷一。

④ 《友庆堂合稿》卷一《答朱易庵》丁丑（1577）。

析。塘南认为，此知实是先天后天之间的一种中道。此知"内不倚于空寂，外不堕于形气"。塘南通过知所具有的内外关系来强调知的中道特征。此时的中道，实际上就是指不堕内外二边，此即孔门所理解的中。

查考塘南现有的著作，此是塘南继悟得空寂之体之后，对中道观所作的首次表达。在此处，塘南实际上提及了两种中道观，即"不落二见"的中道观与"不可离且混"的中道观。

所谓"不落二见"的中道观，是承认有两个相反的事端，如内外、有无、寂感等，而强调不堕于其中任何一边。此种中道观的前提是两分。两分可能导致的弊端，一是落二见中的一见，"不落二见"的中道观能够克服此种弊端；二是执二见，"不落二见"的中道观不能克服此种弊端。

所谓"不可离且混"的中道观，是以"不离"与"不混"为两端，若执其一端即违背了"不可离且混"的中道观。但与"不堕二边"实以两分为前提有所不同，在"不可离且混"的中道观中，在"不离"这一端，反对二分，在"不混"这一端，又强调二分。因此，"不可离且混"实际上强调两端之间既有联系又有区别。此时的两端实非如有无、寂感、内外等那样，所表达的是两种事端，而是用不离不混、非有非无、非一非二等语词来表达两种相反的关系。在此必须说明的是，若从中道观的角度来看，任一中道观皆是"不落二见"的。因此，"不可离且混"的中道观亦属于"不落二见"的中道观。

塘南此时对于中道观的使用，或许本身亦未有对此两者进行区分的自觉，但是笔者于此区分两种中道观，实际上是力图通过后文的分析，来揭示其可能存在的同异。而之所以将其中之一命名为"不落二见"的中道观，实际上是因为，塘南在提及朱易庵所言的"不可离且混"的中道观的同时，又明确通过知的不堕内外，明确运用了"不落二见"的中道观。就此来看，在中道观的使用范围上，一方面塘南极为同意在"先天后天之真面目"上使用"不可离且混"的中道观，另一方面又提出在内外关系上使用"不落二见"的中道观。

具体到对良知本体的分析上，此知表现在先天与后天的关系上，两者不可相离，亦不可相混；表现在内外关系上，则内不倚于空寂，外不堕于形气；不落空寂、形气两边。此是塘南对理解本体之知问题所作的易流于内外二边的说明。

塘南此时所言的"空寂"，实际上并非指空寂之体，而是指具有舍外执内倾向的一种对本体的错解。由此来看，塘南对本体的理解，不再局限于寂照关系的说明，而是可以通过先天后天关系以及内外关系来加以考察。此时，塘南已经表露出用中道观来分析本体的倾向。就这样，中道观找到了自己在本体界的地盘。

在上段材料中，塘南还表明了自己对于中道观"信之不疑"的理由。塘南实是自己"迩来于此处钻研，亦稍稍窥得其近似"，也就是说，虽有自己的独立钻研，但未得以证信。经朱易庵所"明示"而得以证实，因此"朗然信之不疑"。由此来看，塘南之所以未能使用中道观对空寂之体进行理解，是因为其对中道观在本体界中进行分析的思路并不确信。而后之所以对之确信不疑是因为受朱易庵之影响。在此，实有必要对朱易庵的思想作一相关的考察。

朱易庵为师泉之高弟，塘南在其 61 岁左右所撰的《寿朱易庵丈七十序》中对易庵是这样评价的：

> 易庵朱先生为及门高第，潜心殚力，深体而实践，积数十年精研磨砺探涉之功，乃涣然契于统宗会极之原，而烂然明于星分川列之用，冲然其无一物而非寂也，块然其妙万有而非淆也。盖先生所自得，如匹帛之辨于经纬也，如大地之晰于畛域也，如指掌之察于肤理也，合之不越于吾性之大，析之不遗乎一息之微。是以乡邑后学望风而请诣者，闻先生之教，高之若凌宇宙而实近也，卑之若校丝粟而实远也。[①]

塘南指出，朱易庵之思想既是"统宗会极"，又是"星分川列"，前者为合，"合之不越于吾性之大"，后者为"析"，"析之不遗乎一息之微"，从而使得其教高而实近，卑而实远。此是塘南对朱易庵思维方式的肯定。塘南认为朱易庵对本体的理解是"冲然其无一物而非寂也，块然其妙万有而非淆也"。塘南在 53 岁强调空寂之体时，尝指出，此体空无一物，超然首出。而此时，塘南使用"非寂"一词来反对执着于内的倾向。不仅如此，塘南后来还为朱易庵撰墓志铭，其中有言曰："盖师泉先生以性命并修为教，后学宗

---

① 《友庆堂存稿》卷一《寿朱易庵丈七十序》。

之，然能会其肯綮者或鲜。惟先生见融而思彻，析而非支，合而非淆，可谓直承嫡胤而实有诸己者与！"又言其观点为"性命并诣非一非二"。①其中所提及的"析而非支，合而非淆""非一非二"实际上所指皆是"不可离且混"的中道观。之后，塘南又为易庵的《梅山语录》撰序，言曰："其学之大指，原本于师泉先生，故于心性意气之辨致详焉。然析而不支，合而不淆，要其所自得者为多矣。"②在此处，塘南再次提及了"析而不支，合而不淆"的方面。由此可知，"不可离且混"的中道观确实为朱易庵的为学特色。而此种论学的特色，是否承继于师泉呢？塘南在《〈松岩朱君学语摘录〉序》中，提及对于师泉之学的评价，实可对此问题作出一种回答。

> 予自有识，粗知慕学，则获交于里中易庵、松岩二朱君，二君皆受学于师泉先生之门。先生之学，以性命并致其力，敬义博约兼体而德不孤，为圣学之榖率。学者必由是以入，庶不堕二氏之偏空、俗学之逐末。此其立教之大指也。③

塘南指出，易庵、松岩④，"皆受学于师泉先生之门"，进而提及师泉之学的中道特征，认为其是"不堕二氏之偏空、俗学之逐末"。此实际上是一种不堕二边的中道观。由此来看，易庵对于师泉"不落二见"的中道观实是有所继承的，但是易庵"不可离且混"的中道观，并不能看出是继承师泉而来，此可能是易庵本人的创见。正基于此，塘南在 61 岁所撰的《寿朱易庵丈七十序》中，大量使用了易庵在塘南 56 岁时所提及的"不可离且混"的中道观。

> 夫道廓然无际，弥满充塞，其体至一，不可得而异也。而于廓然至一之中，则有条理脉络出于天成者焉，其端至赜，犁然不可得而混

---

① 《友庆堂存稿》卷五《易庵朱先生墓志铭》。
② 《友庆堂存稿》卷二《〈梅山语录〉序》。
③ 《友庆堂存稿》卷二《〈松岩朱君学语摘录〉序》。
④ 塘南认为，松岩其学"渊源所自"，"得于师泉先生者为多"。(《友庆堂存稿》卷一《朱松岩丈七十序》)

也。譬之一室焉，非异也，入其室则门庑堂奥、户牖庖湢之各一其所焉，非混也。譬之一身焉，非异也，揣其身则头目指股、毛发肠胃之各一其状焉，非混也。夫廓然者，其乾一之包罗丕冒，亘万古而不易者乎？犁然者，其坤二之生萌显露，列万汇而不杂者乎？夫乾非有出于坤之外，而犁然者是寓于廓然之中。此道之所为统同焉而非荡，纤曲焉而非支者与？惟末世学者不能大观而博识，于是仅有所窥而莫会其全者，盖多矣。见于至一者，则病条理脉络之涉于多岐；见于至赜者，则病弥满充塞之沦于玄虚。而或能兼照而并观者，则又执二见于未忘，非合一不测之旨也。……①

　　塘南认为，道体既是廓然无际，是一种无，同时又弥满宇宙，是一种有。"其体至一，不可得而异也"，"其端至赜，犁然不可得而混也"。此实是"非异非混"的观点。同时，塘南又指出，体之"廓然"而"亘万古而不易"，"犁然"而"列万汇而不杂"。此处实是"非易非杂"的观点。同时，塘南又指出，"此道之所为"，"统同"而"非荡"，"纤曲"而"非支"，此实际上是"非荡非支"的观点。而对于末世学者，塘南指出："见于至一者，则病条理脉络之涉于多岐；见于至赜者，则病弥满充塞之沦于玄虚。"此实际上是落于二边。

　　接着塘南又言："而或能兼照而并观者，则又执二见于未忘，非合一不测之旨也。"此实际上是有别于"不落二见"的中道观的一种表达。塘南此处所提及的"非异非混""非易非杂""非荡非支"皆是对"不容离且混"的中道观的运用，而其指出的"涉于多岐"与"沦于玄虚"，实是依据"不堕二边"的中道观所作出的判定。此处所提出的"或能兼顾而并观者"，实际上已经是"不落二见"的中道观。

　　在此基础上，塘南又指出："又执二见于未忘，非合一不测之旨也。"也就是说，即便是持"不落二见"的中道观，具有"兼照而并观"的优点，但其弊端亦有可能存在，即"执二见于未忘"。此即上文所指出的在二分的前提下执二见，此是"不落二见"的中道观不能克服的弊端。因此，"不落二见"的中道观还需要在"不落二见"的基础上，不"执二

---

① 《友庆堂存稿》卷一《寿朱易庵丈七十序》。

见"，如此，才是"合一不测之旨"。若将"落二见"视为二见之离，将执二见视为混，那么，塘南强调"不落二见"与"不执二见"，实际上是一种不可离且混的中道观。

由此来看，对塘南的中道观作两种区分，即区分为"不落二见"的中道观与"不可离且混"的中道观，实极有意义。因为塘南有些时候是通过"不可离且混"的中道观来克服"不落二见"的中道观所具有的"执二见于未忘"的弊端。如果说，塘南在56岁时所提及的中道观实际上还未有此两种区分的自觉的话，那么塘南在此时实际上已经明确提及了"不落二见"的中道观具有的优点以及其可能具有的弊端。其优点就在于"兼照而并观"，而其缺点就在于"执二见于未忘"。而"不可离且混"的中道观，实际上在"不可离"方面避免了离二见而"落二见"，在"不可混"方面避免了混二见而"执二见"，因此其既具有"不落二见"的中道观所具有的"兼照而并观"的优点，同时又能克服其弊端。就此来看，塘南的论述已经对于两种中道观之同异作出了自己的比较。

在56岁提及易庵来书中"不可离且混"的中道观之后的第三年，即59岁时，塘南致书李见罗，开始运用此"不可离且混"的中道观。

> ……已而于傍歧中见其极致之理，不越孔门之旨，乃知孔子之道诚大中至正，万古不可易，非强为也。道固本然如是也。惟世儒判有无，分寂感，离体用，即未论孔门，彼二氏亦且排斥以为二见。若混有无、寂感、体用以为一者，又彼家所谓颠顸佛性，其不足语孔门之旨均也。近见老丈所刻《道性善集》，其义至精，可谓不堕二边，而直显中道矣。[1]

塘南认为，世儒判有无、分寂感、离体用的做法，不只是不为孔门所接受，即便是佛老二氏，亦以为二见而加以排斥。而那种混有无、寂感、体用为一者，又是佛学所斥为"颠顸佛性"。不论是相离，还是相混，皆不是孔门之旨。在此处可以看出，塘南在61岁比较两种中道观之前，已经运用了"不可离且混"的中道观与"不落二见"的中道观。塘南指出，世

---

[1] 《友庆堂合稿》卷一《答李见罗》庚辰（1580）。

儒"判有无""分寂感""离体用"，是一种二见，违背了"不堕二边"的中道观。同时，塘南又言"非异""非混"，此是"不可离且混"的中道观。在此基础上，塘南指出，李见罗的《道性善集》中的观点是"不堕二边，而直显中道"。《道性善集》，查考其内容，实际上是就孟子与告子的相关观点，提出对于性情关系的理解，而其主旨在于强调性善。仅用中道观对此进行评价，似乎并不能切中肯綮，但亦并不妨碍塘南用中道观对此作出评价。由此亦可看出，塘南实际上对于中道观是极为关注的。而从《道性善集》的"不堕二边"的评价来看，塘南在 59 岁时亦未明确意识到两者的区分。因此，在此处实可提出一个广义的"不落二见"的中道观的概念，此广义的中道观，可分为"不可离且混"的中道观与狭义的"不落二见"的中道观两类。由此实可解决塘南在中道观问题上可能存在的概念模糊的问题。

同样是在 59 岁，塘南坚持"不落二边"的中道观，其指出，对于俗事，"勿以躁心厌之，勿以俗心驰之"。

> 久不相对，亦颇闻有督理营构之劳。既不能辞避，只可就此扰扰劳役中，默察此理如何，勿以躁心厌之，勿以俗心驰之，象山先生所谓"管库逾年，其学大进"者，此也。若起心动念，谓此是俗事，有妨于学，必待何时了此，然后屏迹入山，方可为学，则障道矣。至如凡人一味贪逐外事，日与之驰，冒认即事即理之云，以自误其平生者，则又其最下焉者矣。①

面对曾忠甫的"督理营构之劳"，塘南用象山所言的"管库"而"其学大进"一事来作鼓励，表明俗事于为学亦可能有补。对于俗事，塘南指出"勿以躁心厌之，勿以俗心驰之"，所谓"躁心厌之"，即认为俗事误学，而主张屏迹入山，方可为学；所谓"俗心驰之"，即贪恋外物，而冒认即事即理。塘南认为前者为障道，后者为"最下焉者"。此实际上反映了塘南对于俗学与异学之评价。塘南认为，应在俗心与躁心、"勿厌"与"勿驰"之间寻找中道。

---

① 《友庆堂合稿》卷一《答曾忠甫》庚辰（1580）。

以上分析表明，塘南在56岁时，因朱易庵之来书产生共鸣，而提及其对中道观的理解，并显示出两种中道观的倾向，而在其59岁时，在《答李见罗》一书中，独立运用此两种中道观。而在61岁所撰的《寿朱易庵丈七十序》中，对于两种中道观的同异，实有明显的比较。与此同时，塘南中道观的使用范围亦非常广泛。如其60岁时，对于性念关系的理解，就是持"不可离且混"的中道观。

> 所语"性本离念"一语，且云"不得以即念即空为解"，知兄苦心。但弟意此件到亲切处，无可著念，无可措心，只在当人自参自彻自信而已。若徒执"即念即空"套语而不悟，正恐迷入生死浪中。若必欲①于念外觅性，又恐堕断见坑内。且如日中避影，愈避而愈不可得，兄将何以处此也？②

此是塘南致万思默书。万思默提出"性本离念"一语，并反对以"即念即空"来解性念关系。塘南由此指出，若执即念即空为"套语"，那么就是一种执念为性的做法；而于念外寻性，则是一种基于念性相离基础上的断见。此两种做法实际上是基于两种关系：一是性与念的相混关系，一是性与念的相离关系，此恰是构成"不可离且混"的中道观的两端。

不仅如此，塘南在61岁时，在提及心事关系时，亦提及了此种中道观。

> 所云"以心制事，似属二乘，即事即心，犹如认贼为子"，生则谓：离事求心，乃为二乘，以心制事，初学则然，非二乘也；即事即心，诚为大乘，但所谓即事者，岂即世俗一种装点矫饰之事哉？其必有道矣。又学者每认心内事外，则未免牵己从物。若谓心事不二，则未免认物为己。此处若非一切摒下，毕力自证，徒以言语文字解说，

---

① 唐鹤徵：《宪世编》卷六《塘南王先生》中无"欲"字，参见《四库全书存目丛书》（子部），第12册，第839页。

② 《友庆堂合稿》卷一《答万思默》辛巳（1581）。

纵令明白，终非实得。①

塘南认为，离事求心实际上是二乘，而以心制事，于初学者则是可行，而并非二乘。同时指出即事即心为大乘。此中所言之事，不是世俗所装饰之事，而是道体呈露处。从这一角度来看，即事即心才是大乘。若不于道体呈露处理解事，而主张即事即心的观点，塘南本人并不认同。塘南认为："徒执'即念即空'套语而不悟，正恐迷入生死浪中。"②塘南还指出："至如凡人一味贪逐外事，日与之驰，冒认即事即理之云，以自误其平生者，则又其最下焉者矣。"③因此，在心事关系上，塘南反对两种做法。一是认为心事有内外之分，易于牵己从物；一是认为心事不二，从而认物为己。塘南认为，于此要能够毕力自证，而不是用语言去把握，否则不是实得。强调为学的实得，就是要自证。由此可以看出，心事关系实际上有两种，一是心事相分、心事相离、心内事外的关系，一是心事相混，心事不二的关系。前者为离，后者混，塘南运用"不可离且混"的中道观，对此两者皆加以反对。

综合以上分析来看，不论是性念关系的探讨，还是心事关系的探讨，皆表明塘南对"不可离且混"的中道观的娴熟运用。不仅如此，其还表明塘南实际上是从心性与念事关系角度对本体进行探讨。也就是说，在本体论层面，塘南不再局限于主体及其功用的体用观，而是对其进行了扩展。正是此种伴随中道观而进行的本体论层面的扩展，使得塘南对空寂之体的理解发生了变化。

三　虚寂之体　生生之用

塘南53岁提及"空寂之体"之后，经由中道观思维方式的介入，对本体的理解有所变化。此主要表现在以下几个方面。

---

① 《友庆堂合稿》卷一《答刘抑亭》壬午（1582）。
② 《友庆堂合稿》卷一《答万思默》辛巳（1581）。
③ 《友庆堂合稿》卷一《答曾忠甫》庚辰（1580）。

1. 虚寂常生，不倚二边

59 岁时，塘南认为，本体"虚而生"，"生而虚"，体现了"二边不倚"的中道。

> 承谕"虚"之一字，足占体认之切。惟此体充塞天地，至虚而常生者也。虚而生，故不沉寂；生而虚，故不滞迹。二边不倚，冥于中道，此孔门之旨也。①

塘南认为，此体充塞宇宙天地之间，"至虚而常生"。如果虚与生是两种相反的物事，那么"虚而生""生而虚"则是持"不落二见"的中道观所得出的结论。同时，虚而生，偏重的是生，"故不沉寂"；生而虚，偏重的是虚，"故不滞迹"。因此，此时"虚而生"（偏重生）、"生而虚"（偏重虚）又构成两端，从而构成了"二边不倚"（"不落二见"）的中道观，此是就广义的中道观而言，即"不可离且混"的中道观。因为偏重生与偏重虚都体现了虚与生的关系的两端，此时所强调的不落二边，则是既不在虚生关系中偏重虚，亦不在虚生关系中偏重生，此正是"不可离且混"的中道观。正因如此，塘南认为"虚而生""生而虚"是"冥于中道"，是"孔门之旨"。

值得注意的是此段材料中，塘南提及了"不沉空"，此实际上就已经对"空寂之体"有所反省。因此，对于本体从空寂之体到虚生关系的中道诠释，表明塘南对于本体的理解层面发生了变化。在其强调空寂之体时，在本体层面的体用关系中，此寂是作为本体而言，因此，其应用层面则是为照。而在此时，塘南显然认为，在体上仅言空寂仍是不够的，需要说到生，才是完全的本体。因此，在本体的理解上，其不再用寂来代替本体，而是言本体具有虚与生两种相反的作用。值得注意的是此处的相反，并不是相互反对、相互克服的关系，而是相反而相成的关系。因此，虚而生，生而虚，不混亦不离，合于儒门之中道。

塘南在 63 岁时还有"心本寂而常生"的提法。

---

① 《友庆堂合稿》卷一《答李潜庵》庚辰（1580）。

心本寂而常生。其寂也，即贯乎生之中；其生也，不离乎寂之外。寂无体也，故不可得执为己有；生无迹也，故不可厌为外物。寂而生故非无，生而寂故非有。①

塘南认为，心体本寂，但能常生。如果寂与生构成了两种相反的物事，即构成了"不落二见"的中道观。寂与生的具体关系为：寂是贯于生之中，生是不离寂之外。因此，塘南言："其寂也，即贯乎生之中；其生也，不离乎寂之外。"寂无定体，因此不可执为己有；生无定迹，不可厌为外物。塘南认为"寂而生"因有"生"，"故非无"；"生而寂"因有"寂"，故"非有"。如同"虚而生""生而虚"一样，此亦是表达寂与生之间的一种联系。此种"非有""非无"的表述恰又是"不落二见"的中道观的体现。寂无体，生无迹，因此寂体不可执，外物不可厌。寂而生偏重生，因而为非无；生而寂偏重寂而为非有。此实际上又是"不容离且混"的中道观的体现。此处所言的寂与生的关系，特别是当塘南指出，寂贯乎生之中时，实际上已经构成了本体论上的本体与其运行的关系。就此角度而言，塘南对本体的理解也已经从本体的寂照层面转向了寂生层面，即从本体论中主体与功用的层面走向了本体与运行的层面。在寂照层面上，只须言寂，照自在其中，寂照并非两种相反的物事或关系，因此不能通过中道观的形式进行表达。而在寂生层面，寂与生并不能独立而言，就此角度而言，塘南在此处所使用的是中道观的表达。此实际上强调了本体与作用之间的一种相反相成的关系。但是，即便如此，在塘南的思想倾向中，实际上还是偏重于寂的论述。因为寂是"贯乎生之中"，而生只是"不离乎寂之外"。由此来看，寂比生的地位要高，而正是在此意义上，此时的寂为体，而生则为用。

塘南在 74 岁时，亦言及虚而生的观点。他指出：

此体虚而常生。其虚也，包六合以无外，而无虚之相也；其生也，彻万古以不息，而无生之迹也。只此谓之本心。时时刻刻还他本

---

① 《友庆堂合稿》卷四《三益轩会语》。

来，即谓之学也。此理至大而至约，惟"虚而生"三字尽之矣。①

塘南认为，此体"虚而常生"，就其弥满六合而无所例外而言，此虚并无虚相；就其贯彻万古而无所停息而言，此生无生之迹。此仍是表达虚与生不相离的关系。虚而生即是本心，为学工夫就是要时时刻刻还本心虚而生的本来面目。在本体论上，塘南认为，此理至大而至约，通过"虚而生"三字即可明之。此实际上体现了虚生关系上的中道。塘南甚至认为，"虚而生"三字即能以至约的方式表现此理之至大。

2. 心体虚寂，万有之根

如果说，塘南59岁提出的"至虚而常生"，似乎还只是中道观的表达，还看不出其中的体用关系。那么塘南在63岁时，则进一步表明其在本体虚而生论述中的偏向。

> 夫心体本虚，生生者，虚之用也。惟学致虚，则其生也无妄，静亦如是，动亦如是。惟不能致虚，即离本而逐末，始流入于憧憧往来，而不知所底止矣。动中非无纷纭也，心交于物而不自觉也。静不与物交，乃仅见之。今但当暂省外缘，专力凝敛，久而后得之，非笔舌可传授也。②

塘南认为，心体本虚，但此虚并不离生生。生生乃是虚之用。如此来看，虚与生实际上构成了体与用的关系。塘南还从致虚的工夫论角度指出，虚对于生的重要在于其能够保证生的无妄。若是不能致虚，那么只是离开虚之本而逐于生之用，此时的生则流于"憧憧往来"，无所依止。由此可见，致虚实际上已经表明了在虚生关系的中道观讨论上的不平等因素，虚为本体，而生生为虚之作用。

由以上分析可知，塘南虽然对于虚生关系、虚寂关系，进行了中道观之分析，但此时并未舍弃在体用思想上重体的思想，只是强调重体而不离

---

① 《友庆堂合稿》卷一《与欧克敬》乙未（1595）。
② 《友庆堂合稿》卷一《答萧敬之》甲申（1584）。

用的思想。由此来看，塘南53岁与63岁时思想的转变只在于体用之层面发生变化，即从本体及其功用转向本体及其运行。但是其在体用关系中重体之倾向仍然存在。塘南言：

> 本心寂然不动，非强制之使不动也。本自不动，虽欲动之而不可得也。惟其亘万古而不动，故能为万有之根也。日用云为，变化千状，而不动者自若也。①

塘南认为本心寂然不动，并非人的强制所为，而在于其本来就是不动，本心是"亘万古而不动"。因此，此心能为"万有之根"。万有的变化，并不妨碍其为不动者之本心的寂然不动。值得注意的是塘南在此处所言的"日用云为，变化千状，而不动者自若也"，与其52岁所言的"宇宙生生，起灭千状，而寂自若也"极为相似，两者皆是针对宇宙万有，而强调寂然不动者作为万有之根的地位。就此意义来看，塘南此时在体用关系上仍具有重体倾向。

为了更好地说明此种思想，有必要再来分析一下塘南在63岁时对自己的学术经历所作的总结。

> 盖弟昔年实自探本穷原起手，诚不无执恋枯寂，然执之之极，真机自生，所谓与万物同体者，亦自盎然出之，有不容已者。此非由承接唇吻而得之，亦非学有转换，殆如腊尽阳回，不自知其然也。②

塘南认为，其之所以有"真机自生"，实是由于"执之之极"，即对于寂体的"执之之极"。"真机"的"自生"，如同"腊尽阳回"，"不自知其然"，由此表明"真机"实是以"执恋枯寂"为前提而自生。也就是说，塘南在63岁时并未放弃其以寂为体的思路，而是在此基础上，加入了生生之用的因素。此种以寂为体、以生为用的思想，塘南还通过乾坤的关系来说明。

---

① 《友庆堂合稿》卷四《三益轩会语》。
② 《友庆堂合稿》卷一《与萧兑嵎》甲申（1584）。

　　吾心廓然之体日乾，生生之用日坤。① 夫子极赞乾坤而心学无余蕴矣。②

　　"吾心廓然之体"，所谓"廓然"，实是强调其心体之"虚寂"，塘南视之为乾；其生生之用，塘南视之为坤。塘南认为，此是夫子"极赞乾坤"的用意之所在，亦是儒家心学之实质。由此来看，塘南的生生之用，实际上指本体的运行而言。

　　塘南对体的偏重，受"体用"思维模式的限制。在以体用为架构的模式中，必然存在着以体为重的倾向。

　　不仅如此，塘南对体的偏重，实际上亦是受阳明及其后学中强调"无中生有"思路的影响。阳明、龙溪皆言及"无中生有"。塘南亦认同本体上"无中生有"的提法："夫所谓几者，盖此体空寂之中，脉脉呈露处，乃无中生有，自然不容已，无一刻间断，非谓念头发动时，亦非谓泯然不发也。"③ 此是塘南80岁所言，此时强调的是"无中生有"之"生发"之义。而塘南在对此的强调中，实际上主要是以无为体，以有为生生之用，从而强调"无中生有"。

　　与此同时，塘南偏重于虚寂之体，实际上亦受两峰"以虚为宗"思想的影响。两峰曾托道塘南，以虚为宗。其言曰："知体本虚，虚乃生生。虚者，天地万物之原也。"④ 两峰又言："吾心之体，本止本寂。"⑤ 两峰强调本体虚寂，其通过虚为万物之源来强调虚，此虚为万物之根柢，此类似于塘南所言的寂，而正基于此，在塘南的思想中，虚寂才是本体的最为重要的特征。但是两峰与塘南在虚的理解上，仍然有所不同。两峰之虚一方面与经验界的生生万物相对应，另一方面实又承袭阳明以虚寂为良知之特征、为良知之运行方式这一观点，因此，就本体之体用而言，两峰之虚实

----

① 黄宗羲：《明儒学案》（上），中华书局1985年版，第483页将"坤"写为"神"。
② 《友庆堂合稿》卷四《三益轩会语》。
③ 《友庆堂合稿》卷二《答周时卿》辛丑（80岁）。
④ 《友庆堂合稿》卷三《两峰刘先生志铭》。
⑤ 黄宗羲：《明儒学案》（上），中华书局1985年版，第434页有两峰之言云："吾心之体，本止本寂，参之以意念，饰之以道理，侑之以闻见，遂以感通为心之体，而不知吾心虽千酬万应、纷纭变化之无已，而其体本自常止常寂。故言行之着，若可睹闻，而谨之信之，则不睹不闻也。故有余不足必知之，知之必不敢不勉，不敢尽，而其不敢不然者，亦不睹不闻也。"

是"本体及其运行"的运行层面。也就是说，偏于"本体界体用"的"用之层面"，而非"体之层面"。而正是在此点上，塘南与之相异。塘南将本体及其运行视为虚而生之关系，此时的生生实是指本体之运行，是本体之用，而虚则是本体自身，是本体之体。

以上分析表明，塘南在强调本体论上的体用关系时，实际上具有偏重于体的倾向。在此基础上，塘南亦强调生生之用。

3. 生生之用，运而无迹

塘南对生生之用的理解主要体现在其对"生生之根""生生之易""生生无迹"以及"真生"的理解上。

（1）"生生之根"

上文在分析塘南偏重于体之作用时，曾言塘南在 63 岁时所言的"日用云为，变化千状，而不动者自若也"[1] 与其 52 岁时所讲的"宇宙生生，起灭千状，而寂自若也"[2]，在重视体的层面上，其意义是相通的。但是两者在生生之用的理解上，却有所不同。在 52 岁时，塘南是从寂生关系的角度来强调寂的重要，强调在生生万有的变化之中，寂的主宰作用。值得注意的是当时的生生，在塘南看来，是万有的代名词，是生生灭灭之义，只是现象界的众多变化的代替词而已。而实非对于本体的描述。由此，寂才可以说是万有生生之根本。而在 63 岁时，塘南已经将"万有之根"与"生生之根"相区分。塘南言：

> 人自有生以来一向逐外，今欲其不著于境、不著于念、不著于生生之根，而直透其性，彼将茫然无所倚靠，大以落空为惧也[3]，不知此无倚靠处乃是万古稳坐之道场、大安乐之乡也。此须因心衡虑，深探其本，积久而后得之。若漫然以虚见承当，则又远之远矣。[4]

---

① 《友庆堂合稿》卷四《三益轩会语》。

② 《友庆堂合稿》卷一《与郭华南》癸酉（1573）。

③ 唐鹤徵：《宪世编》卷六《塘南王先生》中无"也"一字，《四库全书存目丛书》（子部），第 12 册，第 842 页。

④ 《友庆堂合稿》卷四《三益轩会语》。

塘南认为，人自有生，就受着外物的牵引而有逐外的倾向。此种逐外，实际上表现为著境、著念、著生生之根。此处的"生生之根"，可以理解为生生之宇宙万有之根本。此是宇宙生成论之理解。不著于生生之根，实是不著于宇宙生成论上的本根的含义，不著于有，如此才能直透性体。值得注意的是，正如肯认境、念之存在，塘南实是肯认一个生生之根的存在。此生生之根，并非作为"万有之根"的虚寂本体，亦非指宇宙万化。若以虚寂为体，宇宙万化为此体之现实发用，那么，就宇宙生成论的意义而言，生生之根实为本根，而就本体论的意义而言，生生之根与境、念相类，是属于现实发用的现象界、经验界，同时又是现实发用的根本，是现实发用的最初呈现，具有"端倪"义。

塘南肯认此"生生之根"，实际上就肯认了作为本体之现实发用层面的经验界有一个由源走向流的阶段。如果延用朱子性体心用层面上对心的理解来看，心具有未发与已发两个时段，那么生生之根乃类似于未发时段。但是朱子区分心之未发、已发的意义在于强调工夫之别。而塘南在此条材料中并不强调此"生生之根"所具有的工夫论层面的意义，而是强调此生生之根与性体之间有所区别，因而工夫要"不著于生生之根"，而须"直透其性"。如果说，此生生之根为有的话，那么性则为无。正基于此，透性之功才会有"无所倚靠"之感，此是"困心衡虑"的工夫，"积久而后得之"。尽管如此，塘南肯认在现实发用层面有一个生生之根，有别于境、念而存在，体现了其对"生生之用"所作的一种理解。也就是说，塘南肯认了一个有别于"境""念"的"生生之用"。

（2）"生生之易"

> 天地之间只是屈伸往来而已，即此是道，此外更无道也。屈伸往来便是鬼神，便是生生之易。凡意念之阖辟，视听云为之动静，一语一默，一窹一寐，皆屈伸往来，皆鬼神也。舍鬼神无道矣。①

天地之间屈伸往来之道即本体流行之道。此外，更无其他的道。因此，屈伸往来即体之流行，即生生之易。塘南指出，"意念之阖辟，视听

---

① 《友庆堂合稿》卷一《答钱启新邑侯八条》戊子（1588）。

云为之动静，一语一默，一窹一寐"，无不是本体之屈伸往来。此是本体之运行。由此来看，"生生之易"实是指流行之道。值得注意的是此处的屈伸往来不是就理气二分的气世界中气对理的承载而言，而是指"意念之阖辟，视听云为之动静，一语一默，一窹一寐"这样一个气世界的运行方式，塘南称之为"皆屈伸往来，皆鬼神也"。因此，生生之用指本体的运行而言。就其运行的角度来看，此是强调主体自身，而不是强调形下世界所作的承载，而"意念之阖辟，视听云为之动静，一语一默，一窹一寐"正体现了此本体流行的变动不居，充盈自在。此是塘南对"生生之易"的理解。

实际上，塘南之师两峰亦言及"生生之谓易"。两峰指出："吾性本自常生，本自常止。往来起伏，非常生也，专寂凝固，非常止也。生而不逐，是谓常止，止而不住，是谓常生。无住无放，常感常寂，纤毫人力不与焉，是谓天然自有之则。故生生之谓易，而仁敬慈孝信之皆止者，圣德也，顺乎其性者也。"① 两峰强调性体常生常止，生中有止，止中有生，生生之谓易，虽强调生，却是有止之生。就此点来看，此时的生就不是经验界之生，而是指本体之生，有止之生。塘南正是继承两峰本体之生的理解，从而从本体运行的角度来理解"生生之谓易"。

（3）"生生本无迹"

塘南在强调"虚而生""寂而生"时指出，生而不寂、生而不虚则滞迹。塘南还通过"无生"来表达其本体的生生之用所具有的"生生本无迹"的特征。

> 此心本常生，生亦不可见。不见故常微，强名曰无生。天地及万物，生生本无迹。一息浩无穷，吾心固如是。②

塘南认为，此心常生，但此心并不可见，因而为微，因此亦是无生。称为无生，实指无迹之生。由此来看，塘南所言的"生生本无迹"，并非指天地万物有形之变化，而是就心体本身之运行而言。就经验界而言，一

---

① 黄宗羲：《明儒学案》（上），中华书局1985年版，第433页。
② 《友庆堂合稿》卷七"古诗"《口占答友问二首》甲午（1594）中的第二首，塘南指其为"真生偈"。

息实极其短暂，而就本体而言，"一息浩无穷"。就经验界而言，天地万物实生生灭灭，千变万化，而就本体界而言，其心体的生生，实是无迹。

从塘南对"生生之易"与"生生本无迹"的理解来看，生生之用，实是指本体的运行变动不居而无迹这一含义。塘南74岁时，对于生生之用的这两种内涵皆有提及。

> 易者，变易也。此体常运谓之生，运而无迹谓之无生。无生即真生，真生之运甚微，无变易之迹，而实涵变易之真机，故名之曰"易"也。孔子言"生生之谓易"，"一阴一阳之谓道"，至明切矣。若指其呈露遍满者而言，则自一息一念，一举动一语默，一刻一时，一日一月，一年一纪，以至元会运世之始终，皆生生也，皆变易也。故举"易"之一字，而道无余蕴矣。①

塘南认为，一方面，此体运行不息，从其运而无迹来看，可以称为无生。无生实际上指无有生灭之相。此亦是真生。运而甚微，运而无迹。此是本体论上的一种体用观，强调运行本身的无声臭、不可见的层面。另一方面，塘南又指出，就此体的呈露遍满而言，自微至著的现象界皆有生生之变易。因此，"易"之一字既能够体现道体本身之运行无迹，又能够体现道体本身的呈露遍满与充盈。值得注意的是，此处塘南体用观呈现的内容非常丰富。若将本体之作用分为"能""所"两个层面，那么，本体之运行无迹实就"能"的层面而言，可以称之为易；本体的呈露遍满实就"所"的层面而言，可以称之为变易。由此来看，塘南强调本体的能所层面，实仍就本体的运行呈露而言。此是本体"生生之用"的体现。

（4）真生

在上文中已经提及，塘南言，无生即真生，是生而无有生灭之迹之含义。此是塘南于本体论上对于真生的理解。在81岁时，塘南指出，生有真生、妄生之别。

> 或又谓性常生者也，曷不任其生机之活泼乎？不知形生神发，物

---

① 《友庆堂合稿》卷一《答陈蒙山》乙未（1595）。

诱而情荡，性斯凿矣。戒惧者，本乾元以资始，是谓真生。不然，离性而外驰，是妄生矣。①

塘南认为性常生，但是不可任其生。其原因就在于，若任其生，则形生神发，习气浸染，必因物诱而情荡，此性则被遮蔽，而不是本来呈露的性体。塘南认为，戒惧是乾元资始的方式，要能够于乾元资始处戒惧，此乃是真生；若离性而外驰，此乃是妄生。塘南对真生的强调表明生生作为本体之用，若是离开了本体自身，那么，其用则为物情所诱荡而不显其真。因此，真生实是指本体运行的本然呈现。有其本然之呈现，并不表示形下世界中就有现实之呈现。塘南还指出："惟学致虚则其生也无妄，静亦如是，动亦如是。"②也就是说"生而无妄"之真生虽是本体之运行，但仍是就本体界而言，在经验世界中，只有通过致虚的工夫，才能使得此本然化为实然。

如果说塘南对"生生之根"的提及，还只是强调一个有别于境、念的本体之发用，那么，塘南对"生生之易""生生无迹"以及"真生"的理解，则明确肯认了本体界之有体有用的本体，此体为虚寂，此用为生生、为运行。此是塘南体用观所开发出的关于本体理解的新层面。

以上是塘南继53岁提出空寂之体之后，对本体的新理解。塘南在对空寂之体进行强调的基础上，由于思想经历着中道观之冲击，而开始深入地使用此中道观，从而生成了体用中道的本体论。此种本体论，一方面强调虚寂之体，另一方面强调生生之用。当然，此种体用中道的理解受体用思维模式的限制，仍有偏重于体的倾向。

四　寂运双泯　以道为体

在塘南后来的思想中，其对本体的理解又有所调适。塘南在其79岁所撰的《自考录》中，从寂运关系角度对本体作出理解：

---

① 《友庆堂合稿》卷三《念庵罗先生文要序》壬寅（1602）。
② 《友庆堂合稿》卷一《答萧敬之》甲申（1584）。

　　……年及五十，道犹未明，乃身自惭愤，弃官而归，志益精专，功无作辍，逾年稍有所窥。始焉自觉本性空寂，了无一物，超然首出，不受尘滓，颇似得力。举以语人，同志亦多见信者，如是者垂十年。已而复自觉体用未融，一切应感似于本性不无毫发之判，密密生疑，密密体认。久之，乃自觉性虽空寂，而实常运不息。其运也，非色相；其寂也，非顽空。即寂而运存焉，运非在寂外也；即运而寂存焉，寂非在运外也。虽寂运两名，而实寂运双泯，有无绝待，不容拟议。此理充塞宇宙，绵亘古今，刻刻如是，万劫如是，天地人物，原无分别。孔子川上之叹，正描画此理真面目；《易》所谓"继之者善"，《中庸》所谓"於穆不已"，皆逼真语也。①

　　此是塘南对自身有关本体认识上的调适的总结。塘南53岁提出空寂之体，十年之后，又自觉"体用未融"，因此，此处的"体用"并非指寂体照用这一表达本体及其功用关系的概念。寂体照用的体用关系，自有其圆融性。此处的"体用"是就塘南63岁时的思想而言。塘南此时之思想主要表现为：随着中道观的深入运用，塘南发现自身对本体的理解偏于"空寂"，是一种存有，但是并不运行，由此塘南强调本体的生生之用，强调本体的运行义。而就塘南79岁时回忆当时的状况而言，塘南认为，当时"一切应感似于本性不无毫发之判"，"一切应感"是指本体的现实发用，此种现实发用与性体之本然之间存在着偏离。塘南将此偏离归为"体用未融"。此时的立场，实际上已经默认了一个即存有即运行的本体，但是由于本然之运行与现实发用之间存在偏离而导致"体用未融"。而解决此种偏离的方法就是对本体的再次体悟。

　　由此，塘南得出关于本体的新理解：性虽空寂，实运行不息。性体具有寂运双重特征。其运，非色相，是指性体运行遍满呈露而无迹。其寂，非顽空，实是指性体本身运行遍满之品性。同时塘南指出，寂运实非对待，而是寂在运中，运在寂中。寂运虽为两名，实是寂运双泯，有无为一，而非可以拟议。塘南指出此本体充塞宇宙，万古如是，万劫如是。此时未有天地人物之区别。此是孔子川上之叹的本旨，亦是《易》中所言

---

　　① 《自考录》篇末。

"继之者善"、《中庸》所言"於穆不已"的含义。此时,一切皆是本体流行,而没有了本体界与经验界之对待。此实是塘南境界所至而提出的本体论。如果将寂运双泯视为此阶段本体的特征,那么,与前一阶段强调虚寂之体、生生之用的体用关系的阶段相比,这一阶段实际上已经从体用中道转向体用双泯。在前一阶段,塘南借助中道观的方式说明体不离用、用不离体,体用虽是不离,但是仍有"执二见"之对待在其中。此实类似于狭义的"不落二见"的中道观,不能克服其自身"执二见"的弊端。在此意义上,笔者称之为"体用中道"。此时,在本体及其流行的关系的理解中,仍然存在着即体即用、即主宰即流行此种偏重于性体主宰的倾向。既然有偏,体用则成对待。而在后一阶段,塘南认为,寂运双泯,有无绝待。笔者称之为"体用双泯"。此时即体即用,即用即体,即主宰即流行,即流行即主宰。

塘南有关本体及其运行之体用双泯的思想主要体现在以下几个方面。

1. 性本生生

塘南在 63 岁时,通过太极"动而生阳"来强调性具有动的特征。

> 太极者,性也,"动而生阳",才动即属气矣。"动"之一字,乃天地万物之所从出也。动极而静,静极而动,一呼一吸,一屈一伸,息息如是,无始无终,无少间断,所谓生生之易也。固未有太极而不生者,亦非先有太极而后有生者。故理气更无先后,但谓理为气根则可耳。①

塘南认为,太极为性,动则属气,因其动而流出万物。塘南引用周子的观点,"动极而静,静极而动",强调太极具有生的特征。"未有太极而不生者,亦非先有太极而后有生者。"由此来看,塘南实是从太极之动来理解性之生生的特征。塘南指出:

> 性本生生,故真性非无也。日用云为,一生生之变化,故万事非

---

① 《友庆堂合稿》卷五《三益轩会语》。

有也。彼判有无、分理事，其于道也远矣。①

塘南在强调性之生生时，指出真性不为无，是因为其能生。因此，万物皆为性之生生的变化，是由生生之性变现而来。因此，并无有无、理事之分。塘南认为，性为生，不为空。

彼以空为性，而幻视伦物，一切欲舍离之，其贼性也甚矣。②

以空为性，则幻视伦物，欲舍之，则自贼其性。不仅如此，塘南还指出：

性本生生，谓生生属气可也，谓生生即性亦可也。何也？性者生生之真体，生生者性之妙用，一而二，二而一者也。非判为两歧，亦非混而无别也。③

塘南认为，性为生生之体，生生为性之妙用，此是一而二、二而一的关系。此处虽言中道，但所用为"不可离且混"的中道观，由此避免了对体的偏重。而此条材料亦有其上文，主要是塘南对为学贵修的依据的强调。塘南言："性为先天，不假修也；气为后天，则纯驳昏明，万有不齐。故圣学贵修以还吾本纯本明之体，而致一于先天也。"④塘南实是要强调后天之修，正是在此基础上，强调性本生生。因此，此生生与性所具有的一致性即为塘南所强调的重点。在此意义上，亦避免了对本体的偏重。由此来看，塘南对性本生生的强调实际上是强调性体及其运行之间的一种一而二、二而一的关系。正是在此意义上，体用相泯的思想得以体现。

2. 生生之理

两峰曾言及生理，其指出："默坐澄心，反观内照，庶几外好日少，

① 唐鹤徵：《宪世编》卷六《塘南王先生》，《四库全书存目丛书》（子部），第 12 册，第 832 页。
② 《友庆堂合稿》卷五《求仁说》。
③ 《友庆堂合稿》卷二《答王养卿五条》。
④ 《友庆堂合稿》卷二《答王养卿五条》。

知慧日著。生理亦生生不已，所谓集义也。"① 两峰是从境界言生理，生理是通过"默坐澄心"之工夫而达到的"知慧日著""生生不已"之境界。塘南则从本体言生理。此处涉及笔者对境界与本体的区分。境界与本体分言的意义在于，境界仅是自我的，未及客观化；而本体是自我意识的客观化。此"客观化"是从自我立场转向"观念中的他者"立场。不仅如此，境界是个体修养的终点，而本体是境界的系统化、客观化，具有可普及性。可以说，境界观为本体论提供了素材。

塘南对生生之理的理解，实际上是从其65岁即1586年开始的。是年，塘南撰《西原会规十七条》，提及了自己对于生理的最初理解。塘南言：

> 所谓心者，非有形状，惟一生生之理而已。生生者，非念头起灭之谓也，是吾性之生理，无朕兆可睹，无端绪可执，不睹闻而常显见，亘万古而不息者也。孔子川上之叹，盖深明此理。而程子以道体赞之，可谓深切而著明矣。②

塘南认为，心并非指具体有形之心，而是指生生之理。进而塘南对于生生作出解释，所谓生生，并非"念头起灭"，而是指"吾性之生理"的"亘万古而不息者"。在此处，塘南既言及心，亦言及性。如此来看，心与性皆指生生之理。塘南指出，生理具有如下特征："无朕兆可睹，无端绪可执，不睹闻而常显见，亘万古而不息者。"也就是说此生理不可睹，不可执，又常常"显见"。也就是说生理虽不可睹，但是在不断地呈露之中。塘南用孔子的川上之叹来表明生理的含义，同时亦提及程子以道体赞之，表明程子对生理的体悟。塘南指出："'逝者如斯夫，不舍昼夜'是孔门言生理之密旨也。程子发明之益亲切。呜呼，千圣心法之秘泄于此矣。"③ 塘南认为，此种关于生理的理解，实是"千圣心法之秘泄于此"。由此来看，塘南对生理的理解，是强调理所具有的生的特性、功用。从生的角度来看，是一种生生不息，从而与念头相区分，生而无迹，从而无声臭、绝睹闻。塘南实以生来作为本体之理自身的活动性。由此将理为体、生为用这种体用有所

---

① 黄宗羲：《明儒学案》（上），中华书局1985年版，第431页。
② 《友庆堂合稿》卷六《西原会规十七条》。
③ 《友庆堂合稿》卷六《西原会规十七条》。

对待的关系通过生生之理而转化为生即理、理即生的体用相泯的关系。

不仅如此，塘南还用"於穆不已"来形容生理。

> "维天之命，於穆不已"，此道体也。"於穆"则无声臭，"不已"则无前后边际。此理人人具足，物物圆成，原无彼此，无剩欠，此之谓本心。①

"维天之命，於穆不已"引自《诗经·大雅·维天之命》，其本义为天命的深远不已之义。塘南以"於穆"为"无声臭"之义，"不已"为"无前后边际"，从而认为生理无迹而又充满、无所不在。正因如此，此生理人人具足，物物圆成。

以上分析表明，塘南对生理的理解，一方面强调生理的活动性，另一方面强调此种活动实是"无有声臭"。此在塘南70岁所撰的《仰慈肤见》中亦有突出的体现。

一方面，塘南通过生为运行、生为品性来强调理之活动性。

就运行而言，塘南指出：

> 张子言："太和所谓道，中涵浮沉升降动静相感之性，是生氤氲相荡胜负屈伸之始。"又曰："气块然太虚，升降飞扬，未尝止息，《易》所谓氤氲、庄生所谓以息相吹野马者与！此虚实动静之机，阴阳刚柔之始。"张子此言盖深明此体原无理气之分，亦苦心之言也。②

塘南借张子以相反之性成就运行之始来释太和之道的观点以及太虚之运行未尝止息的观点来说明生理之运行不息。塘南认为，张子深明原无理气之分，言气之运行，实是苦心之言。此种苦心，即在于强调理本身的活动性。正是在此意义上，塘南指出：

> 一阴一阳之谓道，犹言一屈一伸之谓道也。息息屈伸，密运无

---

① 《友庆堂合稿》卷六《西原会规十七条》。
② 《友庆堂合稿》卷五《仰慈肤见》辛卯（1591）。

迹，绳绳继继，於穆不已。动而未形是谓吉先，故曰继之者善。变化成形，各正性命，故曰成之者性。①

塘南认为生理运行不息，密运无迹，此即阴阳之道、屈伸之道，而阴阳之关系、屈伸之关系实是生理运行之机理所在。

就品性而言，塘南强调生理具有"充""贯"之品性。塘南指出：

> 孟子曰："苟能充之，足以保四海；苟不能充之，不足以事父母。"程子曰："充拓得去，则天地变化，草木蕃；充拓不去，则天地闭，贤人隐。"甚矣，此心之生理可充而不可遏也！②

塘南举孟子、程子之言，来言生理之"充"之品性。孟子所言的充，实际上是指工夫上由四端而扩充开去的含义。孟子之充，实非就本体之品性而言，而是就工夫而言。但是若推究其根据，实仍在本体之"充"。此在孟子，虽未明言，但至程子，则有此种理解倾向。程子通过物之生理来观想生理之品性，此时的"充拓"就已经指生理之品性。塘南言心之生理"可充而不可遏"，主要是强调此生理的进取不息的充之品性。

塘南不仅强调生理之"充"，而且还强调生理之"贯"。

> 天地之生理无不贯，故草木鸟兽，一尘一毛，莫不受气而呈形。圣人之生理无不贯，故人伦庶物，一瞬一息，莫不中节而尽分。③

如果说"充"强调的是生理本身的横向品性，那么"贯"实强调的是生理的纵向品性。生理贯于天地万物，而天地万物受气成形，中节尽分。

对于充、贯这两种品性，塘南还指出："惟乾大生，坤广生，总之一生理之充塞流贯，非有二也。"④塘南认为，生理充、贯两种品性成就"大生"与"广生"。此是言生理本身的活动性。但是生理之活动并非生理之

---

①　《友庆堂合稿》卷五《仰慈肤见》辛卯（1591）。
②　《友庆堂合稿》卷六《西原会规十七条》。
③　《友庆堂合稿》卷五《仰慈肤见》辛卯（1591）。
④　《友庆堂合稿》卷五《仰慈肤见》辛卯（1591）。

现实发用，而是其现实发用背后的无声臭的本然之运行。

另一方面，塘南通过生理所具有的无声臭而非枯槁的特征来说明生理之活动实是本体本然之运行。

> 盈宇宙间一生理而已，万古此宇宙，万古此生理。推之于前而不见其始，引之于后而不见其终，测之于上下四方而不知其边际。无声臭，绝睹闻，而非枯槁也。神变化，鼓万物，而非缘虑也。①

此生理弥满宇宙万古，无始无终，无声臭又非枯槁，是存有亦是活动。此生理同时亦能神变万化，而"非缘虑也"。其是一种亘万古弥宇宙的存有，既是一种无声臭的运行，而非偏枯槁；又是一种化生万物的变现，而非缘于念虑。生理所具有的特征主要是"无声臭"而"非枯槁"。"无声臭"主要是指绝睹闻、非缘虑。所谓"声臭""睹闻"实际上是就形气而言。② 正是在此意义上，生理所具有的活动性才具有形上本然之特征。因此，生理并非一念初萌。若以"一念初萌"为生理，则是以时段为言，而生理遍在于时时处处。

> 生理浩乎无穷，不可以方所求，不可以端倪执，不可以边际窥。彼以一念初萌为生理者，殊未然。③

由此可知，塘南所指生理，处处强调其"浩乎无穷"之活动的"无声臭"之特征。塘南还从有无合一的角度对之进行理解。

> 《诗》言"上天之载，无声无臭"，不言"无天载"。《易》言"神无方，易无体"，不言"无神易"。故张子曰："大《易》不言有无，言有无，诸子之陋也。"又曰："圣人作《易》，但言知幽明之故，

---

① 《友庆堂合稿》卷五《仰慈肤见》辛卯（1591）。
② 塘南尝言："凡有声臭可睹闻，皆形气也。形气云者，非血肉粗质之谓。凡一切光景闪烁，变换不常，滞碍不化者，皆可睹闻，即形气也。"引自《友庆堂合稿》卷一《答贺汝定二首》壬辰（1592）。
③ 《友庆堂合稿》卷五《仰慈肤见》辛卯（1591）。

不言知有无之故。"此皆张子见道之言。①

　　塘南指出，《诗经》上所言的"上天之载，无声无臭"，既言"上天之载"而不言"天无载"，就不能将"无声无臭"完全视为无。同样《易》中所言的"神无方，易无体"，既言"神""易"而不言"无神易"，由此表明，"无方""无体"亦不可视之为无。塘南还通过"大《易》不言有无"，"但言知幽明之故"来说明张子之"见道"。由此可知，塘南实是用张子的幽明来化解有无，不论幽与明，皆是有无合一。因此，本无声臭之生理，实具有"有无合一"之因子。塘南认为：

　　　　生理之前无寂也，生理之后无感也。生理之前无无也，生理之后无有也。生理亦无前也，亦无后也。寂感不二，有无不分，前后无际，故曰独。圣学之要，慎独焉尽矣。

　　生理既寂且感，既有且无，实是有无合一。不仅如此，塘南还指出，生理"本无体用可分"。塘南言：

　　　　盖宇宙万古不息，只此生生之理，本无体用可分，真所谓可一言而尽也。惟此生生之理，无声臭可即，亦非可以强探力索而得之，故后学往往到此无可捉摸处，便谓此理只是空寂，原无生几，而以念头动转为生几，谓是第二义，遂使体用为二，空有顿分，本末不贯，而孔门求仁真脉遂不明于天下矣。②

　　塘南认为，生生之理，实是充塞宇宙，万古不息。此无体用可分。由此来看，塘南此处并非以理为体、以生为用，并非主张体用中道的本体论理解，而是认为生理作为本体，已经无有体用之分。同时塘南又指出，生生之理实是关于本体的描述，此本无声臭，亦无可捉摸。若是于此以为空寂，而以念头动转为第二义，此实际上已经是以体为空、以用为有，以体

---

① 《友庆堂合稿》卷五《仰慈肤见》辛卯（1591）。
② 《友庆堂合稿》卷一《答贺汝定》辛卯（1591）。

为本、以用为末,"体用为二,空有顿分,本末不贯"。

以上是对生理从寂感、有无、体用方面所作的理解。塘南还指出:"此理非动非静而常动常静,非体非用而即体即用,故曰其为物不二,则其生物不测。若分动静,歧体用,则不识生理真面目,是二见矣。"① 由此来看,塘南生生之理的提出,实是即存在即活动,即体即用,体现了体用双泯的特征。

3. 生生本仁

塘南对仁的理解,实际上是与生理的理解相联系的。在 62 岁即 1583 年所撰的《〈广仁类编〉自序》中,塘南指出:"仁者,天地生生之理,而吾人得之以为性者也。"② 在 65 岁即 1586 年所撰的《西原会规十七条》中,在仁与心的关系上,塘南指出:"学以求仁为宗,仁者,天地生物之心,而吾人得之以为心者也。学之为仁,则此心常生,如其不仁,则此身徒以血肉顽冥之物而心已死矣。"③ 塘南认为,仁是"天地生物之心"。作为"天地生物之心"的仁,"吾人得之"而为"心"。仁实际上就是心,若言其不同,仁着眼于天地生物,而心则着眼于道德主体的"吾人"自身。此与塘南在《〈广仁类编〉自序》中对仁与性所作的界定极为相似。塘南认为,仁是天地之生理,吾人得之以为性。生理着眼于天地,而性着眼于道德主体的"吾人"自身。

塘南上述理解,实基于陆王心学之立场而言。在 63 岁即 1584 年所撰的《三益轩会语》中,塘南指出,"仁与人一也","心与仁一也"。"问:孔子从心所欲不逾矩,颜子其心三月不违仁,夫矩与仁者,理也,而以心不逾不违,是以心合理也,非二而何?曰:孔子曰,仁者人也,是仁与人一也。孟子曰,仁,人心也,是心与仁一也。《诗》曰,天生蒸民,有物有则,则即矩也。若矩在心外,是有物无则也,而可乎?夫不逾不违,盖自得其本心而言,非以此合彼之谓也。"④ 面对"从心所欲不逾矩""其心三月不违仁"是"以心合理"、心与理为二的理解,塘南引用孔子"仁者

---

① 《友庆堂合稿》卷五《仰慈肤见》辛卯(1591)。
② 王时槐辑:《广仁类编》篇首,江西图书馆藏清宣统二年刊本。
③ 《友庆堂合稿》卷六《西原会规十七条》。
④ 《友庆堂合稿》卷四《三益轩会语》。

人也"、孟子"仁，人心也"，说明仁与心、仁与人一也。同时亦指出"有物有则"之"则"即是"从心所欲不逾矩"之"矩"，两者皆不在心外。因此，仁、矩，与人之本心为一不为二。所谓的"不逾矩""不违则"就是不违本心之义，而并非以心与理为二、"以心合理"、"以此合彼"之义。由此可以看出，塘南通过对仁人关系、仁心关系的强调表明了其心与理为一的立场，此乃陆王"心即理"的思路。正基于此，塘南对本体有着互融性理解，心、性、生理与仁皆是指本体而言。

分析塘南本体所具有的互融性意义之后，再来考察塘南所言的仁与生的关系。在1586年，塘南言：

> 仁则生生之德，由之以亲亲仁民爱物，自不容已；不仁则一膜之外即为胡越，如手足痿痹，虽体同而气不贯矣。仁则德既合于大生，故能参天立极；不仁则戕心败常，人道沦丧，违禽兽不远矣。[1]

塘南认为，仁本身就是生生之德。仁则生，从"生生之德"到"亲亲仁民爱物"，再到"大生""参天立极"，皆是仁之生的体现。反之，不仁则不生，从心已死到"气不贯"，再到"违禽兽不远"皆是不仁之体现。

不仅如此，在1594年，塘南进一步指出，仁实难言，但是"生"却是言仁最为亲切处。

> 孔门之学主于求仁，然孔子盖罕言之，何也？仁之体殆不容言，孔子尝不得已而有言，则皆求仁之方也。若仁之体，则竟不可得而言也。至欲立立人，欲达达人，可谓吃紧以状仁之根苗矣。其在《易》曰"天地之大德曰生"，惟"生"之一字其言仁之至切者乎！……仁之难言也。夫盈宇宙一生理而已，统名曰心。[2]

塘南认为，孔子罕言仁，其原因在于仁之体之"不容言"。值得注意的是，孔子所罕言者乃"性与天道"，由引文则可看出，塘南并没有在

---

① 《友庆堂合稿》卷六《西原会规十七条》。
② 《友庆堂合稿》卷三《玉阳会纪序》。

"性与天道"与"仁"之间进行区分的自觉。塘南认为,孔子所言的仁,皆是求仁之方。其所言"欲立立人,欲达达人",才是孔子"状仁之根苗"之"吃紧"语。所谓"欲立""欲达",前文已经提及,是指"此心之良",是本心所具有的不容罢废的不容已特征。① 此是一种善的生发力。塘南由此而与《易》中所强调的"生"相贯通。塘南认为,《易》言"天地之大德曰生",唯有此生,才可以言仁。此亦表明塘南正是由于强调生,才强调仁。塘南认为,仁难言,生状仁最为亲切。生理盈宇宙,统而称之为心。可以说,仁必须借助于生理,借助于心,才能够在体上有所立言。就此角度来看,仁就是生理,就是心体。

塘南以生理言仁,还表现在《求仁说》中。

> 天地之大德曰生,盈宇宙间一生理而已。生理浑成,无声臭,绝睹闻,而非枯槁空寂,实天地人物所从出之原也,故命之曰"生理"。人人具足,物物均禀,是之谓性。孔门所谓仁者,此也。仁非外铄,本吾固有,圣非有余,愚非不足,惟学非求仁,则生理渐槁,是谓自贼其性。②

塘南认为,生理即性,亦是孔子所言之仁。仁是吾固有,非由外铄,圣愚于仁处并无区别。

由上可知,塘南通过生理融通性、仁,从而将仁、心、性、生理视为同一本体。③ 在此基础上,塘南以生言仁,实际上亦体现了塘南对本体所作出的"体用双泯"的理解。

塘南强调体用双泯的思想还体现在其对生生之几的理解上。后文将有专章论及塘南的生几论,此处暂且不论。

由以上分析可知,在体用双泯的层面上,本体之体用实际上是指本体与其运行之间的关系,此时不再有体用对待或稍偏于体的情形,而是即运行即

---

① 塘南尝言:"欲立立人,欲达达人,吾非斯人之徒与而谁与? 求仁之学,盖如此。"引自《友庆堂合稿》卷五《警学说》癸巳(1593)。

② 《友庆堂合稿》卷五《求仁说》。

③ 从生生之理与生生本仁的论述中,亦可以看出,塘南在生理、仁、心、性之间进行互释的倾向。

本体，体用双泯。当然，就本体层面的体用关系而言，此时的体用双泯实有偏于"用"的倾向。塘南在83、84岁时，对此有更进一步的表述。塘南言：

> 性遍满宇宙，无有边际。发而为念，则念念遍满宇宙，无有边际；见而为事，则事事遍满宇宙，无有边际。故吾人扬眉瞬目，启齿容声，呼吸运为，举手投足，无论纤细，一一皆遍满宇宙，无有边际。性本如是，不可得而剂量也。①

塘南认为，性"发而为念"，"见而为事"，又由于性遍满宇宙，无边无际，因此，念、事亦是如此。念与事，皆是性之变现。塘南尝言"一念不息即事也"②，事即念，念即事。此是合说。在此处材料中，念为性之所发，事为性之所见，此亦说明若分而言之，念、事实有不同。所发为念，微而不著；所见为事，著而不微。性之发见有一个由念而事的逻辑而非时间之过程。联系塘南前文对"生生之根"所作的有别于念、境的理解来看，塘南实肯认了本体现实发用由生生之根到念到事（境）的过程。就此条材料的总体倾向来看，塘南实是就性与念事之关系而言，此时念事之区别与否不甚重要。相对于性而言，吾人的一切活动，无论纤细，皆是性体之呈露。塘南指出："天地之性即吾性，非有二也。天地之性遍宇宙，无有边际，故一草一木、一虫一鱼、一尘一毛，无论纤细，一一皆遍宇宙，无有边际。性本如是，不可得而剂量也。"③ 塘南还指出："盈宇宙间一性也，凡形形色色皆无声无臭，不可思议，皆性也。且不可以善名，安得有恶？"④ 形形色色皆无声无臭，形形色色之宇宙，实是无声无臭之性的呈露处。此性不可思议，不可以现实之善恶来命名。⑤ 由此可知，塘南实是从性体自身的运行呈露而言性体，此体现了塘南在本体论上即用即体、即流行即主宰的思路。正是在此意义上，可以说，塘南从体用中道而偏于体的倾向转向了体用双泯而偏于用的立场。

---

① 《友庆堂合稿》卷四《病笔》"十二条"甲辰（1604）之后的"又七条"。
② 《自考录》"年二十八岁"条。
③ 《友庆堂合稿》卷四《病笔》"十二条"甲辰（1604）之后的"又七条"。
④ 《友庆堂合稿》卷四《病笔》"十二条"甲辰（1604）之后的"又七条"。
⑤ 塘南以性之"无声无臭"来理解阳明"无善无恶心之体"，颇具新意。

塘南关于本体乃即用即体的理解，亦体现在其临终前对生理所作的理解上。

> 先生极论人在生理中，犹鱼之在水，由中彻外，无之非是。此理塞天地，亘宇宙，无微可间，无时可息。本性空寂而非冥顽，其中自有这段生生不容已之几，弥漫充周，活泼圆融，孔子所谓"逝者如斯"、《诗》所咏"於穆不已"者是也。须知此理乃为知性。又引程子言"天道运而不已，日往月来，寒往暑来，水流不息，物生不穷，皆以道为体，运乎昼夜未尝已"一段，又引《易》之"天行健，君子以自强不息"，谓："先儒叹自汉以来学者未知此义，岂不然哉?"①

塘南认为，生理充塞天地而无有止息。本性虽空寂，而其中自有生生不容已之几。此时塘南并不排斥本性空寂与生生之几的关系，只是不视空寂为体，生生之几为用，而是将此几理解为生理弥漫宇宙、活泼圆融的运行。此就是孔子所言川流不息的道体，亦是《诗经》所言深远不已的道体。塘南又引程子之言来说明，天道之运行，实际上是"运而不已"，以"道"为体、以运行为体。正是在此意义上，亦可言塘南此时的本体论是以道之运行为体，此是即用即体、即运行即本体的体用双泯之思路。②

值得注意的是，塘南此处即用即体的思路与阳明、龙溪等即用即体的思路有所不同。在阳明、龙溪的本体层面中，体用关系虽涉及本体及其运行，此运行实指形下运行，指现实发用层面而言，较少涉及本体运行之形上层面。而塘南以运行言体，以用言体，此时的用实际上是本体之本然运行，即便涉于现实（有较高条件，为少数），亦是就工夫所至之境界之客观化而言，而非指未经工夫的实然（无太多条件，为多数）。当然，工夫所至与未经工夫两者之间，亦是比较而言。在广义上，两者皆可为境界。由此来看，在阳明后学中，存在两种本体论：基于工夫所至之境界观的本体论与基于未经工夫之境界观的本体论。两者之差别在于工夫论之差异。

---

① 贺沚:《续补〈恭忆先训自考录〉》，见载于王时槐《自考录》文后。
② 塘南在84岁所言之本体，可以说是塘南之定论（因为不久塘南便过世），可谓境界有所至，本体有所指。

第三章 心性为体 物事为用

——本体界与经验界之调适

塘南对本体界体用关系的理解，主要从本体及其功用、本体及其运行两个方面来论述，此是狭义的本体论。狭义本体论建基于个体之境界论，然其为个体境界的系统化，在表达立场上，实由主观自我转向客观自我即观念中的他者，此是第一层客观化。就个体境界面向而言，此本体论经由个体经验而来，实以个体经验为基；就个体境界的系统化、第一层客观化而言，此本体论虽非个体经验本身，却与他人既成或待成之经验不相关。在广义上，本体论还应包括本体界与经验界关系的说明，若是离开此种关系的说明，于现实中的他者而言，本体就只能是一个空洞的本体，只能是一种本有，如同空中楼阁，美好但呈现在生活之外。广义的本体论还包括狭义本体论的再客观化，即在表达立场上，由观念中的他者转向现实中的他者。因此，笔者于此主要就塘南所理解的本体界与经验界之关系进行梳理，查考两者之间存在的一致性以及经验界对本体界的偏离，从而为塘南的工夫论提供依据。

在塘南的思想中，经验界首先体现为物与事。因此，本体界与经验界之关系首先体现为心性本体与物事之关系。

一 心性与物事

此可以从性与物、心与事两个层面来考察。

1. 物者，性之用

在性与物的关系上，塘南明确指出：

> 凡可睹闻者为物，不可睹闻者为性。性者，物之体；物者，性之用。①

本体界与经验界之区分，就是性与物之区分，比较而言，前者不可睹闻，后者可睹闻。但与此同时，两者之间又紧密相关。"性者，物之体"，性作为万物之根柢，乃"天地万物之一原，人人之所同具者也"②。此是倾向于从本体界言性。在前一章已有详论。"物者，性之用"，强调物对于性所具有的作用，此恰是体现本体界与经验界之具体联系。

在63岁所集的《三益轩会语》中，塘南指出："太极者性也。天地万物皆从性中流出，一切人畜草木瓦石均禀受焉者也。故曰性者万物之一原，非有我之得私。"③ 性为万物之本原，天地万物乃"从性中流出"。因此，塘南将性物关系表达为"委形"与"流形"。

关于"委形"，塘南言：

> 天地万物，一性之委形者耳。离天地万物以觅性者，非也。执天地万物以为性者，亦非也。不执不离以尽其性，是之谓圣学。④

天地万物为性之委形，所谓"委形"，实际上是曲折地顺随于形。此性体具有委形的能力，也就是顺随其本身并转而为形。正是由于性体具有此种作用，万物才为"委形者"，因此，不可离万物这一委形者以求性。性物之所以具有此种"委形"关系，其间亦有中道特征。塘南在强调上达只在下学里时，曾提及这一特征。塘南言："人生而静以上不容说，诚无可措心处，然性无边际，种种色像亦无边际，性万古不灭，种种色像亦万

---

① 《友庆堂合稿》卷六《闵侯以扇索言手书二条》。
② 《友庆堂合稿》卷三《道东书院记》甲辰（1604）。
③ 《友庆堂合稿》卷四《三益轩会语》。
④ 《友庆堂合稿》卷六《吴心准问学手书四条酬之》。

古无尽，则何物非性，何性非物。"① 与此同时，亦不可执万物这一"委形者"以为性。"性者万物之一原，非有我之得私"，一原之性不同于万物，不可私有。纵执得天地万物，亦非此一原之性。

由此来看，仅从万物本原之角度来界定性，实际上是远远不够的。性体本身不仅有功用，可以运行，同时亦可以"委形"。而之所以要称之为"委"，实际上是要表达性体与形体之间的判断标准有所不同。不可睹闻为性，可睹闻为形。委形是就结果而言，并非是言性可以委曲自身而托身于形。通过"委形"，天地万物与性体的此种不可离且混的关系则体现得更为生动、形象。此对于理解塘南思想实非常重要。塘南所言的"何物非性"，"何性非物"，"天下无性外之物"，皆是就性所具有的"委形"义而言。

不仅如此，在 81 岁时，塘南还通过"流形"这一概念来表达性物之关系。

> 夫盈宇宙间惟此性而已，天地万物皆此性之流形也。凡流形者，有成毁也。人在宇宙间亦惟此而已。七情百行皆此性之流形也。流形者有转换而性无转换也。《易》曰"乾知大始"，此"知"即天之明命，是谓性体，非以此知彼之谓也。《易》曰"坤作成物"，此"作"即明命之流形，是谓性之用，非造作强为之谓也。故知者体，行者用。②

塘南认为，性盈宇宙，而天地万物为性之流形。值得注意的是此处所用的"流形"而不是"流行"。如果说"流行"某种程度上更为体现本体自身的运行充贯之用，那么，"流形"则更能体现本体界与经验界之具体关系。塘南认为，万物是由本体之流行而得以成形。流形者乃为七情百行，其特征是有成毁有转换，而性本身则无成毁无转换。塘南认为，《易》所言的"乾知大始"之"知"则是指性体，是天之明命，而《易》所言的"坤作成物"之"作"则是指性之用，是此性体的流形。性体本身流行

---

① 《友庆堂合稿》卷六《禾川金觉王将有新安之行，过予索言，漫书六条》。
② 《友庆堂合稿》卷二《再答宪使修默龚公》壬寅（1602）。

不息、运行不止，此是就本体界而言。就经验界而言，此流行则化为"流形"，伴随成毁与转换。

关于"流形"一词，早在胡五峰①的著作中就有使用。其言曰："中者，道之体；和者，道之用。中和变化，万物各正性命，而纯备者，人也，性之极也。故观万物之流形，其性则累；察万物之本性，其源则一。"②五峰与塘南对于"流形"的主体有不同的理解。五峰视"流形"为万物之流转变换，为多，从而强调此种多的本原为一。此时，"流形"的主体为万物。而塘南将此流形的主体视为性体。性体既是万物之本原，又流行不息，而且此流行不是离万物而独存，万物必然是要因其流而为形。因此，性体"流形"这一提法，实际上已经肯定了性与物之间由性而流化为物的关系。由此角度来看，儒家的本体论与宇宙论实际上是合而为一的。因为在本体的能力上，本体不仅能够运行，而且能够流而成形以成万物。此是将经验界之源头提升到本体界这一层面。

但是塘南又强调"流形者"与"流形"的主体不同。"流形者"实际上就其形而言，就物的层面而言，亦是就可睹闻的层面而言。七情百行皆是流形者，流形者有成毁有转换，而性则无成毁与转换。由此可知，流形者则是性流行而成化的具体之形，而既为形，就是经验界。由此来看，万物推本为一，此是本体，此本体又具有流形即流而为形的能力。其流而为形则成经验界。就此意义而言，经验界虽源于本体界，但仍与本体界有所区别。因此，"物者，性之用"即表明经验界是本体作用流形而成的世界。此种流形，并非"造作强为"，无中生有，而是性体本身具有的作用能力。正是在此意义上，乾知为体，流形为用；"知者体，行者用"。

由此来看，性为本原，并不仅仅是与现象相对应的本质，亦不仅仅是万物之根源，还包括由性而"流形"为万物的作用能力。换言之，"天地万物皆从性中流出"之性物关系，是性之"委形"、性之"流形"的作用力。此种作用力，乃性作为万物本原之意义所在。

正是在此种性物关系的基础上，塘南在81岁时又指出：

---

① 胡宏，字仁仲，崇安人，程门二传弟子，学者称五峰先生。
② 胡宏：《知言》卷二，《四库全书》（子部），第703册，第121页。

夫性不在天地万物之外，然不随天地万物为成毁，是万古常未发也。在人则此性不在喜怒哀乐之外，然不随喜怒哀乐为转换，是亦万古常未发也。①

由于性之"委形"与"流形"，此性不在天地万物之外，不在喜怒哀乐七情百行之外。同时，由于"流形"与"流形者"相区分，此性亦不随天地万物而成毁，亦不随喜怒哀乐而转换。性流而成形而为物，此实际上表明了性物之间所蕴含的本体及其变现的关系。

2. 事者，心之用

在心与事的关系上，塘南指出：

天地万物之理具于吾心，心体之，不御也弥宇宙，不毁也贯古今。不可以智虑求，不可以形色取，而自一念以及于视听言动，举而措之事业，皆心之用也。善学者仅于一念之微以全吾心之大用，庶可以弗畔矣乎！②

塘南认为，"一念以及于视听言动，举而措之事业"，皆为心体之用。天地万物之理，为吾心所备，体之吾心，则能够得知，经验世界的一切，实际上皆是心体之"呈露"处、"发用"处。"呈露"所指为本体运行的"所"的特征，具有经验界的指向性。"发用"所指为本体流而为经验世界之义。因此，"心之用"，是指由"当下之心"体诸"吾心"（本体）进而体得的本体之呈露"处"、发用"处"。塘南由此来说明经验世界存在的必要性。具体而言，塘南对"事者，心之用"的理解经历了以下过程。

在 63 岁所集的《三益轩会语》中，塘南以事为心之变化。塘南言：

心廓然如太虚，无有边际，日用云为，酬酢万事，皆太虚之变化也。非以内心而应外事也。若误认以内心而应外事，则心事相对成

---

① 《友庆堂合稿》卷二《再答宪使修默龚公》壬寅（1602）。
② 《友庆堂合稿》卷六《赠刘公霁进士北上五条》。

敌，而牵引牿亡之害乘之矣。[①]

塘南认为，心之廓然，犹如太虚，心为本体，无有边际。而日用云为，酬酢万事，实际上皆是太虚心体之变化。心事并不为二，并非心为内、事为外。若是执心为内、事为外，那么心事则成对治，其必为习气所迁而对心之本体终有所害。值得注意的是，塘南所言的事为太虚心体之变化，此是关于事的界定。因此，心之太虚无有内外，而事亦无有内外之分。塘南所反对的是"以内心""应外事"的心事对待之关系，从而强调心对于事所具有的优先性。太虚之"能"变化，亦即本体所具有的"委形""流形"的特征。由此来看，事为心之变化，实可包含本体流行与变现两个层面。

在事为心之变化的关系中，事之合法性是由心所赋予的，事为"心之影"。

事者，心之影也，如空中华，如水中月，如镜中像，不可厌亦不可执也。知此，则能不挠于应迹而行其所无事。[②]

在心事关系上，事为心之影，就如同空中光华，水中明月，镜中图像。此实际上表达了事虽是心体太虚之成化，但是其只是太虚心体之影像，而不是其本身。正基于此，一方面要能够知其为太虚心体之变化，而不是因其非太虚本体，而对于事有所厌弃。另一方面，要能够知事是太虚心体之影，而不要因其为太虚本体所决定，而对于事有所执定。此种不厌不执的观点，实际上是心事关系上的不可离且混的观点。在重心上，塘南所反对的是执事为心的观点。由此来看，事实为本心之变现，但在性质上有与本心相区别的一面。

塘南认为，心实为本，事实为末。

正心以应事，本末分焉。如草木之根为本，枝叶为末，欲枝叶之

---

① 《友庆堂合稿》卷四《三益轩会语》。
② 《友庆堂合稿》卷四《三益轩会语》。

茂，必先培其根，此先后之序也。今人语及心性，便以为过高，反以存心养性为躐等，不知舍培根而求枝叶茂，正躐等也，其与《大学》知先后则近道之旨悖矣。又有谓只论心正，不妨事邪者，则是形直而影曲也，此尤害道之说。①

在本末关系的理解上，草木之根为本，枝叶为末，以本为先。因此，在心事关系上，心为本，事为末，以心为先。正基于此，塘南反对"今人""舍培根而求枝叶茂"的"躐等"做法。然而，心之优先性并不意味着事之无关紧要。在心事的本末关系上，由本及末是必然之义，此时本末具有一致性，"末"在一定程度上对"本"具有验证之意义。若心不及事，则已不是本末关系。塘南认为，"只论心正，不妨事邪"的观点实际上犯了心形事影关系上"形直影曲"之错误，因为此时的心事已不是由本及末的关系，而是相反或相离之关系。塘南以此为"尤害道"，因为"事邪"可以此为借口。

正是由于对心事关系中心形事影、心本事末的强调，塘南对阳明《传习续录》中所言的"心无体，以人情事物之感应为体"一语有所批评，从而认为心与事之关系为水与波之关系。

《传习续录》言"心无体，以人情事物之感应为体"，此语未善。夫事者，心之影也。心固无声臭，而事则心之变化，岂有实体也？如水与波然，全波皆水，全水皆波也，在善悟者自得之。若谓"水无体，以波为体"，其可乎？为此语者，盖欲破执心之失，而不知复启执事之病。②

阳明"心无体，以天地万物感应之是非为体"一语载于《传习录》下，时为《传习续录》。阳明所言本旨在于，心无体段，不可执心为定体，应以天地万物感应之是非这一心体之用为体，因此心无定体，以用为体。值得注意的是，在阳明对于心之用的理解中，心之用并非人情事变之感

---

① 《友庆堂合稿》卷四《三益轩会语》。
② 《友庆堂合稿》卷四《三益轩会语》。

应，如果人情事变所指为天地万物的话，而是感应之是非。此"感应之是非"则是心体之用。而塘南在理解心之用时，则去掉了"感应之是非"。是时，塘南所主张的是心本事末、心先事后、由本及末。就此来看，塘南之事与阳明所言的"天地万物感应之是非"实非同一种含义。正基于此，塘南认为，阳明所言有其不妥之处。塘南此处强调两点理由：一为心事实存在着变现关系，事为心之影，因此，事不能代替心；二是在承认心无声臭、不可执为实体这一前提之下，事同样是心之变化，仍是变化不定，亦无实体可执。塘南认为，心事关系的关键不是在于执心为实还是执事为实，而是在于"全波皆水，全水皆波"，推而言之，心事关系实可表达为"全事皆心，全心皆事"。

由此，塘南一方面强调《传习续录》中此语的立言本意，即是为了破执心这一边见。但同时塘南又指出，此语开启了阳明后学执事之流弊，即仅注重对于事之追逐，而忽视心体自身的分量。① 阳明立言"未善"之真义在此。塘南此种理解，亦基于对《传习录》与《传习续录》两种文本的认识而有。对于《传习录》，塘南言："阳明先生见处极高，若直吐其所见，世人必大骇，将望尘而却退者多矣。乃《传习录》所言，皆俯就下学所及，贬词以喻之，足知其苦心也。……"② 对于《传习续录》，塘南认为其编于阳明殁后，未经本人"览订"，因此与阳明的本意"时有出入"，"未可尽遵"。③ 此是塘南反对阳明后学执事忘心之文本依据。

以上是塘南所理解的心事关系的心本事末面向。不仅如此，在塘南后来的思想中，心事关系呈现出另一种面向。

在 67 岁时，塘南指出：

故④事之体强名曰心，心之用强名曰事，其实只是一件，无内外

---

① 塘南既言及阳明之本意，亦言及其言之流弊，并将之批评为立言未善，极为中肯。同时，塘南又指出，此种立言亦是后学之代为，而非阳明本人之亲为。

② 《友庆堂合稿》卷四《三益轩会语》。

③ 《友庆堂合稿》卷四《三益轩会语》。

④ 唐鹤徵：《宪世编》卷六《塘南王先生》中以"故"为"夫"字，参见《四库全书存目丛书》（子部），第 12 册，第 832 页。

彼此之分也。故未有有心而无事者，未有有事而无心者，① 故曰必有事焉②，又曰万物皆备于我，故充塞宇宙皆心也，充塞宇宙皆事也，皆物也。故《大学》不曰经纶宰制于天下，而曰明明德于天下。盖经纶宰制总是明吾之明德，非明明德之外，别有一段应事工夫也。吾心之大，包罗天地，贯彻古今，故但言尽心则天地万物皆举之矣。③

塘南认为，心体事用的区分只是强名，心事本非内外关系，亦非彼此关系，心事"只是一件"。充塞宇宙皆心也，皆事也，皆物也。正基于此，《大学》才强调"明明德于天下"此种立足于心之工夫，而非强调"经纶宰制于天下"此种立足于事的工夫。"吾心"即本体，包天地，贯古今，尽心即应事。

塘南以心事为"一件"的思想，在以后的思想中，得到了多重继承。

其第一重继承体现为对形下事为的强调。在 71 岁时，塘南指出"事即本心"的观点。

夫本心常生者也，自其生生而言，谓之事，事即心也。故心无一刻不生，即无一刻无事，事即本心，故视听言动，子臣弟友，辞受取予，皆心也。洒扫应对便是形而上者，岂有零碎、本领之分哉？④

塘南指出，本心常生，就其生而言，谓之事。心无一刻不生，因而亦无一刻无事。事即心，洒扫应对即形而上者。未得心事关系之真义时，或以事为零碎、心为本领，对心事进行区分；然得"事即本心"之心事关系之真义后，"视听言动，子臣弟友，辞受取予"皆是本心之呈现，下学即上达。

第二重继承体现为以"心之常运"来界定"事"。

---

① 于此处，唐鹤徵有评语为："不有所谓无心于事、无事于心者乎？"［唐鹤徵：《宪世编》卷六《塘南王先生》，《四库全书存目丛书》（子部），第 12 册，第 833 页。］

② 于此处，唐鹤徵有评语为："必有事之事似不可为证。"［唐鹤徵：《宪世编》卷六《塘南王先生》，《四库全书存目丛书》（子部），第 12 册，第 833 页。］

③ 《友庆堂合稿》卷一《答郭墨池》戊子（1588）。

④ 《友庆堂合稿》卷一《答周时卿》壬辰（1592）。

此心湛虚明，常运名为事。乃知心即事，事外别无心。如水即为润，润外别无水。觅心不可得，事亦非色像。谁能分内外，浑沦本不二。绵绵彻古今，浩浩无际畔。至动亦至静，摄之在一息。逝者如斯夫，一言露玄旨。[①]

塘南认为，心体虚明，而其运行为事。心即虚明即运行，如即水即润。因此，心为体，不可觅，而事非色像，心事并无内心外事之分，而是浑沦不二的关系。此实际上是指本体自身的流行不息，指孔子所言的"逝者如斯夫"，凡此流行即道体之流行。值得注意的是，此时塘南是用心事双泯来言本体。就此角度来看，实际上流行即道体之流行，举事皆是心体之常运。

第三重继承体现为心贯事中，事为心之散殊。塘南 74 岁时指出：

心包宇宙而统万物，事者心之变化也。事非在心之外，心实贯于事之中。事者心之散殊也，心者事之主宰也，非有二也。故但举"心"之一字而学无余蕴矣。[②]

心与宇宙、万物之关系在于心包宇宙、心统万物。其中，统之方式实通过"事"来体现。因此，心与事之关系值得强调。在肯定事为心之变化的基础上，塘南又将"心事为一件"的思想表达为心外无事，心贯事中。此时，事为心之散殊，心为事之主宰。

塘南对"心事为一件"的三重继承，体现出其对心事关系更为精进的思考。与此相关，塘南对阳明"心无体，以天地万物感应之是非为体"又重新作了肯定式理解。

孔子言，知及仁守而不能庄莅动礼，尤为未善。观此则事为有差即心官失职，乃知"洒扫应对便是形而上者"真至言也。若谓只要心善，自然事善，此言似是，但恐心事稍分为二，便是见道不彻，他日或致言动渗漏之病，不无矣。何也？一念即事也，一言一动亦事也，

---

① 《友庆堂合稿》卷七"古诗"《口占答友问二首》甲午（1594）中的第一首，塘南指其为"融心偈"。

② 《友庆堂合稿》卷一《答曾德卿》乙未（1595）。

心无体，以事为体。会得此意，则知彻内彻外皆事也，皆心也，安得分为二见，以为心当先而事可后也？①

塘南认为，观事则可观心，事为有差，便是心上失守。在此意义上，洒扫应对便是形而上者。此是对事为的一重强调。塘南指出，若言心善，然后事善，实际上是分心事为二，此是见道不彻，可能于他日还会致病。其原因在于，一念、一言、一动皆为事。心无体，以事为体。内外皆事，内外皆心，不可分心事为二，并以为心在先、事在后。此是对事的另一重强调。此时的事，便是心之所在。心之在念，念为事；心之在一言一动，一言一动为事。正是对心事关系的此种强调，塘南才肯定了"心无体，以事为体"所表达的无处非心、无处非事、心事同时存在、不分先后之关系。与《三益轩会语》中批评阳明"心无体""以事为体"的观点开启执事之弊有所不同，塘南是时所反对的是相反的倾向，即对心事有所"稍分"从而导致心先事后之错误，进而导致事为之"言动渗漏之病"。

心事关系的"心本事末"与"心事一件"两种面向，前者基于心事区分之立场，反对"执事为实以破执心为实"之弊。后者强调心事为一的立场，反对由心事之稍分而引起的言动之疏漏，从而强调"洒扫应对便是形而上者"，强调舍"实践之地"无有所谓心者。②

以上是塘南对本体与物事关系的理解。如果说阳明所举"意之所在为物"是融意进物，龙溪所举物为良知的凝结是融知进物，从而取消了物之独立性的话，那么，塘南先通过性物之委形、心事之区分对心性之体的优先性予以强调，后又通过性物之流行、心事为"一件"，对事为"实践之地"、事为"心之运行"予以强调，思想虽有转换，但亦有连续的线索，即对未经反思的事为之不肯定、有怀疑。此正是江右王门与浙中王门之根

---

① 唐鹤徵：《宪世编》卷六《塘南王先生》，《四库全书存目丛书》（子部），第12册，第837页。

② 塘南言："……惟心体本无声臭，而日见之行事，乃其实践之地。舍实践之地，安有所谓心者哉？且非特外而应酬之迹乃谓之事也，即静中念念不息，此不息之念即事也；即静中无一念，此无念即是本念，亦即事也。知此则知此心更无无念时，即更无无事时。然则全心是事，全事是心，安有心与事之分哉？"引自《友庆堂合稿》卷一《答曾德卿》乙未（1595）。实际上塘南在28岁时，在两峰五鼓时分问及"此时未应物，心有事否"时，塘南即言"一念不息即事也"。参见《自考录》是年条。

本差异。

在塘南的思想中，较多提及性体与物的关系、心体与事的关系。就此来看，可将性体与物视为较客观的讲法，而将心体与事视为较主观的讲法。值得注意的是此只是一种分析的思路，并非持主客二元的立场。所谓主客二元的立场，实际上是时时以主客相对的观点来分析问题，而对于主客之间存在的超越对待的关系没有自觉。但是有此自觉，并非无视主客的存在，而是在对其进行主客之分判之时，对其超越对待的关系有所反省。因此，视性体与物为较客观的讲法、心体与事为较主观的讲法，正是基于此种反省而言。

二 性与气

物事所代表的经验世界，追根究底，可以归结为气世界。本体界与经验界之关系，亦可以从性气关系上进行理解。塘南对性气关系的理解，主要体现在以下几个方面。

1. "动而生阳"

在 63 岁所集的《三益轩会语》中，塘南对性气关系的理解主要体现为对太极"动而生阳"的诠释。

> 太极者性也，动而生阳，才动即属气矣。动之一字，乃天地万物之所从出也。动极而静，静极而动，一呼一吸，一屈一伸，息息如是，无始无终，无少间断，所谓生生之易也。固未有太极而不生者，亦非先有太极而后有生，故理气更无先后，但谓理为气根则可耳。[1]

太极为性，太极有动。"动而生阳"，阳实为气。因此，太极才动即属气。太极之动，代表阳气之存有。此气实为天地万物从出之原。"动极而静，静极而动"，说明阴阳之关系。此是万物即存有即活动的法则，是太

---

[1] 《友庆堂合稿》卷四《三益轩会语》。

极之特征。"一呼一吸，一屈一伸，息息如是"，亦是太极活动方式之表达。此种活动"无始无终，无少间断"，此便是"生生之易"。因此，塘南强调太极本身与生、与动是一有俱有的关系。就太极而言，为理；就太极之动而言，为气。太极与其动，无有先后，理与气，无有先后。因此，塘南所言的"理为气根"之含义实际上是指太极为"其动"之根的含义。此是就性气、理气的根基性联系而言。

不仅如此，是时，塘南还用先天与后天对性气进行区分。

> 太极者性也，先天也；动而生阳以下皆属气，后天也。性能生气，而性非在气外……①

关于先天与后天的表达，塘南在 56 岁所撰的《答朱易庵》一书中尝有言及。"夫知者，先天之发窍也。谓之发窍，则已属后天矣。虽属后天，则形气不足以干之。"② 在肯定朱易庵以"不可离且混""指示先后天之真面目"的基础上，王塘南强调知所具有的中道特征。后来，塘南还形容此知为"先天之子，后天之母"③。也就是说，此知实是衔接先天与后天的支点。值得注意的是，知虽属后天，然形气"不足以干之"。由此可见，是时，塘南对后天有形气可干与形气不可干的区分。

回到先天与后天的本义而言，先天实指非人力可为，后天实指人力可为。

塘南所指性气此种先天与后天、性能生气的关系，实皆是太极与"动而生阳"之间的关系。正基于此，两者无有先后，因此，塘南指出，"性非在气外"，太极并不在"动而生阳"之外。融通塘南对先天后天的理解来看，后天实有先天运行之义，因此，塘南所言的知，实是性体的运行与呈露。

"动而生阳"实是太极本有之特征，此是就两者的联系而言。值得注意的是，强调性气两者之联系，常常是针对两者之区分而言。但是在性气关系上，若只看到性气的先天后天之区分，而未看到两者之间的联系，那

---

① 《友庆堂合稿》卷四《三益轩会语》。
② 《友庆堂合稿》卷一《答朱易庵》丁丑（1577）。
③ 《友庆堂合稿》卷一《答萧勿庵》丁酉（1597）。

么人所能做的只有后天修为。此非塘南是时之本意。① 因而塘南在性气关系看似截然区分的基础上，仍然强调其联系。一是"性能生气"，此体现了非人力所为的先天之性能够以其"动而生阳"的方式对"后天之气"产生必然之影响。二是"性非在气外"，此体现了人力可为的后天之气本身的改变，可以是先天之性的进一步呈现。因此，性气的区分与联系最终指向的是在人力可为与不可为区分基础上的两者之关系。

正由于此，在 77 岁时，塘南在性气先后天区分的基础上，通过"生生"强调两者之联系。

> 性为先天，不假修为；气为后天，则纯驳昏明，万有不齐。故圣学贵修以还吾本纯本明之体，而致一于先天也。性本生生，谓生生属气可也，谓生生即性亦可也。何也？性者生生之真体，生生者性之妙用，一而二，二而一者也。非判为两歧，亦非混而无别也。若谓全靠后天，而先天全靠不着，则是识钗钏而不识金矣。②

塘南首先仍是指出性气之区分。一方面，性为先天，不假修为；另一方面，气为后天，已是纯驳昏明，万有不齐。此时，气之差别的对比性得到强化。有基于此，后天修为甚为重要。然而后天修为与先天本纯本明之体，并非不相干。因为性本生生，就其生生本身而言，此为真体，气为妙用，因此性气是"一而二""二而一"之关系。若仅以此性气为二而加以区别，则是"判为两歧"，若以生生为一而对性气未加区别，则为"混而无别"。此是对"不可离且混"的中道观的运用。正是由于先天后天、性气之间是不可离且混的关系，基于气之纯驳不齐而进行的后天修为必然要与先天相联系。先后天的联系正如金与钗钏之关系，金为先天之性，钗钏为后天之气，不相离，亦不相混。

融通以上内容来看，性气关系是"不可离且混"的中道关系，性气之间的衔接点可以溯源于气之由来。既然气源于太极之动，那么太极之动即为支点。正是在此支点的意义上，塘南强调知所具有的"先天之子，后天

---

① 塘南是时重悟本体之工夫。
② 《友庆堂合稿》卷二《答王养卿五条》。

之母"之地位，强调"几"的"不可以有无言"① 的地位。而"生生"，亦是此支点。此生生既属气，又属性。也就是说，此生生既属先天，又属后天。因此，性气虽有先天、后天之区别，但生生即其联系之支点。后天经由"动而生阳"而来，已经指向经验世界；气本身的纯驳昏明、万有不齐，为经验世界的多样性的呈现提供了根基。

不仅用先天后天之关系来理解性气关系，塘南在78岁时还用性体之运行来理解性气关系。

> 神气精之说，盖天地间一神而已，自其运行而言谓之气，自其凝聚而言谓之精，总之一神也。老子言谷神不死，则精气在其中矣。神出入由我，亦自由凡入圣者而言耳。若上圣则宇宙即吾身，亦无由我不由我之见也。②

塘南认为，神气精之说，只是分言，而"天地之间一神而已"。此"神"即指宇宙性体，而"气"是此体之运行，"精"是指此体之凝聚。因此，气与精皆言此宇宙本体。由此塘南认为，老子所言的"谷神不死"，所指为"精气在其中"。此乃言性体与其运行、凝聚之间不曾离析之关系。以此为基础，塘南还对"神出入由我"进行了境界判定。对"上圣"而言，宇宙即为吾身，"无由我不由我之见"。而"神出入由我"，则是相对于"由凡入圣者"而言。由此来看，宇宙本体有运行、凝聚、无我之面向，气为宇宙本体之运行。

在83岁时，塘南还强调"气在性中"。

> 气者，性之用也。性无生灭故常一，气有屈伸故常二。然气在性中，虽有屈伸，亦不可以生灭言，故尽性则至命矣。学者深达此，则无疑于生死之说。③

塘南此处所言气为性用，实要表达性气之别。在分别之意义上，"性

---

① 《友庆堂合稿》卷四《三益轩会语》。
② 《友庆堂合稿》卷二《答王养卿三条》己亥（1599）。
③ 《友庆堂合稿》卷四《潜思札记》甲辰（1604）。

无生灭故常一，气有屈伸故常二"。然而，就其联系而言，"气在性中"。气本为性之运行，运行实为主体之运行，因此，气作为运行方式虽有屈伸之变化，然此屈伸本身"无始无终"，无有生灭，此即性之无生灭。因此，气在性中意味着气的本质实由性来决定。① 以上是塘南对性气关系的理解，大体上，以性气之区分为前提，在此基础上强调其不可离的关系。

总结上文的思想来看，性气关系使得气具有双重特征，一方面，气在"动而生阳以下"具有纯驳混杂的特征。性体之运行以及其所流化而具有的纯驳昏杂，最终形成了生活之世界。此是关于经验世界的本体论、宇宙论说明。塘南实是借助于周子"动极而静，静极复动"的模式来言此过程。另一方面，气作为性体之运行，与性无有先后之分。此是本体运行的理想方式。关于经验世界的宇宙论说明，并非笔者关注的重点。笔者所关注的是性与气的关系在何种意义上被提及。根据塘南的理解，只要太极存在，太极之动便存在。太极之运即为气，因此气亦有必要存在。而且塘南在证明性不在气外时，所用的论证就是性不离动。由此可以看出，作为先天的性与作为后天的气，在性之动（动行）上合而为一。此性之动即支点。在此支点上，一方面体现先天之性，另一方面体现后天之气。先天之不假修、后天之可干不可干，在此支点上得以汇合。作为支点的"性之动"，塘南又通过"性本生生"来说明。一方面此"生生"体现了动；另一方面此"生生"因与"空"、与"有"皆不类，从而成为先天之性与后天之气的衔接点（支点）。以上分析表明，性气关系所呈现的，不仅有经验世界，还有本体运行的理想境界，后者与"知"之世界、与"几"之世界、与"生生"之世界相类，而前者则指向形气世界。

2. "形生神发"

塘南不仅言及气，还言及形气。1577 年，在言及知为"先天之发窍"时，塘南又以之为"已属后天，而形气不足以干之"。其中的"形气"无疑属于"后天"。

塘南关于形气的理解，与其对气与质关系的理解相关。在 1584 年所集的《三益轩会语》中，在言及"性本无蔽"时，塘南将蔽存在之缘由归为气

---

① 塘南以此来说明性命关系，后文再表。

与质："蔽者，气昏质浊之累也。"不仅如此，气昏质浊之程度决定着蔽之程度："气昏质浊有厚薄，故蔽有浅深。"此处的气与质具有同质相应之关系。1592 年，在给弟子贺汝定回书的第一书中，在对"其中有精"之"精"作出解释时，塘南指出："大抵鄙意所指精者，即中涵真几之谓，非气凝有质之云也。盖真几不可以有无言，若气凝成质，则涉于渣滓矣。"① 此处的气与质具有"气凝成质"之关系。融通以上理解而言，"气昏质浊"中的"气昏"亦是指气凝结的状态，而"质浊"则是由"气昏"而成的结果。

塘南对形气的系统理解，主要见于两处，一是塘南于 1592 年给其弟子贺汝定的第二书，一是《吴心准问学手书四条酬之》。

就前处而言，塘南在言及"近来自觉此心之生理本无声臭，而非枯槁"，"生理之呈露，亦无声臭"后，对"有声臭可睹闻"的形气，作了系统性阐发。

> 凡有声臭可睹闻皆形气也。形气云者非血肉粗质之谓。凡一切光景闪烁，变换不常，滞碍不化者，皆可睹闻，即形气也。形气无时无之，不可著，亦不可厌也。不著不厌，亦无能不著不厌之体。若外不著不厌而内更有能不著不厌之体，则此体亦属声臭，亦为形气矣。②

形气是与此心之生理以及生理之呈露完全相反的状态，其相反性就在于其"有声臭可睹闻"。凡可睹闻实为物事之世界、生活之世界。因此，形气亦属经验世界。然而，塘南于此物事之世界，又作了更为具体的规定。塘南认为，此形气所要强调的，并非指血肉粗质，即并非是粗质实物。也就是说，在粗质实物之世界之外，仍存有一重形气之世界。此形气之世界，实指变换不常而又滞碍不化者。此形气又无时不有。因而不可因其与粗质实物之不同而执著于此，亦不可因其与本心生理之不同而厌弃于此。不著不厌，即能所合一，内外合一，若以为可以离开不著不厌之状态，而另寻一能不著不厌之本体，即便寻得，此体亦是经验世界，亦是形

---

① 《友庆堂合稿》卷一《答贺汝定二首》壬辰（1592）。
② 《友庆堂合稿》卷一《答贺汝定二首》壬辰（1592）。

气世界。值得注意的是塘南此处的形气世界，与"血肉粗质"的形体世界相区别，指向闪烁不定、滞碍不化的有声臭可睹闻之世界。

就后处而言，塘南言：

> 吾人受生，形气具焉。学者误认形气为性者，多矣。夫湛然虚静，朗然灵照，凝然主宰，与夫活泼流转，息息不停，皆形气也。形气则可睹闻，惟著于睹闻而性始障矣。于诸睹闻不生取舍，是谓不著，亦无复有能不著者。于此证入，久之，情忘机释，法界一如，则性与形气总为剩语，道其庶矣乎！①

此可从以下层面来看。首先，形气因"吾人受生"而具。因此，形气与"生之谓性"具有很大的正相关。正是有此相关性，学者误认形气为性者实多。塘南此处当实有所指。形气世界与本体世界及其性体流行的理想世界不可相混。

其次，形气还包含静明与流转两种状态。前者是指"湛然虚静，朗然灵照，凝然主宰"的状态，是性体之现实呈露；后者是指"活泼流转，息息不停"的状态，是性体之流而为形。与上文所指"一切光景闪烁，变换不常，滞碍不化者"相比，此处所言的形气之一静一动两种状态明显是正向状态。

再次，正向状态的形气易著而不可著。正向状态的形气仍属形气，其可睹闻，因而易于执著。然一有执著，性始为此所障。因而，于此正向状态之形气，须不生取舍，亦即"不著不厌"。

最后，于正向形气之不著，并非于正向形气之外别寻一"能不著者"。由此证入，才能达到"法界一如"之境界。

如此来看，就吾人受生而言，实际上皆存在着主宰，同时亦存在着流转。此主宰，体现的是性体本身通过形气所表现出来的"本应然"的运行，此流转体现的是性体本身的流形。而就形气来看，形气实际上具有双重特征。一是性体之主宰、流行本身，一是性体之流形、流转成形。如此来看，性与形气关系的支点，实际上移到了吾人受生成形上。吾人受生成

---

① 《友庆堂合稿》卷六《吴心准问学手书四条酬之》。

形，既包含着性体的流行与主宰，亦包含性体之流转与生化。

融通以上关于形气的两处理解而言，塘南肯认一形气世界的存在，其具有可睹闻之特征，可呈现正负向之状态。因其可睹闻，因而易为人所执著。执著于正向状态，即是取，执著于负向状态，即是舍。而于此形气，于此可睹闻，要不生取舍。不生取舍则不著不厌于此形气，然而，不生取舍、不著不厌于此形气，或指向内在主观之心的作用，此是别寻一内在主观之心的作用。此主观之心的作用，实为另一重形气。以为"能有不著者"是另一重执著。因此，不仅对于形气世界要不著不厌，而且"亦无能不著不厌之体"。

基于对形气世界的指认与系统理解，塘南对"形生神发"之后天世界的判定甚为审慎。形气指向受生成形的经验世界，但是其是性体之流转。此种流转必定偏离性体之流行主宰，此是由形气自身所决定的。毕竟，形气有纯驳之分。在《道心堂记》中，塘南言：

> 人心者情也，性动为情，形生神发，乃属于人，故直名之曰"人"。人则涉形气而纯驳分，由薰习而理欲判，可谓"危"矣。①

此是塘南对"人心惟危"的理解。"形生神发"，既包括形体的产生，亦包括精神的生发，此两者共同构成了人之世界。既是为人，则有各自形气而有纯驳之分别，则有环境熏习而有天理人欲之分判，从而处于"危"途之中。此时形气之纯驳之分与环境熏习的理欲之判，亦当有相关性。

此外，塘南在77岁时，在提及"形生神发"的后天世界时，还提及"阴气"之存在。

> 夫先天之性，本来无可名状，谓之无根无境可矣。一到形生神发，便属后天。后天虽是性之呈露，然阴气已潜伏其中，是故销磨剥落，以俟群阴尽净，还复先天纯阳之性，是则所谓学也，岂可易言哉？若不如此，漫指现成阴滓之浮灵，误认以为真性，谓是灵光显

---

① 《友庆堂合稿》卷三《道心堂记》。

见，任运腾腾，不无认贼为子矣。[1]

塘南认为，形生神发的后天世界，虽是先天之性之呈露，然"阴气已潜伏其中"。于此，塘南以先天之性为纯阳，以后天之世界为"阴气潜伏"而构成的"群阴"与性之纯阳相杂之状态。于此后天世界，指而为性之呈露，实就其纯阳之性而言，并非肯认其阴阳相混之状态。因此，若漫然肯认此后天世界为真性之所在，就是漫然肯认其阴阳相混之状态为真性之所在，最终必是误以群阴之存在为真性。塘南将此后天世界中"群阴"之存在描述为"现成阴滓之浮灵"。误以此为真性，即以此浮灵为"灵光显见，任运腾腾"，最终将是认阴为阳，认贼作子。此处无疑是对良知现成派之批判。

塘南是时又言："性为先天，不假修为；气为后天，则纯驳昏明，万有不齐。"[2] 联系气质之界定来看，一方面，"万有"世界之"不齐"，实由后天之气之"纯驳"不同而造成的"昏明"差异所决定；另一方面，此"万有"之世界，既包括形气之世界，亦包括形体之世界，既是性体之呈露处，又是群阴之潜伏处。

值得注意的是塘南所提及的"现成阴滓之浮灵"，实是相对于良知真性而言。早在《三益轩会语》中，塘南对良知与"识察照了分别"进行分别，其依据就在于"性灵之真知"与"意与形之灵"之不同，"意与形之灵"为"性之末流"。塘南反对"今人以识察照了分别为性灵之真知"，认为其是"以奴为主"。"以奴为主"即"认贼作子"，虽然"奴"为"识察照了分别"，而贼为"灵光显见，任运腾腾"，但其本质上，皆是指意识之"灵光"。对于灵光，塘南亦甚审慎。"灵光"只有在作为工夫之后之效验的层面上，才会被肯认。"于静坐中默识自心真面目"，"久之，邪障彻而灵光露。静固如是，动亦如是"[3]。于此效验，不可执著。面对东廓之子邹颖泉所言的"一灵光是真宰"的体悟，塘南强调是"真宰"决定"灵光"而非"灵光"决定"真宰"[4]。

---

① 《友庆堂合稿》卷二《答谢居敬五条》戊戌（1598）。
② 《友庆堂合稿》卷二《答王养卿五条》。
③ 《友庆堂合稿》卷一《答周守甫》己卯（1579）。
④ 《友庆堂合稿》卷一《答邹颖泉》辛巳（1581）。

以上是塘南对形气世界之理解，一方面，于此世界须不著不厌，亦无"不著不厌之体"；另一方面，于此世界不可漫然肯认，毕竟随形生神发而来的不止于性体呈露流行之纯阳状态，还包括"阴气之潜伏"以及由此形成的"阴滓之浮灵"状态。

3. "度德量力"

经验世界不仅仅体现为气世界、形气世界，还体现为气禀材能之世界。在太极"动而生阳"以下，可论气之纯驳混杂；"形生神发"之后，可论形气世界之阴阳对峙。塘南对性与气禀材能关系之思考，还可用"度德量力"来概括。"度德量力"的本义是忖度自己的德行、衡量自己的材力。由于塘南将材力、材能归属于气禀，同时又由于德与本性相关，因此，"度德量力"之际，可论气禀材能中之才性关系。

在 63 岁所集的《三益轩会语》中，塘南集中表达了性与气禀材能之关系。

> 性一也，材能则属乎气禀，人各不齐者也。即如虞廷，稷专播种，夔专典乐，夷专典礼，皋陶专明刑，亦各擅所长，彼此不相兼，能者不以自矜，不能者不以自愧也。何则？惟以尽性为宗，而不以材能论也。又如孔门，由能治兵，求能足食，赤能应宾客，孔子亦各因其材而达之，未尝责其必相兼也，可以观古人之学矣。且如濂洛之贤，若责以用兵必不能如韩信，草书必不能如王右军，诗词必不能如杜工部，然濂洛竟不以此自愧。今学者不务尽性而惟重材华，必求多能以为胜，圣学之不明久矣。《记》言："德成而上，艺成而下。"孔子曰："君子多乎哉？不多也。"①

性与气禀材能具有差异。"性一也"表明性于人无有不同。塘南亦详言之为："性一也，横无边际，竖无古今，不可得而分合，不可得而增减焉者也。故在圣非有余，在凡非不足。至于鸟兽草木瓦石皆然，非偏全之

---

① 《友庆堂合稿》卷四《三益轩会语》。

谓也。"① 就性而言，圣凡草木为一，未有偏全之别。"材能则属乎气禀"，此气禀是指所禀受之气，类于气质，于人各有不同。塘南详言为："但明则为圣，蔽则为凡，甚则为禽兽草木耳。性本无蔽，蔽者气昏质浊之累也。气昏质浊有厚薄，故蔽有浅深。"② 就气禀而言，明则为圣，蔽则为凡，更有甚者则为禽兽草木。性本无蔽，蔽是由于受气昏质浊之累。正是由于气质（气禀）之昏浊有厚薄，因此，蔽性之程度有浅深。用气禀之差别来说明性之为蔽的原因，此实就形成了一个由圣人到凡人再到禽兽草木的气禀由清到浊的序列。在此序列中，圣人其性实是无蔽，而凡人始有蔽，草木则蔽之也甚。但是对气禀之差异的强调只能说明人在道德修养的天资上，各有不同。此种天资，实际上就是指由材所指代的气禀。因气禀之不同，故材能亦各不相同。由此，性与气禀之间的一多关系即性与材能之间的一多关系。

塘南从三个例子说明此种关系。其一，材不相兼，惟以尽性为宗，不以材能相论。"即如虞廷，稷专播种，夔专典乐，夷专典礼，皋陶专明刑，亦各擅所长，彼此不相兼。"何以如此？何以"能者不以自矜，不能者不以自愧也"？原因在于"惟以尽性为宗，而不以材能论也"。其二，因其材而达之，不责其相兼。"又如孔门"，弟子各有其材，"由能治兵，求能足食，赤能应宾客，孔子亦各因其材而达之，未尝责其必相兼也"。塘南认为由此"可以观古人之学矣"。其三，责兼无贤，贤不自愧。"且如濂洛之贤，若责以用兵必不能如韩信，草书必不能如王右军，诗词必不能如杜工部"，责濂洛以兼，必有所不能，然不碍其贤，故"濂洛竟不以此自愧"。

基于以上三例，塘南批评"今学者不务尽性而惟重材华"之弊，认为是"必求多能以为胜"而忽视圣学尽性之为宗，由此指出"圣学之不明久矣"之情状。圣学关于性才之关系，在《礼记》《论语》中皆有体现。《礼记》所言的"德成而上，艺成而下"，其德艺之上下关系即性才关系的另一种表达。孔子所言的"君子多乎哉？不多也"亦体现了君子论性不论才之基本倾向。

不仅如此，塘南还以阳明与周公为例，说明才性之具体关系。对于阳

---

① 《友庆堂合稿》卷四《三益轩会语》。
② 《友庆堂合稿》卷四《三益轩会语》。

明，塘南言："阳明先生善用兵亦是气禀偏长于此，即使于此不能擅长，于道亦何损哉？"①阳明之材在于其善用兵，此乃气禀之偏长。相对于对道体的理解与体证而言，气禀擅长于何处，偏长与否，实无妨碍。此是才性关系中无才亦可体道之情形。另一种情形是才美而自骄者不足为贵。塘南言："如有周公之才之美，使骄且吝，其余不足观也已。圣门惟贵不骄吝而不贵才能也如此。"②即便才如周公之美者，若以此为尊，以此为骄吝，其本身说明对本性之体悟有所偏颇，"其余不足观也已"。由此可以看出，圣门贵不骄吝而不贵才能之美。此不骄吝乃性于气禀之呈现，是一种美德，此才能之美乃气禀使然。因此，圣门贵美德而不贵材，其实质是圣人贵性不贵材。

既然贵性不贵材，那么，材之不能，是否还可以出仕为官呢？针对"今仕者假使不能是事而授以是职，则当如何"之疑惑，塘南明确强调道（德）与仕之关系："于道有得者，于事虽有擅长与否，然尽其材力所及，行之以正，亦岂至冥行而偾庋哉？且任人者，有器使之常法；而受职者，亦有自审之微权。推贤让能则非自用之小，度德量力则无尸位之嫌。君子处此固自有道也。若必欲多材广艺以干进，即此一念，于道已背驰矣。"③此可从三个角度进行理解。其一，若能于道有得，则必尽其材力所及，一行以正，不论是否擅长，实不至"冥行而偾庋"，因此，于道有得，当自行其正。其二，任人者自有衡量器使之法则，受职者自有审时度势之微权，正基于此，君子处仕必有其道，推贤让能并非自以为是，度德量力可免尸位素餐。其三，处仕不可背道。"若必欲多材广艺以干进"，即便只是未及付诸实行的一念，已是背道而驰。由此来看，仕与道之关系是一种特殊的才与性之关系。其中的推贤让能之贤与能，度德量力之德与力，皆是此关系的体现。具体而言，贤与德为性体之呈露，才与力为气禀之使然，两者之关系体现了性与气禀关系之复杂面向。

处仕亦是"用世"。约 1588 年，塘南在《启新钱侯内召送别四条》中，再举才美如周公之例，强调用世中的才性关系以及才性的其他组合关系。"古人言用世者，曰诚与材合。夫材系于资者也，诚系于学者也。倪

---

① 《友庆堂合稿》卷四《三益轩会语》。
② 《友庆堂合稿》卷四《三益轩会语》。
③ 《友庆堂合稿》卷四《三益轩会语》。

天赋之资，独擅长材，则足以肩鸿任钜，信为美矣。若学非存诚，则材美如周公、孔子，犹有遗议焉。是故君子诚之为贵。"① 在"诚与材合"此种性才最佳组合状态下，材是天赋，天赋所长，当肩鸿任钜，以此用世。性才关系的其他组合为性偏才美以及性偏才少。后者自不为贵，而前者则有不同。由此，塘南强调，对于性之理解有偏之时，即"学非存诚"之时，即便才美如制礼作乐之周公、多能之孔子，仍有遗议，仍不足取。因此，在才性（诚）组合关系上，为学存诚最为重要。

才性关系之本质在于性与气禀之关系。塘南对性与材关系的理解，主要强调的是性之于人为一，而材与天赋之资、与气禀相关，人各有不同。塘南肯定气禀之擅长、天赋之资是人之受生而有。因而，在某种程度上，亦是与形气相关。就此角度来看，性与材的关系，亦体现了性与形气的关系。气禀、天赋之资、材，皆是由太极动而生阳以后形生神发而成。材之不同，随人而异。因此，性与材的关系，在其实践中，则转化为德与力的关系。度德量力才是性才关系的最好处理。圣门不贵材，但是各尽其材，不求其兼得。如此来看，塘南并不反对人尽其材，其所反对的是，不尽其材而求多能相兼之才。此实际上对其自身的气禀或天赋之资并不了解，其结果虽于艺可能有进，但于道则有损。因此，圣门认同气禀之异，实际上也承认凡圣之间存在着气禀上的差异，强调为学要以尽性为宗，也就是说要处理好性与材、性与气禀的关系。

塘南强调性才之差异虽建立在性与气禀之差异的基础上，然而性与气禀之关系，并不仅仅是差异。于此，塘南亦有思考。

生禀之异而失其中，朱子之说也，子思未尝言此，固不必深辨。贤知之过，如佛老之类。未发之中固是性，然天下无性外之物，则视听言动、百行万事，皆性矣，皆中矣。若谓中只是性，性无过不及，则此性反为枯寂之物，只可谓之偏，不可谓之中也。②

气禀之异，是与生俱来。"生禀之异而失其中"，实相当于将"失其中"

---

① 《友庆堂合稿》卷六《启新钱侯　内召送别四条》。
② 《友庆堂合稿》卷一《答钱启新邑侯八条》戊子（1588）。

的不善之状况，亦即将过与不及，抑或恶之来源归结为生禀之异。生禀之异，只是后天差异的一种溯源，而产生此种差异特别是道德差异的更为重要的原因在于道德修养工夫的深入与否。因此，塘南认为，"未发之中"，此固然是指性体而言，但是天下无性外之物，以气禀为基础而形成的视听言动、百行万事，皆为性之呈露。因此，不可离气禀、离天下万物而言中、言性。若离开气禀、万物而言性，此时的性只是空寂之物，是"偏"而非"中"。由此来看，塘南将各各相异的气禀，视为天下万物中的一种。若是强调生禀之异而失其中，即认为生禀之异而失其性，此种情形则易走向另一个极端，即离开生禀之异来言性，此时的性反倒成了枯寂之物。此只能是偏，而不能是中。此亦表明了塘南言性不离物，言性不离气禀的立场。此亦是不可离且混的中道观的不可离。有基于此，性与气禀实是不可离且混的关系。此正是性与气禀关系的复杂面向，此亦是"度德量力"之深意所在。

三　性与病

如果说形气之驳杂、气禀之昏浊体现了经验界之现实与本体界之理想呈现之差异，那么这种差异推向极致，则是病之存在。塘南对性与病的关系亦有思考，主要可归结为两个方面。

1. "性因以晦而性非遽毁"

1580 年，59 岁的塘南面对"吾人形生神发之后，气质习染之污，不能不远于性"之问题，提及性与病之关系："性其形骸是销形骸之累也，性其情识是祛情识之蔽也。蔽且累者病也，而性非病也。惟性之不受病也，故本性以治病，病释而浑然一于性矣。"①塘南将"形骸之累""情识之蔽"的"蔽且累"界定为"病"。在性与病的关系上，塘南强调性与病之分别，即"性之不受病也"。道德修养的过程并非性与病之对治，而是"性其形骸""性其情识"以销病的过程。何以言"病"，又何以言"形骸之累""情识之蔽"，塘南后来对此有更为具体之理解。

---

① 《友庆堂存稿》卷一《寿朱松岩丈七十序》。

1582 年，道友郭春渠去世，塘南为之撰行状，其中提及春渠 1575 年关于性恶关系之理解。"夫性湛然具足，不受污染者也。而过焉不及焉，其流行发用也，非性之罪也。惟流行发用之过且不及，必学焉以易其恶以协于中，此精一之功所不容已也。"① 郭华南此语主要表达三个方面的思想。其一，标举性体之状态为"湛然"，程度为"具足"，强调其自身"不受污染"。其二，明确提出经验世界之过与不及，乃是性体之"流行发用"之结果，并非性体本身之罪。此是将性体与其流行发用相区分，不受污染之性体本身并非导致其流行发用之过与不及的原因。其三，性体流行发用之过与不及，与性体不同，恶由此产生。因此，为学的目标在于改变性体"流行发用"之状态，使其从"过与不及"这一"恶"之状态转化为无过无不及之"中"之状态。此种改变与转化，实非易事，需要"精一之功"之"不容已"。

郭春渠此处强调的重点在于使过与不及之流行发用调整到无过与不及之状态，这需要持之以恒、不断精进的修养工夫。郭华南对性体流行发用所作的过不及与中之区分，亦是善与恶之区分。此为精一不已之后天修养工夫的开展提供了理论依据。正基于此，塘南言："夫千古圣学以销吾病也，非以益吾性也。君之学至是彻矣。"② 在塘南看来，郭春渠在性体发用流行状态区分的基础上所提出的精一不已的工夫，实合于千古圣学"销吾病"而非"益吾性"之基本理路。塘南评价郭春渠之学由此而显通透明彻之面向。此是对郭氏所言之赞同。

关于郭春渠的观点，江右王门二传弟子万思默持不同之理解。万思默言："不受污染，是吾辈归命之处，华南所传恐误。去岁曾为敝府同志作一序，送华南行，其中颇论此意。想渠忙，未出请正也。兄得间取读，还示一字为望。"③ 万思默对郭华南之性体"不受污染"持有异议，其更为强调"归命"即工夫所至之境界上的"不受污染"之义。也就是说，思默不认同郭华南以性体为不受污染者，毕竟，性体之不受污染不易解释其发用流行之过与不及。相反，若强调性体之易受染污，"非性之罪"亦可成立。由此来看，思默之学对性体易受染污更为敏感。

---

① 《友庆堂存稿》卷八《华南郭君行状》。
② 《友庆堂存稿》卷八《华南郭君行状》。
③ 万廷言：《学易斋集》卷六《寄王子植》。

与万思默不同，塘南在视为学工夫为"销吾病"而非"益吾性"之框架下，肯认郭氏之思想。但与此同时，郭氏之思想亦有遭受质疑之面向。"有疑者曰：夫湛然之与流行本为一物，则不受污染之与过不及何从分异，得无于真性地中作二见乎？"也就是说，性体湛然主宰与其发用流行似有善恶之二分？此种区分是否为二见？对此，塘南提出了自己的理解："予曰，不然。夫太极判而阴阳分，神知发而善恶出，性至一而用至变也。惟至变者不能无偏，则性因以晦而性非遽毁也。"①塘南认为，太极判而为阴阳，形生神发而善恶得以产生。性本为至一，但是其发用流行则又是至变，既为至变，实际上就不能无偏。在其偏处，在其过与不及处，性因有所遮蔽而隐晦不明，而并非有所损毁。塘南一方面肯认形生神发而后，性体之"至一"与其现实发用流行之"至变"之区分；另一方面强调"至变""不能无偏"之性质，此实是肯认"至变"之偏与"至一"无偏的区分。"性体之用"现实性上的"不能无偏"表明性体本身的呈现隐晦不明。与本体所具有的"充""贯"之运行能力重在强调本体理想之运行相比——塘南此处倾向于用"至一之体"来表达这一理想运行，"至变"之用重在强调本体的现实运行。在此意义上，至一与至变，既是体与其现实之用的区分，亦是体之理想运行与其现实运行的区分。此种区分之用意在于说明性之不受污染与性之隐晦不明亦是至一与至变之关系，同时性之隐晦不明并不意味着性之损毁。若作深究，大体上，隐晦不明时，性体实不受染污，无有不足；而性之受损毁时，性体自身易受染污而有不足。相较而言，前者于性体更为自信，后者于染污更为警觉。无疑塘南倾向于前者，而思默倾向于后者。此亦体现了江右王门二传弟子思想之不同。

在朱子"分说"与阳明"合说"对比之视野下，塘南的此种区分或体现了其偏于朱子分说之倾向，但是塘南对本体"充""贯"力的强调，则是偏于阳明合说之倾向。实际上，分说合说这一形式背后的具体立场更值得关注。合说体现了对本体的悟得，而分说体现了改善现实之必要。不仅前者，后者亦是阳明后学之共识。在本体界，有性必有运行，但在经验世界中，可睹闻的只有此性体之现实发用流行，而不是性体本身的运行或是功用。在此情形之下，性体本身的运行或是功用实是理想的发用流行，与

———

① 以上引自《友庆堂存稿》卷八《华南郭君行状》。

其现实发用流行构成了至一与至变之关系。由一到变，此可以理解为本体及其变现的关系，可代表本体与其现实发用的关系。上文在言及本体运行所具有的充塞之品性时，尝用"能""所"来区分充与塞。此是就本体的运行而言。实际上，在本体的变现中，亦可作"能""所"之区分。从"所"的角度来看，本体的现实发用则"不能无偏"。因此，在本体与变现的关系上，实际上存在着体用道德的非一致性。

面对充满着过与不及的现实，无论如何是不能只言本体的本然运行状态而无视本体之现实发用状态的。性体本身是本体，是价值之源，若只言其本然的运行，即在保持自身善性统一性基础之上的运行，导致了过不及的产生，此种结论无疑违背了本体论自身的价值。因此，当下的过与不及，只是本体运行的一种变化式呈现，简称变现。与其运行相关，但又不是其运行本身。只有如此分说，才能够正视本体与经验在道德上存在的差异性。若究其原因，只能说，在本体之运行、呈露与变现三者中，变现掺杂了其他的因素，从而使得自身的道德层面呈现多样性。运行、呈露是本体的本然发用，而变现是本体的现实发用。此即分说。此种分说有利于提高理论对现实的解释力度，毕竟用本体论上本体与变现此种分说的方式不仅保证了本体的优越性，同时亦更易于解释本体界与经验界之差异，亦更易于对经验界中不好的状况进行修治，此正是为学工夫的根据所在。

而将"湛然"与"流行"视为一物，此是一种"合说"。当然，"合说"亦有其针对性，在对现实之过与不及过于警惕之时，性体自身的作用力则受限制。"合说"正为彰显这一作用力而生。

以上共识体现了阳明后学对于本体及其现实发用关系的理解，但是在"分合说"的工夫指向上，实各有侧重。塘南既反对"性受染污"式"分说"，又反对"湛然流行为一物"式"合说"，而是强调"性因以晦而性非遽毁"式之中间状态，即"性因以晦"类于"分说"，然程度上轻于"性受染污"；"性非遽毁"类于"合说"，然在程度上轻于"湛然流行"。塘南对此种"中间状态"的强调，正是其思想的特色所在。

2. "习久内熏"

上文提及塘南将病之来源诉诸形气之驳杂、气禀之昏浊。不仅如此，塘南还提及与形气相关的习气。在塘南的思想中，习气是病之存在的一种样态。在 70 岁时，塘南对于习气有系统之阐发。

> 性本至善，自受形之后，情为物引，渐与性远，习久内熏，脉脉
> 潜注，如种投地，难以遽拔，是谓习气。夫习气云者，谓由积习而
> 得，非性本有也。此在大贤以下，皆不能无，但纤翳之与重障，则有
> 辨矣。如大贤，学已深造，粗垢俱脱，惟善微有迹，见未顿融，即其
> 德犹可名，亦为习未尽化。下此则学力各有浅深，习垢不无厚薄，未
> 易具论。其又下焉者，则学力既疏，宿染浓厚，种种愆欲，积成内
> 痼，虽沸浪暂已停歇，而潜症未涤除，此则隐匿在中特甚者矣。夫隐
> 匿在中，触境始露，而当其未露，寂焉若无，自非洞察致精，往往冒
> 认无过。此"见过内讼"之人，孔子所以有"已矣乎，未见"之
> 叹也。①

塘南对于习气的诠释，主要可以从以下几个方面来理解。

其一，习气的界定。塘南尝言："夫性本无病，惟浑沌一开，此窍立
焉，则业习之气有潜注其中者矣。"② 既然如此，习气与形气是否存在区别
呢？形气是受形而生，习气则是"情为物引，渐与性远，习久内熏，脉脉
潜注"而成。

其二，习气存在之普遍性。塘南认为，大贤以下，包括大贤在内，人
人皆有习气。但其程度有所区别。因此，贤如颜子亦有习气。

其三，习气之分类。对于性而言，习气有纤翳与重障之不同。所谓
纤翳，塘南尝有诗云："云何名习气，纤翳在隐约。"③ 塘南认为纤翳见
之于大贤，大贤学已有深造，因此，善稍有迹，德犹可名，此是习未尽
化。其下则习气的厚薄深浅各有不同。而重障积痼者，习气"隐匿在
中，触境始露"，而未露时，亦似无有。因此，若不洞察，往往认为此
是无过。

其四，习气隐微而难以拔除之特性。塘南尝对过与恶进行区分。其指
出："夫所谓过者，非一事之失，一念之差之谓也。夫学不能研几而入微，

---

① 《友庆堂合稿》卷五《仰慈肤见》辛卯（1591）。
② 《友庆堂合稿》卷六《书南皋卷后》。
③ 《友庆堂合稿》卷七"古诗"《仰慈山中二首》辛卯（1591）。

以至念起而差，事至而失，则堕于恶矣，不得谓之过。过之云者，谓念未起、事未形而习气潜伏，未能彻底融化之谓也。"① 塘南认为："过与恶不同，常人意念邪妄，皆谓之恶，不得谓之过。过者，意念无显然之邪妄，惟习气渣滓未尽莹化之谓也。故过惟大贤乃有之，此之谓有不善。……孔子大圣，固是无过，然其自言曰，五十学《易》可无大过，则圣人之自以为过者甚微，亦非后学之所可易言也。"② 塘南认为，常人的意念邪妄，此实是恶，而"过"并非是显露的邪妄，而是指"习气渣滓未尽莹化"，比起恶来，过较为隐微。正是在此意义上，塘南将习气潜伏称为"过"。③ 塘南尝言："盖习气亦无声臭，即工夫无间，其潜伏者亦未顿拔也。观明道先生见周子后十二年猎心复萌，可见矣。"④ 习气潜伏难拔，于大程尚且如此，更何况众人。正是由于习气潜伏之过具有"隐而未露"的特征，塘南亦用无声臭来形容。"盖习气亦无声臭，即工夫无间，其潜伏者亦未顿拔也。"⑤ "所谓习气者，亦无声臭，但⑥根株未拔，则当其未萌时无可踪迹，及触境而露，则突然忽然，不可扑灭矣。"⑦ 习气的无声臭实际上就是习气隐而未露、触境而现之义。

其五，习气之去除。面对习气之潜伏特性，塘南认为，"自非洞察致精"，"往往冒认无过"。也就是说，能够做到"洞察致精"，才是"见过内讼"之人。然而，塘南又指出，孔子于此有"未见"之叹。可见，"见过内讼"是一种极难达到的境界。塘南言："习气潜伏之过，隐而未露，故见之为难，见且不能，况于自讼。如程伯子猎心未萌，自谓已无此好，而周子弗之许，是程伯子且有歉于见过之一验也。极而言□⑧，则夷之清、尹之任、惠之和，终不得以班于孔子。盖其独擅之偏长即其有执而未化，

---

① 《友庆堂存稿》卷二《寿一吾李君六十序》。

② 《友庆堂合稿》卷一《答钱启新邑侯二首》。

③ 师泉尝用"无动之过"来说明过之隐微。师泉言："草昧之险，无动之过也；野马之运，无垢之尘也。故圣人洗心退藏于密，神武而不杀也夫。"［黄宗羲：《明儒学案》（上），中华书局1985年版，第441页。］

④ 《友庆堂合稿》卷一《答曾肖伯五条》壬辰（1592）。

⑤ 《友庆堂合稿》卷一《答曾肖伯五条》壬辰（1592）。

⑥ 唐鹤徵：《宪世编》卷六《塘南王先生》中无"但"一字，参见《四库全书存目丛书》（子部），第12册，第837页。

⑦ 《友庆堂合稿》卷一《与刘文光》丁酉（1597）。

⑧ 原文缺字，疑为"之"字。

正所谓习气之潜伏者。然则见过之学在三子犹难之，况其他哉！"① 塘南认为，过已难见，"况于自讼"。即便贤如大程，亦是久而后见，即便"圣之清"如伯夷、"圣之任"如伊尹、"圣之和"如柳下惠，皆执其偏长而未化，亦皆为潜伏之习气使然。因此，"见过内讼"是一种需要经过极深的道德修养工夫才能达到的境界。

其六，习气之无根。"见过内讼"虽难抵达，但仍有可能。此由习气的另一重特性所决定。塘南认为，习气实由积习而得，非性之本有，相对于性而言，习气实具无根性。"性本无欲，惟不悟自性而贪外境，斯为欲矣。"② 欲本身是贪恋外境而生。塘南又指出："盖理原于性，是有根者也，欲生于染，是无根者也。惟理有根，故虽戕贼之久而竟不可泯。惟欲无根，故虽习染之深而竟不能灭性也。使欲果有根，则是欲亦原于天性，人力岂能克去之哉？此是学问大关键处，不可不明辨也。"③ 塘南认为，明晓理欲的有根无根之别，此是"学问大关键"。因此，在塘南看来，习气之无根乃是习气更为根本的特性。

以上是塘南对习气的理解，一方面习气为"隐微之过"，由此道德修养的过程必甚为艰巨；另一方面，习气本无根，因此，道德修养的可行性亦能得以保证。

以上是塘南所理解的性与病之关系。为学的过程即销病的过程。"千古圣学以销吾病也。"④ 而病之可销，实在于其根源乃为无根之习气。在81岁时，塘南言："惟其资始之初，纯粹至善而天真具足，及其各正之后，形生神发，而人伪以滋。则有志于学者，惟当默识乾元之本性，纯乎天而勿杂于人，斯可矣。"⑤ "各正性命""形生神发"，而有了"人伪以滋"，此表明，与"资始"之初的"纯粹至善而天真具足"相比，"人伪以滋"实是病之存在的另一种样态。联系塘南对习气的分析来看，从"病"到"人伪"的表达变化，亦体现了塘南对人生负面价值的正视更为理性。其既不是罪，也不是恶，只是未得治之病，只是"情为物引"而成之习气，

---

① 《友庆堂存稿》卷二《寿一吾李君六十序》。
② 《友庆堂合稿》卷四《三益轩会语》。
③ 《友庆堂合稿》卷一《答钱启新邑侯二首》。
④ 《友庆堂存稿》卷八《华南郭君行状》。
⑤ 《友庆堂合稿》卷二《答宪使修默龚公》壬寅（1602）。

只是"无根"之"习染"，只是"人伪以滋"。因而为学销病之过程，就是要处理性情（物）之关系，就是要基于习染之无根以去除习染，就是要达到见过自讼之境界，就是要实现"纯乎天而勿杂于人"之状态。

塘南对于性与病之关系的理解，体现了阳明及其后学之多重面向。在阳明的良知学体系中，病之形态在恶，此恶内化为"有善有恶意之动"之意念，然而，"知善知恶是良知"，凭借良知本体的强大声势，致良知工夫即为推致良知于事事物物，此即"为善去恶是格物"。此时的恶只为致良知工夫提供必要前提，并不实际参与致良知之具体过程。此后，浙中王门龙溪以"去恶"所依"善恶之对治"为第二义的工夫，因此，恶亦非其思想之主要议题。而在江右王门念庵那里，对私欲的关注极多。① 塘南更是推病于习气，推习气于无根。与阳明、龙溪道德修养的工夫立足于当下的良知不同，念庵、塘南的工夫更多立足于善恶共存的现实。念庵、塘南对恶之来源的较多关注，并不妨碍他们成为儒家的性善论者。毕竟恶之存在只为修养工夫提供必要性，而道德修养之所以可能的根本依据实在于性善。但是即便如此，塘南所论既潜伏又无根之习气，与龙溪、念庵相比，仍具有"中间状态"之特质。

四　性与命

塘南言："气者，性之用也。性无生灭故常一，气有屈伸故常二。然气在性中，虽有屈伸，亦不可以生灭言。故尽性则至命矣。"② 由于气在性中，因此尽性则至命。此处的命，实际上就是指气的含义。气在性中，亦指命在性中。此语为塘南83岁所发，代表着极高的为学境界。然取其普遍意义而言，善恶共存的经验世界，于儒家而言，既为气之世界，亦为命之世界。因此，本体界与经验界之关系又通过性与命的关系而体现。

---

① 念庵对私欲有较多关注。念庵尝在《寄东廓公》一书中言："谓己为私欲诚不可，但于天命之性，纯粹至善之体，而有感物而动者存，则此即不可谓之二物。然则有过与不及者，一乎？二乎？谓之一，不名谓善，谓之二，何处得来？道用修治，果何染何欠？有染有欠，即非为善。此等处，非与书上赠注脚，实觉是如此，更望长者教之也。"（罗洪先：《罗洪先集》，凤凰出版社2007年版，第196页。）

② 《友庆堂合稿》卷四《潜思札记》甲辰（1604）。

塘南关于性命关系的理解，实是以师泉性命之说为背景而提出的。塘南对师泉观点的评价，主要有两处。在塘南63岁所纂的《吉安府志》中，塘南言：

> 先生以心之体曰主宰，贵知止以造于惟一；心之用为流行，贵见过以极于惟精。是谓博约并进，敬义不孤。性命兼修之学，如车轮鸟翼不可偏废。后学能领会者盖鲜。①

在76岁时，塘南又指出：

> 性命双修是先辈苦心之说，但以主宰流行分性命，则是二见，以精与一为双修，则是二功，恐非圣门为物不贰之宗旨也。②

此处所言的"先辈"即指师泉。要对塘南的评价作出分析，首先须察考师泉的观点。

1. 师泉的性命观

师泉曰：

> 夫人之生，有性有命，性妙于无为，命杂于有质，故必兼修而后可以为学。盖吾心主宰谓之性，性无为者也，故须首出庶物，以立其体。吾心流行谓之命，命有质者也，故须随时运化以致其用。常知不落念，是吾立体之功，常运③不成念，是吾致用之功，二者不可相杂。常知常止，而愈常微也。④

---

① 王时槐：《刘邦采传》，载王时槐纂，余之桢修《吉安府志》卷二十四"理学传"，书目文献出版社1991年版，第365页。

② 《友庆堂合稿》卷一《再答萧勿庵》丁酉（1597）。

③ 黄宗羲：《明儒学案》（上），中华书局1985年版，第438页以"运"为"过"。《王畿集》（凤凰出版社2007年版）第81页中的《与师泉刘子问答》，写为"运"字。

④ 参见黄宗羲《明儒学案》（上），中华书局1985年版，第438页；王畿：《与师泉刘子问答》，《王畿集》，凤凰出版社2007年版，第81页。后者在内容上更为简略，但在文末另有一句："二者不可相离，必兼修，而后可为学。"

　　师泉将性命相提并论而统之于"人之生"及"吾心"。性虽为吾心之主宰，但却具有"无为"的特征。其主宰性必须通过工夫加以保证，如此才能立其体。命虽为心之流行，但其"有质"，其运化亦必须通过工夫加以保证，如此才能致其用。"常知不落念"，此为立体之功；"常运不成念"，此为致用之功。正基于此，性命双修，立体致用，此二功实不可相杂。师泉指出："是说也，吾为见在良知所误，极探而得之。"① 此段话实际上在龙溪弟子所录的《与师泉刘子问答》中并未见载，而代之以"二者不可相离，必兼修，而后可为学。见在良知似与圣人良知不可得而同也。"由此可见，师泉关于"见在良知"的观点，实能体现其立言之苦心。在此不妨作一考察。师泉对见在良知的理解，主要体现于其与龙溪的对答中。

　　　　龙溪问："见在良知与圣人同异？"先生曰："不同。赤子之心，孩提之知，愚夫妇之知能，如顽矿未经煅炼，不可名金。其视无声无臭、自然之明觉，何啻千里！是何也？为其纯阴无真阳也。复真阳者，更须开天辟地，鼎立乾坤，乃能得之，以见在良知为主，决无入道之期矣。"②

　　由师泉的观点来看，见在良知与圣人良知并不相同。见在良知是赤子之心、孩提之知、愚夫妇之知能，此实际上就如同顽矿，未经锻炼，不可为金。此实与无声无臭的自然明觉相去千里。其原因在于，此为纯阴，而非真阳。也就是说，未经锻炼，不可为自然明觉之良知。要复得此自然明觉之良知，更须开天辟地，鼎立乾坤。因此，若是以见在良知为主，此实际上是未经锻炼之顽矿，为纯阴，绝无可能复得自然之明觉。此是师泉的观点。

　　值得注意的是，师泉所认为的赤子之心、孩提之知、愚夫妇之知能，即所谓的"见在良知"，如何而为"纯阴无真阳"？此实际上是与性体

---

① 黄宗羲：《明儒学案》（上），中华书局1985年版，第438页。此句不为《王畿集》中的《与师泉刘子问答》所载。

② 黄宗羲：《明儒学案》（上），中华书局1985年版，第438—439页。按：《王畿集》中的《与师泉刘子问答》中，只载有一语："见在良知似与圣人良知不可得而同也。"

"无声无臭""自然明觉"之特征所作的对比。后者亦是"性妙于无为"的另一种表达。而赤子之心、孩提之知、愚夫妇之知能，在存有形态上既非"无声无臭"，在深入程度上，亦非"自然明觉"。因其在道德修养上不足依凭，故称其为"纯阴"。师泉强调良知本身的反省明觉的能力，若是离开此明觉，那么此于道德修养工夫而言，就只能是"纯阴"。此"纯阴"实际上表达的是不可依凭的状态。此种判断非常之严格。而师泉所以如此严格地分判，实由时弊使然。在师泉看来，当时之为学者，只求见在流露，而不求"自然之明觉"。因此，只有见在的赤子之心、孩提之知而未加以省察自觉，此即见在良知，与圣人经反省自觉的良知相差甚远。师泉为学主张"不得遽用自然""不得享用现成良知"①。正是在此意义上，师泉认为，不能以"见在良知"为主。在道德修养的工夫上，要兵分两路，一是立体，一是致用。所谓立体，即使得良知常为知而不发用为念，常反省自觉而不盲目流露。所谓致用，实际上是确保体之流行而无"质"之参与。由此来看，师泉实是以"见在良知"为良知之现实发用之念而对之加以反对。塘南所言的先辈苦心，即是指此。

　　师泉性命关系的含义，实还不止于此。在师泉的思想中，除了性无为、命有质之外，性命还与阴阳相关。

　　　　夫学何为者也？悟性、修命、知天地之化育者也。往来交错，庶物露生，寂者无失其一也；冲廓无为，渊穆其容，赜者无失其精也。惟悟也，故能成天地之大；惟修也，故能体天地之塞。悟实者，非修性，阳而弗驳也；修达者，非悟命，阴而弗窒也。性隐于命，精储于魄，是故命也有性焉，君子不淆诸命也；性也有命焉，君子不伏诸性也，原始反终，知之至也。②

　　性为寂，为一，为无为，悟性则能成天地之大，如此才能为纯阳。而命有质，而易窒。修则阴而弗窒。此实与双修工夫是相一致的。在性命两者的关系上，师泉实是以阴阳分性命。性为阳，命为阴，性隐于命即"精

────────────

① 《自考录》"年二十七岁"条。
② 黄宗羲：《明儒学案》（上），中华书局1985年版，第440页。

储于魄",即阳隐于阴。因此,命也有性、性也有命,就是阴系于阳、阳系于阴。君子只有不将阳淆诸阴,不将阴伏于阳,才是原始反终,才是推原于阴阳而得的修养工夫,才是知之至。师泉的工夫论在其自身的体系内自有其圆融性。

综合以上师泉对性命关系的理解来看,师泉基于《易传》而撰《易蕴》,以阴阳来区分性命,由此产生悟性修命之二功。

关于师泉之观点,龙溪归之于"良知异见"。龙溪言:"有谓学有主宰,有流行,主宰所以立性,流行所以立命,而以良知分体用。"① 此即指师泉之观点。龙溪主张见在良知即用即体,反对良知分体用。② 而师泉正是针对"见在良知""即用即体"的特征而强调"见在良知"与"圣人良知"之不同。在师泉的理解中,见在良知与圣人良知的区别并非是体用之别。圣人良知,实是就境界而言,是工夫之后的境界;见在良知,实是就当下而言,是未经反省自觉的"自然呈露"。就师泉以体用言性命来看,师泉言"人之生"有性有命、有体有用,此"人之生"实际上已经不是阳明意义上的良知,而是未经反省意义上的"呈露",龙溪言其良知分体用,或指于此。阳明的良知、龙溪的见在良知,在师泉的思想中,则指"圣人良知",师泉认为,此是境界。师泉之工夫立足于"人之生",而不立足于境界所至之本体。

继龙溪之后,黄宗羲对师泉亦有评价:"先生著为《易蕴》,无非此意。所谓性命兼修,立体之功,即宋儒之涵养;致用之功,即宋儒之省察。涵养即是致中,省察即是致和。立本致用,特异其名耳。然工夫终是两用,两用则支离,未免有顾彼失此之病,非纯一之学也。总缘认理气为二。造化只有一气流行,流行之不失其则者,即为主宰,非有一物以主宰夫流行。然流行无可用功,体当其不失则者而已矣。"③ 黄氏将师泉立体致用二功归源于宋儒涵养致中与省察致和的工夫,并指出师泉主张此"两用"工夫的根源在于"认理气为二"。黄氏认为,造化只是一气流行,主

---

① 王畿:《抚州拟岘台会语》,《王畿集》,凤凰出版社 2007 年版,第 26 页。

② 龙溪不解师泉,还体现在其对师泉《易蕴》的评价上:"兄之《易蕴》,未必一一准《易》,间以己意参错发明,其间尽有格言,然尚未能离亿说,虚怀观之,自见。"(王畿:《与师泉刘子问答》,《王畿集》,凤凰出版社 2007 年版,第 81 页。)

③ 黄宗羲:《明儒学案》(上),中华书局 1985 年版,第 439 页。

宰只是流行之不失其则，而非另有一物对流行加以主宰。黄氏无疑是基于反对宋儒特别是朱子以理为主宰、以气为流行的理气二分的立场，反对师泉以主宰流行分言性命。就师泉而言，其将"人之生"分而为性体命用两个层面：从主宰处言性，性无为，因此，要有立体的工夫；从流行处言命，因命有质，工夫是要运化以致用。主宰流行是性命区分的根据。若以主宰、流行两分诘难师泉，其所诘难的只是师泉对"人之生"有所区分的立场，并不能构成对师泉思想真正意义上的辩难。

由此再来反观塘南对师泉的评价。塘南认为，师泉以心之体为主宰，要以知止以达于惟一，心之用为流行，要以见过以达于惟精。此是博约并进，敬义不孤。① 师泉尝言，"心之体也虚，其为用也实"，为学的工夫在于既"致其虚"，又"致其实"。"虚以通天下之志，实以成天下之务，虚实相生而德不孤。"② 塘南认为，此是师泉性命兼修之学，不可偏废，而后学能领会者很少。③ 此是塘南为刘师泉撰传，无疑评价较高。但是就自身的为学倾向而言，塘南认为，性命双修虽为师泉的"苦心之说"，然其以主宰流行分性命，是将性命分而为二，性命双修，惟精与惟一成"二功"，其非圣门"为物不贰之宗旨"。④

在当下学术界中，对师泉思想的判定主要见于牟宗三的观点。牟先生认为，师泉的"人之生也，有性有命"，"此是先客观地提出性命，而言其形式的意义，本《中庸》《易传》而言也"。而对师泉所言"吾心主宰谓之性……吾心流行谓之命"，牟先生认为，"此落于心上就其主宰义与流行义而言性与命也"，并案道："就'心之流行'而言命非《中庸》《易传》之原义，乃师泉之转解。"牟先生还指出师泉"吾心主宰谓之性"实是言"就吾心之为主宰而言，则谓之性"。⑤

就师泉的本意而言，人之生，有性有命，有阳有阴，有体有用，性与阳所言为主宰，命与阴所言为流行，因此，工夫要立体致用兼到。此时的

---

① 王时槐：《刘邦采传》，载王时槐纂，余之桢修《吉安府志》卷二十四"理学传"，书目文献出版社 1991 年版，第 365 页。

② 以上引自黄宗羲《明儒学案》（上），中华书局 1985 年版，第 441 页。

③ 王时槐：《刘邦采传》，载王时槐纂，余之桢修《吉安府志》卷二十四"理学传"，书目文献出版社 1991 年版，第 365 页。

④ 《友庆堂合稿》卷一《再答萧勿庵》丁酉（1597）。

⑤ 以上参见牟宗三《从陆象山到刘蕺山》，上海古籍出版社 2001 年版，第 286—287 页。

体用，实际上是"人之生"的体用，而关于性与命之关系，师泉只将之比喻为阳与阴的关系。性命就阴阳而解，工夫就阳阴而行。此是师泉性命观的特色。就此意义来看，牟先生认为师泉对性命的理解，与《易》《庸》所言的"天命之谓性"已经完全不同，此亦不谬。但此不能成为诘难师泉之理由，亦不可就此将师泉之学视为以道体性命为首出的系统。师泉立言的基点在于当下的"人之生"，因此，性命阴阳皆是就当下而言，而非指首出的"道体性命"。当下即有阴阳，于阳要立体，于阴要致用。此处的阴阳实是就气而言，因此，黄宗羲以理气关系来解师泉之性命必定不确。人之生所具有的性命、阴阳之状况，根据师泉之思想，可以从两个方面来解。一方面，阳明后学中所倡的"赤子之心""见在良知"皆是指"阴"而非"阳"；另一方面，即便是就阳而言，仍是一种气的运行状况，仍有立体工夫之可言。问题在于人之生"于阴阳二气"有无自觉。也就是说，处阴处阳，当如何分辨？师泉并没有明言。

由此来看，师泉之学与良知之教，立足点完全不同。立足良知，工夫是致良知于事事物物。而立足当下的"人之生""吾心"，工夫即立体致用。牟宗三认为，"常知不落念"，是由良知以立体，是"由良知以悟性"。① 此并不正确。实际上恰恰相反，立体即悟性，但并不能"由良知"。若能由得良知，良知则为当下显见，为见在良知，师泉断不会承认。师泉致用工夫强调的是吾心之流行而无滞，"常运不成念"。对于常运不成念，牟先生认为，"即隐函说"，由致良知以运化。② 此处言"隐函"实际上表达了牟先生以致良知的角度释致用工夫的立场。此亦不谬。但是师泉致用工夫的本质是实现气之运转，"常运不成念"。

由以上分析可知，龙溪、塘南、黄宗羲皆反对师泉之二见，龙溪将其归为良知体用二见，塘南将之归为性命二见，而黄氏将之归为理气二见。龙溪之理解，实是将师泉所言的"人之生""吾心"理解为良知，而诘师泉不解良知即用即体的特征。黄氏之理解，实是将师泉的"人之生""吾心"分而为理气，而诘师泉不解主宰为流行之则、理为气之则。黄宗羲以"理气二分"评价师泉，合理之处在于其看到师泉思想与气世界即现实之

① 牟宗三：《从陆象山到刘蕺山》，上海古籍出版社2001年版，第287页。

② 牟宗三：《从陆象山到刘蕺山》，上海古籍出版社2001年版，第288页。

气心以及其与阴阳二气的相关性，但是"理气二分"的表达实是龙溪"体用二分"的另一种表达而已。塘南之理解，实是立足于性命而言。此与塘南本人的性命观相联系，后文再作评价。

2. 塘南之性命观

塘南关于性命的理解，实际上在其73岁所撰的《答郭青螺方伯》①一书中，就已详细论及。

> 承问心性命三者，浅陋何足以知之？惟数十年竭其愚钝，觌体研求，似有一斑之见，敢以请正。夫盈宇宙，亘古今，一性而已。性者，万物之一原，非有我之得私也。以其为天地万物之所从出，寂无声臭，不可名状，强名曰性。然性非枯塞也，盖於穆常运，以其常运故有命之名焉。然命非形气也，盖廓然太虚，以其太虚，故有心之名焉。三者一之三也。惟性无善恶，是谓至善；涉于命则化机潜萌，可以清浊纯驳言；涉于心则灵窍渐辟，可以操舍存亡言。惟善学者存其心以完受中之命，而性彻万古弥六合以不毁矣。《中庸》言"天命之谓性"，盖惧学者离命以求性，则性为有外，而不知命即性也。孟子言"仁，人心"，盖惧学者离心以求仁，则道为远人，而不知心即仁也。盖自道之统体言之，则性命与心如空中鸟迹，不可得而异也；自道之禀受言之，则性、命与心，如镜之金为质，明为体，而照为用。镜一而名三，不可得而混也。至如"忍性"之说，先儒释为嗜欲之性，然即谓坚忍其本性，似亦可通。"性也有命"之说，则鄙见以为与"莫非命也""得之有命"之命同，盖主气数而言。如仁于父子而舜遇瞽瞍，义于君臣而文王遇纣，礼于宾主而穆生不醴于王戊，智于贤者而孔子见尼于晏婴，圣人于天道而尧汤适遭于水旱，是皆气数之厄，所谓命也。君子不以数厄而违性，故曰"不谓命也"。色声臭味，安佚享受，各有分限，亦气数也。不可以性之所有而过求，故曰"不谓性也"。盖命之虽同，然立言各有攸当，似不当概以天命字样律之。

---

① 郭青螺（1542—1618），名子章，字相奎，号青螺，江苏泰和人，隆庆五年（1571）进士。胡直之弟子，据邹元标所撰《〈王塘南先生语录〉序》[《愿学集》卷四，《四库全书》（集部），第1294册，第130—131页]载，该语录由郭相奎刻于楚。

何如何如？又谓"性以心为舍，则是宋儒心大性小之说"，恐未然。盖性无边际，心亦无边际，但谓性体而心用则可，谓心大而性小不可也。①

对于性、命、心三者之关系，塘南认为，性为万物之原，其寂无声臭，但非枯塞，而是於穆常运，因此命就是性之常运。命并非指习气，而指廓然太虚，因而为心。如此来看，性心命三者，实为一。命为性之运，而心为性之运时的廓然太虚。此是塘南对于心性命三者于性命联系层面的理解。同时，塘南亦指出，性本为至善，涉于命，则有"化机潜萌"，有"清浊纯驳"。而涉于心，则"灵窍渐辟"，因而有操存舍亡。由此塘南认为，为学实是存心完命以彻性。《中庸》所言的"天命之谓性"实际上就是言命即性，孟子所言"仁，人心"即言心即仁。塘南认为，就道之统体而言，三者不可异，此是统体一太极；就其禀受而言，三者不可相混。而对于命之内涵，塘南又指出，命又有以气数为言的，此不当视为与"天命之谓性"之命相同。总结塘南73岁时的思想，主要包括两个方面，其一，命为性之运行，并非形气；其二，言命则有化机潜萌，而有清浊纯驳之分。

值得注意的是，塘南认为，"天命之谓性"的提法，强调不要命外觅性。此是以命言性、性命合一的倾向。正是在此基础上，塘南在76岁所撰的《答萧勿庵》一书中指出："知觉意念总是性之呈露，皆命也。"② 此时的命是性体发用之呈露处，主要体现在以知觉、意念为代表的经验世界中。在此层面上，塘南指出："似不可以知为性而意为命也。若强而言之，只云悟性修命可也。盖性不假修，只可云悟而已；命则性之呈露，不无习气隐伏其中，此则有可修矣。修命者尽性之功，似不当以性命对举而并修之也。"③ 塘南强调悟性、修命，而修命是尽性之功，因此反对性命对举而并修。正是在此意义上，在是年所撰的《再答萧勿庵》一书中，塘南认为，师泉的性命双修是以性命为二分，双修为二功，"恐非圣门为物不贰之宗旨"。

塘南对性命关系的理解，在宋明儒那里亦能找到根据。程子言："在

---

① 《友庆堂合稿》卷一《答郭青螺方伯》甲午（1594）。
② 《友庆堂合稿》卷一《答萧勿庵》丁酉（1597）。
③ 《友庆堂合稿》卷一《答萧勿庵》丁酉（1597）。

天为命，在义为理，在人为性，主于身为心，其实一也。"① 阳明言："性
一而已：自其形体也谓之天，主宰也谓之帝，流行也谓之命，赋于人也谓
之性，主于身也谓之心。心之发也，遇父便谓之孝……自此以往，名至于
无穷，只一性而已。"② 程子以命性分言天人，而统之为一。而阳明则以主
宰为帝，流行为命，统之为性，此是以性之流行言命的思路。在此基础上，
师泉以主宰为性，流行为命，性命分设，统之以一气、一心。而塘南一方面
继承师泉流行为命的思想，另一方面对此流行进行了创造性的理解。与师泉
从现实之气心流行的角度来理解命不同，塘南从本体运行的角度来理解命。
如此，性命得到了形而上的处理。同时，塘南亦对此流行赋予了习气纯驳禀
受的不同。也就是说，性之运行为命，而命之禀受则有纯驳。

正是在此意义上，塘南认为，性命虽不二，亦不容混，两者之间是
"不可离且混"的关系。

> 性命虽云不二，而亦不容混称。盖自其真常不变之理而言曰性，
> 自其默运不息之机而言曰命。命者性之命也，性者命之性也。一而
> 二，二而一者也。然命又有以气数言者，如"死生有命"，得之不得
> 曰"有命"，"得之有命"，"莫非命也"，"亡之，命矣夫"之类是也。
> 《中庸》"天命之谓性"，正恐人于命外求性，则离体用而二之，故特
> 发此一言于篇首，其意深矣。若执此语，遂谓性命果无分辨，则言性
> 便剩一命字，言命便剩一性字，而尽性至命等语皆赘矣。故曰性命虽
> 不二而亦不容混称也。尽性者，完吾本来真常不变之体，至命者，极
> 吾纯一不息之用，而造化在我，神变无方，此神圣之极致也。下此则
> 养性者，阳明先生以为学知利行之事；立命与俟命同，阳明先生以为
> 困知勉行之事是矣。"性也有命，命也有性"章，此"命"字，亦指
> 气数而言。命之为字一也，而或以於穆言，或以气数言。盖字同而指
> 别，言各有攸当，何必牵合以为一律，反捏扭而不伦矣。何如何如？
>
> 承问"欲知性命以无负圣贤，将何为要"，此问甚切。愚谓吾心
> 真常而不变者其体，默运而不息者其用，本来如是，人人具足，刻刻

---

① 程颢、程颐：《河南程氏遗书》卷十八，《二程集》，中华书局2004年版，第204页。
② 王守仁：《王阳明全集》，上海古籍出版社1992年版，第15页。

圆成，无待帮补，无待凑合。但凡人心，思终日逐外，不知反求，故蔽而不觉耳。学者果有真志，须时时默识此心，必真见此性包乎六合之外而无声臭，而命在其中；此命彻乎万有之内而无停机，而性在其中；则真悟中有修，真修中有悟，而性命在我矣。此学之大概也……①

在界定上，性是真常不变之理，命是默运不息之机。性命是一而二、二而一的关系。命虽有气数之言，但是《中庸》所言"天命之谓性"，强调的是性体命用之不可离。若执此不可离，而相混，则言性则命为多余，言命则性为多余，而尽性至命亦成赘语。由此塘南认为，性命不容相混。尽性实是完体，而至命实是极用。尽性至命是全吾真常不变之体而极吾纯一不息之用。依此而下的是养性，此是学知利行之事；下此是立命俟命、困知勉行之事。塘南此种表达实是承袭阳明而言。阳明反对朱子"以尽心知性"言"物格知至"并以此要求初学者。阳明言："尽心、知性、知天，是生知安行事；存心、养性、事天，是学知利行事；夭寿不贰，修身以俟，是困知勉行事。朱子错训格物，只为倒看了此意，以尽心知性为物格知至，要初学便去做生知安行事，如何做得？"② 塘南在继承阳明提法的基础上，进一步指出，命有两义，一是就於穆即运行而言，一是就气数而言，不必对之作一律的理解。

就本体而言，塘南认为，吾心有其真常而不变，此是指性，有其默运而不息，此是指命。如此来看，实际上性命是人人具足的心之体用。"性命一也。自其一定不易之理而言，谓之性；自其默运不息之几而言，谓之命。故通天地万物，莫非命也，莫非性也。子思恐人求性于命之外，则有无隐显，截然为二，道斯裂矣，故曰'天命之谓性'，孔子言'逝者如斯'，又言'继之者善'，《大学》言'天之明命'，《中庸》言'於穆不已'，皆性命合一之旨也。"③ 天命之谓性，实是以流行言性。此是塘南83岁时所提出的观点。由此亦可体现塘南以用为体、以运行为体、以道为体的思想。正是在此基础上，道德修养的指向实际上就是内在于心的性命，

---

① 《友庆堂合稿》卷一《答邹子尹》戊戌（1598）。
② 王守仁：《王阳明全集》，上海古籍出版社1992年版，第4页。
③ 《友庆堂合稿》卷二《答王儆所十条》甲辰（1604）。

而不是外在于心的万物，因此，为学当知反求，要能够默识此心。如此，则能够见得性中有命，命中有性，悟中有修，修中有悟。性命在我，实际上表明的是性命在心、为学当反求。

以上是塘南对性命关系的理解。在此可与师泉的思想作一比较。师泉将性命皆视为气而分属阴阳，并提出悟性修命之工夫。而塘南则是将命主要从"於穆"的角度来理解，视命为性之流行，从而视性命为一如，由此为道德修养的工夫——修命即尽性之功，提供依据。两者是两种不同的思路。

塘南的思路，正如其所言，是《易》《庸》《大学》《论语》的思路，是"继之者善""於穆不已""天之明命"与"逝者如斯"，即以性之流行释命的思路。在塘南的理解中，本立于现实的命，被上提而具有了本体运行的形上特征。而高于现实的性，则通过涉于气之清浊纯驳而非形气的命，从存有下贯为活动。此是塘南性命观的最大特色。塘南性命关系最终的立足点实际上是即命即性，即於穆即性，即气即性。

而师泉与之不同，师泉以阴阳分性命，实际上是专主于《易》之讲法。在此情形之下，性与命，实际上皆服从于阴阳本身的运行规则。不仅如此，在师泉的思想中，性虽属阳，其特征却是无为。塘南亦强调性无为。"性无为者也，其弥六合而藏于密，本来如是。"① 塘南虽认为性无为，而其意则在于"本来如是"，从而强调其本身所具有的微密而无声臭的特征。性虽无为，却是吾心的真常不变之体。而在师泉的思想中，强调性无为，旨在为悟性的工夫——"首出庶物以立体"提供依据。此时，性虽为主宰，实不能主宰，而要通过工夫来立得主宰。也就是说，此时的性，对于立体的工夫，实只具有目标指向之意义，而不具有依循之意义。也正基于此，牟宗三"由良知以立体"的说法才欠公允。性命分言，悟性修命才是两种工夫。而塘南则更为强调以性之流行释命，在此意义上，悟性与修命就不再是两种工夫，而是一种工夫。此是塘南以性命二分、悟修二功判师泉之原因所在。

师泉与塘南性命观最为本质的区分在于，师泉以气言性命、以用分性命，性命之间并不构成体用关系。而塘南则从以性之流行释命的思想出

---

① 《友庆堂合稿》卷四《三益轩会语》（1584）。

发，性命构成体用之关系，并以此理解师泉。 "先生以心之体曰主宰，……心之用为流行。"① 正是此种错解，使得塘南一方面从性体命用的角度肯定师泉之思想，另一方面又以性之流行释命，从而批判师泉性命二分、悟修二功，不合圣门为学宗旨。此是塘南对师泉思想的回应。就师泉思想而言，经验世界就是人之所生的有性有命、有主宰有流行之世界，性无为、命有质，此两者构成了经验世界对本体世界之偏离。因此，要性命兼修。就塘南思想而言，经验世界就是一个性体发用流行的命的世界。一方面，此是性体之呈露；另一方面又存在着各种恶之因素，从而对本体世界有所遮蔽。正是在此基础上，修命以尽性，修正经验世界以合于本体世界。正是由于塘南与师泉性命关系理解上的本质不同，使得两者在对经验世界的理解上亦存在着一个基本的不同。塘南将现实之恶最多归之于命之相关处，而不归于性，而师泉则一方面归之于命有质，另一方面归之于性无为。就此点而言，塘南实是从本体言性，而师泉则是从发用言性，因此，与师泉相比，塘南对性之理解，更具主动义。

塘南关于本体界与经验界关系的讨论，实际上讨论的是形上与形下关系的问题。但即便言及形上与形下，其间的关系仍有众多面向。② 此亦是塘南本体界与经验界关系的丰富意蕴之所在。若仅从 "本体界与经验界" 这种表达形式来看，此是一种 "分说" 的思维。依龙溪以 "分说" 许朱子，以 "合说" 许阳明的观点来看，塘南之分说，颇类于朱子。但是在每一对具体的关系中，所谓的 "分说"，只是相对于塘南对本体的本然发用与现实发用所作的区分而言。塘南通过此种区分，从而展示了两者在道德状况上的差异，对本体的现实发用而形成的病之存在作出了包括根源上的和现实中的解释，强调其所具有的 "中间状态"。此是塘南继念庵之后，对恶的问题所作的较为精细的分析。同时，本体之本然发用所提供的善的优先性，又使得道德修养所具有的必要性与可行性得以兼备。不仅如此，

---

① 王时槐：《刘邦采传》，载王时槐纂，余之桢修《吉安府志》卷二十四 "理学传"，书目文献出版社 1991 年版，第 365 页。

② 如台湾黄庆萱在《 "形而上者谓之道，形而下者谓之器" 析议》一文中曾分析道先器后、道器不离、器先道后三种观点，并提出 "道器皆以形为中心" "形指乾天坤地之形象" 等理解。[参见《中国学术年刊》第二十六期（秋季号），2004 年 9 月，第 1—8 页。] 此皆表明了对形上形下关系上一些变通的思考。

本体界与经验界关系的处理，最终走向是即生活即本体、即现实发用即本然发用，此种"合说"要成为现实，须经过道德修养工夫的参与。此乃塘南工夫论之内容，下一章开始论及。

第四章　彻悟本原　默识敬存

——工夫论之原则、系统及其他

从本章始，主要探讨塘南之工夫论。道德修养的工夫始于立志，经由工夫，而终于境界。塘南认为："若真识自性，则凡夫皆是天。"① 为学要立得"为天地立心，为生民立命，为往圣继绝学，为万世开太平"之"大志愿"，② 如此才能进行正式的修养工夫，最终达到"凡夫皆是天"之境界。本章就塘南工夫论之原则、系统以及在此系统观照下的修悟关系进行论述，从而呈现塘南工夫论的基本架构。

一　彻悟本原　主于未发

塘南 54 岁与 63 岁时曾两番致书萧兑嵎，提及自身的为学经历。在前书中，塘南认为，其在 50 岁以前，实"不知本体未彻"，归田以后才于本体有彻。③ 在后书中，塘南言及"昔实自探本穷原起手"，表明其彻本体的工夫实以"探本穷原"为入手方式。④ 此后，彻本体之工夫，贯穿于塘南为学的整个过程。

---

① 《友庆堂合稿》卷二《答王儆所十条》甲辰（1604）。
② 参见《友庆堂合稿》卷四《瑞华剩语》甲午（1594）；唐鹤徵：《宪世编》卷六《塘南王先生》，《四库全书存目丛书》（子部），第 12 册，第 835 页。
③ 《友庆堂合稿》卷一《答萧兑嵎》乙亥（1575）。
④ 《友庆堂合稿》卷一《与萧兑嵎》甲申（1584）。

1. 依据：主于未发

塘南彻本体工夫的依据可诉诸三个层面。

（1）义理依据

此可从"明明德""主静无欲"与"致中"三个方面来理解。

其一，明明德。

在心事关系上，塘南主张举心而万事毕。正基于此种关系，塘南认为，为学工夫即要明明德。

> ……故充塞宇宙皆心也，充塞宇宙皆事也，皆物也。故《大学》不曰经纶宰制于天下，而曰明明德于天下。盖经纶宰制总是明吾之明德，非明明德之外，别有一段应事工夫也。……今学者误认区区之心眇焉在胸膈之间，而纷纷之事杂焉在形骸之外，故逐外专内，两不相入，只见其支离乖隔而终不足以入道矣。①

塘南认为，《大学》强调"明明德于天下"，而不言"经纶宰制于天下"，实是表明"经纶宰制"并非"明明德"之外的工夫。因此，只言"明明德于天下"就已经包含了应事工夫。若认"心"为"内"，而认"应事"为"外"，如此或"专内"或"逐外"，则皆是"支离乖隔"而"不足以入道"。在此基础上，塘南认为，"明明德"的工夫即明体。

> 故知者体，行者用，善学者常完此太始之知，即所谓"明得尽，便与天地同体"，故即知便是行，即体便是用，是之谓知行一、体用一也。故《大学》特揭明明德即齐治均平，总谓之明明德于天下，更无他道也。②

明明德即要"完此太始之知"，即要"明得尽"，渣滓便浑化，从而与天地同体，如此即知便是行，即体便是用，此是"知行一、体用一"。正

---

① 《友庆堂合稿》卷一《答郭墨池》戊子（1588）。
② 《友庆堂合稿》卷二《再答宪使修默龚公》壬寅（1602）。

基于此，《大学》所言的"明明德"即"齐治均平"，"齐治均平"，即是"明明德于天下"的含义。由此来看，实际上塘南着重强调的是对体、对知的"明得尽"的工夫。

其二，主静无欲。

塘南强调彻本体工夫，最为突出的表现在其对周子"主静无欲"的创造式理解。塘南指出：

> 周子主静与"人生而静"之静同，无欲与"性之欲也"之欲同，无欲即未发之谓。①

塘南将周子的"主静无欲"与《礼记》中所言的"人生而静，天之性也；感于物而动，性之欲也"进行融通，从而强调彻本体的主张。塘南认为，周子的"主静"之静与"人生而静"之静同。"人生而静"在塘南的思想中，实是就其本体而言。塘南认为，周子主静之静亦是就本体而言，因此，主静实际上就与具体的静坐工夫有所不同，而是主于本体之义。塘南又言，周子的"无欲"之"欲"与"感于物而动，性之欲也"的"欲"含义相同，此欲是由外物的牵扯而形成，是对外物的贪执。此在前文已有分析。此"欲"是"感于物而动"的已发，而"无欲"实是指未发。因此，强调无欲即主于未发，主于本体。

在性与静的具体关系上，塘南言：

> 性本静而意则易驰，知道者以性为宗，故虽日应万变而常静；不知道者，为意所役，故虽独处一室而常驰。静则能成天下之事而不尸其劳，驰则不无可喜之功而终戾于道。何哉？性君而意臣也。君失御而臣躁动，可乎？学者知性本静而不失其宗，斯善矣。②

塘南从性意对比的角度强调性之本静与以性为宗。塘南认为，性之本静与意之易驰相区别，"以性为宗"与"为意所役"相区别。性"日应万

---

① 《友庆堂合稿》卷四《三益轩会语》。
② 《友庆堂合稿》卷六《赠刘文光北上三条》。

变而常静"，"静则能成天下之事而不尸其劳"；意"独处一室而常驰"，"驰则不无可喜之功而终戾于道"。究其根由，实在于性意之君臣关系。性不君则性失御，意不臣则意躁动，因此，要以静之本性为宗。

塘南还明确指出，为学的工夫在于"从主静无欲而入"。

> 周子曰："五行一阴阳，阴阳一太极，太极本无极。"故学者必从主静无欲而入，奈何役役于五行阴阳而不会太极之原？且既会太极，何患无阴阳五行之用？[①]

塘南将为学工夫作主于体与主于用两种区分。所谓体，实是本为无极之太极。所谓用，实际上是太极之发用而为五行阴阳。主于体即"从主静无欲而入"的主于未发的工夫，主于用即"役役于五行阴阳而不会太极之原"的逐于已发的工夫。塘南强调从主静无欲入而"会太极之原"，实际上就是强调彻悟本体。

最终，塘南指出：

> 周子言"无极"，言"一者无欲"，言"主静"，又言"静则止，止非为也，为不止矣"，程伯子言"人生而静以上不容说"，皆发明未发之旨。[②]

在塘南看来，"无极"同"无欲"一样，"主静"同"静""止""非为"、同"人生而静以上不容说"一样，是对未发之体的论述。因此，此未发之体是"一"，是"静"，是"不容说"，而"主静""无欲"，即主于未发之义。

塘南的这一理解与周子主静无欲的本义明显不同。在《太极图说》中，在论及人之形成而为万物之秀的基础上，周子强调圣人定之以中正仁义而主静立人极。此是强调圣人主于"无欲"，故而能静，故而能立人极之义。因而周子的主静实际上是主于无欲而静之义，与不贪恋外物相关。

---

① 《友庆堂合稿》卷二《再答宪使修默龚公》壬寅（1602）。
② 《友庆堂合稿》卷四《潜思札记》甲辰（1604）。

而塘南主静更为强调的是本体的未发特性以及彻悟本体的根本方向。

其三，致中。

以中释性，是塘南强调彻悟本原的又一方式。

首先，塘南以"天下无性外之物""性之体物不遗"论"中"。

> 未发之中固是性，然天下无性外之物，则视听言动、百行万事，皆性矣，皆中矣。若谓中只是性，性无过不及，则此性反为枯寂之物，只可谓之偏，不可谓之中也。①

未发之中虽是性体之特征，然性与万物万事并不相离，天下无性外之物。世间已发如"视听言动"，如"百行万事"，皆是性体所在，皆为"中"之所处。不可离已发而论"中"。离已发而论"中"，离已发而论性之"无过不及"，此性即与已发成对待而为空寂之物。此只是偏，而非本然之"中"。

不仅如此，塘南还以性之"体物不遗"论"中"。

> 昔孔门示未发之中，盖言性也。……或疑以性为未发，得无偏于寂乎？不知性体物不遗，物可睹闻，而性不可以睹闻言，故曰未发也。是名为中，安得谓之偏？②

塘南认为，性虽为未发，但并非偏于寂，其原因就在于性本来即体物不遗。之所以言性为未发，是因为与可睹闻之物相比，性实不可睹闻。与未发倾向于从性物区分、性之不可睹闻论性有所不同，"中"倾向于言性物一体、性之体物不遗。

其次，塘南在以空寂论未发的基础上，以性之"不堕有无二边"论"中"。一方面，塘南对空寂与未发进行贯通。

> 未发之中，性也。性本空寂，故曰未发。性能生天、生地、生万

---

① 《友庆堂合稿》卷一《答钱启新邑侯八条》戊子（1588）。
② 《友庆堂合稿》卷三《念庵罗先生文要序》壬寅（1602）。

物，而空寂固自若也。天地有成毁，万物有生灭，而空寂固自若也。此空寂之性，弥宇宙贯古今，无一处不遍，无一物不具，无一息不然，无边际，无方所，无始终，常为天地万物之根柢，而了无声臭，不可睹闻，以其不可得而名，故强名之曰未发而已。①

性本空寂。相对于性能生天地万物而言，"空寂固自若"。此空寂并非指性偏于寂，而是指性具有"无声臭"、不可睹闻的特征。性为未发，亦是就此义而言。

另一方面，在以未发论性，强调性之空寂、强调性物关系中性的超越性的基础上，塘南又从性之不同于物又不离于物的存有方式之角度诠释其特性。

未发之性，以为有乎则非色相，以为无乎则非顽空，不堕有无二边，故直名之曰中。②

与物之形下存有相比，性为形上存在；与离物之空无相比，性无而不空。因而其"不堕有无二边"，此即"中"之义。

最后，针对性之为中的特征，塘南指出致中工夫具有根本性。

未发者性也，性非顽空，故常生。其在于人，一窍初辟，而灵启焉，而意萌焉，而念动焉，而出之为万事。盖自一窍既辟之后，人不知有未发之本原，而一驰于外，任其灵识意念所之，奔放而不返。于是性迷而情炽，万事舛错，而人世日趋于乱矣。故必致中而和出焉，乃可以臻位育之效。此圣学所以为天地立心、生民立命而开万世之太平也。③

---

①《友庆堂合稿》卷四《潜思札记》甲辰（1604）。唐鹤徵：《宪世编》卷六《塘南王先生》中于此有言曰："发而皆中节非性乎，世皆以情目之，非也。观和曰达道则发，正率性也。"［参见《四库全书存目丛书》（子部），第12册，第832页。］

②《友庆堂合稿》卷四《潜思札记》甲辰（1604）。

③《友庆堂合稿》卷四《潜思札记》甲辰（1604）。

　　未发空寂之性，并非"顽空"，而是具有"常生"之特征。此"常生"，于人而言，则有"一窍初辟"之验证，主要体现为灵的开启、意的萌发、念的流动以及事的外显。此四者是由内而外的生之序列。人于此序列中，只知顺其向外延伸之方向，"一驰于外"，而不知其生发之本原，由此，只能任由"灵识意念"之"奔放而不返"，最终是"性迷而情炽"。此时，只知任情而不知有灵识意念的作用，更不知有性之本原的存有。"性迷而情炽"的后果在于，"万事"皆"舛错"，"人世"亦"趋于乱"。塘南由此强调"必致中而和出焉"，即以"致中"的工夫实现"万事"发而皆中节的"和"之状态。此致中即悟得情之背后的灵识意念的根源，此根源即在于未发常生之性。此致中便是彻悟性体的工夫，经由此工夫，"天地位焉，万物育焉"之效才可实现。此亦是圣学"为天地立心、生民立命而开万世之太平"的方式所在。

　　以上是塘南在工夫论上强调主于未发的义理根据。不仅如此，塘南还从历史上古人设教之向度强调主于未发、彻悟本原。

　　（2）历史依据

　　塘南认为，圣人设教，其目的是"欲人彻悟本原而称性以修之"。

　　　　盈宇宙间一性也，凡形形色色，皆无声无臭，不可思议，皆性也。性且不可以善名，安得有恶？惟众人失于爱憎取舍，学人失于矫揉造作，于不可思议中自生风浪，于是性始蔽而不明耳。是以圣人设教，欲人彻悟本原而称性以修之，所以完复其现成圆满之自性，非有所加也。①

　　塘南认为，形色皆性，性不可以善恶来名。在性与形色之关系的处理上，存有两偏。舍性而于形色中爱憎取舍，此是众人常犯的过失。对于"爱憎"，塘南曾有诗云："一真法界妄有身，譬彼浮沤于大海。沤聚与散等非实，谁能于中起憎爱。世人役役问荣枯，弃海认沤非惑乎。"② "起憎

---

　　① 《友庆堂合稿》卷四《病笔》（甲辰）之后的《又七条》。

　　② 塘南言："一真法界妄有身，譬彼浮沤于大海。沤聚与散等非实，谁能于中起憎爱。世人役役问荣枯，弃海认沤非惑乎？有物廓然超色相，不受人间赞毁诳。虚空可缚影可捉，许汝以形而求我。"引自《友庆堂合稿》卷七"古诗"《示方相士》己巳（1569）。

爱"实是"弃海认沤""役役"于形色的做法。此是众人之失。学人之失在于"矫揉造作"。两者皆是"于不可思议中自生风浪"。所谓"自生风浪",塘南亦曾有言:"皆缘未识心体而以安排布置为功夫,是以于无事中起事,无风浪中自起风浪。"如此则是"自生障蔽"。①所谓"不可思议",实际上是表明形形色色之万物与无声无臭之性两者在关系上的有无、体用、未发已发一如的本体中道性质。

塘南认为:"圣人但能不蔽此体而已,非圣人能特地起炉作灶以安排布置而杜撰之也。"此"亦非起心动念,别做一段见过功夫也"。②圣人之所以"不蔽此体",其原因就在于其能够彻悟本原。

塘南指出,圣人设教,其要求是"彻悟本原","称性以修",此并非于性有所添加,而是完成其现成圆满的自性。此处所言的"现成",实与"后来生"相对,是朱子所言的"现成"之义,而非指当下呈现。塘南强调圣人设教是欲人彻悟本原,此种本体工夫的实施,既不是爱憎取舍于色相,亦不是自生风浪于性体。此种工夫实际上是彻悟性体与色相关系上的一种中道。

此种彻悟,既非"拟心向傍",亦非"一任自然"。塘南言:"性不可言,不容拟议,才拟心向傍,即是自生风浪,若云一切任他自然,亦是自生风浪。甚矣,学之难言也。"③此处的"不容拟议"的根据在于"性不可言"。塘南曾将此根据表述为"性无为"④,于此不可"拟心向傍"。若"拟心向傍",则是未悟性体而拟定一个性体。此实是于本体之外有所添加,而非性之本然,此是自生风浪。此亦是"学人失于矫揉造作"之体现。同时塘南亦指出,即便是一任自然,此亦是未悟本体而以任情恣意为本体,此亦是于本体有加,亦是自生风浪。此是"众人失于爱憎取舍"之体现。

塘南所反对的"拟心向傍"与"一任自然",在阳明后学中皆实有所

---

① 塘南言:"所云'求之方寸则涉相,离乎方寸则落空,今欲不涉相不落空,常见其大,而又常见过,未能也',足知苦心矣。但此等处皆缘未识心体而以安排布置为功夫,是以于无事中起事,无风浪中自起风浪。虽云力学而实自生障蔽也。"引自《友庆堂合稿》卷一《答刘以刚》戊子(1588)。
② 《友庆堂合稿》卷一《答刘以刚》戊子(1588)。
③ 《友庆堂合稿》卷四《病笔》甲辰(1604)之后的《又七条》。
④ 《友庆堂合稿》卷四《三益轩会语》。

指。而塘南所作的"学人"与"众人"的归类或暗示了其对两者的定位。

不仅圣人设教如此，塘南还指出，古人亦强调"直透真体"。

> 古人云"自心取自心，非幻成幻法"，盖示人直透真体之言也。此体无可凑泊，无可拟议，譬如眼根，不自见眼，故不可取也，取之则成二矣。然非拼舍剥落之极，不能透此真面目，殆未易言也。此真面目即所谓直觉也。若未透此体，误认笼统颟顸者而复援不可取之云，一味歇下，恐有毫厘千里者矣。既透此体，则真机必呈露。到此更有小德川流一段，合要理会。其路道愈长，功夫愈无歇手时，如此方是全体大用之学。①

"自心取自心，非幻成幻法"，此语出之《楞严经》②，本义为，能见所见之区分、见相之区分实是本心之变现，一切众生，于此不明，因而执此二分，以能见妄取所见；不能回光返照，只知向外驰求，因此本来不是幻法的，都妄为虚幻法了。塘南通过"非幻成幻法"来说明性与万物，实是体用一如之关系，本是"非幻"，但是若只拘泥于形色，"役役于阴阳五行"，那么幻法由此而产生。因此，塘南认为，此是"示人直透真体之言"。

塘南举"眼根"之喻，说明即便说"眼根"，实亦是"不自见眼"而不可取。若是取之，则"见相为二"。而对于"直透真体"的工夫，塘南指出，要能够做到"拼舍剥落之极"。塘南还指出，此真面目即直觉。若是未能透得此体，而误认为"笼统颟顸者"为真体，放弃"直透真体"的工夫，此实有毫厘千里之差。而若透到此体，那么真机必有呈露。在此基础之上，更有"小德川流""合要理会"，工夫实无歇手之时。若能如此，才成全体大用之学。

由此来看，塘南借佛语，说明直透真体本原的重要。同时又指出两种情形：一是未透悟，而成笼统颟顸之冒悟；二是已透悟，实非一悟便了，而是工夫无歇手之时。此是塘南对直透真体的理解。

---

① 唐鹤徵：《宪世编》卷六《塘南王先生》，《四库全书存目丛书》（子部），第 12 册，第839 页。

② 《楞严经》卷五，《大正藏》第 19 册，第 124 页。

塘南借佛语而强调直透真体，其本身亦表明直透真体的工夫与佛学的相关性。塘南受陆五台之影响而极研佛学。其44岁时强调直透本心，不契于近溪的"从乐而入"，而契于思默的"艮背之说"，由此而探本穷原。塘南归田之后，陆五台尝"贻以远缄，示之净业"，其主要观点为"精彻于幽玄，非局迹于事相"，塘南称之为"可谓不惜秘授，直示衣珠者矣"。[1]彻悟本体的工夫即佛学"精彻于幽玄"的工夫。"探本穷原"只是其另一种表达形式而已。由此来看，塘南亦是借助于儒佛会通而提出其彻悟本原的工夫指向。

（3）效验保证

塘南还从效验的角度对直透本原的必要性进行论述。

首先，是否直透真源可通过心知意念的区分与否来验证。塘南指出：

> 所云心知意俱无生灭而念有生灭，此亦常情之见云耳。若直透真源，则逝者如斯，总无生灭之相，即动静寂感有无，皆不足以名之，若硬作几层分看，则障道矣。[2]

塘南认为，若能够直透真源，那么一切皆是道体流行，此即孔子所言"逝者如斯"之义。直透真源，不仅心知意无生灭，即便是念，亦是性体发用之体现。此时已无动静寂感有无之分。若是硬作区分，实是障道。常情所作的区分，只是未悟真性。塘南认为，透性之后，性意念皆无区分，而透性之前，意念毕竟有别。然而问题的关键并不在于区分性、意、念，而在于要真正彻透本原。

其次，是否彻性可通过心境关系来判定。

> 学未彻性者则内执心外执境，两俱碍矣。于性彻者，心境双忘，廓然无际。[3]

未彻性者则有内心外境之两执，如此则既碍心亦碍境。彻性者则心境

---

① 《友庆堂存稿》卷九《祭陆五台太宰文》。
② 《友庆堂合稿》卷二《答王养卿五条》。
③ 《友庆堂合稿》卷四《潜思札记》甲辰（1604）。

双忘，廓然无际。彻性即悟性。塘南指出："悟性则情识为智矣，不悟性则情识为障矣。"① 不仅如此，塘南还指出，悟体则能宰物，不悟体，则役于物。"悟其体则能宰物而有余，不悟其体，则反为物役而不足。是以孔子推达道达德九经之本而必曰'所以行之者一也'。"② 所谓"役于物"实是指"役役于阴阳五行"而不知推本于太极之原。塘南认为，强调悟性是孔子对"达道达德九经"推其本原而必认为其"所以行之者一也"的原因。此"一"，即指本体。就此意义而言，彻悟本原是"得其一，万事毕"③ 的工夫。

再次，是否直透真源可通过尽性与否来判定。塘南将直透真源的工夫归结为尽性。

> 惟君子不牿于气与质，而直透其本然之明，是之谓尽性。④

而对于尽性与否的判定方式，可以从以下层面来看。其一，唯有尽性，才能消除万病。

> 时时以尽性为学，即能不逐于境，盖尽性二字是无上妙丹，万病向此处消也。⑤

由此来看，尽性与逐境相对，尽性是无上丹药。得药消病，此即直透真源之效验。

与此相关，塘南又言：

> 若不务尽性，只要在世间做个无破绽之人，即不免自足自是，且

---

① 《友庆堂合稿》卷四《三益轩会语》。
② 《友庆堂合稿》卷六《闵侯以扇索言手书二条》。
③ 塘南言："性无边际，故发之为目视，为耳听，为心思，为身觉，一一皆无边际。性万古不息，故视听思觉亦万古不息，故曰，得其一，万事毕矣。"引自《友庆堂合稿》卷四《潜思札记》甲辰（1604）。
④ 《友庆堂合稿》卷四《三益轩会语》。
⑤ 《友庆堂合稿》卷二《答王儆所十条》甲辰（1604）。

有躁与惑之病矣。①

世间无破绽，亦有病根所在。唯有尽性，才能消病。

其二，尽性即能"齐上圣"。

> 仁具于中，圣凡不异，善学者养而无害，顺以达之于人伦庶物之间，命之曰孝弟慈。是三者近在庸行而施及四海，以成身而淑世，尧舜之道胥此矣。不学者自戕其仁，则伦物不明，性窒而施悖，梏之反覆而不远于禽兽者，此也。夫尽性则齐上圣，戕性则至下沦，学与不学之辨也。②

学当主于尽性。唯有如此，才能直养而无害，顺性而达之于伦物，才能做到孝悌慈，此是庸行，施及四海，在内为成身，在外为淑世，自淑淑人。此是尧舜之道。若是不学，则是"自戕其仁"，不能顺性而通达于伦物，如此则性为之窒，所施行亦与性相悖。性受桎梏而为之反复，则离禽兽不远。此是效验上的"尽性则齐上圣"与"戕性则至下沦"的区别。通过此效验亦可分辨学与不学之差别。尽性则"事事协天则"。"彼妄谈悟性而败行逾节者，大邪见也。"③　其原因就在于未能尽性。

最后，直透真性可辨三教而非以猜想立说。

> 性之体本广大高明，性之用自精微中庸，今只患不能直透本性，勿疑透性者或堕于外道他歧，而预立一法以防之也。此理非猜想讲说可明，……透到水穷山尽处，当有豁然大彻时，然后知此理遍满宇宙，浑沦充塞，即用即体，即末即本，即洒扫应对便是尽性至命，一了百了，更无精粗隐显内外大小之可言矣。孰谓真透性者此外更有遗理哉？……若复疑此，以为只以透性为学，即恐落空，流于佛老之归，故每以寻枝逐节为实学，以为如此，乃可自别于二氏，不知二氏之异处，到透性后自能辨之。今未透性而强以猜想立说，终是隔靴爬

---

①　《友庆堂合稿》卷二《答王徽所十条》甲辰（1604）。

②　《友庆堂合稿》卷三《道东书院记》甲辰（1604）。

③　《友庆堂合稿》卷四《潜思札记》甲辰（1604）。

痒，有何干涉？反使自己真性不明，到头只做得个讲说道理过了一生，安得谓之闻道也？①

性之体用至广大，至极微，不由猜想讲说而明，唯有透性而能知。因此，透性就是先立乎其大的方法。透性并非落空，并非流于佛老之功，透性之后，自能别佛老。若是不能透性，只是讲道理之儒，只能做"无破绽"之人，而于真性不明。因此，为学的工夫当"直透本性"。透得真性，则"即用即体，即末即本"，"一了百了"。由此可知，透性之意义在于明性之体用、辨佛老、体用本末一齐俱了。

正是由于彻悟本原与否的正负效验之不同，塘南才从对正向效验的寻求上对主于未发、彻悟本原的工夫作出保证。

基于义理根据、历史依据与效验保证，塘南以直透真源工夫为圣门正宗。塘南言："大抵吾人为学，须②以直透真性，亘万古而无生灭者，此是千圣相传正宗。若不透此，总非究竟。"③ 此亦有区别于佛老之意味。

2. 实质：当下天然

主于未发，此未发即作为万物本原之性体，主于未发即彻悟本体。在阳明后学中，江右王门强调立体，浙中王门强调达用。江右王门念庵、双江，亦包含师泉，强调当下呈现的实是意念情识，是本体的现实发用，而与本体自身实有所区别。因此，为学的工夫首先要立"体之本然"。双江归寂、念庵主静、师泉悟性，皆是此立体之工夫。浙中王门王龙溪以良知当下现成自在，即用即体，一悟便了，为学工夫只在于"信得及"。此不同于悟得"区别于当下的本体"的立体工夫，而是"信得当下良知而自任"的达用工夫。塘南强调"透性"似承继了江右立体派之衣钵。

有趣的是塘南在强调彻悟本原的效验时，尝指出"透到水穷山尽处，当有豁然大彻时"，并认为，透得真体，"一了百了"。此又极类于龙溪所言的"一悟便了"的达用工夫之效验。由此来看，王塘南的彻悟本原不仅

---

① 《友庆堂合稿》卷二《答岭北道龚修默公》甲辰（1604）。
② 唐鹤徵：《宪世编》卷六《塘南王先生》中无"须"字，参见《四库全书存目丛书》（子部），第12册，第840页。
③ 《友庆堂合稿》卷一《答王肯斋》甲午（1594）。

指向与达用相对待的立体，而且还指向与立体相对待的达用本身。就此来看，仅从与达用相对待的立体工夫理解塘南的彻悟本原并不准确。

既是如此，那么，在阳明后学中，应如何区分立体与达用的工夫，立体工夫具有何种实质性的内涵，塘南主于未发、彻悟本原的主张当如何定位，此是非常值得思考的问题。笔者于此主要通过塘南所强调的"白手起家""切己体认"的为学方式进行分析，从而试图对上述问题作出回答。

所谓白手起家，实是塘南在书册之言、他人意见与切己体认之间更强调"切己体认"的一种表述。此可以从以下几个层面来探讨。

其一，是"切己反求"而非"训诂成家"，为孔门正宗。塘南言：

> 学者但切己反求，自明其心，则百家众说，是非邪正，皆莫能逃吾鉴。若自不反求，自心不明，乃欲以昏昏之镜而辨世人之妍媸，其可得乎？执事所谓莫能辨其正宗以为的从者，职此之由也。执事果有必为圣人之志，请勿悠悠漫谈，须发愤猛省，此生不当虚度，勿甘为庸下，便忘寝忘食，务求全其天之所以与我者。如有未明，宜亲炙大贤君子洞明斯道者，以请质正，勿听庸人之言以自惑其聪明。[1]

切己反求的必要性在于：心明才可为鉴，才可辨妍媸。唯有切己反求，自明其心才为可能，"百家众说"的"是非邪正"才能判定。此要有"必为圣人之志"，"务求全其天之所以与我者"。有大志，体诸己，若还有未明，要"亲炙大贤君子"请正，而勿听庸人之言。当然，亦唯有切己反求，大贤君子与庸人的区分才有可能。

切己反求要自明其心，塘南亦称为"自求其心"，而不是求之于训诂。

> 大抵书上言语，譬如写影传神，若执象以辨其人之妍媸，不若舍像而亲面其人之为真也。故求道者，须自求其心，不当留一字于胸中，庶几得之。若必欲字字句句讲求的确，勒成一家之言，则是训诂家之事，郑玄、孔颖达之学也，非孔门之正宗矣。[2]

---

① 《友庆堂合稿》卷一《答邓元中》己卯（1579）。
② 《友庆堂合稿》卷一《答钱启新邑侯八条》戊子（1588）。

塘南认为，"训诂家之事，郑玄、孔颖达之学"，"非孔门之正宗"。其原因在于"与我一毫无干"。塘南言："……此事全不在言语讲论上，不在门面格套上。纵是世间尽称我为贤圣，原与我一毫无干，故学以为己。本非为名，才萌一念为名之心，便自堕落，枉过一生也。"① 己与名之差别在于：己为可普遍的大我，名为不可普遍的小我。唯有为己不为名，才能够对"古人言语及近时先觉种种话头"② 作出评价。

其二，是"一丝不挂"而非"承袭前人口吻"，才能"直认本心之旨"。

（1）念庵先生言："将精一还尧舜，感应还孔子，良知还阳明，无生还佛。"真至言也。今学者往往承袭前人口吻，曾无觌体自证处，虽有志者未能免此，正所谓理障耳。③

（2）念庵先生云"将精一还尧舜，将求仁还孔子，将主敬还程子，将致良知还阳明"云云，亦是欲人不袭旧闻，不执见解，一丝不挂，直认本心之旨也。④

念庵"放还"之言，考其出处，实是针对何善山⑤所言的"恐讲论不明以误后世"而发。念庵言："弟则以为伊川讲明后，又出几个圣人？濂溪未曾讲明，又何曾误了？春陵夫子无生之说，门面终是不同，何须深论？今纵谈禅，决未见削发弃妻，薄视死生，抛却名位。此数事乃吾儒诋毁佛氏大节目处，既不相犯，自可无忧。老兄'吾为此惧'一言，似可稍解矣。然此亦姑据来章言之，又涉分析。吾辈一个性命，千疮百孔，医治不暇，何得有许多为人说长道短耶？弟愿老兄将精一还尧舜，感应还孔子，良知还阳明，无生还佛，直将当下胸中粘滞设计断除，眼前纷纭设计平妥，原来性命设计恢复。"⑥ 念庵认为，只有自家性命，才是急须医治的。此实际上与念庵本人对于欲念欲根的较多关注相关。念庵认为，自家

---

① 《友庆堂合稿》卷一《答王肯斋》甲午（1594）。
② 《友庆堂合稿》卷一《答郭以济》丁酉（1597）。
③ 《友庆堂合稿》卷四《三益轩会语》。
④ 《友庆堂合稿》卷二《答许甸南》己亥（1599）。
⑤ 何廷仁，阳明弟子，字性之，号善山，江西雩县人。参见黄宗羲《明儒学案》（上），中华书局1985年版，第451页。
⑥ 罗洪先：《答何善山》丁未（1547），《罗洪先集》，凤凰出版社2007年版，第199页。

性命，不必由别人说长道短。因此，将理论归之理论，立足于当下，进行道德修养。

塘南通过念庵之言，表明为学要切己体认，而不承袭他人口吻。若拘泥于先儒所言，则是理障。如此只是讲道理之儒，与自家本心并不相干。

其三，是"白手起家"而非"在他人脚跟下凑泊"，才能"认得此心真面目"。

前书已览，但学问一事须于静中切己体认，将古人言语及近时先觉种种话头皆扫除不用，直要自己认得此心本来是何面目，却将此自己认得者拈出与明眼人商量，乃是真实磨砻得手之物。若不如此，却只将耳中闻得他人口吻，聊且模拟测量，略觉有近似处，便以为是。殊不知此是剽窃得来，非真有也。既非真有，安得不歇手乎？愿执事白手起家，勿在他人脚跟下凑泊。是嘱。①

塘南认为，白手起家，勿袭他人，切己体认，如此才能认得此心本来面目。而要避免此种体认的主观性，还要将自己体认所得，与明眼人商量，如此才是真得手。若不切己体认，则虽相似，却非真有。也就是说道德修养的切入点实是自家个体，是具体的当下。塘南认为，"于静中切己体认"，"认得此心本来是何面目"，与此同时，还要"拈出与明眼人商量"，如此才算是"真实磨砻得手之物"。塘南亦言："愿将一切书册上旧说彻底扫除，勿留一字于胸中，然后默默体验吾心本来面目当下何如，却将此当下体认得者拈出与师父商量。何等简易明白！何等真实亲切！"② 塘南认为，如此才是简易而亲切。若不如此，只得诸他人口吻，实际上只是一个"近似处"，此实是"剽窃"，而非"真有"。

其四，是"切己体认亲切"而非"漫然承当"，才能"得当下天然之心"之"直觉"。切己体认是方式，最终要识认心体。

心体本来洁净，无可洗者，只为染著世情，故所洗者只洗世情而

---

① 《友庆堂合稿》卷一《答郭以济》丁酉（1597）。
② 唐鹤徵：《宪世编》卷六《塘南王先生》，《四库全书存目丛书》（子部），第 12 册，第 840 页。

已，岂能于心体上加得一毫洁净乎？譬如白衣，原来洁净，只为染著垢污，故所洗者只洗垢污而已，岂能于白衣上加得一毫洁净乎？此是识认心体最紧要处。洁净即是精微，不精微则亦洁净之未至也。全放下则凑泊矣，不能凑泊则亦放下之未至也。学问到归一处，真是一言可了，所谓愈真切则愈简易矣。①

所谓心体最紧要处，塘南认为，是指心体本来洁净精微，修养的工夫亦是复其本来，而不是于心体上增减一毫。不仅如此，塘南还强调"务见亲切乃真功也"②，须"毕力深诣"，如此才能"觌体彻透"，见得亲切。

然非毕力深诣，亦恐落在道理见解一边，终未亲切，亦世儒之通病也。必觌体彻透，勿堕情识，直到水穷山尽处，庶几得之。③

塘南指出，对不落有无的本心，所要做的工夫是"毕力深诣"，否则只能是落得"道理见解一边"，终与本心真面目有隔阂。此种"毕力深诣"还须"觌体彻透"，不堕情识。直到水穷山尽处，"庶几得之"。由此可见，在工夫论，既是"毕力深诣"又要"觌体彻透"，既要不落见解又要不落情识。见解主要强调其离开体认，空讲道理。情识主要强调其于体未有深思。前者是离用言体，后者是离体言用：皆是错误的做法。本心不落有无二见，因此，工夫论上亦是不落体用二见。世儒之通病在于未能彻本体，空讲道理，此亦只能做个世俗眼中的无破绽之人。

塘南还指出，人心之真面目，即"直觉"。

……然非拼舍剥落之极，不能透此真面目，殆未易言也。此真面目即所谓直觉也。④

---

① 《友庆堂合稿》卷一《作钱启新邑侯六首》丁亥（1587）。

② 《友庆堂合稿》卷一《答邹子予》己丑（1589）。

③ 《友庆堂合稿》卷二《寄钱启新道长》辛丑（1601）。

④ 唐鹤徵：《宪世编》卷六《塘南王先生》，《四库全书存目丛书》（子部），第12册，第839页。

此"直觉"即阳明所强调的天然灵觉之意。此直觉实是指"当下天然之心"。

> ……此是当下天然之心。非高非远，但宜切己体认亲切，勿以见解承当，恐未到亲切处漫然承当，反成笼统。久之，便不得力矣。慎之。①

"当下天然之心"与"见解"相区别。为学要体认当下天然之心，体认亲切。与此不同的是以见解承当，则恐未到亲切处，反成颟顸笼统之错。如此行事，实不得力。因此，塘南反对于见解处承当，而强调唯有体得当下天然之心，才是"体认亲切"，才会行事"得力"。

因此，道德修养的工夫实是以当下自我作为切入点，由此而能自明其"当下天然之心"即"直觉"。塘南此处所言的"当下天然之心"和"直觉"，就其表达上来看，既具时空上的当下性，又具本体上的天然性，此种表达类似于"见在良知"，良知实是天然本有，而见在实是时空中的当下见证。但是有所不同的是龙溪在强调"见在良知"时，并不强调工夫，而强调其见在显有。而塘南所提及的"当下天然之心"和"直觉"却是切己体认的目标，也就是工夫所至的结果。

以上是塘南所言的"白手起家""切己体认"的几种面向。其主要以心与六经四书之关系为基础。塘南言："窃惟在昔上世未有文字，自圣贤出，会道于心，目寓于笔，以贻来学，故六经四书者是圣贤所以描写乎自心也。"② 既然经书皆是描写本心，那么，为学工夫的根本指向就在于体认本心。"百家众说"并不作为契入点参与道德修养的过程，而是在工夫的最终证成上，可作为本明之心判定"是非邪正"的验证。此实际上极类于阳明强调"学贵得之心"、不以孔子之言为是非的观点。③

由此来看，塘南所主张的"体认本心"及其"当下天然之心"的实

---

① 《友庆堂合稿》卷二《答胡季昌》乙巳（1605）。
② 《友庆堂合稿》卷三《时雨楼讲义序》癸巳（1593）。
③ 阳明言："夫学贵得之心。求之于心而非也，虽其言之出于孔子，不敢以为是也。而况其未及孔子者乎！求之于心而是也，虽其言之出于庸常，不敢以为非也，而况其出于孔子者乎！"（王守仁：《王阳明全集》，上海古籍出版社1992年版，第76页。）

质，亦与其对人类自我本性的充分自信密切相关。塘南认为，性无分于凡圣。性为至宝，"至宝在我，安忍失坠"①。正是由于对自性的充分信任，体悟得"当下天然之心"才为可能。塘南言：

> 学者终日专心致志，体认乾元之理，勿作天想，勿作地想，勿作人物想，惟见此理弥满宇宙，贯彻古今。大廓于无外，细入于无间。无一处不该，无一息不运，身心世界浑成一片，虽欲顷刻离之而不可得。本来如是，非意之也。于此真契而深信，实有诸己，宇宙间更有何事？又何内外、始终、成坏、生死之可言？到此乃为道眼豁开，庶几乎可与达天德矣。②

专心体认，体认得身心世界浑成一片，于此"真契而深信"，如此才能"实有诸己"。塘南此语，实是表明道德修养的工夫是由体认而透悟，由透悟而深信。此是"实有诸己"的过程。道德修养的过程始于立志，志向只是目标，此是修养工夫所依循的唯一前提。在此情形之下，须要体得"当下天然之心"、可以实现透悟的工夫，使得高高在上的志向能够"实有诸己"，形成"直觉"。志向中所涉之本体，在未经工夫之时，其本身只是本体界与己相关的描述，存有运行而不能当下；在经过体认透悟工夫之后，才能由本体界而呈显于经验界，由外在于当下而内在于当下。

由此可知，塘南所言的"当下天然之心"，实际上就是龙溪所倡的"见在良知"。但与龙溪强调"见在良知"时时显在不同，塘南认为，只有亲体彻透，才能体得"当下天然之心"。与龙溪以"见在良知"（当下天然）为前提不同，塘南以"当下天然"为目标。彻悟本原工夫的实质即在于将志向中存于本体界之本体从只存有而不当下的沉睡状态中唤醒，使得本体由隐而显，此时才可言"当下天然"，才可言"见在良知"，才是本体的"实有诸己"之"直觉"。此即阳明后学所倡导的立体工夫的实质。龙溪强调见在良知，一悟便了，工夫只有"信得及"。此并非是一个"实有诸己"的立体工夫。因为见在良知本身就已经"实有诸己"。工夫只在相

---

① 《友庆堂合稿》卷六《友人索书二条》壬寅（1602）。
② 《友庆堂合稿》卷四《偶书所见》甲辰夏（1604）。

信，只在放任。因其相信之差异，而有王门之分派。阳明以良知为依循而强调推致良知于事事物物的致良知工夫。在阳明后学中，南野、东廓、明水等强调依循推致者，被视为平实派①，而浙中龙溪乃彻信"即用即体"的"良知现成"派，江右王门念庵、双江乃"别用显体"的"良知待显"派。他们肯认了一个良知由隐而显的过程，毕竟在阳明的思想中致良知之"致"除了推致义之外还有扩充义，他们承继了阳明思想的此种面向。

在阳明后学中，双江、念庵只强调立体之工夫，立得此体，用便自生，此即所谓的"体立而用自生"。此实有"体之不显"之预设。而龙溪强调即用即体的达用工夫，此实有"用之不达"（体存而用不存）的预设，就此来看，立体工夫与达用工夫即成为道德修养过程的一种前后措置。比较而言，龙溪之体虽立，但是与双江、念庵所立之体相比，实有不足之处。双江、念庵所立之体，无须达用的工夫而成大用。就此而言，亦可说双江、念庵所立之体为大体，立大体自能成大用。而龙溪当下之体实是"小体"，小体虽立而不能成大用，须通过"达用"工夫以成大用。塘南彻悟本原的工夫无疑是承双江、念庵之思想而来。塘南尝言："盖宇宙间只一性可了，原无许多名目，但学者必须先立乎其大而后小者不能夺。《大学》所以贵于知所先也。"② 塘南认为，为学过程实际上就是透性以立大体的过程。

然而，志向指引下的透悟以实现"当下天然之心"之"直觉"，志向中的本体实现"实有诸己"的转化，也就是立大体工夫，由于没有"见在良知"作依循，无疑是极难实施的。塘南整个道德修养工夫论即要力图克服此种立体工夫之困难。此首先涉及彻悟本原的具体方法。

3. 方法：静中涵养

塘南在 59 岁时尝言："学问一事，大抵有志者所从以入，各有方便之门，固难以一律齐。然深造远诣，至所会归处，必合辙于孔门，乃为谛当。弟③向所入手，诚出入于傍歧，盖辗转参寻，端绪颇多。已而于傍歧

---

① 朱湘钰：《平实道中启新局——江右三子良知学研究》，台湾师范大学博士学位论文，2006 年。

② 《友庆堂合稿》卷二《答岭北道龚修默公》甲辰（1604）。

③ 唐鹤徵：《宪世编》卷六《塘南王先生》中载为"某"字，参见《四库全书存目丛书》（子部），第 12 册，第 839 页。

中见其极致之理，不越孔子之旨……"① 塘南在 63 岁时尝指出："盖弟②昔年实自探本穷原起手，诚不无执恋枯寂，然执之之极，真机自生。"③ 此处的"傍歧"与"执恋枯寂"实际上皆是指塘南 45 岁受思默"艮背之说"的影响而倡导的静坐工夫。为学的工夫实是多端，并不拘于一说。而塘南本人于静坐独有受用。塘南 63 岁时指出："本心寂然不动，……日用云为，变化千状，而不动者自若也。学者不悟此体，乃欲槁心灰念以求不动，其为动也甚矣。"④ 若是静坐只是"槁心灰念"而不彻悟本体，此静坐亦无意义。塘南正是在彻得本体"不越孔子之旨""真机自生"的意义上才肯定静坐。由此来看，静坐，实是形式，涵养（彻悟）本原才是其实质内容。内涵与形式相结合便是"静中涵养"。此乃塘南彻悟本体的主要方法。

塘南对静坐的推崇体现在"始焉立基"与"终焉入微"两个方面。前者集中体现在塘南 58 岁时所撰的《答周守甫》一书中。

> 来翰谓："兢兢于礼，动皆勉强，非出自然。"夫学成而性复者，顺以出之，皆自然矣；学未成性未复，勉强循理，久久驯习，亦渐进自然，此古人所以贵困勉之功也。夫学无分于动静者也，特以初学之士，纷扰日久，本心真机尽汨没、蒙蔽于尘埃中，是以先觉立教，欲人于初下手时暂省外事，稍息尘缘，于静坐中默识自心真面目。久之，邪障彻而灵光露。静固如是，动亦如是。到此时，终日应事接物，周旋于人情事变中而不舍，随处尽伦，随处尽分，总与蒲团上工夫一体无二。此定静之所以先于能虑而逢原之所以后于居安也。岂谓终身灭伦绝物，块然枯坐，徒守顽空冷静以为究竟哉？今人不知学，但见向里寻求、稍稍习静者，便诋以为禅，吾见避禅之名而受俗之实者多矣。以趋俗为学圣，此学之所以不明，而世儒之所以迷昧而可哀也。濂溪、象山，宋人诋之为禅，白沙、阳明，近世诋之为禅，皆世

---

① 《友庆堂合稿》卷一《答李见罗》庚辰（1580）。
② 唐鹤徵：《宪世编》卷六《塘南王先生》中载为"某"字，参见《四库全书存目丛书》（子部），第 12 册，第 843 页。
③ 《友庆堂合稿》卷一《与萧兑嵎》甲申（1584）。
④ 《友庆堂合稿》卷四《三益轩会语》。

儒之瞽谈也，何足计哉？①

针对来书于礼兢兢、动而不能出于自然的为学状况，塘南主要从对静坐的理解这一角度作了回答。

首先，塘南对勉强与自然两种为学状态进行了排序。在学成性复阶段，一切言行举止皆顺本性而为，皆为自然。在学未成性未复阶段，言行举止皆循理而动，通过驯习可渐成自然，此是困勉之功，甚是可贵。由此对呈现为困勉之功的为学状态进行肯定。

其次，塘南对动静两种为学方式进行了阶段性定位。塘南肯认静坐工夫实是针对初学之士而言。初学之士，因为本心真几有所汩没而不能当下呈现。在此情形之下，暂省外事、稍息尘缘的方式即静坐中默识本心，最终实现去邪障而显灵光。就这一目标而言，静时动时皆要如此。塘南在63岁所撰的《三益轩会语》中亦表达出相近的思想：

> 问：程子每见人静坐，便叹其善学，何也？曰：学无分于动静。惟始学之士，本心未明，平时精神逐外，纷扰已久，且不识何者谓之本心，故必藉静坐，暂远尘欲、离外境，而后本心渐可识也。既识本心，则随动随静，皆致力之地矣。②

塘南认为，为学虽无分于动静，但是始学之士，本心未明，不识本心，唯有通过静坐，使之识得本心，然后才能"随动随静"，动静皆为"致力之地"。塘南在强调静坐的必要性上，将工夫论的过程描述为：静坐（初学）——识本心——动静皆是致力之地。由此来看，实际上对于本心未明的初学之士，静坐实是较好的修养工夫。凭借静坐，本心才可被识。也就是说，静坐实是本心未明的初学之士的"致力之地"。道德修养的工夫要以本体为根据，但是对本心未明的修养者而言，通过静坐的方式可使其渐明本心。因此，静坐实际上是从本心未明到渐识本心的方式。静之目标指向"自体本心"，因而要由静而入。当塘南之弟子邹子予③言及《定性

---

① 《友庆堂合稿》卷一《答周守甫》己卯（1579）。
② 《友庆堂合稿》卷四《三益轩会语》。
③ 邹子予为邹守益之曾孙。

书》时，塘南言：

> 所谓读《定性书》云云，亦是书册上陈言，未可倚靠，莫若并《定性书》都扫却，只于静中自体本心，务见亲切，乃真功也。①

"于静中自体本心"就是强调静坐默识，是获得本心"自觉"的工夫。塘南言："动中非无纷纭也，心交于物而不自觉也。静不与物交，乃仅见之。"静易于获得"自觉"，动则"心交于物而不自觉"。正基于此，为学的工夫当"暂省外缘，专力凝敛，久而后得之"。② 待到本心由隐而显、由暗而明时，随处尽伦，随处尽分，此与静坐工夫"一体无二"。此处可知，塘南视应事接物、随处尽分为静坐工夫的效验。此实际上是强调静坐工夫的优先性。

最后，塘南反对以先静后动之静为枯坐顽空，进而反对以静为禅的学弊。塘南认为，先静坐默识，而后动静一如，此是定而后静、静而后能虑、居安而后能左右逢源的原因所在。此区别于以"终身灭伦绝物，块然枯坐，徒守顽空冷静"为究竟的为学方式。塘南认为，当下的学弊，实是见人向里寻求、习静，皆以之为禅。虽是避禅，实是趋俗。以趋俗为学，此是学之所以不明之原因。同时塘南亦提出，濂溪象山，白沙阳明，在其时代，皆为人所诋为禅。③ 塘南认为，此为"世儒之瞀谈"，不必计较。由此更可以看出，塘南对静坐的高度认同态度。佛学名士陆五台尝对塘南言，宋代大儒皆通佛。因此，当塘南言及濂溪白沙为学向里寻求并静坐，阳明象山之学亦是向里寻求之时，塘南并不认为静坐是禅宗的工夫，而是更倾向于认为静坐是向里寻求的工夫。

以上是塘南对静坐工夫从初学向里角度所作的肯定。不仅如此，塘南

---

① 《友庆堂合稿》卷一《答邹子予》己丑（1589）。

② 以上引自《友庆堂合稿》卷一《答萧敬之》甲申（1584）。

③ 念庵言："余惟白沙主静之言出，而人以禅净。至于阳明，净益甚，以致良知之与主静无殊旨也。而人之言良知者，乃复以主静净，其言曰：'良知者，人人自能知觉，本无分于动静，独以静言，是病心也。'自夫指知觉为良知，而以静病心，于是总总然，但知甜百姓日用，以证圣人之精微，而不知反小人之中庸，以严君子之戒慎。不独二先生之学脉日荒，即使禅者闻之，亦且咄嗒而失笑，不亦远乎？"（罗洪先：《〈读困辨录抄〉序》，《罗洪先集》，凤凰出版社2007年版，第474页。）

还认为，静坐也是"终焉入微"的工夫。

> 明道先生终日端坐，如泥塑人，每见人静坐，便叹其善学。夫学当无间于动静，然始焉立基，终焉入微，必由静得。虽有志为学，不久静，恐以意气承当，以影响为究竟，于真体亲切处，未能彻底，故贵静也。至一切应感中识取此体，淘汰煅炼，修省对治，打并归一，总与静功无别。此在学者果有决定希圣之志，自能因症投剂，亦无定方可执也。①

塘南认为，明道自身对静坐的实践与"见人静坐"即"叹其善学"的倡导，皆表明了静的重要。为学虽无间于动静，但是"始焉立基，终焉入微"，此"必由静得"。"始焉立基"即前文所论及的以静坐识得本心之义。与此相比，"终焉入微"实是指体得本心之"微"的特征而于言行上入微，此亦是静功。若"不久静"，即便有志于学，亦可能以意气、影响为悟，而于真体亲切处未彻。因此，学贵静，静功贯通于为学之始终。

塘南在肯认静坐为识取本体的工夫时，并未否认于"一切应感中识取此体"的工夫。在此可将后者称为动功。塘南认为于一切应感中识取此体，并进行修省对治，打并归一，最终总与静功所得无别。此是道德修养上的两种入门工夫。塘南认为，只要有"决定希圣"之志，"自能因症投剂"，而不必执定。塘南亦将此称为为学"各有方便之门"。

然而，就严格意义而言，既然静功贯通为学之始终，那么，相对于动功而言，静功在逻辑上当更具有优先性。毕竟正如上文所示，此有明道静坐工夫为依据。不仅如此，此种优先性还可从塘南对"事上磨练"的理解来证明，还可从塘南自身的修持实践来证实。

> 问：事上磨练何如？曰：此语甚善。但当知所磨练者何物。若只要世情上行得通融周匝，则去道远矣。②

---

① 《友庆堂合稿》卷五《仰慈肤见》辛卯（1591）。
② 《友庆堂合稿》卷四《三益轩会语》。

塘南无疑是强调道体（本体）与世情的区隔，从而通过"所磨练者何物"来强调本体所具有的微而不显的特征，因此，"事上磨练"的动功，仍需要能够"入微"的静功才能够实现对本体的彻悟。由此来看，初学之士以静功识认本心，而最终亦须静功才能实现对本体的彻悟。唯有彻悟本体，才能动静无别，动静一如。若未能达到彻悟状态，静功就不应被放弃。

塘南自身的修持实践也有效地证实了这一点：其从 27 岁开始静坐，在 80 岁时，还静坐一室，不觉尘嚣①，可谓静贯始终。

塘南对静功的坚持、对动静工夫的理解恰与阳明相反。阳明虽承认静坐对初学之士具有作用，但是亦较为关注静功具有的"喜静厌动""动静不能一贯"之学弊。正基于此，阳明更为强调事上磨练的工夫，认为唯有如此，才能最终不拘动静。

在 58 岁时（1579），塘南将用于习静读书二十年的金牛禅院改为会讲之地——惜阴会馆。塘南会讲之内容，自然离不开静坐实践。塘南尝指出，静时无念亦为念。也就是说，静坐最为接近于澄然无念之时，而此时，亦是本体最易彰显、本心真面目最易呈露之时。此时用功，即静中涵养，即涵养未发。

由此来看，静中涵养是贯通为学始终的彻悟本体的方式。本体未彻，为学过程即要继续，静中涵养即为必须。此是塘南的工夫论倾向。

在儒家静中涵养、涵养未发的工夫脉络中，延平"令学者看喜怒哀乐未发气象"是不可或缺的一环。塘南对此亦有解析。

> 问：李延平令学者看喜怒哀乐未发气象，何如？曰：《中庸》所谓未发者，是人生而静之真性，所谓为天地万物之根，亘万古而常不发者也，不离乎群动而体常静者也。此性本无声臭，何有气象？有气象则发矣。时时发者其用也，时时未发者其体也。若谓有未发之时，恐未然。延平之言姑借此令学者稍定心气则可，要之，亦非究竟法也。若以此为《中庸》未发之本旨，则远矣。②

---

① 《续补〈恭忆先训自考录〉》"年八十岁"条，见载于王时槐《自考录》文后。
② 《友庆堂合稿》卷四《三益轩会语》。

此是塘南 63 岁所撰《三益轩会语》中的一条。塘南认为,《中庸》所言的未发是言"人生而静"之真性。此是万物之根柢,是万古之未发,是群动之常静。此性为未发,无声臭,亦无气象。有气象则是已发。已发为用,未发为体。时时发用,又时时未发。若认为延平所言,有一个"未发气象"在,实是等于肯定有"未发之时"的存在,而对此,塘南是不能认同的。塘南明确指出:"未发之中,性也。非以时言,亦无可用功夫处。"①因此,塘南认为,"延平之言姑借此令学者稍定心气则可",但是此并非究竟法。此种似有"未发之时"的理解,与《中庸》强调未发为性的本旨相去甚远。

关于《中庸》未发的本旨,实有不同的看法。与塘南同时代的管东溟②针对塘南所论,指出:"翁言未发之义与研几之义,精甚矣。愚犹恐其过于精,而初机之士难摸其巴鼻也。何者?谓未发为人生而静之真性,用时时发,而体时时未发。此已言到为贰不息之实际处,与程子'体用一原'之旨同符,而子思本旨直以未萌喜怒哀乐之念为未发,既分喜怒哀乐之端为发耳,不必深为之解。"③管氏所言的"语录"中的"未发之义"应是就此条而言。管氏认为,塘南以性之体用来理解未发已发实是"精"解,但是其于初学之士,实难把握。其原因就在于塘南所言的未发之性,就体而言,时时未发,就用而言,时时为发。此是"为贰不息"之义,与程子"体用一原"之旨同。而《中庸》的原义是以念之未萌为未发,以端之产生为已发。管氏认为,不必将念之未发"深为之解"而释为性之未发。

《中庸》之原文是就情而言,是指情之未发与已发的关系。而管氏的解释,实际上是就念而言。而塘南认为,《中庸》之本旨是就性而言。"窃谓《中庸》首揭未发之中,此是圣门直指本原性宗之语。"④延平所指的"未发",实基于《中庸》的原句"喜怒哀乐之未发",强调情之未发,未可谓之无⑤,且多以念虑之处理为言。塘南持未发为体,已发为用,从而

---

①　《友庆堂合稿》卷二《答王球石三条》甲辰(1604)。

②　管志道(1535—1607),字登之,江苏太仓人,学者称东溟先生。

③　管志道:《续问辨牍》卷二《问王塘翁疾因质传来语录中义》,《四库全书存目丛书》(子部),第 88 册,第 46 页。

④　《友庆堂合稿》卷二《答刘用平》壬寅(1602)。

⑤　《延平答问》有言曰:"人固有无所喜怒哀乐之时,然谓之'未发',则不可言无也。"见载于黄宗羲原著,全祖望补修《宋元学案》(二),中华书局 1986 年版,第 1289 页。

反对延平将"喜怒哀乐之未发"中的"未发"与"气象"相联系。塘南基于反对阳明后学以用为体之流弊的立场来反对延平以"气象"言"未发",从而认为延平有肯认未发之时的嫌疑。未发之时,不可肯认,因为未发为体,已发为用。肯认未发之时,实是肯认一个离用之体,此是塘南对延平"未发气象"的理解。

就延平自身的思想而言,延平尝言及"一视同仁气象""儒者气象"。延平言:"要见一视同仁气象却不难,须是理会分殊,虽毫发不可失,方是儒者气象。"① 所谓分殊,延平尝言,儒释之异,"理不患其不一,所难者,分殊耳"②。在延平看来,只有分殊才能实得"儒者气象"。

由延平对"一视同仁气象"与"儒者气象"的区别式理解来看,延平的气象实具不同层次的境界义。延平还言及"日月至焉气象""不违气象""浑然气象"等。而未发气象即其中的一种境界。问题的关键在于如何理解此未发气象。此在延平,亦有甚为明确的论述。延平认为,"至理""一贯",于人而言,"于已发未发处看"③,"体认到此达天德之效处,就喜怒哀乐未发处存养,至见此气象"④。由此来看,"体认效处"逻辑在前,"未发处存养"逻辑在后。

联系二程工夫论而言,延平的体认与存养实与大程的"识仁""识得此理,以诚敬存之而已"以及小程的"涵养须用敬"相关。对于"体认",延平亦强调"默坐澄心,体认天理"。延平尝言:"学问之道不在于多言,但默坐澄心,体认天理。若见虽一毫私欲之发,亦退听矣,久久用力于此,庶几渐明,讲学始有得力也。"⑤ 此是"识仁"工夫的具体化。对于"存养",延平亦表之为:"罗先生令静中看喜怒哀乐未发之谓中,未发时作何气象。"⑥ 朱子亦表之为道南一脉之真诀:"李先生教人,大抵令于

---

① 朱熹编:《延平答问》,《近世汉籍丛刊思想初编本》第6册,京都中文出版社1985年版,第166页。

② 朱熹编:《延平答问》,《近世汉籍丛刊思想初编本》第6册,京都中文出版社1985年版,第123页。

③ 《延平答问》,黄宗羲原著,全祖望补修:《宋元学案》(二),中华书局1986年版,第1280页。

④ 《延平答问》,黄宗羲原著,全祖望补修:《宋元学案》(二),中华书局1986年版,第1280页。

⑤ 朱熹:《延平答问·延平李先生答问后录》,《朱子全书》第十三册,上海古籍出版社、安徽教育出版社2002年版,第341页。

⑥ 《延平答问》,黄宗羲原著,全祖望补修:《宋元学案》(二),中华书局1986年版,第1286页。

静中体认大本未发时气象分明，即处事应物自然中节。此乃龟山门下相传指诀。"① 此是"诚敬存之"与"涵养"工夫的贯通。体认与存养，比较而言，后者更显延平未发涵养的核心要义，然而前者亦甚为重要，其有助于对延平未发涵养进行工夫论之定位。

延平所言的"未发处"，即涵养之"用力处"。"涵养"即"存养"，即要"常有此心"，其目的是"实有诸己"，其"用力处"可通过孟子"夜气之说"来"熟味"。延平言之为："常有此心，勿为他事所胜，即欲虑非僻之念自不作矣。孟子有夜气之说，更熟味之，当见涵养用力处也。于涵养处著力，正是学者之要。若不如此存养，终不为己物也。"②

延平所言的"涵养"（"存养"）即"持守"。其言曰："大凡人，理义之心何尝无？惟持守之即在尔。若于旦昼间不至梏亡，则夜气存矣。夜气存，则平旦之气未与物接时，湛然虚明，气象自可见。此孟子发此夜气之说，于学者极有力。若欲涵养，须于此持守可尔。"③ 由此来看，未发气象类于平旦之气（未与物接时）的湛然虚明的状态。此既指心体的本然，同时亦指向现实中的当下存有（"自可见"）。延平认为，心之本体，何尝无。但是工夫的目的是要其"即在"，工夫在于"持守"，"持守之即在尔"。持守即如存夜气，此亦可显如平旦之气。夜气存，则平旦之气，未与物接，在气象上则是湛然虚明。延平认为，孟子存夜气之说，实是向学者指示用力处。延平指出，若要涵养，就是要"持守"由"存夜气"而显的"平旦之气"。贯通人人皆有的"理义之心"来看，"理义之心"经由"存夜气"而"自可见"为"平旦之气"，此即未发气象。涵养未发即持守此未发气象。

对于"持守"，延平还指出："由此持守之久，渐渐融释，使之不见有制于外，持敬之心，理与心为一，庶几洒落。"④ 此处的"融释"即执念消失而归于自然，此乃持守之结果。由此来看，由持守到融释，实际上亦可视为通过持守而得旦昼一如之气象，由"持敬"之著意达到"洒落"之

---

① 《延平答问》，黄宗羲原著，全祖望补修：《宋元学案》（二），中华书局 1986 年版，第 1291 页。
② 《延平答问》，黄宗羲原著，全祖望补修：《宋元学案》（二），中华书局 1986 年版，第 1288 页。
③ 朱熹编：《延平答问》，《近世汉籍丛刊思想初编本》第 6 册，京都中文出版社 1985 年版，第 156—157 页。
④ 朱熹编：《延平答问》，《近世汉籍丛刊思想初编本》第 6 册，京都中文出版社 1985 年版，第 157—158 页。

自然。

朱子师事延平，却对延平的"融释"作了另一种理解。朱子认为，此"融释"即伊川所言的今日格一件，明日格一件，而后"脱然有贯通处"的含义。由此，朱子将延平的融释从境界义拉回工夫义。朱子强调融释的"脱然贯通"的工夫之义实是基于对延平"持守"工夫的不契。朱子弟子曰："持守良久，亦可见未发气象。"朱子曰："延平即是此意。若一向这里，又差从释氏去。"① 朱子言此易偏差为"坐禅入定"："只是被李先生静得极了，便自见得是有个觉处。不似别人，今终日危坐，只是且收敛在此，胜如奔驰。若一向如此，又似坐禅入定。"② 朱子不契延平的持守工夫及其融释境界，而将其理解为"静中有觉"的工夫。在朱子看来，"终日危坐"的工夫，实际上是一种"觉"，是一种"观照"，是"悟"。因而，朱子所指"龟山门下相传指诀"③ 以及"静中观未发气象"的主旨在于"静中体认天理"、悟得天理，强调只有通过静中觉悟的形式，才能最终实现动静相贯。此无疑是将延平涵养未发这一逻辑在后的工夫进行了前移，并在程度上进行由体认到觉悟的转化，呈现出对延平先体认后涵养于未发丰富意蕴的窄化倾向。

继朱子之后，阳明亦对未发气象表明了自己的看法。"刘观时问未发之中是如何，先生曰：'汝但戒慎不睹、恐惧不闻，养得此心纯是天理，便自然见。'观时请略示气象，先生曰：'哑子吃苦瓜，与你说不得，你要知此苦，还须你自吃。'"④阳明将未发气象理解为"养得此心纯是天理"而"自然见"的气象，而工夫在于"戒慎不睹、恐惧不闻"。此一工夫无疑可贯通动静，而非仅指向已发或未发，亦非仅指向体认或持守。

从以上分析来看，延平涵养于未发的工夫，其实质在于在肯认"体认天理"的前提之下，于未发时进行持守而得融释之境界。平旦之气即未发气象的呈显。而朱子于此加入"觉"与"悟"的因素，使得延平未发时持

---

① 朱熹：《延平答问·延平李先生答问后录》，《朱子全书》第十三册，上海古籍出版社、安徽教育出版社 2002 年版，第 347 页。

② 朱熹：《延平答问·延平李先生答问后录》，《朱子全书》第十三册，上海古籍出版社、安徽教育出版社 2002 年版，第 347 页。

③ 朱熹：《延平答问·补录》，见载于朱熹编《延平答问》，《近世汉籍丛刊思想初编本》第 6 册，京都中文出版社 1985 年版，第 244 页。

④ 王守仁：《王阳明全集》，上海古籍出版社 1992 年版，第 37 页。

守的工夫滑转为静时觉悟且可能存在偏差的工夫。阳明更将此工夫滑转为无拘于动静的戒惧工夫，呈现出无拘于体认、持守的倾向。

与延平指认平旦之气为未发气象不同，63 岁的塘南对平旦之气提出了不同的看法。

> 平旦之气，非性也。是孟子姑就常人斧斤暂息、浮气稍定之时而言也。如语沙漠之外之人，指边城曰此中华也。若遂执边城以为帝都则误矣。①

塘南认为，平旦之气，并非言性，而是指"常人斧斤暂息、浮气稍定之时"。也就是说，此是指气定，而不是指真性。若以平旦之气言性，则有以边城为中华、"执边城以为帝都"之误。② 此处不可指平旦之气为性的看法，实际上同以上所分析的不可指"阴阳五行之用"为体的观点是一致的。塘南区分性体气用而反对以平旦之气为性体本然发用，此与延平持守工夫中视夜气与平旦之气为义理之心的本然发用完全不同。

塘南身处阳明后学之中，对于本体的现实发用抱有谨慎态度。如果说阳明思想总体上倾向于即用即体、即气象即本体的观点，那么塘南则首先将此种发用的气象与本然之本体相分离、相比较。正基于此，塘南反对以平旦之气为《中庸》未发之旨。此是塘南反对以现实发用为未发本体的思路。

塘南不肯定延平的平旦之气为性之本然发用，因而不肯认"令学者看喜怒哀乐未发气象"为"究竟法"，但此并不妨碍塘南视延平"静中看喜怒哀乐未发气象"为"入道方便门"。

> 先儒谓静中看喜怒哀乐未发气象，此一语亦入道方便门也。今姑依此语涵养，久之，则身心安和，到发用时自然中节。且涵养之久，

---

① 王吉辑：《复真书院志》卷六《王塘南先生语录·三益轩会语》，国家图书馆藏清康熙三十二年刊本《复真书院志》十卷。按：此《王塘南语录》包括《三益轩会语》六十三条、《瑞华剩语》三条、《复真会语》二条（其中一条见载于《友庆堂合稿》卷四《病笔》之后的《又七条》，另一条见载于《友庆堂合稿》卷六《泰和曙台唐侯索书漫呈六条》）、《仰慈肤见》四条、《静摄窝言》一条、《朝闻臆说》三条。此条材料不为《友庆堂合稿》卷四的《三益轩会语》所载。

② 塘南的这一看法实际上还影响了黄宗羲。

则不分动静，此心常闲，应事常如无事，不必更说事上磨炼，反似分动分静，认作两项功夫，不归一也。凡琐细俗事，亦宜摆脱，不必累心。程子所谓且省外事者，此也。涵养之久，不分动静，浑成一片，又何内外不融通之有？静中涵养，勿思前虑后，但澄然若忘，常如游于洪濛未判之初，此乐当自得之，则真机跃如，其进自不能已矣。①

塘南认为，依延平"静中看喜怒哀乐未发气象""此语""涵养"，"久之"，便能达到"身心安和"，"到发用时自然中节"的效果。若能"涵养之久"，便能"不分动静"，便能"应事常如无事"，而"不必更说事上磨炼"的工夫。因为"事上磨炼"实是"分动分静"而不能贯于动静、不能"归一"的工夫。因此，当下所要做的工夫就是暂省外事，静中涵养，"涵养之久"，则动静"浑成一片"，不必担心内外不融。而静中涵养，就是要做到勿有思虑，澄然若忘，如游浑沌之时，最终不仅自得其乐，而且"真机跃如"，自进不已。

塘南此处将静中涵养工夫理解为从静功入手最终达到动静一如状态的详细为学过程。此是对阳明思想中所呈现的静功具有"喜静厌动""动静不能一贯"之学弊的有效回应，从一定程度上，亦体现了塘南对延平所强调的作为方式的静功的高度认同。如果将塘南动静"浑成一片"的状态与延平"融释"的思想相贯通的话，那么，塘南对延平静功所具有的效验亦是高度认同的。

然而，在静中涵养的具体内涵上，塘南与延平之理解实有不同。在塘南看来，静中涵养指向的是彻悟本体的"究竟工夫"，区别于延平的"看未发气象"即持守平旦之气这一"浮气稍定""稍定心气"的"方便之门"、权宜工夫。对于"涵养之久"，塘南强调的是未明之心的渐渐澄然，是程度的深入，修养工夫的精湛以及善的呈现，而延平强调的是已明之心在时间上的延续，修养工夫的坚持以及善的状态的延续。就延平自身的工夫论系统而言，静坐既是体认方式，亦是涵养（持守）方式。可以说，离开了静中体认，静中持守工夫实没有了"头脑"。此"头脑"，在对朱子工夫论的反思中，为阳明所突出强调。阳明拈出良知二字，强调致良知的扩

① 《友庆堂合稿》卷二《答刘心蘧》壬寅（1602）。

充、推致义，皆是立足于此头脑的"第一义工夫"。阳明后学的分派实围绕"第一义工夫"的追寻而展开，塘南以静中涵养为彻悟本原的"究竟工夫"即明证。此乃塘南静中涵养工夫的本质所在。

4. 彻本体工夫与阳明后学

塘南在工夫上主张彻悟本原，涵养未发，受到"同署共事"的金存庵思想的影响。塘南与存庵之交往，前文已有论述。值得注意的是，存庵之学源自道南一脉。存庵尝任福建督学宪副，"其教旨具见《道南录》中"，尝修"道南书院"与"养正书院"，"请祀罗豫章、李延平二先生于孔庭"；曾刻《二程全书》。塘南称其"学主于思诚而必由静入"。塘南还提及其观点："学者欲于未发前用功则为落空，于已发后用功则为逐末。惟必有事而勿助勿忘，庶动静合一于道可几矣。"① 存庵尝指示塘南"学贵主静""潜养未发"。塘南言："先生既不予鄙，则时时示以学贵主静，以潜养未发之中，直溯明道程子，以达于孔颜之正脉。"② 念庵亦言：存庵之学，得之于"庭训"③ 较多，"故于明道所示未发处勘得亲切"。④ 由此来看，塘南主于未发的工夫实受存庵之影响而可上溯及延平、明道。后来黄宗羲对双江、念庵之学亦作此溯源。黄氏指出："阳明以致良知为宗旨，门人渐失其传，总以未发之中认作已发之和，故工夫只在致知上，甚之而轻浮浅露，待其善恶之形而为克治之事，已不胜其艰难杂糅矣。故双江、念庵以归寂救之，自是延平一路上人。"⑤ 当下学者亦多承继此说。

当然，相对于二程而言，延平思想最大的特色在于将静功贯通于先体认后持守（涵养）的整个过程。朱子重视静坐体认的觉悟面向，并以此为"道南指诀"而拈轻了静中涵养未发作为持守工夫在延平思想中的分量。塘南与延平思想的相似之处在于，两者皆坚持了静功贯通始终的地位，但在静中涵养的本质上，延平强调对显有的持守，塘南强调对本有的悟得而为显有。因此，是否肯认一个见在的本心实是延平与塘南思想最大的不

① 《友庆堂存稿》卷八《存庵金先生行状》。
② 《友庆堂存稿》卷八《存庵金先生行状》。
③ 存庵之父金一所亦强调未发工夫。
④ 罗洪先：《答金存庵》，《罗洪先集》，凤凰出版社 2007 年版，第 411 页。
⑤ 黄宗羲：《明儒学案》（上），中华书局 1985 年版，第 458 页。

同。在此点上，塘南的思路实与聂双江、罗念庵、刘师泉、刘两峰相类，更为强调立体之工夫，而延平的思路实有类于阳明以及倡导见在良知的龙溪，更为强调达用之工夫。值得注意的是，尽管如此，延平并非没有立体工夫，其先体认后持守工夫论体系中的体认，即立体工夫。

延平对静功的强调，若不深究，很容易令人仅从静坐之形式与"未发"之语词出发，视其"未发涵养"工夫为江右王门立体工夫之源头，而忽视其在先立体后达用的工夫论系统中的达用性质。

对于江右学者的静坐立体工夫，目前学界作出"受阳明早年教法影响"的说法亦屡见不鲜。如蔡仁厚先生认为双江所主张的只是"致知"之前的收敛工夫，是阳明为学三变（默坐澄心——致良知——圆熟化境）中的第一阶段，强调尚未致良知、未与物接时的状态。蔡先生以此说明双江之主张实非阳明思想成熟阶段的教法，出离阳明成熟思想体系之外，因而对之加以批评。此种理解未免化约。一方面，在江右王门中，念庵、双江与塘南对阳明晚年的思想亦是极为熟悉的，并非先入为主，先受早年思想的影响而接受不了阳明成熟的思想体系。实际上他们的思想并非以阳明为学早晚年之时间为根据，而是为反阳明后学时弊，并从义理上进行有效探析之后才有所立言，其中不乏一些思想出于阳明学之外，但其本身就是针对阳明学体系而作出的一个极好反思。另一方面，就静坐作为工夫的形式义来看，正如陈来先生所指出的那样，阳明的教法中不乏教人静坐、教人存理灭欲的内容，但是静坐与存理灭欲，从来就不构成一个独立的阶段。[1]因此，"在阳明的教法中，并不存在先主静坐后主良知的改变，没有理由认为阳明在征藩以前在整体上以静坐为教法，更不能表明阳明自己的思想在这一时期以收敛为主"[2]。由此可知，正如主张静坐不能区分阳明教法之早晚变化一样，静坐工夫亦不能作为阳明后学各个流派是否精熟于阳明学的评判依据。

另一种观点认为，以念庵、双江、塘南为代表的江右王门是基于时弊而立言，实非基于义理的分析。蔡仁厚先生指出，针对时弊而对症下药，但不必作"惊人之语"，"骇人听闻"。[3]蔡先生由此反对念庵"世间那有

---

[1] 参见陈来《有无之境——王阳明哲学的精神》，人民出版社1991年版，第327页。

[2] 陈来：《有无之境——王阳明哲学的精神》，人民出版社1991年版，第328页。

[3] 参见蔡仁厚《王学流衍——江右王门思想研究》，人民出版社2006年版，第52页。

现成的良知"之言。笔者认为，基于时弊实际上是义理分析的动力所在。阳明基于朱子后学之流弊而提出心即理的主张，并注重内求的工夫而强调诚意，后通过对《大学》诚意与致知的关系的分析而提出致良知教。而念庵、双江、塘南亦是基于阳明后学之流弊而反对以后天发用、见在为本体，从而分别提出自身主于未发的主张，在具体形式上，倡导静中涵养。静坐具有反时弊之性质。比起高谈阔论、冒认有悟的时弊，静坐一方面与虚谈相对，另一方面与逐物相对。由此可知，静坐更具实践性，同时又更能避免急功近利。在有效防止流弊的同时，静坐更是彻悟本原的工夫。此是静功被强调的义理根据。正基于此，塘南才极为重视静坐工夫。

还有一种观点认为，主于未发、强调静坐，此是一种超越的逆觉体证。以牟宗三先生、蔡仁厚先生为代表的新儒家指出："龟山受大程子明道之指点，开出'静坐以见未发之中'的工夫进路，罗、李二人承续贯彻，是即所谓'龟山门下相传指诀'，这是'静复以见体'的逆觉体证之路。"① 不仅如此，蔡先生还认为，良知本有，亦不自觉呈露。而致是行动，其中"即含有警觉的意思。故'致'的工夫即从警觉开始"。并言"警觉"亦名为"逆觉"，是"反身而诚"之"反"，是在逆觉中含有一种肯认或体证。牟先生称之为"逆觉体证"。此体证是在日常生活中就随时呈露处体证，不隔离日常生活，此就是"内在的逆觉体证"。"而采取静坐而暂与日常生活相隔离，则名曰'超越的逆觉体证'。"② 当然此超越是指超越、隔离现实生活。在肯认逆觉体证的层面上融通阳明后学中的立体与达用之工夫，那么确实存在着双江、念庵较为超越与阳明、龙溪较为内在之别。但此只是动静之别，以动静工夫上的差别来分双江、念庵、延平为一脉，而阳明、龙溪为一脉，此无疑不易于彰显错综复杂的阳明后学之意义与特色。

另外，蔡先生认为，内在即不隔离，是儒家实践的定则，而隔离者是一时之权机。在此基础上，蔡先生将孟子的求放心，《中庸》的"诚之""慎独"、大程的"识仁"、胡五峰的"识仁之体"、象山的"复本心"、阳明的"致良知"、刘蕺山的"诚意"归为"定则"，而将李延平的"静坐

---

① 参见蔡仁厚《王学流衍——江右王门思想研究》，人民出版社2006年版，"总序一"第5页。

② 以上参见蔡仁厚《王学流衍——江右王门思想研究》，人民出版社2006年版，第11页。

以观未发气象"归为"权宜",认为延平其后必要言"冰解冻释",始能天理流行。由此认为,隔离是一时的,非定然之则。蔡先生还指出:"江右王门聂双江倡'归寂'宗旨,而与王龙溪争辩,便是在此见不明白,故引出许多疑误。"①

在此可以从两个方面来分析。

其一,静坐是否为隔离生活的工夫。上文已经言及,静坐具有反时弊之意义。在此意义上,各人脾性不同,与动功一样,强调静坐亦是日常生活中不可或缺的实践。正是在此意义上,塘南指出,静坐作为工夫,并非堕于空寂,实际上即学问思辨笃行之工夫。

> 夫独居静坐,目必有视,视即物也;耳必有闻,闻即物也;心必有思,思即物也。一瞬一息皆不离物,岂有不接物之时乎? 终日视无妄视,听无妄听,思无妄思,即此便是学问思辨笃行工夫,不论动静,总是此件工夫,何得为工夫全无用处而堕于空寂乎?②

塘南认为,静坐时,一瞬一息,皆与物接,终日无妄视、妄听、妄思,便是学问思辨笃行之工夫。动静皆是要做到视无妄视、听无妄听、思无妄思。由此可见,静坐非但不是堕于空寂的无用工夫,而实有此大用。"识得此理则时时应感,虽瞑目独坐亦应感也。"③ 唐鹤徵就尝指出,此句所言"与姚江'循理焉,酬酢万变,皆静也'合"。④ 由此表明,静坐亦是实践之工夫,并不隔离生活。不仅如此,静坐还是使本心由未明到渐明的彻悟本体的工夫。作为彻本体工夫的具体方式,塘南并不排斥真正意义上的动功。就此而言,以动静为二、内在与超越为二而相排斥,在阳明后学究竟工夫的追寻上,并非塘南之学之正解;在良知头脑的强调上,亦非阳明之学的正解;而更大程度上是基于以动归儒、以静归佛的严辨儒佛之立场。而在中晚明三教融会的背景之下,儒佛皆有互补而彼此认同之倾

---

① 参见蔡仁厚《王学流衍——江右王门思想研究》,人民出版社 2006 年版,第 11 页。
② 《友庆堂合稿》卷一《答郭墨池》戊子（1588）。
③ 《友庆堂合稿》卷一《答欧克敬》乙未（1595）。
④ 唐鹤徵:《宪世编》卷六《塘南王先生》,《四库全书存目丛书》（子部）,第 12 册,第 833 页。按:阳明此语为:"故循理焉,虽酬酢万变,皆静也。"引自王守仁《答伦彦式》辛巳（1521）,《王阳明全集》（上）,上海古籍出版社 1992 年版,第 182 页。

向。此时以动静判儒佛，似有偏重形式之嫌。

其二，主于未发是否等同于静坐。蔡先生认为双江不识隔离与内在之别而引出疑误，此是蔡先生对双江的误解。双江与龙溪辩难的重点仍在于是否肯认见在良知的问题，而不在于以何种形式进行"逆觉体证"的问题。龙溪肯认见在良知，强调致良知工夫上的一悟便了。此是一种逆觉体证。此种工夫属动属静呢？实甚难言。原因在于超越与内在的最终指向即觉、悟，即良知自觉的完全呈现。因此，超越与内在之辩并不能成为龙溪与双江之辩的关键所在。双江思想的最大特色是主于未发。塘南尝明确指出：

> 同郡东廓邹公、双江聂公、念庵罗公时时聚处共证所学。双江公独揭未发之中，与海内同志往复辩诘，而于先生最所钦伏。①

双江归寂之功，实是归于未发之义。之所以用寂言未发，实际上与双江对寂感关系的强调紧密相关。双江认为，在本体层面，寂感一如，而在现实发用层面，则感易离寂，因此，强调归寂。此是强调立体的工夫。而静坐只是立体工夫的具体方式。若将静坐与归寂相等同，并冠以隔离工夫，而将之斥于儒门之外，此点双江必不能服。

塘南不仅言双江独揭"未发之中"，还指出念庵亦是"举未发以穷其弊"。塘南指出：

> 致良知一语是阳明先生直示心体，惜先生发此语于晚年，未及与学者深究其旨。先生没后，学者大率以情识为良知，是以见诸行事，殊不得力。念庵先生乃举未发以究其弊，然似未免于头上安头。夫所谓良知者，即本性不虑之真明，原自寂然，不属分别者也。此外岂更有未发耶？②

塘南认为，阳明致良知是直示心体，而其后学只是以情识为良知。罗念庵提出未发用功以救其弊，从而视良知之良为未发，而以良知之知为已

---

① 《友庆堂合稿》卷三《两峰刘先生志铭》。
② 《友庆堂合稿》卷四《三益轩会语》。

发，由此强调已发背后的未发。念庵以良知为已发，实际上看到了阳明、龙溪思想的实质所在，但是并不肯认此已发的良知，而是在良知之外，主张一个未发，塘南批评其"头上安头"。塘南认为，良知本身就是本体，就是未发，不必于良知之体之上再接一个未发之体。由此来看，塘南虽反对念庵的提法而主张良知即为未发本体，但是良知实已经从阳明、龙溪所倡导的现实发用层面提为本体发用层面，从而与阳明、龙溪的良知有所不同。就此点而言，实际上塘南与双江、念庵的思想具有一致之处。视寂为未发，归寂为主于未发，将塘南、念庵与双江同视为归寂派，若冈田武彦如此之理解，亦显其道理。但是归寂毕竟是双江之语，若用主于未发来言三者之一致性，或许更具包容性。当然，塘南思想与念庵、双江有所不同，此在后文将进一步分析。但是在主于未发的方向上，则具有一致性。主于未发，此即立大体工夫。而三者同强调静坐，由此而产生静坐即主于未发，静坐即为立体工夫的错觉。实际上静坐只是立体工夫的一种，但非唯一。因此，不可将静坐与立体工夫相等同从而造成阳明后学难以厘清的纷扰。

二 默识本体 敬以存之

正如上文所言，彻悟本原、主于未发是立大体工夫，此体现了塘南工夫论之原则与指向。在工夫论的具体步骤上，塘南强调先默识本体，然后敬以存之。

1. 默识本体

塘南对默识本体工夫的理解，可以从以下三个方面进行探讨。

（1）由敬悟入

默识本体是指向本体的工夫，是道德修养过程的开始。塘南最初将之形容为"由敬悟入"。

塘南对敬的较早论述，体现为其对"居敬"作为"心体工夫"的强调上。1583 年，在《答郭以济》一书中，62 岁的塘南提出了"居敬是心体上工夫"。

　　所云"居敬穷理，二者不可废一"，要之"居敬"二字尽之矣。自其居敬之精明了悟处而言，即谓之穷理，非有二事也。纵使考索古今，讨论经史，亦是居敬中之一条件耳。敬无所不该，敬外更无余事也，故曰"居敬"二字尽之矣。① 认得只是居敬一件，则工夫更无歇手时②。若认作二事，便有换手，便有断续，非致一之道也。所云"居敬只是提撕而非把持"，良亦近之。大抵学问工夫，惟在还此心本来面目而已，此之谓敬也，岂把持之谓哉？居敬是心体上功夫。若舍心体而求抑妄念，则是弃本逐末，宜其愈抑而愈纷扰也，即此便是大不敬矣。但能于心体上敬，则妄念不待抑而自无矣。③

　　在朱子的思想中，居敬穷理大多指居敬与格物两种工夫，但亦有指居敬以穷理的居敬工夫。阳明在居敬与穷理的关系上，较为认同的是后一种理解。阳明指出："……居敬亦即是穷理。就穷理专一处说，便谓之居敬；就居敬精密处说，便谓之穷理。却不是居敬了别有个心穷理，穷理时别有个心居敬。名虽不同，功夫只是一事。"④ 如果说朱子强调的是理，那么阳明强调的是居敬的心与穷理的心实是一心。就此而言，居敬与穷理工夫就是一事。

　　在居敬与穷理的关系上，塘南认为"纵使考索古今，讨论经史"，亦是"居敬中之一条件耳"，塘南实是倾向于从格物的角度理解穷理，但是居敬能够涵盖穷理，而成为"敬外无余事"的工夫。一切工夫，"居敬"二字则能尽之。塘南指出，若是"认得"，即若是明晓了居敬与穷理之关系，那么，工夫只有居敬一件，居敬作为工夫并无歇手之时。若是将工夫视为居敬穷理并列而为二，既居敬又穷理，此实际上是两者的换手，表明居敬工夫有断续。此非圣门致一不二之道。面对郭以济来书所强调的"居敬只是提撕而非把持"的观点，塘南更为强调居敬与本心的关系，居敬即

----

① 黄宗羲：《明儒学案》（上），中华书局1985年版，第470页所载并无"故曰'居敬'二字尽之矣"一句。

② 黄宗羲：《明儒学案》（上），中华书局1985年版，第470页无"时"一字。

③ 《友庆堂合稿》卷一《答郭以济》癸未（1583）。

④ 王守仁：《传习录》上，《王阳明全集》，上海古籍出版社1992年版，第33页。

"还此心本来面目而已"。本心与念头之间是本末之关系，居敬是还原心体本然的工夫，是立体、立本工夫，而非抑念头。"能于心体上敬"即立得大体，"妄念不待抑而自无"即立大体后成大用之效验。此时，居敬是体现彻悟本原之指向的工夫。

在此基础上，塘南又言：

> 所云"居敬非把敬做一件事看，惟心常惺惺"云云，甚是。盖此心湛然至虚，廓然无物，是心之本体原如是也。常能如是，即谓之敬，阳明先生所谓合得本体是工夫也。若以心起敬，则心是一物，敬又是一物，反似于心体上添此一项赘疣，是有所恐惧而不得其正，非敬也。①

心之本体，也就是心的本来体段、本来样态，塘南用"湛然至虚，廓然无物"来形容。塘南认为，若"常能如是"，即敬的工夫，即阳明所言的"合得本体是工夫也"。阳明强调本体与工夫之间的内在关联："合着本体的，是工夫；做得工夫的，方识本体。"② 塘南认为，敬是心体本来体段的"合得"。若是"以心起敬"，那么，敬则非为心之本然，而是外在于心并为心所力图企及的目标。若作如此理解，即视心为一物、敬为一物，认为心体无敬，而欲为其添加一个外界的敬。此于"心体上添此一项赘疣，是有所恐惧而不得其正"，此非真正意义上的敬的工夫。"以心起敬"即"自心取自心"的分别之意。塘南认为，对于心体，不应自行分别，而是通过"敬"的方式来"合得"其"湛然至虚，廓然无物"之状态。

敬如何而能"合得"心体本然？针对本心"觅之无从，测之愈远"的特质，塘南主张"由敬悟入"。

> 此心觅之无从，测之愈远，惟由敬悟入，久当自契。③

只有通过敬悟，才有可能对心体有所"自契"。塘南此处强调敬的指向在于"悟"，然此非一了百了、悟后无余事之悟，而是由悟而入。在敬

---

① 《友庆堂合稿》卷一《答郭以济》甲申（1584）。
② 王守仁：《传习录拾遗》，《王阳明全集》，上海古籍出版社1992年版，第1167页。
③ 《友庆堂合稿》卷六《西原会规十七条》。

悟之后，还须假以时日，如此才能"自契"。此时的敬，即"合得"本体之工夫。塘南指出："敬者，此心廓然太虚，还吾不虑之本体，非造作，非任纵，不执意念，不认光景，不依习气，惟得其本心，是之谓敬。此未易言，在有志者自勖诸。"① 通过敬的工夫，心体呈现为廓然太虚、无所思虑（"不虑"）之本然状态，因而敬不是造作，不是执意念、认光景，亦不是放任而依习气。因此，"由敬悟入"是初悟本体，"久当自契"是证悟本体。

敬的工夫虽指向"合得"本体，指向"悟"，但其本身是"后学"可以遵循的"入门"工夫。此是塘南重敬之立意所在。

> 程朱教人，皆以敬为入门，后学遵之。故宋世儒者，立身行己皆有法度，传数百年。虽悟道者有浅深，而践履笃实皆不愧孔孟家法。……孔子言"庄敬日强，安肆日偷"，"居处恭，执事敬"，"出门如见大宾，使民如承大祭"；程子终日端坐如泥塑人，又谓"敬则自然和乐"；阳明先生谓"洒落生于敬畏之常存"。千古圣学，端绪尚可寻也，学者宜慎择之。②

敬是立身行己之法度，此主要体现在践履笃实方面。具体而言，塘南引孔子、程子、阳明的观点来说明整个儒学史对于敬的强调。敬主要体现为外表的恭敬与内心的虔敬，最终还呈现为自然洒落之境界。由此来看，塘南虽将敬视为还心体本然之工夫，但是在指向日常实践时，敬仍是从后天契入的入门工夫，是指向"悟道"的工夫。

由敬而悟如何实施呢？塘南于此虽未明言，但从其后来对"入室第一步"的理解中亦可以探得几分"蛛丝马迹"。塘南言："承手翰云：'学问次第有入门、升堂、入室，而门外更有许多关子要打过。'此言固是，但未可看得层数太多，反生疑阻……譬如熟睡之人，一觉便不作梦。吾辈但时时提醒此心，当下能不蔽昧，即此便是圣基，即此便是斩关真力量，即此便是入室第一步，即此便是先圣之所深许者。此处须当自信，未可过

---

① 《友庆堂合稿》卷六《西原会规十七条》。
② 《友庆堂合稿》卷六《西原会规十七条》。

疑，反自作障碍也。"① 此是塘南对觉悟的理解，其中，"时时提醒此心"实须"志向"之主宰；"当下不昧"实是本体的初显，与"志向"相比，此"当下初显"之本体乃是"斩关真力量"。在阳明后学中，此即良知本体的当下呈现，即见在良知。塘南以此为"入室第一步"，强调其为"先圣之所深许者"。于此当信而不疑，不可自作障碍。当然，塘南对"见在良知"的信而不疑，实是以"时时提醒此心"为前提。"见在良知"只是悟入之结果。贯通来看，塘南"以敬悟入"之"悟入"即指"入室第一步"。就"入门"与"入室"的区别以及"敬"与"悟"的关系而言，亦可将"敬"视为"入门"，"悟"视为"入室"。

值得注意的是，敬的工夫要还心体之本然，此时的本心虽人人具有，但是就其现实性而言，实是隐而不显。敬要提撕本心使其处于觉醒状态。然而，仅凭敬本身还不能唤醒隐而未显的本心，敬的前提是"志向"的主宰，同时敬本身只是为此种唤醒提供外表与内心的准备。本心的显在须在"志向"的指引下，经由敬的工夫而能入悟。

在对阳明后学的分派中，钱明先生曾将塘南视为主敬派，② 此不无新义，且敬作为工夫，亦能够贯通儒学史，塘南本人亦有如此论述。但是联系塘南工夫论之具体内容来看，视敬为合得本体之工夫、强调"由敬悟入"才是塘南工夫论之特色。在本体未显之时，在志向的带动下，由心态上的虔敬以及行为上的恭敬而能够不断提撕此心，以此入悟，"当下不昧"，从而实现本体的由隐藏到初显，此乃"由敬悟入"的完整内涵。

（2）默识生理

"由敬悟入"所涉及的"时时提醒此心""当下不昧"的方式，塘南亦用大程的"识仁"工夫来表达。塘南指出：

> "学者先须识仁，仁者浑然与物同体。"此语自程伯子发之，今学者往往视为常谈，漫不加省者多矣。夫学惟不识仁，则虽有志者，耽精幽眇，驰志清虚，非不自以为妙悟，而去道愈远。然仁最难识，惟"浑然与物同体"一语，乃描写仁体至为亲切，学者所宜潜心。此固

---

① 《友庆堂合稿》卷一《答郭默池》丙申（1596）。
② 钱明先生认为主敬派"以江右弟子为骨干，代表人物有邹东廓、刘师泉、王塘南以及浙中的季彭山"。参见钱明《阳明学的形成与发展》，江苏古籍出版社2002年版，第148页。

非沉空寂者境界，亦非任情识者所可冒认也。①

　　塘南为学有悟，借大程"识仁"一语而阐发。面对"学者"以为"常谈"而"漫不加省"的学弊，塘南分析了识仁之重要。有志而不识仁，虽能驰心于幽眇清虚，虽自以为妙悟，然而"去道愈远"。由此亦可以看出，立志是道德修养的开始，有志与识仁实有区别，识仁是道德修养具体工夫的实施。

　　仁不仅重要，而且难识。关于识仁之方法，塘南提出正反两方面的指向。一方面，"浑然与物同体"，作为状仁最为亲切之语，学者当"潜心"。另一方面，仁区别于空寂与情识，因而识仁区别于"沉空寂者境界"，亦区别于"任情识者所可冒认"。

　　对于识仁的具体方法，塘南在 1591 年（70 岁）所撰的《仰慈肤见》中有较为详细的阐释。

　　　　程伯子曰："学者先须识仁，仁者浑然与物同体。识得此体，以诚敬存之而已，不须防检，不须穷索。"至哉言乎！惟识此体最难，必韬光晦智，潜心一虑，真积力久，密契冥会，从容涵泳，庶其得之。倘以闻见想象，测度搏量，狂驰躁率，妄冒承当，总于此体了无干涉。②

　　塘南在赞叹大程《识仁篇》中"先须识仁，后以诚敬存之"的表达为"至哉言乎"的基础上，强调仁体难识，由此提出识仁的具体方法。塘南认为，识此体（仁体，亦是道体，亦是心体）最难，人们所能做的是"韬光晦智"以实现"潜心一虑"，"真积力久"以实现"密契冥会，从容涵泳"，由此才能"庶其得之"。"识仁"只是说明要识体，在具体的方法上，即要"潜心一虑"，其后还要"真积力久"，如此才可能密会涵泳，如此才能"庶几得之"。而"于此体了无干涉"的做法是："闻见想象，测度搏量，狂驰躁率，妄冒承当"。此是塘南对当时学弊的批评。

---

① 《友庆堂合稿》卷六《书周时卿扇》。
② 《友庆堂合稿》卷五《仰慈肤见》辛卯（1591）。

塘南是时悟得"盈宇宙一生理而已"①，强调"会得此生理充满宇宙，天地人物，本同一体，非有我之得私"，"庶可默契孔门求仁之学"②。由此可知，生理即万物同体，即仁。因此，默契求仁的工夫，即默识生理的工夫，即识仁的工夫。

> 时时默识此生理，勿著纤毫人力，勿起纤毫意见，乃为善学。久之，自融彻矣。程子曰："默而识之，即所谓学也。惟颜子能之。"③

默识生理，并非一时之举，而是"时时"之功。时时默识，而不著人力，不著意见，如此，才是善学。此即程子所言"默而识之"的颜氏之学。时时默识，不断累积，如此便是"久之"，最终"自融彻矣"。"融彻"是最终之彻悟。由此可知，在走向融彻的道德修养过程中，默识生理是为学"入室"之第一步。此处涉及颜子工夫。大程以默识工夫推颜子，塘南借此强调默识生理。在阳明及其后学中，对颜子工夫的定位各有不同。与阳明以及浙中王门以上根之人一悟便了推许颜子工夫有所不同，塘南将颜子工夫拉回默识面向，此无疑降低了初悟之门槛。

塘南对默识工夫的理解，还可从其对孝弟工夫的理解来诠释。塘南指出：

> 谈异学者，每以孝弟为粗节，别有性命为最上乘，此大误也。愚窃谓孝弟即圣门之秘传。何则？圣学主于求仁，而仁体最难识。若未能识仁，只从孝弟实事上恳恻以尽其分，当其真切于孝弟时，此心油然蔼然，不能自已，则仁体即此，可默会矣。故曰孝弟便是秘传。《中庸》所谓"致曲可以入诚"，孟子以"强恕"为"求仁莫近"，殆此意也。④

塘南针对学弊中重性命轻孝弟的做法，强调圣学实以孝弟为秘传。此涉及三教关系之理解。圣学虽主于求仁，而仁体最是难求。因此若是未能

---

① 《友庆堂合稿》卷五《仰慈肤见》辛卯（1591）。
② 《友庆堂合稿》卷五《仰慈肤见》辛卯（1591）。
③ 《友庆堂合稿》卷五《仰慈肤见》辛卯（1591）。
④ 《友庆堂合稿》卷五《仰慈肤见》辛卯（1591）。

识仁，就只有从孝弟实事上恳恻以尽分。在此，塘南实是对孝弟与识仁作了区分，此可就入门之不同而言。颜子识仁是默识，而孝弟是默会得"内心油然而生"的"不容已"之"仁体"，此亦是一种默识。塘南认为，此种由孝弟以默会的方式就是《中庸》所言的"致曲可以入诚"以及孟子所言的"强恕而行，求仁莫近"的本旨。由此来看，由孝弟而默会，此乃"致曲"之工夫。

塘南后来曾撰诗云："真性号先天，大觉开元始。寥廓杳无边，万古永不毁。圣凡本同具，丰啬无彼此。智者达根原，朗然悟兹理。是谓明得尽，六合为一体。其次庄敬持，致曲诚可拟。顿渐虽稍殊，造极亦等耳。"[1] 真性寥廓无边，万古不毁。凡圣同具，无有丰厚与薄啬之分。智者属于上根人，能够通达根源，悟得此理。而次于智者的中下根人，则要"持庄敬"，以"致曲"之方式实现"致诚"。两者相比，前者为顿悟，后者为渐悟，虽顿渐有别，然所造可同。

贯通而言，在阳明后学中，塘南从大程所强调的识仁的工夫拓展出默识的工夫，由此形成了多种可能：根器如颜子，默而识之；对于低于颜子的中下根人，于孝弟处而默会。为颜子及以下的中下根人立言，当是塘南默识工夫的本旨。在人的根器从"智者"到"颜子"及"以下中下根人"这一从上到下的序列中，依次有三个工夫层级：智者的"明得尽"（"朗然悟兹理"）、识仁（如颜子般的默识）、孝弟以默会的默识。比较而言，后两者，是广义上的致曲工夫，其中，孝弟以默会的默识是狭义上的致曲工夫。此是对阳明与浙中王门基于二分根器工夫论的细化，而强调默识本体无疑是塘南工夫论的特色。

（3）指向彻悟本原

塘南所强调的默识本体的工夫，以彻悟本原为指向。

首先，识本体，"乃为得其门而入"。

"维天之命，於穆不已"，此道体也。"於穆"则无声臭，"不已"则无前后边际。此理人人具足，物物圆成，原无彼此，无剩欠，此之谓本心。有志于圣学者，必先默识此体，乃为得其门而入。不然，非

---

[1] 《友庆堂合稿》卷六《赠别谢居静还宁都》甲午（1594）。

卑之为俗学，必高之为异端。何哉？以其不识道之本原，遂趋小径，惑异说，而孔门正学竟迷焉而不悟也矣。①

塘南认为，天命即道体，无声无臭，无边无际。此道体之"理"，人人具足，物物圆成，无有彼此之分别对待，无有多少之区隔差异。此即"本心"。"本心遍满宇宙，贯彻古今，而不可以形求，不可以意测，在潜心默体，当自得之。"② 道体的无声无臭、无边无际，即本心的遍满宇宙、贯彻古今，因而不可以形求，不可以意测，而只有潜心默体。因此，塘南指出，有志于圣学者，要先默识此体，如此才得以入门。若是不能默识此体，那么，或以此体为高于人物的异端，或将此体低之为具体事物，此皆是在本体与万物的关系上不能持体用一如的中道观的表现。

正是由于不能默识道之本原，才有所谓"趋小径，惑异说"之现象。所谓"趋小径"乃指求道体于具体事物，所谓"惑异说"乃指求道体于人物之外，此两者的存在则意味孔门正学处于迷而不悟的状态。此是塘南对识本体这一工夫的强调。识道体本心，此无疑体现了彻悟本原的指向，但是彻悟本原是于本原的大彻大悟，而识本心只是"得其门而入"。联系前文入门与入室的区分来看，"默"可视为入门，而"识"可视为入室。

其次，在识本心与求放心之间，首先要识本心。

孟子不言求心，只言求放心耳。虞廷有道心人心之辨。道心者，未发之中也，本无出入，无可求者；人心者，指形生神发之后而言，则有出入，故必操而存，所谓求放心也。此必密密认本心，得其真面目乃可。若不识心，谩谈求与不求，总无干涉。③

塘南认为，孟子在工夫上不言求心而言求放心，说明本心具有不可求的特征。而虞廷所言"道心人心"，道心是未发之中，本无出入，亦无可求，而人心有其出入，须操存，此才是求放心的工夫。但如何能以"放心""求放心"呢？此在前人已有讨论。胡五峰弟子彪居正尝问五峰："人

---

① 《友庆堂合稿》卷二《仰慈肤见》辛卯（1591）。
② 《友庆堂合稿》卷二《答吴安节公二首》癸卯（1603）。
③ 《友庆堂合稿》卷二《答王球石三条》甲辰（1604）。

之所以不仁者，以其放心也。以放心求心可乎？"五峰答曰："齐王见牛而不忍杀，此良心之苗裔，因利欲之间而见者也。一有见焉，操而存之，存而养之，养而充之，以至于大，大而不已，与天同矣。此心在人，其发见之端不同，要在识之而已。"① 五峰用齐王于"利欲之间"而见"良心之苗裔"之例来说明工夫只是于此苗裔进行操存、存养。同时五峰亦指出，此良知之苗裔，于人发端有所不同，为学之要，就是在发端时能够识之，然后存养。如何而能于利欲之间，"见"良知之苗裔，又据何而辨其为良心之苗裔，五峰实未言及此，此是阳明学及其后学讨论的问题。阳明以良知为工夫的头脑，强调致良知的工夫。但是于此良知，如何肯认呢？如何而能不以情识为良知呢？此无疑使得阳明后学兵分两途，双管齐下。一是强调立良知之体，一是强调达良知之用。在此意义上，塘南强调识本心比求放心更具有优先性，无疑是强调立体的工夫。识本心是立体的工夫，是以彻悟本原为指向的工夫。识本心之后，还须操存、求放心。因此，识本心与彻悟本原之间又有所区别。

再次，在执孝弟与明本性之间，首先要明本性。

> 程子曰："仁是性也，孝弟是用也。性中只有个仁义礼知四者而已，曷尝有孝弟来？"观此则性为孝弟之本，不可执孝弟而不明性也可知矣。②

程子之言实是根据《论语》所言的"孝弟，其为仁之本与"而发。《论语》此语，有两种理解，一是孝弟即仁之本；二是孝弟即行仁（为仁）之方。而程子所言则倾向于后一种理解，将性视为体，而孝弟视为用，认为性中只有仁义礼智四者而未尝有孝弟。塘南基于体用分言、不可以用为体的立场，主张为学的工夫在于首先要明体，此体现了彻悟本原的指向。"性为孝弟之本"，因而在工夫上，不可执孝弟而不明性。

最后，在明善与诚身之间，明善具有优先性，而默识是明善的工夫。

---

① 《五峰学案》，黄宗羲原著，全祖望补修：《宋元学案》（第二册），中华书局 1986 年版，第 1375 页。
② 《友庆堂合稿》卷二《再答宪使修默龚公》壬寅（1602）。

龚修默①曾致书塘南问及"喜怒哀乐当其未发，何处用识"的问题。既为未发，如何用识？一用识，则已是发。此即程门弟子所问及的"喜怒哀乐之前求中，可否"的问题。小程认为，"既思即是已发"，由此强调涵养的工夫。② 塘南则将此理解为默识之工夫。

> 孔子曰："默而识之。"若不默识此未发，则日用间但知有喜怒哀乐而不知有性，即使七情不甚差忒，犹未免为日用而不知也。惟不明善者必不能诚身，窃恐情不中节者多矣。然则默识之功岂可少哉？③

塘南以未发为体，轻易避开了未发如何用识的问题。默识未发实是以彻悟本原为指向的工夫，若不默识未发，就不能于本原有所领悟，如此，只知喜怒哀乐之情，而不知喜怒哀乐之情乃性之所发。在此情形之下，"情不中节者"为多，若有合节，亦只能是"日用而不知"的义袭而取。因此，不明善则不能诚身。先明善，默识未发，然后才能谈及诚身的工夫。

由以上内容来看，默识本体并非对本体的大彻大悟，而只是以彻悟本原为指向。

（4）默会而深契

以彻悟本原为指向的默识工夫，基于"无可著力"的本体而有。"……中和与寂感无异，所云未发无可著力，即生所谓心体无可著力也。"④ 此默识为"强思力索"与"绝心屏智"之间的一种中道。

针对龚修默所提及的"思虑两忘"，"又将何心以存天理"的疑问，塘南指出：

> 夫未发之性，即是天理。贵在默识，不可以强思力索而得之，故曰何思何虑，非绝心屏智，顽然如木石也。周子曰：无思本也，思通

---

① 龚道立，字应身，号修默，武进人，万历进士。尝任江西岭北道参政，在吉安参与修复鹭洲书院，并与王塘南、邹南皋讲学其中，著录有《白鹭洲书院问答》。塘南尝分别为龚氏《老子或问》《老君三悟》《庄子日录》作跋。此三跋均见载于《友庆堂合稿》卷五。

② 程颢、程颐：《河南程氏遗书》卷十八，《二程集》，中华书局 2004 年版，第 200—201 页。

③ 《友庆堂合稿》卷二《再答宪使修默龚公》壬寅（1602）。

④ 《友庆堂合稿》卷二《答王儆所七条》辛丑（1601）。

用也。无思而通者，默识之谓也。无思即谓之近思，亦谓之慎思，亦谓之思不出位，此义微矣。程子曰：两忘则澄然无事，无事则定，定则明，明则尚，何应物之为累哉？亦周子无思而通之旨也。大率学者之通病在心思扰扰，适足以蔽其本心之明。若当下澄然，即本性自在，至于七情之发，皆从太虚中流出，其不中节者亦鲜矣。则当其未应事时，浑然冲漠，固未发也；及其应事时，过化不留，亦未发也。是之谓复性，复性之外无余学矣。夫以此知彼，揣摩测度，则谓之空知；若乾知大始之知，即是本性，即是实事，不可以空知言也。以此想彼，如射覆然，则谓之悬想；若默而识之，即是自性自识，觌体无二，不可以悬想言也。性本无声臭，故学者从无思为而入，则近性矣。此全在默契，非可以言语讲解而入也。①

性为未发，所以不能强思力索，只能默识，此即何思何虑。何思何虑并非屏绝心智，而是周子所言的以"无思"为本，"思通"为用。塘南指出，无思而通即默识之功。所谓无思，亦非屏绝心智，而是近思、慎思、思不出位之义。"何思何虑言思虑一出于正。"②塘南认为，程子所言的澄然无事则无应物之累，此亦是周子"无思而通"之旨。塘南此处言及"无思"亦有其现实针对性。他认为当下学者之通病在于"心思扰扰"，从而使得本明之心有所蒙蔽。若能做到"当下澄然"，则"本性自在"，七情皆从心体太虚中流出，而未有心思扰攘，从而能够最大限度地呈现性发为情、发而中节的原貌。未应事时，具有未发之性之善，即应事时，亦是过化不留，亦具有与未发之性相统一的善性。如此才可称为复性。默识是知，此知并非以此知彼、揣摩测度式的空知，而是近于乾知大始、即本性即实事之知。"……有志于学者，惟当默识乾元之本性，纯乎天而勿杂以人，斯可矣。"③默识乾元之性，而勿杂以人伪，此即近于"乾知大始"之知。默识是识，此识非悬想，而是自性自识。性本无声臭，因此学者当从"无思为"而入，如此则能近性。

---

① 《友庆堂合稿》卷二《再答宪使修默龚公》壬寅（1602）。
② 塘南言："何思何虑言思虑一出于正，所谓心之官则思，思睿而作圣，非妄想杂念之思虑也。岂可以不操冒认为何思何虑乎？"引自《友庆堂合稿》卷二《答曾德卿》乙未（1595）。
③ 《友庆堂合稿》卷二《答宪使修默龚公》壬寅（1602）。

工夫实由本体所决定。默识具有无思而通、当下澄然、无思为的工夫特征，实由本性自在、乾知大始、自性自识、性本无声臭的特征所决定。"《中庸》首揭未发之中，此是圣门直指性宗之语。既曰未发，则非可以意见测度、力量捉摸而得，是以贵于悟也。"① 默识工夫是于本体的一种初悟，是"入室第一步"。塘南亦将之形容为"默会而深契"。

> 言空则有空相，言觉则有觉相，言无边际则有无边际之相，盖②意识之为也。故有想则有，无想则无，足知其非真也。惟真性不缘想而得，不缘无想而失，此意识所不能到，故贵默会而深契之。③

在真性与意识的关系上，塘南认为，真性不缘悬想而得，亦不缘无想而失，悬想与无想皆属意识，真性实非意识所能获得。因此，为学贵在"默会而深契"。由此可知，在道德修养工夫上，无须意识的作用，而是要能够"默悟"。"未发之中，性也，非以时言，亦无可用功夫处。此理存乎默悟也。"④ 由此来看，塘南的默识工夫，区别于意识，区别于彻悟，实是由默会而识悟的工夫。

以上是对塘南默识本体工夫的考察。塘南对默识工夫所作的由敬入悟、默识生理、指向彻悟本原、默会而深契的理解，呈现出区别于彻悟的初悟（默悟）性质。如果说彻悟本原是塘南工夫论的一个指向与原则，那么默识工夫只是这个指向与原则的具体实施。彻悟本原的实现，标示着道德修养进程的结束，而默识本体工夫的完成，则是道德修养进程的"入室第一步"。在此基础上，还须施以"敬以存之"的工夫。

2. 敬以存之

塘南强调默识本体的工夫，主要是受大程《识仁篇》的影响。大程言："学者须先识仁，仁者浑然与物同体。义、礼、知、信皆仁也。识得

---

① 《友庆堂合稿》卷二《答唐凝庵》壬寅（1602）。
② 唐鹤徵：《宪世编》卷六《塘南王先生》以"盖"为"皆"，参见《四库全书存目丛书》（子部），第12册，第832页。
③ 《友庆堂合稿》卷四《潜思札记》甲辰（1604）。
④ 《友庆堂合稿》卷二《答王球石三条》甲辰（1604）。

此理，以诚敬存之而已，不须防检，不须穷索。"① 塘南多次引大程此语来强调默识本体的重要。大程此语不仅提及了识得仁体的工夫，还提及了识仁之后"以诚敬存之"的工夫。后者，往往被其识仁的工夫所掩盖，在当前的研究中极少有人提及。而塘南在工夫论上，不仅由大程之识仁开拓出默识，而且继承了大程"以诚敬存之"的思想。

塘南指出："大抵吾人自性，原如太虚，本无一物，会得此体，而敬以存之，则不迁不贰境界皆可几及，乃知圣非绝德，在有志者自勉而已。"② 为学工夫，首先是会得吾人自性原如太虚，本无一物，此是默识的工夫。但仅有此，仍是不够，还须"敬以存之"工夫，如此才可抵于"不迁怒，不贰过"的圣贤境界。此处的"会得此体"与"敬以存之"，实际上就是大程的"识仁"与"以诚敬存之"的另一种表达。为表达方便，在此将"敬以存之"的工夫简称为敬存。

（1）敬存之定性

对于性体之呈露，塘南强调默识工夫，默识之后，塘南强调敬存工夫。

> ……此盖性之呈露，亘万古而常然，通昼夜而不二。善学者默识乎此，勿涉纤毫安排，惟敬以存之而已。③

前文尝言，析而论之，塘南的默识工夫，默为入门，识为入室，默识工夫是登门入室之第一步。塘南指出："有志于圣者，必先默识此体，乃为得其门而入。"④ 在此基础上，还需要"勿涉纤毫安排"的"敬存"工夫。

敬存的工夫应如何施行呢？塘南指出："程伯子曰：'识得此体，以诚敬存之而已。'又曰：'未尝致纤毫之力，此其存之之道。'彼揣摩扭捏，

---

① 程颢、程颐：《河南程氏遗书》卷二（上），《二程集》，中华书局 2004 年版，第 17 页。

② 《友庆堂合稿》卷一《答钱启新邑侯二首》。

③ 《友庆堂合稿》卷五《支笻漫语》庚寅（1590）。按：《友庆堂合稿》中所注时间为"壬辰（1592）"，而据《自考录》"年六十九岁"条载："是夏，病疟，杜门手书所见八条，题曰'支笻漫语'。"因以《自考录》的时间为准。

④ 《友庆堂合稿》卷五《仰慈肤见》辛卯（1591）。

纵狂玩弄，认定享用，才涉纤毫，便属意见，即与此体不相似。"① 塘南继承大程"以诚敬存之"的思想，并继承大程以"未尝致纤毫之力"来释"存之之道"的思路，指出诚敬是不涉造作、意见的合于本体的工夫。那种"揣摩扭捏，纵狂玩弄"实非默识，那种"认定享用，才涉纤毫"实非敬存，由此所得，实属意见，而非体之本然。此是塘南所强调的敬存工夫。

在塘南的工夫论中，敬存的定性须从两方面着手。

一方面，敬存非独立之工夫，而是建立在默识基础上，对默识进行有效补充的工夫。此不仅从上文的界定中可以析得，还可借助于塘南对默识与持守关系的理解来分析。

> 伏承翰教，以"默识时少，持守时多"云云，窃意此是用心未到微细纯熟处也。盖默识者，只在一处默识；持守者，只在一处持守，原非有两路也。默识此件，专注凝定，即是持守。持守入微，不涉造作，即是默识。虽两名之，实无二功也。②

来书言及"持守"，其本义为造作把持，与默识之自然相对待。塘南对此从价值上进行了转换，其认为，工夫用到"细微纯熟处"，默识、持守，皆是于此体的默识、持守，皆是指向本体的工夫，并非两路。同时，塘南指出，默识达到"专注凝定"的程度，即持守，此是以默识贯通持守。而持守入微到"不涉造作"的角度，即默识，此是以持守贯通默识。此时，持守与默识实非二功。由此来看，只要工夫的方向是彻本体，而非逐外或驰空，工夫本身的不能自然，并非工夫方向上的错误，而是表明工夫本身是一个由不自然最终走向"微细纯熟处"的过程。而工夫用到"微细纯熟处"的关键，实是彻悟本体原则的具体实施。

贯通而言，在彻悟本体原则的指引下，默识工夫无疑具有逻辑必要性，唯有默识，才可为持守提供头脑。然而，持守亦有从不自然走向自然的过程。就此而言，持守工夫实须依默识工夫而有。敬存工夫是持守工夫

---

① 《友庆堂合稿》卷五《仰慈肤见》辛卯（1591）。
② 《友庆堂合稿》卷一《答夏云屏》丁酉（1597）。

的正面表达，是持守工夫的成熟、自然之形态。但其仍须默识工夫为其提供头脑。

另一方面，敬存是对彻悟本性之原则进行有效推进的工夫。此可从敬存的目标来看。敬存即要"常存未发之中"。"学者能常存未发之中，则发自中节。不然，昧性而任情，失其本矣。"① 只要常存未发之中，发则能自然中节。若是不能常存未发之中，仅凭一时之识，则易"昧性而任情"，易失其未发之性。由此可知，塘南彻悟本原的原则，实是通过其先默识后敬存的工夫论系统来实施的。

塘南敬存之工夫，前人未有提及。但是在其思想中又表露无遗。在此，可以通过塘南先默识后敬存的工夫论系统的呈现加以说明。

（2）存养式敬存

塘南尝与后学钱启新论《易》。在以《易》道贯通本体之特征的基础上，塘南将先默识后敬存的工夫论系统贯通于"见此"（见《易》）与"存此"（学《易》）的关系上。

> 孔子曰："一阴一阳之谓道，继之者善，成之者性。"夫一阴一阳，自其著者而言之，则寂感理欲皆是也；自其微者而言之，则一息之呼吸，一念之起伏，以至于浮尘野马之眇忽，皆是也。岂截然为奇为偶，真若两物之相为对待者哉？孔子川上之叹盖如此。识得此理，则知一阴一阳即所谓其为物不贰也；舍阴阳之外，而世之欲超阴阳、离奇偶以求性者，其舛误可知矣。此理至近至约而充塞宇宙，更无余事。见此谓之见《易》，存此谓之学《易》。②

识得此理，则一阴一阳即本体之呈现。若离开阴阳而求性，则是不识此理。所谓识得此理，即对于本体及其运行状态的识悟，即默识本体的工夫。不离阴阳而求性，此是识体的入手方式。"见此谓之见《易》"，就是识得本体与阴阳"为物不贰"、阴阳即本体之运行的工夫。"存此谓之学《易》"，就是对所识之本体敬以存之、达之于日用百行的工夫。此"见

---

① 《友庆堂合稿》卷五《仁智说》甲辰（1604）。
② 《友庆堂合稿》卷一《答钱启新道长》庚寅（1590）。

《易》"与"学《易》"，无疑体现了塘南先默识后敬存的工夫论框架，而"存此""学《易》"即指敬存工夫。

不仅如此，塘南还将存性等同于养性，从而将先默识后敬存的工夫论架构贯通于知性与养性关系上。塘南指出：

> "学者先须识仁，仁者浑然与物同体。"此语自程伯子发之，今学者往往视为常谈，漫不加省者多矣。……然仁最难识，惟"浑然与物同体"一语，乃描写仁体至为亲切，学者所宜潜心。此固非沉空寂者境界，亦非任情识者所可冒认也。会此谓之知性，存此谓之养性，入此涂辙，庶可称为孔孟之徒，而不为异端似是之说所惑矣。①

前文在提及默识工夫即识仁工夫时尝提及此条材料的部分内容。此处，主要就塘南所言的"会此谓之知性，存此谓之养性"进行分析。所谓"会此"即指识仁，"存此"即指"敬存"。因此，识仁即知性，敬存即养性。惟有入于知性、养性的"涂辙"，才为孔孟之徒，才不为异端所惑。由此来看，默识与敬存的关系类似于知性与养性的关系。无疑，知性具有逻辑上的优先性，先有知性而后养性，因此，先默识后敬存，敬存是默识本性之后的工夫，养性则是敬存工夫的体现。

此后，塘南还将先默识后敬存的工夫论系统贯通于识性与存性关系上。塘南指出：

> ……然本性未易识，亦未易存。《中庸》特揭喜怒哀乐未发之中，正示人以识性而存之之方也。夫喜怒哀乐之未发，即亲义序别信之未形也。虽未形而本性浑然无声臭而不可名状，即此是完其乾元资始之理，是圣人同天之学也。圣人生知安行，自能如此，吾辈虽未能，亦当以此为标的，日用间一味剥落枝叶，近里著己，则性乃渐明，日可见之行，庶几其近道矣。……审能如此，则性体可复而发皆中节，遇亲而孝，遇长而敬，以达于百行之间，是所谓本性以之情，非袭取于

---

① 《友庆堂合稿》卷六《书周时卿扇》。

外也。①

　　塘南认为，虽要识本性而存性，但此性并未易识，亦未易存。《中庸》揭示喜怒哀乐未发之中，实就是识性而存之之方。所谓喜怒哀乐之未发，是指亲义序别信之未形。未发就是未形，体现的是本性无声臭的特征。塘南指出："即此是完其乾元资始之理，是圣人同天之学也。"圣人生知安行，因此，自能"完此乾元资始之理"。而吾辈虽不能完彻本性，亦是要能够以此为标的。要通过"日用间一味剥落枝叶，近里著己"此种入手工夫来识性，如此，性乃渐明，此是默识工夫。"日可见之行"，此实"默识"以后的"敬存"。若能如此，则发用皆能中节，从而达之于百行之间。此即在所识本体的带动下所进行的性之以情的工夫，而不是义袭而取。对于生知安行的圣人，因其生知，因而能识性，因其安行，因而能存性。而对于中下根人而言，要以彻悟本性为标的。通过下学之工夫，先明性，后达之于性。先识性后存性，体现了塘南先默识后敬存的工夫论架构。存性就是敬存工夫的体现。

　　（3）达用式敬存

　　敬存工夫除体现为存养面向，还体现为达用面向。相对于体立而用自生的立大体成大用而言，默识是立小体，达用式敬存是成小用。

　　首先，敬存工夫具有"学必见于躬行"的实学要求。塘南指出：

　　　　学必见于躬行，事亲必孝，事长必悌，处族必睦，与人必信，守官必廉，谋国必忠，牧民必仁，出处进退、辞受取予、视听言动，必以礼，出必济世，居必范俗，必兢兢焉尺步绳趋，如处女律身，勿致纤玷，此之谓实学。彼高谈悟道而谓节行可不必拘，是所谓"人皆曰予知，顾驱而纳诸罟擭陷阱之中"者也。②

　　前文指出，"见《易》"是识体的工夫，"学《易》"是敬存的工夫，此"学"即具有达用、躬行之义。在塘南的道友中，徐鲁源因反对阳明后

---

① 《友庆堂合稿》卷二《答宪使修默龚公》壬寅（1602）。
② 《友庆堂合稿》卷六《西原会规十七条》。

学中以"情爱意见"为仁、以"虚明光景"为知,从而指出仁、知"不若学之一字""功密而义至精也"。①鲁源所倡之"学",即强调学之躬行义。塘南认为,唯有躬行才能体现其学为实学,才能说明识得本体的工夫并非虚言。若是不能将所悟达之于践履,认为"节行可不必拘",此实际上并非真悟。因此,此时的躬行是立体之后的达用工夫。

当然,塘南亦将彻本体的入手工夫即"摄用""摄末"的工夫视为躬行。塘南指出:"象山先生尝论惩忿窒欲曰:知道者惩窒与常人惩窒不同,常人惩窒,只是就事就末。观此则知圣人躬行与常人躬行不同:常人躬行,只是就事就末,……善学者,惟即躬行之可睹闻者,深探其不可睹闻者,则精粗本末,洞彻无二矣。……未可冒认末节为极致也。"②塘南引用象山所言的知道者与常人惩窒之不同,指出躬行于圣人与常人有所不同。常人是"就事就末"而躬行,而为学工夫所强调的躬行则是要通过可睹闻之躬行而深探不可睹闻之心体,如此才能洞彻"精粗本末";而不可冒认就事就末之躬行为圣学之躬行。此处作为为学工夫的躬行实是就入手工夫而言,此隶属于默识工夫,与隶属于敬存工夫的躬行有所不同。此在塘南的思想中须加以区分。

此种区分在塘南对智崇与礼卑关系的理解中亦有体现。塘南指出:"盖知崇者必礼卑,若视一切伦常为幻迹而妄意世外,则谬矣。"③此处的"礼卑"实可从入手工夫与敬存工夫两个角度进行分析。其一,"智崇"须以"礼卑"为入手工夫。若不从伦常入手而"妄意世外",欲想达到"智崇"则为谬。此时的"智崇"实是指悟体工夫,而"礼卑"实是指入手工夫。其二,"智崇"之后要做到"礼卑"。离"礼卑"而言"智崇",此则为谬。此时的"礼卑"即敬存工夫。

以上是对塘南"躬行"与"礼卑"思想的分析,由此呈现其所具有的达用之层面,从而体现塘南对达用工夫之重视。

其次,敬存工夫具有"兢兢业业""必有事焉"的实功倾向。

> ……全心是事,全事是心,安有心与事之分哉?故学者时时兢兢

---

① 《友庆堂存稿》卷十《螺川请益别言》。
② 《友庆堂合稿》卷二《答吴安节公二首》癸卯(1603)。
③ 《友庆堂合稿》卷二《答吴安节公二首》癸卯(1603)。

业业，即是必有事焉，即是存心之实功。时而应外务，必求协于天则，固是实践；时而静中无应酬，凝然寂然，太虚无物，亦是实践。总之皆事也，皆心也，非有二也。愿执事只依此体认，依此用功，久之自有见处。勉旃勉旃。近世号为高明之士，或谓一悟便了，行谊上不必点检。此是不识心体，乃舍事而认心。若如此，则事是谁做？且事不点检，则此心乃是顽空、全不管事之物矣。彼盖不知心即事，事即心，歧而二之。彼所谓悟，但得其影响耳，岂真悟哉？又①谓静中不可著操字，则孔子所谓操则存者，果为妄语乎？彼盖不知操者，非以此操彼之谓也。此心兢兢业业，即是心之本体，即是操也。故阳明先生曰"戒慎恐惧是本体"，正谓是耳。若此心不操，则反为放其心而不知求矣，而可乎？惟操即是本体，纯一不杂，即是静也，非以荡然无所用心为静也。何思何虑，言思虑一出于正，所谓心之官则思，思睿而作圣，非妄想杂念之思虑也，岂可以不操冒认为何思何虑乎？此等识论乃是近世海内一种虚谈，似是而非，大坏学术，大惑后进，其弊必至于决隄防、纵人欲而灭天理，其说似高出于孔孟之上，而其弊实诱人入于放僻邪侈之归，不可不深畏而谨避之也。②

"全心是事，全事是心"，心事为一不为二，此是对本体的默识；在此基础上，"时时兢兢业业"，此即"必有事焉"的工夫，即"存心之实功"。首先是识心、识本体之工夫，在此基础上，才可以言及存心。若是不能体认心事本一之心体，则易舍心认事或舍事认心。此皆是未能真识本心。而真识本心，即能以显在的本心为依循而操存。兢兢业业之心即本体之心，兢兢业业即操存工夫。阳明所言的"戒慎恐惧是本体"亦是指悟本体之后而能戒慎恐惧之义。因此，塘南在强调识悟本体的优先性的同时，时时强调在本体的依循下还要进行兢兢业业的操存的工夫、必有事焉的工夫，此即立体之后的达用工夫，是识悟本体之后的敬存工夫。塘南此处将"必有事焉"归为达用之工夫，实是对阳明思想的继承。塘南尝言："……大概亦是阳明先生言，只以必有事焉为主，才著重便属助，才放轻便属

---

① 唐鹤徵：《宪世编》卷六《塘南王先生》中以"又"为"有"，《四库全书存目丛书》（子部），第 12 册，第 837 页。

② 《友庆堂合稿》卷一《答曾德卿》乙未（1595）。

忘，终日不落助忘，只是必有事焉而已。明道先生言，必有事焉而未尝致纤毫之力，此其存之之道。"① 阳明对"必有事焉"的意蕴有着丰富的理解，其强调必有事焉、勿忘勿助，实是基于心即事、事即心之识悟。此与其强调致其良知于事事物物的致知工夫存在着一致性。因此，未被推致的良知，只是体立，而未达其用，未能达于事事物物，就此点来看，致良知的工夫实际上是达用工夫。因此，塘南此处所言及的识悟本体之后的兢兢业业、操存、必有事焉的工夫皆是在达用的层面上进行强调，此就是明道所言的"存之之道"，是敬存的工夫。

敬存的工夫实是以显在的本体为依循而"未尝致纤毫力"，并非指"放其心而不求"。放其心而不求，此是为学之时弊。塘南指出："学者以任情为率性，以媚世为与物同体，以破戒为不好名，以不事检束为孔颜乐地，以虚见为超悟，以无用耻为不动心，以放其心而不求为未尝致纤毫之力者，多矣，可叹矣。"② 任情、媚世、破戒、不事检束、虚见、无用耻、放其心，此与塘南所言的"滞而多歧"恰好相反，正体现了"荡而无归"的倾向。如果说"滞而多歧"是以于事入手的工夫代替彻本体的工夫，那么"荡而无归"实是以识本体工夫取代敬存的实际工夫，此无疑是塘南所反对的。正是由于本体此时为当下显在，敬存工夫才可表现为应外务的实践，亦可表现为静时保持心体本然的实践。此就是上文所提及的敬为保持心体的工夫之义。此乃敬存工夫的本质所在。塘南用"必有事焉"来说明敬存工夫，表明了敬存工夫实是洒扫应对的实践事为工夫，其含动含静。

敬存工夫必体现了洒扫应对的实践事为，但是洒扫应对的实践事为，并不必然指向敬存工夫。在此亦须明析。塘南言："……圣人之生理无不贯，故人伦庶物，一瞬一息，莫不中节而尽分。是以圣门教人'大闲勿逾，细行必矜'，非矫饰也，实以全吾生理，是尽性之实功也。故曰'洒扫应对便是形而上者'。"③ 此处的洒扫应对，融通塘南的思想来看，实包含两个层面，一是若识本心生理之时，由孝弟、由洒扫应对而会得此本心生理。此是默识本心的入手工夫。二是识得本心生理之后，在此为依循，达之于洒扫应对之用。此实际上是敬存工夫。也就是说，悟前悟后皆有洒

---

① 《友庆堂合稿》卷一《答曾肖伯五条》壬辰（1592）。

② 《友庆堂合稿》卷四《三益轩会语》。

③ 《友庆堂合稿》卷五《仰慈肤见》辛卯（1591）。

扫应对的工夫，悟前，实以悟得本体为标的，悟后，则以所悟的本体为指导。若离开了默识本体，那么洒扫应对的工夫，只能是"小人儒"。塘南指出："观子夏'贤贤易色'一章及子游讥其'洒扫应对'为无本、子张讥其'不可者'拒之为非，则知子夏乃谨守尺寸、规模狭隘之士也，故夫子谓其'不及'而戒其为'小人儒'。盖恐其流于'言''行'必'信''果'而'硁硁者'也。"①由此可知，默识本体实是明体工夫，洒扫应对实是摄用或达用工夫。悟前为摄用以便于明体，悟后为明体以达用。此是洒扫应对的两个层面的含义。而塘南对敬存工夫的强调，实际上体现在后一层含义中。

最后，敬存工夫具有"体圆而用方"之"用方"倾向。塘南言：

> 所云理一而分殊，体圆而用方，此至言也。此义圣人于《易》具言之矣。惟后学不能深造而洞见，是以谈一而圆者，或荡而无归；谈殊而方者，或滞于多歧；其有见及此者，又或以为两者当并诣而兼修，则又不免于二之也。所指后儒无碍流弊，深切世戒，末云"识本心"三字，诚入道要约语。夫所谓识本心者，识其理一分殊，体圆用方之本心也。真能识此，则敦化川流，显微无间，乃知舍子臣弟友之外，别无学矣。②

理一为体圆，分殊为用方，后学执体用两边，或荡而无归，或滞于多歧，或者并诣而兼修，仍是执为二见。此皆是未识本心。若识得本心，则体认得本心为理一分殊、体圆用方之本心，识得本体之真体用，在此基础上，则能够"敦化川流，显微无间"，则能够"知舍子臣弟友之外，别无学"。由此来看，识本心实际上是挺立本体，使得本体由隐而显、实有诸己、当下天然的工夫。"知舍子臣弟友之外，别无学"实际上就意味着在识得本体之真体用之后要从事"子臣弟友"的工夫。此即达用工夫。

（4）敬存之其他样态

以上是塘南通过先默识后敬存的工夫论体系对敬存工夫的强调。如果

---

① 王吉辑：《复真书院志》卷六《王塘南先生语录·三益轩会语》。按：此条不为《友庆堂合稿》卷四的《三益轩会语》所载。

② 《友庆堂合稿》卷二《答邹南皋》。

将"知性""识性""立体"之默识理解为知，那么亦可将存养、达用之敬存理解为行。塘南在默识本体的基础上，还主张通过亲亲、仁民、爱物而广仁。此亦为敬存工夫之样态。塘南认为，"默识真体而充之以笃伦周物，立人极于宇宙之间"，如此才能"庶于研几求仁之学，日契其真而不至于违忒者"。① 此处的"充之"亦是敬存。不仅如此，塘南还对识独与慎独进行区分，从而强调慎独作为敬存工夫之重要。

> 独固难识，而慎亦未易言。邵子言："子之半，一阳初动而万物未生。"吾心之真几，息息常生而无生相，其独之谓乎？独为生之端，于此不慎，则意驰而漓其本，故贵于慎也。慎者，研几入微，精以一之之功也。②

塘南将独与慎分而言之，独是本体，此体难识，亦不易慎守。塘南引邵子之言说明一阳初生而万物未生，此是吾心之真几的常生而无生相的状态，此即本体之独，即为"生之端"。识独就是明晓独之为本体的内涵，使其由隐而显。在此基础上，要能够于此独体进行"慎"的工夫。所谓"于此"即"于此独体"之义。独作为本体，经由识独之工夫，由隐而显，但是若于此独体不能敬慎，则此独体便会由显而隐。因此，要能够施以敬慎的工夫，从而使得本体的显在状态得以保持。在此意义上，"研几入微""精以一之"皆是保持本体显在的敬慎工夫。塘南在此将识独与慎独分言实际上就是以先默识后敬存的工夫论架构为根基。在此处，慎独体现的是敬存的工夫。

在工夫论上，默识真体逻辑在先。唯有默识本体，才能够充其所默识之本体，以著于实践，达于伦物。由此可以看出，塘南对于先默识后敬存的理解，此敬存具有应事处物、行为实践之指向。此类于阳明致良知教中将良知"推致于事事物物"之推致义。就此意义而言，塘南所倡导的敬以存之的敬存工夫是阳明致良知推致义的进一步发展。

---

① 《友庆堂合稿》卷三《玉阳会纪序》。
② 《友庆堂合稿》卷五《石经〈大学〉略义》。

3. 先知后行

由上文分析可知，在塘南的思想中，确实存在着一个先默识后敬存的工夫论系统。尽管塘南亦指出："此理浩然无涯，宇宙即吾心，吾心即宇宙，一也，非有二也。时时体认乎此，便时时俱立俱达，时时发育峻极，此之谓学。"[1] 时时体认得吾心即宇宙，宇宙即吾心，此即默识；时时俱立俱达，时时发育峻极，此便是敬存。在此处，塘南似乎并不强调体认与俱立俱达、发育峻极之间的时间先后。不仅如此，塘南还指出："程伯子曰：'不可将穷理作知之事，但穷得理即尽性至命，一时俱了。'穷理者，于此生理潜会密契，洞见真体，无毫发之疑蔽也。即此是知天命，即此是知天地之化育，即此是尽性至命，故曰'一时俱了'。善学者终日乾乾，欲得本心真面目，正是穷理工夫，更无余事。后儒乃以无用之辨，不急之察，夸多斗靡，求知圣人之所不必知，以为穷理，失之远矣。"[2] 塘南认为，穷理就是会得生理，"洞见道体"，此与尽性至命"一时俱了"。若以穷理为知，则失穷理之本义。以上两条材料表明，塘南反对以时间之先后来论先立体后达用，先知后行，先默识后敬存。此是否和塘南所倡导的先默识后敬存的工夫论体系相矛盾呢？在此可以通过以下几点来说明。

其一，塘南对从时间上论先知后行的流弊实有较为清晰的认识。在时间上强调先知而后行，其流弊在于，要先知得，然后才能行，因此为学的工夫只在于知，而未见践形。此亦是阳明反朱子学流弊的主要论点。正是基于此，塘南反对强调先知后行而导致的只知而不行之流弊。

其二，就程子言"不可将穷理作知之事，但穷得理即尽性至命，一时俱了"的本意来看，其实是反对将穷理只作知性的处理，而主张穷理不仅是知，而且还是行。此时的知与行即指知性与德性。知性与德性本身不可二分为先有知后有德，先有智后有圣。正是在此意义上，穷理更为重要的是其关乎人的德性，关乎人的道德实践。因此，知与行、知性与德性是"一时俱了"的关系。塘南对程子思想的肯定以及其强调"时时体认"，便"时时俱立俱达"实亦是就此意义而言。而塘南在强调先默识后敬存的工

---

① 《友庆堂合稿》卷五《仰慈肤见》辛卯（1591）。
② 《友庆堂合稿》卷五《仰慈肤见》辛卯（1591）。

夫论体系中，德性与知性实是融而为一，默识之本体是体圆而用方之本体，是知性与德性之一如，此与程子所反对的那种知而不行的状况不符。

其三，塘南强调为学的过程是"时时体认乎此（本体），便时时俱立俱达"的过程。此实际上是从效验而立言。塘南又言"洞见道体"则尽性至命，此体现了彻悟本体的工夫的完成。因此，作为一个完整的道德修养过程而言，其最终必是在求"俱立俱达""尽性至命"。但是就道德修养过程的具体实施而言，此仍存在着逻辑上的先后，即先知后行、先立体后达用、先默识后敬存。

其四，塘南先默识后敬存的工夫论是否能够避免只求知不求行的流弊，关键在于知本身之难易的问题。先知而后行，若是知本身就是难成之事，那么就只会忙于知，而不必求于行。塘南在强调本体难识时，实际上暗示了默识工夫本身所具有的困难。但是塘南缘何提出默识本体的工夫呢？联系当时的学术背景，实能更好地理解塘南先默识而后敬存的工夫论体系。在阳明后学中，龙溪将阳明致良知的推致义发挥为一悟便了之"信得及"，此使得道德修养不仅无须立体的工夫，即便在达用的工夫上，亦只须自信自任。流弊也随之而生，毕竟未悟时的自任与得悟后的自任难以辨别。念庵、双江则将阳明良知的扩充义发挥为立体工夫，体立而用自生，此实际上就强调立大体工夫本身所具有的困难，以此来防备自任派之流弊。但是立体之困难的增加则易形成只求知不求行之流弊。

在此基础上，塘南实是对阳明致良知的"推致"与"扩充"义进行融通式理解，并对阳明后学之两派各有取舍，最终提出了先默识后敬存、先立体后达用的工夫论体系。此种立体工夫，比起龙溪无须立体的工夫无疑要来得困难。但是比起念庵、双江的立体工夫就较为容易。因为立体对于不同根器之人而言，有不同之要求。上根之人，一悟便了，此一悟即立大体，即成大用。中下根人，由契合其自身资质的入手方式以及悟得本体的程度决定其立体工夫必然可行，也就是说立体于中下根人，即便是愚夫愚妇，亦未为不可。正是在此意义上，彻悟本原的工夫指向转化为具体的立体工夫，转化为默识本体的登门入室工夫。如果说悟对于中下根人来说，可能还有一些困难的因素，而塘南将之言为默识、默契、默会、默悟，并将此过程化、具体化，尽量使此种工夫有方法、途辙可循，此实际上皆降低了立体工夫之门槛。在此基础上，还须达用。达用是对立体工夫的一个推之于实际的过程，是保持本体显在的过程。正基于此，可以说，塘南的先默识后敬存的工夫论体系实际上较为有效地避免了只求知而不求行的流弊。

三　始悟后修　始修后悟

悟修关系是塘南思想中浓墨重彩的一笔，在关于塘南工夫论的研究中，鲜不及此。但是若不能把握塘南工夫论的基本框架，实很难厘清隐藏在塘南看似错综复杂的表达背后的悟修关系的真正内涵。此亦是笔者将悟修关系放于先默识后敬存的工夫论体系之后进行梳理的原因所在。[①]

在正文的内容开始之前，先对悟修的含义作一界定。从广义来看，道德修养的过程即可视为彻悟本体的过程。以先默识后敬存的工夫论系统为例。一方面，默识可称为悟；敬存指敬存以尽性，是将所悟之体保存以达于视听言动而见显于日用，此实是由悟之知达于行以完彻本体的过程，亦可称之为悟。由此道德修养过程即可看成是一个悟的过程。塘南就尝言，"如寐欲醒，乃可渐入始悟之门"，并将为学实修视为"以实修渐入正悟之境"。[②] 塘南此处以悟言修，即取悟之广义。另一方面，不论默识与敬存，皆是道德修养的修的过程。塘南亦尝言："性本至善，圣凡同具者也。惟形生神发，不能无习气之染污，故必加省察克治之功，而后吾性可完矣。……或谓吾性自然，何必修治？是知苗而不知稂莠也，鲜不害道矣。"[③] 此处所言的修治，实际上就是面对恶的存在，必须进行道德"修养"的含义。此是就修之广义而言。因此，就广义而言，道德修养的过程既可为悟，又可为修。而从狭义来看，道德修养实是一个有悟有修的过程。笔者主要取悟修之狭义进行分析。

塘南对悟修关系的理解大体体现在始悟后修、修之贯通等层面。

---

① 塘南对悟修关系的集中理解，主要体现于其 74 岁所撰的《静摄寐言》（《友庆堂合稿》卷五）中。此章以此为主要材料，兼及其他。

② 《友庆堂合稿》卷五《〈仁友会约〉后跋》。

③ 《友庆堂合稿》卷五《警学说》癸巳（1593）。

1. 始悟后修

在塘南先默识后敬存的工夫论体系中，悟与修的关系则表现为始悟而后修。

（1）始悟

始悟本体，首先体现为塘南强调悟得本体之"不可污"比"致力于其所可修"具有优先性。

> ……性至一而用至变也。惟至变者不能无偏，则性因以晦而性非遽毁也；修治其偏，则性因以显而性非修得也。故君子慎修于用以显性，而非以益性也。人生而静以上不容说，矧得而污且洁之？惟悟其不可污而能致力于其所可修，践形以尽性，是精义致一之学也。[1]

面对性之本体与其变现之间存在着的道德上的非统一性，即性体为善，即其变现不能无偏的状态，塘南指出："修治其偏，则性因以显，而性非修得也。"此一方面强调了修治是使得体显于其变现之上的工夫，另一方面又指出性之不可修。塘南还指出"君子慎修于用以显性，而非以益性也"。此同样一方面强调慎修于用以显性，另一方面亦指出"非以益性"。塘南由此表明，"人生而静以上不容说"之性，并不可污，亦无须洁之。由此，塘南认为，为学的工夫实是要"悟其不可污"，如此才能"致力于其所可修"，从而"践形以尽性"。也就是说，先悟本体，然后才可致力于修。

只有悟得本体，才可以言修。若不能于本体有悟，而徒致力于念虑事为，塘南认为此是"似也而未尽"。

> 问：有谓性无可致力，惟于念上操存，事上修饬，则性自在，何如？曰：似也而未尽也。悟性矣，而操存于念，修饬于事，可矣。性之未悟，而徒念与事之致力，所谓"可以为难矣，仁则吾不知也"。[2]

---

[1] 《友庆堂存稿》卷八《华南郭君行状》。
[2] 《友庆堂合稿》卷四《三益轩会语》。

有问者提及性本无可致力，为学当于念上操存，事上修饬，而性体自在。而塘南指出，此看似正确，实际上却未尽。塘南认为，若于性有悟，于事于念上修饬操存，则可。若性之未悟，而徒于念事上致力，则不可谓为求仁之学。联系塘南对于念灭于东或生于西的理解，可见念事上致力之困难所在。塘南认为，与念事上致力相比，悟性更为重要。若将在念事上致力理解为修，那么，悟则在修之先。

不仅如此，始悟本体，还体现为悟得本体的"有无隐显""致一不二"比"修"、比"契性"更具优先性。

> 或谓性本天成，非由人造，何俟于修？夫性无体也，以无边法界为体，是故有无隐显、致一不二。通乎此，可以言修，可以契性矣。①

性无体，以无边法界为体，此实是"心无体，以事为体"的另一种表达。塘南认为，性体与无边法界虽有有无隐显之分，却又是致一不二的关系。"通乎此，可以言修，可以契性"，也就是说，在修之前有"通乎此"的工夫，"通乎此"之"通"即悟性之义。对于悟得本体的具体内涵，塘南还有具体的说明。塘南指出："惟时时体认此未发之性，则成性存存，固不谓之无；时时体认此未发之性，则廓然太虚，亦不谓之有。"② 悟即体认本体之未发，所体现的是本体有无一如、非有非无的特性。此仍为悟性。先悟性，而后可以言修，可以言契性。此是悟性之后的敬存工夫。

塘南认为，只有通过始悟这种"真识自性"的工夫，才能知"尽性之难"，从而避免"自足自是之病"。

> 学者真识自性，然后知尽性之难，即无自足自是之病。③

"知尽性之难"只是始悟的效验。道德修养的过程并非知难而退，并非知此"尽性之难"而停止此后的修养工夫。

---

① 《友庆堂合稿》卷五《静摄寤言》乙未（1595）。
② 《友庆堂合稿》卷二《再答宪使修默龚公》壬寅（1602）。
③ 《友庆堂合稿》卷二《答王敬所十条》甲辰（1604）。

（2）后修

塘南认为，在悟性之后，实仍有工夫之可言。

> ……讼者，如怨敌求胜，不肯姑容。盖真知习气之为贼，而决欲克去之也。今人每讳疾忌医，即名为讲学，亦未免以虚见冒认为心体者多矣。学者真有志于道，必时时内省，常见己过而自讼之，庶使隐匿无所窝藏，捣巢廓清，而此心广大高明之体始复矣。①

塘南指出，过未易见，而自讼亦难。自讼是要能够如"怨敌求胜"，是真知习气之为贼而欲克去。此处所言的真知习气为贼，实际上就是悟得本体与习气之间关系的工夫，只有经过此种工夫，才能明析性与习气相分，而能见过。有志于道者，要能够时时内省，常见己过，而后自讼之。通过自讼工夫，从而使得隐微的习气无以潜伏，捣巢廓清。唯有做此工夫，此心高明之体才开始得以复原。若将真知习气为贼、"时时内省，自见己过"视为悟，而将自讼视为修，那么整个工夫论只是先悟后修，如此才能复体。

由此来看，后修的工夫，实际上就是悟得性病关系、性与习气的关系、性与过的关系之后的消病、去过、消习气的工夫。此实际上就是默识本性之后的敬存工夫。

对于悟后之修的根据，塘南亦引佛语"识法者惧"加以说明。塘南指出："识法偏生惧，保护逾金锡。勖哉此耄年，乾乾竟夕惕。"② 由此表明，悟得本体之后，要能够兢兢业业，而不是纵恣侈泰。

塘南亦将此悟后之修称为"称性而修"。塘南言：

> 悟后无奇特相，惟得其平常本性，人人具足者而已。悟后却一味称性而修，庸言庸行，兢兢不懈，以此终其身，不敢有毫发纵恣侈泰之意，如执玉，如捧盈，此所谓保任之功也。③

塘南认为，悟后要"称性而修"，即要依循性体之本然而进行道德修

---

① 《友庆堂合稿》卷六《书族弟应斗扇》。
② 《友庆堂合稿》卷七"古诗"《仰慈山中二首》辛卯（1591）。
③ 《友庆堂合稿》卷五《静摄寤言》乙未（1595）。

养的修治工夫，具体表现为庸言庸行，兢兢业业，无有丝毫放纵之意，如同执玉捧盈。此悟后之修的工夫实是保任本体、不使堕失的工夫。"执玉捧盈"，近溪亦有此语。塘南言："抑予读先生（近溪）《会语》，尝引何思何虑而曰：'此心非无思虑也。惟一致以统之，则返殊而为同，化感而为寂。'又曰：'感通其用，虽千变万化而莫穷，然不动其体，则亘古亘今而无变迁也。'又曰：'吾自朝至暮，敬畏天命，如执玉捧盈，工夫岂不紧密？但视世儒之把捉修饰者不同耳。'"① 在近溪的工夫论体系中，本体当下具足，因此为学之工夫只在于保任。而塘南在为学的工夫上则主张悟性之后要保任，称性而修。

保任之功，只是悟后之修中的一种工夫。悟后之修，实际上表现的工夫亦有所不同。塘南对此尝有具体论述。

> 有悟后翛然无寄，惟平怀应物，以为保任者；有悟后默默存养，不着纤毫人力，而必有事焉者；有悟后益见习气隐微，密密销融者；有悟后益谨言动，慎伦理，细行必矜者：皆所谓称性而修也。孔子所贵从心而能不逾距，正谓此耳。②

对于悟后的称性之修，塘南列举了四种情形：一是保任本体；二是存养本体，而必有事焉，勿忘勿助，此实是强调其自然性；三是销融习气；四是谨言慎行。此四个方面皆是称性而修。塘南认为，称性而修，此在孔子的思想中亦有体现。孔子"从心所欲而不逾距"实就是指悟后称性而修之情形。

塘南"称性以修之"的最终指向是彻悟本原。

> 是以圣人设教，欲人彻悟本原而称性以修之，所以完复其现成圆满之自性，非有所加也。③

塘南认为，"称性以修之"是完其"现成圆满之自性"，而非于性有所

---

① 《友庆堂合稿》卷三《近溪罗先生传》。
② 《友庆堂合稿》卷五《静摄寱言》乙未（1595）。
③ 《友庆堂合稿》卷四《病笔》甲辰（1604）仲冬之后的《又七条》。

添加。此处所言及的"彻悟本原",若是就彻悟而言,称性以修即为一悟便了之效验,而并非指悟后的修的工夫;若是就默识本性而言,那么"称性以修之"就是悟后之工夫。

(3)即性即修

塘南将"始悟"和"后修"的关系理解为"悟修兼到"。

> 始条理者,智也,巧也,悟也;终条理者,圣也,力也,修也。三子力至而巧未至,故不及孔子。孔子悟修兼到者也。[1]

孟子言:"伯夷,圣之清者也;伊尹,圣之任者也;柳下惠,圣之和者也;孔子,圣之时者也。孔子之谓集大成。集大成也者,金声而玉振之也。金声也者,始条理也;玉振之也者,终条理也。始条理者,智之事也;终条理者,圣之事也。智,譬则巧也;圣,譬则力也。由射于百步之外也:其至,尔力也;其中,非尔力也。"[2] 孟子以始条理、终条理来释金声而玉振,并以此形容孔子智且圣,其本意是强调孔子之智(巧),为伯夷、伊尹与柳下惠三子所不及。朱子释智为"知之所及",释圣为"德之所成",从而以智圣为知与行之关系。塘南将智(巧)与圣(力)转化为悟修之关系来理解。塘南认为,三子所以不及孔子在于其只有修,而悟有所未及。由此来看,始悟有程度之差别,这一差别亦决定着后修之差别。联系阳明学对工夫头脑以及阳明后学对立体达用的强调来看,孔子悟得深,使得为学有头脑,所立之体大,因而其修(力)更为有所依循,所成之用亦大。

塘南最终还将悟修之关系表达为"性与修"之关系,强调"即性即修"。

> 或谓性无为者也,安所事修?至于意而善恶分,于是乎有修。予谓意自性生,则即谓性之意可也。意之修,孰能使之修哉?则即谓性

---

① 《友庆堂合稿》卷四《三益轩会语》。
② 《孟子·万章下》,朱熹:《孟子集注》,《四书章句集注》,上海古籍出版社、安徽教育出版社2001年版,第371—372页。

之修可也。故即性即修，若谓修无关于性，便落二见。①

塘南认为，在性意关系上，"意自性生"，因此，意之修实即性使之修，也就是对于意的修治的工夫实际上以所悟得的性体为依循。正基于此，此时的修，亦可称为"性之修"。此是即性即修之含义。如果认为，修实无关于性，那么是将性意分而为二，是将悟修分而为两种不相关的工夫。就此而言，塘南先悟后修的工夫，实际是在于强调"即性即修"，强调悟后之修实是以所悟之性为依循，是性使之然的修，而不是未悟性体而盲目修治的工夫。

正是在此意义上，塘南指出，"全修是性，全性是修"。

> 善学者，自生身立命之初，逆溯于天地一气之始，穷之至于无可措心处，庶其有悟矣。则信一切皆性，戒惧于一瞬一息，以极于经纶事业，皆尽性之实学也。故全修是性，全性是修，岂有二者并致之说？②

塘南认为，有悟之后，则能信得一切皆本体流行。因此，于一瞬一息上戒惧，以极于经纶事业，皆尽性之实学。只有在悟性之后，才可以称"全修是性，全性是修"。此时性实是修的依循，而修实是性体的进一步呈现。性修非"二者并致"。同时性实是由悟得，因此，悟修亦非"二者并致"。由此亦可解释塘南反对师泉悟性修命为二功之用意之所在。

在阳明后学的论辩中，悟修关系是一条潜在的线索。阳明对"天泉证道"的当事者德洪与龙溪即有"悟"与"修"的指示，并将此与人的根器相联系，上根之人，工夫在于悟，中下根人，工夫在于修。在此基础上，塘南强调先悟后修实际上亦是强调先通过与根器相关的悟而能于本体"实有诸己"，化隐为显；在此基础上，以显在的本体为依循而进行下一步的修养工夫。

---

① 《友庆堂合稿》卷四《潜思札记》甲辰（1604）。
② 《友庆堂合稿》卷四《病笔》甲辰（1604）。

2. 修之贯通

在悟修关系上，塘南不仅强调始悟后修，而且还强调修之贯通。塘南指出：

> ……修之云者，切己砥策，操持精研，以求透性之功也。修之之极，究到水穷山尽处，智所不能入，力所不能加，无可凑泊，恍然自信，始有悟焉。悟后更无他为，只一味默默称性而修而已。故修之一字，自始学至入圣，彻始彻终，无有止息之期，故曰学而不厌也。①

此条材料既提及悟前之修，又提及悟后之修，同时将整个道德修养过程亦称之为修。在此可从悟前之修、修极而悟以及悟后之修三个方面进行论述。

（1）悟前之修

对悟前的状况，塘南这样形容：

> 未悟之先，非冥行而漫作也。第所见未彻，姑就其见之所及，操持而力诣之。盖始也，见一路可入，遵而行之。既久，自觉隔碍，则不得已，更寻方便，密参显证，于无路处觅路。质问师友，复自己切实钻研，一以透性为宗，尤未能顿彻，则不得不屡离住场，一切刊落，以求实际。此正古人择善之功，必如是坚志苦修，决不退转，出万死之力，必期自得其本性而后已。硬著脊梁，谨著步趋，到得智穷力竭之日，必有悟矣。若自己不致力真参实证，只向古人公案及随先辈口吻，以意识卜度，依傍和会，才见影响便谓有悟，此是无志者所为，非学也。②

此可从以下几个方面来说明塘南对悟前之修的理解。

其一，此修为"真参实证"之修。未悟之先，并非冥行而漫作，而要能够"真参实证"。所谓真参实证，即有参有证。塘南举自身之例来说明

---

① 《友庆堂合稿》卷五《静摄寤言》乙未（1595）。
② 《友庆堂合稿》卷五《静摄寤言》乙未（1595）。

此种过程。"见一路可入"此是参，"遵而行之""自觉隔碍"则为证；"不得已，更寻方便"则为参，"质问师友""切实钻研"则为证。此是一种不断寻求所得又不断有所反省与自觉，从而"屡离住场"，"必期自得其本性"的有参有证之过程。若是参公案、袭口吻，臆测附会，冒认影响为真悟，此乃参而不证，非真参实证。

其二，此修为"切己体认"之修。塘南所提及的"自己切实钻研"即此意。此为塘南工夫论的一个重点，直到 83 岁时，塘南还在强调："切己体认之修，真积力久而豁然通，乃为真悟，未有不修而能真悟者也。"①"切己体认"前文在论及彻本体工夫的实质时已经详言，其主要是使得本体之天然由隐而显，从而具有"当下"之意味。因此，"切己体认"之修，也就是要"密密切己深求"，"得其真趣，则如食者，既知滋味，则嗜好愈笃，自不肯歇手"。如此才能保持修的过程的持续性。"不然则如嚼木札相似，久而无味，不免颓废矣。"② 由此可见，切己实是悟前之修的一个重要指向，若是离开切己，则与由自身而决定的"真趣"相离，修的过程便无法得以继续。

其三，此修为"坚志苦修"之修。如果说"得其真趣"是使其后的修得以持续的动力所在，那么志向则是悟前之修的坚定目标，塘南称之为"坚志"。塘南强调为学要"坚志苦修，决不退转，出万死之力"。有人指出，为学"只由一路顿入，便可透脱，何至艰苦费力？"对此，塘南认为："生知上圣非吾侪所及，其次真有志、实用力者，即一路之中，更有歧路焉，则未免疑而求通，窒而思奋，困心衡虑，而后渐入，亦不得不然耳。先儒谓学贵善疑，大疑则大进，小疑则小进，盖未能顿彻而志愈励，不以一蹊一径聊且自安，而更期远到，乃不得已弃旧即新，必前无却，精进固如是也。孔子所谓'学问思辨，弗明弗措，以至己百己千'者，殆谓是与？"③ 为学要"真有志、实用力"，要能够"疑而求通，窒而思奋，困心衡虑"。"未能顿彻"之时"志愈励"，而不是据"一蹊一径，聊且自安"。此是孔子所言的"弗明弗措""人一己百""人百己千"之过程。此必要有坚志，才能够坚持。

---

① 《友庆堂合稿》卷四《潜思札记》甲辰（1604）。
② 以上引自《友庆堂合稿》卷二《与王敬所》甲辰（1604）。
③ 《友庆堂合稿》卷五《静摄寤言》乙未（1595）。

同时，塘南亦称此过程为"苦修"。塘南言："今学者自恃高明，不屑于下学者多矣。闻吾苦修之说，大似可笑，譬如膏粱子弟，享用现成，骄贵自恣，孰知寒门下士，忍饥受冻，辛苦勤劬，以自表见者，如此其难哉？虽然，现钱易使，自在不成人，俗谚亦未可忽也。"[1] 在此，塘南用只知享受现成的膏粱子弟与寒门下士辛苦"以自表见"来表明其苦修之说的用意，实是在于反对那种"自恃高明"而"不屑于下学"的时弊。此乃塘南强调苦修的原因之所在。此处的"苦"只是相对于"享用现成"的"膏粱子弟"而言，与相对于自身而言的"得其真趣"之"乐"之间并不矛盾。

其四，此修为"务彻本原"之修。塘南为学强调彻悟本体，"直透其性"。"人自有生以来，一向逐外，今欲其不著于境，不著于念，不著于生生之根，而直透其性，彼将茫然无所倚靠，大以落空为惧也。不知此无倚靠处，乃是万古稳坐之道场，大安乐之乡也。"[2] 要直透其性，即要无所倚靠，此无所倚靠，即指修。针对此种既强调修，又能强调透性的情形，"或谓：学者直透本性，合下了无一事，岂有多歧之疑？彼屡疑者，舍本逐末之失也"[3]。对此，塘南则指出，"学以透性为宗，此诚学之准的也"，但是与冒悟自足者相比，此"屡疑"是"未逢真处更求真，志于入圣者固如是"之表现。[4] 由此来看，此疑即修。此虽非直透本性之悟，但是以直透本体为标的，而非点检末节。"谈修者云'念念隄防，事事检束'，然或执名相，局焉徇迹，而昧天真之本然，则于道也未彻矣。"[5] "执一节一行以为修，而不悟性者有之。"[6] 而塘南所强调的是彻悟本体之修。塘南言："终日密密，切己体认，剥落枝蔓，务彻本原，即所谓修也，故修非从[7]点检末节之谓也。"[8] 由此可见，透性之修与点检末节之修的区别实在于其是

---

① 《友庆堂合稿》卷五《静摄寤言》乙未（1595）。

② 《友庆堂合稿》卷四《三益轩会语》。

③ 《友庆堂合稿》卷五《静摄寤言》乙未（1595）。

④ 《友庆堂合稿》卷五《静摄寤言》乙未（1595）。

⑤ 《友庆堂合稿》卷六《书卷赠王林二生还琼州三条》戊戌（1598）。

⑥ 《友庆堂合稿》卷四《潜思札记》甲辰（1604）。

⑦ 唐鹤徵：《宪世编》卷六《塘南王先生》以"从"为"徒"，似更合理，参见《四库全书存目丛书》（子部），第12册，第838页。

⑧ 《友庆堂合稿》卷四《潜思札记》甲辰（1604）。

否以“务彻本原”为标的。只点检末节而不务彻本原，充其量也只能做一个无破绽之人，而不能深达本体。只有务彻本原，切己体认，才是真修，才能达到真悟。

（2）修极而悟

悟前之修为真参实证之苦修，为渐修。塘南指出：“……但潜心体认，绵绵密密，勿冒认，勿造作，久当有悟也。”①此“潜心体认，绵绵密密，勿冒认，勿造作”，即言修；“久当有悟”，即言修后而悟。前者为渐修，后者为顿悟。在渐修与顿悟的关系上，塘南指出：

> 或谓：必修而悟，然则顿悟之说非与？曰：顿悟者，非不修而悟也。如伐木者，斤斧交加，竟以一斧而断绝；如登山者，攀跻累及，竟以一步而陟巅。徒指其已陟已绝成功之际而言，则谓之顿可也。倘不由斤斧攀跻之勤，而徒顿之羡，其不至于对塔说相轮者，鲜矣。②

“必修而悟”，是否表明顿悟之说为非呢？塘南认为，顿悟并非不修而悟。如伐木，斤斧之交加则为渐，一斧而断绝则为顿；如登山，攀跻之累则为渐，一步而陟巅则为顿。因此，就已陟、已绝而言，可称之为顿，但若舍渐的工夫而羡其顿之结果则不可。塘南认为顿是修极而导致的结果。为学的过程实是一个脚踏实地的“渐进”过程。“大率学贵步步踏实地，所谓登塔未即见顶，而去顶渐近者也。彼恃虚见而无实功者，如对塔顶而遥赞其妙，然去塔顶甚远也。”③

在修与悟之关系上，亦有人提出，“始生而顿悟”，“不识字，乍闻一言而顿悟”，此“皆不假修而入”。④ 对此，塘南则认为：

> 是有宿因乘愿力而来者，非凡流也。彼宿因之修，已入圣境，故乘愿而来，现迹如是。知此则知予所谓自古未有不修而悟者，真非诳

① 《友庆堂合稿》卷一《答刘以刚》戊子（1588）。

② 《友庆堂合稿》卷五《静摄寤言》乙未（1595）。

③ 《友庆堂合稿》卷一《与贺汝定》庚寅（1590）。

④ 塘南通过反时弊而对修之必要性进行强调还体现于其1600年所撰的《赠别陈文台》（《友庆堂合稿》卷六）中。

语矣。①

塘南借用佛学的观点表明，即便是"始生而顿悟"，"不识字，乍闻一言而顿悟"，究其原因，亦存在着"宿因之修"。正是其宿因之修已到极致，才有今世当下顿悟。此是塘南强调"未有不修而悟者"所诉诸的佛学上的根据。前文在言及彻本体的历史根据时，尝指出塘南引《楞严经》之语来说明彻本体之必要。若将彻本体理解为悟，那么也可以说，塘南对悟修必要性的理解皆有诉诸佛学的倾向。

修极而悟乃是真悟，真悟即"真修而悟"。"由真修而悟者，实际也；由见解而悟者，影响也。此诚伪之辨也。"② 真修而悟，所悟为性体之实际；而以见解而悟，所悟只能得其影响。前者为诚，后者为伪。真悟之后，又如何看待悟前之修呢？

> 或谓：修极入悟，既悟之后，则向者之修皆妄也，得无枉用其力乎？曰：非然也。砂石尽排，真金始露，排砂之力甚繁，得金之效至约，约于收效，非由繁于致力不能也。修之多方，正圣门所谓博学者，厥功大矣。③

塘南认为，此修与悟的关系，实是"砂石尽排"与"真金始露"的关系。前者为繁，后者为约。无是繁之工夫，则无是约之效验。塘南亦指出修之多方，博学者，此于真悟功不可没。因此，不可以悟前之修为妄而加以否认。

以上是言悟前之修与顿悟的关系。塘南言："真悟难与人言，所谓哑子吃苦瓜是已。凡可与后学言者，惟指其入悟之方，非能直吐其所悟也。"④ 强调悟前之修，此是以"入悟之方"指示后学。真悟难与人言，不可言传。

由此来看，在塘南先默识后敬存的工夫论系统中，悟前之修实是彻本

---

① 《友庆堂合稿》卷五《静摄寤言》乙未（1595）。
② 《友庆堂合稿》卷五《静摄寤言》乙未（1595）。
③ 《友庆堂合稿》卷五《静摄寤言》乙未（1595）。
④ 《友庆堂合稿》卷五《静摄寤言》乙未（1595）。

体的入手方式，而修极而悟，此可有两种指向，一是指彻悟本体之义，在此意义上，为学的过程实一悟便了；一是指默识本体之义，在此意义上，还有悟后之修的工夫。塘南强调修贯于悟前悟后，实是就后一种意义而言。悟后之修在前文强调"后修"时已经有所论述。在此主要对悟后之修的效验进行论述。

（3）悟后效验

悟后之修既有工夫义，又有效验义。就效验义而言，塘南指出：

> 悟心体者于行事必尽善，但不区区焉以善事留滞于胸中耳，所谓夫焉有所倚也。岂曰事无善恶，遂不屑砥节励行而反甘为寡廉鲜耻之事，而恬不为愧乎？若然，则是无善而有恶也，安得谓事无善恶乎？①

真悟心体，则行事必善。由此逆推，若行事不善，则必未达真悟。不仅如此，真悟心体还能够不以善事滞留于心。由此逆推，若将善事滞留于心，则必未达真悟。效验之正负，正是鉴别真悟心体与否之良方。不以善事滞留于心，内心无所倚，此是阳明所言的"无善无恶心之体"之含义。若因阳明之言而以为"事无善恶"，借此之名而"不屑砥节励行"，"反甘为寡廉鲜耻之事"，此实是"无善而有恶"，不可谓"事无善恶"。由此来看，就效验而言，悟后之修，一方面要求行事必善，另一方面要求内心对善无所倚著。

就行事必善而言，其前提是对人伦之理的肯定。塘南亦将此悟后之修的效验义用于三教之辨中。塘南指出：

> 如佛老自谓悟性，而遗弃伦理，自孔门观之，正是不知性，故曰不知味也。②

塘南所处之中晚明，三教会通，与前代相比，不论在广度上还是在深度上，皆可谓首屈一指。时较为流行的观点认为，儒佛见性同，作用不

---

① 《友庆堂合稿》卷四《三益轩会语》。
② 《友庆堂合稿》卷一《答钱启新邑侯八条》戊子（1588）。

同。塘南思想中三教会通之色彩虽然明显，但是在儒佛之辨上，塘南并不认同此种流行的观点。塘南认为，儒佛之辨在于其"初志"不同，导致其"见性"不同，进而导致其"作用"不同。①"作用"，在此条材料中，则是指悟后之效验。塘南由其"遗弃伦理"之效验而指出，佛老与儒家在"悟性"（知性、见性）上不同。

不仅如此，塘南以人伦之理之存有这一效验对悟的工夫进行真假判断。"彼得其似性，而误以为真性，侈然自足，而竟荡无所归者，或不少矣。"② 此是冒悟。悟后必"兢兢业业"，"常有不敢之心"，③"小心翼翼，动不逾矩"④。此是真悟。"未有悟性而毁节逾闲，染声利而伤名教者。"⑤此是塘南对真悟的人伦与教化特征的强调。对于真悟与冒悟，塘南又言：

> 真悟后，一瞬一息，皆归本原，发必中节，事事皆协天则，所谓顺性以动，即修是性，天行之健，宁有停歇之期？若谓悟后无修，则必非真悟，总属虚见。又或谓：悟性者⑥，任情恣行，不由矩矱，皆是妙用，何必言修？此大邪见，入魔道矣。⑦

真悟通过悟后一切皆归本原、发必中节、事事协天则之效验来体现。而冒悟主要体现为"悟后无修"，"悟性者，任情恣行"，"皆是妙用"。塘南认为，后者乃是"大邪见，入魔道"。塘南言："彼任情妄动，步步蹈

---

① 塘南言："释氏所以与吾儒异者，以其最初志愿在于出世，即与吾儒之志在明明德于天下者分涂辙矣。故悟性之说似同，而最初志愿之向往实异。最初之志愿既异，则悟处因之不同。悟处不同，则作用自别，非谓释氏之悟性如宗门止于洁洁净净而已，吾儒则既能悟性，而又能通好恶于天下也。"引自《友庆堂合稿》卷二《答唐凝庵》壬寅（1602）。

② 《友庆堂合稿》卷五《静摄寤言》乙未（1595）。

③ 塘南言："……真识生几者，则必兢兢业业。故孔子所谓'不足，不敢不勉；有余，不敢尽'，方为实学。盖圣人真识生几，则常有不敢之心。今后学亦有自谓能识生几者，往往玩弄光景，以为了悟，荡无检束，则涉于无忌惮之中庸矣。"（《友庆堂合稿》卷一《答王梦峰》）

④ 塘南言："学者果能透到水穷山尽，最上之上，更无去处，然后肯信当下，小心翼翼，动不逾矩，便为究竟耳。"引自《友庆堂合稿》卷二《寄刘公霁》壬寅（1602）。

⑤ 《友庆堂合稿》卷四《潜思札记》甲辰（1604）。

⑥ 唐鹤鹤：《宪世编》卷六《塘南王先生》中无"者"字，参见《四库全书存目丛书》（子部），第12册，第839页。

⑦ 《友庆堂合稿》卷四《潜思札记》甲辰（1604）。

迷，而口口谈悟，此末世学者自诳诳人之坑阱，所当痛戒。"① 塘南还将此种以冒悟为悟的时弊视为"以鸩毒为珍馔"。"彼高谈悟性，乃以纵情妄动皆为妙用，是以鸩毒为珍馔矣。"② 与此相似的提法还有"以浮识称悟"，塘南喻之为"是傭丐而谈王侯之贵"③。"彼以影响之见为有悟，且以切己之修为下乘，遂未免袭奇僻而越准绳，将导人于侈焉无忌惮之归，其流弊可胜言哉？"④此亦是"无忌惮之中庸"。"今后学亦有自谓能识生几者，往往玩弄光景，以为了悟，荡无检束，则涉于无忌惮之中庸矣。"⑤ 由此可见，冒认有悟是当时之时弊，在性质上，其或为"虚见"，或为"大邪见"，而塘南通过悟后之修的效验对其进行批判。

以上是就行事必善而言。除此而外，悟后之效验还体现为内心对善的无所倚著。塘南将有所倚著归结为"执下遗上"。

如果说佛老之"悟性"可视为"执精遗粗"，塘南亦反对"执下遗上"。塘南言："凡悟道未尽者，执下则遗上，执精则遗粗，是未能执两端而用中也。惟舜之大智，精粗本末，融贯无二，是谓执两端而用中。"⑥ 与悟前之修具有反冒悟与反枝节两层用意相似，悟后之修实又从效验的角度既反对执精遗粗、悟性而弃伦理，从而反对时弊中的冒悟，又反对执下遗上。

所谓执下遗上，即指执枝节而遗贯彻，形成"落于枝节"之学弊。塘南言：

> ……若徒以洁洁净净为自了，而好恶不能通于天下，则是著空离物之见，人我未融，是即谓之未悟也，……果能真悟此性，则亲亲仁民爱物，自不容已，此是万物一体之实事，总之不越乎真悟也。盖未发之性，充塞宇宙，贯彻古今，无内外彼此久暂之可言。惟万古未发，故万古能通天下为一身。若一落枝节，便有不周不遍之处矣。彼

---

① 《友庆堂合稿》卷六《吴心准问学手书四条酬之》。
② 《友庆堂合稿》卷六《书邹子予扇》。
③ 《友庆堂合稿》卷五《〈仁友会约〉后跋》。
④ 《友庆堂合稿》卷三《安节先生日省编序》甲辰（1604）。
⑤ 《友庆堂合稿》卷一《答王梦峰》。
⑥ 《友庆堂合稿》卷一《答钱启新邑侯八条》戊子（1588）。

只以洁洁净净为自了，则与本性之充塞贯彻者不相似，此正是未悟。①

塘南认为，真悟必能亲亲仁民爱物之不容已，行其万物一体之实，融通物我，贯通万物。如此即做到内心对善无所倚著。若是"徒以洁洁净净为自了，而好恶不能通于天下"，其所悟实非"万古能通天下为一身"之真悟，而是"人我未融""不周不遍""落于枝节"之冒悟、未悟（未能真悟），其本质是内心对善有所倚著。

有基于悟后之修的以上两重效验之间的上下本末精粗之关系，塘南强调"执两端而用中"。"惟舜之大智，精粗本末，融贯无二，是谓执两端而用中。"② 此是塘南中道观在悟后效验义层面的使用。

以上是从悟前之修、修极而悟、悟后之修之效验三个层面展现塘南所强调的修对整个道德修养过程的贯通。此修，即修命。"修命者，尽性之功。似不当以性命对举而并修之也。"③ 对于尽性即整个道德修养过程而言，修命实贯通前后。此贯通之修，即养气之修。"性善存乎悟，养气存乎修，不修而谈性，虚见终悠悠。"④ 离开此贯通之修，"谈性"终是"虚见"。

3. 再析悟修

以上是塘南对悟修关系的两重理解。始悟后修在强调悟的倾向上体现了塘南彻悟本体的工夫论原则，而修之贯通体现了塘南工夫论的反时弊倾向。塘南对悟修关系的理解实可以从以下几个方面进行评价。

（1）先悟后修与先修后悟的矛盾及其解决

塘南所强调的悟前之修、修极而悟，无疑体现出先修后悟之倾向。此与先悟后修的提法截然相反。在塘南的思想中，两者之间的关系应作何处理，此是一个值得关注的问题。在此，不妨从塘南在63岁所出的《三益轩会语》中对白沙与阳明之学的不同评价开始探讨。

---

① 《友庆堂合稿》卷二《答唐凝庵》壬寅（1602）。唐鹤徵：《宪世编》卷六《塘南王先生》有言曰："此即答不肖书。"参见《四库全书存目丛书》（子部），第12册，第842页。

② 《友庆堂合稿》卷一《答钱启新邑侯八条》戊子（1588）。

③ 《友庆堂合稿》卷一《答萧勿庵》丁酉（1597）。

④ 《友庆堂合稿》卷七"古诗"《病中口占三首》乙巳（1605）。其中第一首言："孟子悟性善，其功在养气。千古作圣诀，于此发其秘。性善存乎悟，养气存乎修。不修而谈性，虚见终悠悠。"

　　阳明先生之学，悟性以御气者也；白沙先生之学，养气以契性者
也。此二先生学所从入之辨也。①

　　阳明之学是悟性以御气，白沙之学是养气以契性。若从悟修关系的角
度来理解，前者实际上是以悟性为工夫、御气为效验，主要倾向于先悟后
修的模式；后者则以养气为工夫、契性为效验，主要倾向于先修后悟的模
式。塘南指出，此为二先生"学所从入"之不同。由此来看，先悟还是先
修，乃"学所从入"之区别。于此塘南实是肯定了为学的悟、修两种入手
工夫。

　　与此相类似的是，塘南指出颜子与曾子在为学方式上有所不同，孔子
之指点亦有不同。此亦可以为上述问题的解决提供更进一步的参考。

　　性不容拟议，不容凑泊，无可措心处。颜子却合下便欲探此性，
而有之于己，宜其仰钻瞻忽而无得也。夫子乃教以博文约礼，于用上
致力，而性即在是矣。若曾子，入手却先从随事精察处着力，又未悟
其本也。夫子乃有一贯教之。颜曾所从入不同，夫子之点化亦异
如此。②

　　若从悟修的关系来看，颜子欲探此性"有之于己"，实是主张先悟，
而曾子"先从随事精察处着力"，实是主张先修。此是两种入手工夫。塘
南对此进行肯定即肯定本体工夫的具体实施的多样性，也包括入手工夫的
多样性。就孔子的指点的必要性来看，悟性之后要于博文约礼上用力，此
是强调悟后须有修；修为之后要明"一贯之道"，此是强调修后须有悟。

　　由此来看，悟与修实是独立的过程。前悟后修，前修后悟，只是入手
方式之不同。塘南强调为学方便之门亦多端，因此，对于此两种不同入手
方式所导致的为学过程之差异，塘南并不以矛盾论之。此是一种兼容的视
角，是通过不同道德修养过程的前前对比与后后对比而展开的。然而，在

---

　　① 《友庆堂合稿》卷四《三益轩会语》。
　　② 《友庆堂合稿》卷四《三益轩会语》。

严格意义上，矛盾仍然存在，需要通过同一道德修养过程的前后对比来作出更为实质性的分析与把握。

（2）对悟后之修之效验义以及修贯前后的再思考

在同一道德修养过程中，如果悟后之修只有效验义而无工夫义，那么先修后悟就应代替先悟后修，矛盾则不再存在。因而问题的关键在于悟后之修的工夫义与悟后之修的效验义在何种意义上进行区别？此是一个难题。在此不妨从塘南对作为工夫的悟前之修与作为效验的悟后之修的理解来分析，从而为难题的解决提供思路。

> 学未得道者，其日用修为，不免有滞迹，有英气，有执心；得道者，日用修为，如水不浪而通流，如鉴无情而普照。此未易能，盖养盛而自致耳。若于道未得，修焉自放，曰我能忘机自然，此正色取仁而行违者，非入道真功也。①

学未得道，此是悟前，其修不免滞于迹，有英气，有执心。而得道者，则是指彻悟之后，此时的日用修为自然而然，不涉人力之修。此是"养盛而自致"的状态。此乃悟后之效验。因此，从工夫义的悟前之修到效验义的悟后之修，实是一个由"有滞迹"逐步走向"养盛而自致"的过程，此是一个人力所涉逐步减少而自然性逐步增加的过程。由此来看，悟后之修的效验义不仅在于前文所言及的其具有"兢兢业业""常有不敢之心""小心翼翼，动不逾矩"以及"发必中节，事事皆协天则"② 这些具有"修"之倾向的性质，而且还具有"无修"倾向的自然而然、"养盛而自致"的性质。无疑后者已经取消了"修"的意义。严格来说，此时已不能称为"悟后之修"，而只能言其为"悟后无修"。

正基于此，此种作为效验义的悟后之修所具有的"自然"义，塘南有所自觉，但强调不多。究其原因，塘南实有立言防止流弊产生的考虑。塘南认为，那种未悟而自放者，自称为自然，实是"色取仁而行违者"，非入道之真功。由此可以推论，要是过于强调悟后之修之效验义上的自然

---

① 《友庆堂合稿》卷五《静摄瘖言》乙未（1595）。
② 《友庆堂合稿》卷四《潜思札记》甲辰（1604）。

性，此必然为那些未悟而冒悟以强调自然的为学倾向提供借口，从而导致流弊。一方面要防止产生流弊而须强调悟后之效验具有修的性质；另一方又要说明悟后效验上的自然"无修"的性质，两者如何进行会通，无疑亦是塘南思想强调悟后效验所面临的问题。

塘南有言曰："学问到结束处，只是自得其本心而已，非于本来添得一毫精采也。故学到至处，愈平淡，愈帖帖就实地，兀然如愚，是谓见素而抱朴也。若意气夸张，才涉一毫炫露，便是的然日亡，适足以占其为义袭而取者矣。"① 为学实是一个渐趋平淡的过程。此平淡，一方面与"见素抱朴"相联系，从而与"意气夸张"、涉有"炫露""义袭而取"之冒悟相区别；另一方面与"自然"相联系，从而与"不能自得本心"、于本心上有所添加的造作相区别。就后者来看，塘南尝言："真觉本无起觉之相。学者或执精明为觉，反于自性上妄增一障，所谓犹如太虚生闪电也。"② 此处的真觉，实是指真悟，真悟并无"起觉之相"，无执心。此即强调了真悟之后的平淡所具有的自然性。"平淡"一词对悟后效验之修与无修两种性质的会通，实际上使得为学之过程变成一个从"有滞迹""不自然"的悟前之修走向平淡的过程。

此种从不自然走向自然的趋势也体现在作为工夫义的悟后之修与作为效验义的悟后之修之间。此在后文将进一步探讨。正如前文所言，悟前之修为塘南彻悟本原的入手工夫，亦可视为默识本体的入手工夫。悟后之修则属于敬存的工夫论系统，其所具有的工夫论层面与效验论层面的含义又丰富了敬存工夫系统的内容。

正如塘南先默识后敬存的工夫论体系中，敬存首先是工夫，在塘南先悟后修的工夫论架构中，后修亦首先指向工夫义。因此，修贯通前后，更当从工夫义的角度进行分析。

> 学明本心，必密密体认，研精入微，久之而后有得。夫体认入微，即谓真修，是悟由修得也。既云有悟，岂遂废修哉？必就业保任，造次颠沛不违，以至于子臣弟友，慥慥相顾，是修之无尽，即谓

① 《友庆堂合稿》卷五《静摄寱言》乙未（1595）。
② 《友庆堂合稿》卷五《静摄寱言》乙未（1595）。

悟之无尽也。①

在修悟关系上，"密密体认，研精入微"，此是悟前之修，真修以入悟。在此意义上，悟由修得。此悟实为初悟。有悟之后，亦不废修，而是要"兢业保任，造次颠沛不违，以至于子臣弟友，慥慥相顾"，此是悟后之修。塘南指出，悟后言修，修之无尽，此即悟之无尽。由此可以看出，悟后之修，亦是广义的悟的工夫。此是走向彻悟之义。在此意义上，道德修养过程就是一个修贯悟前悟后的过程，亦是一个由修而悟，悟后有修，修之无尽、悟之无尽的过程。比较而言，可以说，悟前之修是有尽的，而悟后之修是无尽的。

贯通以上内容来看，作为工夫义的悟后之修是无尽的，而作为效验义的悟后之修是自然的。

（3）反时弊之倾向以及对时弊之比较

据前文的分析可知，在塘南之思想中，无论是悟前之修、悟后之修，还是修前之悟、修后之悟，皆具有反时弊之意义。此亦是塘南复杂修悟关系背后的本旨。塘南明确反对悟而不修与修而不悟两种错误倾向。

> 谈性者云"一悟便了，何必修为"，然或凭虚见，荡然恣放，而以习气为天机，则于道也斯悖矣。谈修者云"念念隄防，事事检束"，然或执名相，局焉徇迹，而昧天真之本然，则于道也未彻矣。夫性修非二也，真性之修，至约而不烦；真修之性，至密而不漏。故无不修之性，无不性之修，善学者当自得之。②

"谈性者"主张"一悟便了"，而或"以习气为天机"，此是悟而不修，亦是上文所言的"执上遗下"。"谈修者"主张念事上的检束，而或"执名相"，此是修而不悟，亦是上文所言的"执下遗上"。值得注意的是，塘南在此两种时弊之间实有所比较。塘南认为，前者是"于道也斯悖"，后者是"于道也未彻"。无独有偶，塘南尝言："惟近世谈者，或

---

① 《友庆堂合稿》卷三《安节先生日省编序》甲辰（1604）。
② 《友庆堂合稿》卷六《书卷赠王林二生还琼州三条》戊戌（1598）。

谓本性无可濯暴，污杂原自不染，故有一悟便了之说。然往往脚跟不踏实地，当下渗漏，总成虚见。其有真实濯暴以去污杂者，又未免执念著物，矻矻穷年，未有廓清之期。虽不失为君子，然恐未得谓之闻道也。"① 时弊中主张一悟便了之倾向，实成虚见，而拘于枝节者，"虽不失为君子"，但"未得谓之闻道"。此亦表明，塘南更为反对前一种时弊。在塘南看来，前一种时弊作为弊的程度无疑要甚于后者。此是分而论之。

总体而言，正是基于反对此两种时弊，塘南认为，真性之修，实是"至约而不烦"，而真修之性，则"至密而不漏"，无"不修之性"，即指无"不修之悟"；亦无"不性之修"，即指无"不悟之修"。此是塘南对悟修不离的强调。

尽管为反对一悟便了这一更大的时弊，塘南强调修贯通道德修养整个过程，但是联系塘南的工夫论系统而言，其更为偏重前悟后修之义理架构。在道德修养的整个体系中，强调"先默识后敬存"是塘南工夫论的关键所在，此更类似于先悟后修的模式。而"先修后悟"模式实可以在"先默识后敬存""先悟后修"的工夫论框架中得到化解。先修后悟模式中对于修的强调，即可视为默识工夫中"默"的过程，可视为"入悟"的方式。正是基于这样的化解，塘南言："……学必由悟入，必定静安虑，而后有悟，此不易之论也。"② 也就是言，学由"悟入"，此是先悟而后修的工夫论框架，但是须"定静安虑，而后有悟"。"定静安虑"之修，实就是悟的入手方式。

塘南悟修关系的理解中对于修的强调不外乎两种，一是悟前之修，一是悟后之修。前者已经融合到塘南的工夫论框架中，而后者主要有工夫论与效验论的双重倾向。就效验论而言，"悟后之修"之"悟"为彻悟，此点亦可以为先默识后敬存、先悟后修的工夫论框架所涵盖。就工夫论而言，"悟后之修"恰是先悟后修的工夫论系统中"后修"的另一种表达。

由以上的分析来看，塘南思想中先修后悟与先悟后修两种模式作为为学两种入手工夫，可以贯通为修贯悟前悟后的工夫论系统即"修——悟——

---

① 《友庆堂合稿》卷二《答徐鲁源》辛丑（1601）。
② 《友庆堂合稿》卷二《答唐凝庵》壬寅（1602）。

修"系统中的两个组成部分。在第一部分即"修——悟"中，入手工夫和彻本体工夫实为两种工夫，而在第二部分即"悟——修"中，入手工夫与彻本体工夫实为一种工夫。此是先悟后修与先修后悟两种入手工夫的最大区别。当然，此是从为学阶段的不同起点来会通先悟后修与先修后悟的关系。而塘南在总体倾向上，则是以与先默识后敬存相接近的先悟后修之模式来化解先修后悟之模式，而最终形成自身面相复杂、极具特色的悟修关系。

综上所述，塘南看似复杂的悟修关系，只有联系其彻悟本体的工夫论原则指导下的先默识后敬存的工夫论基本框架，才能得到较为清晰的说明。先默识后敬存的工夫论系统实是表达先悟后修的思想，而塘南强调识悟本体的入手工夫时，实际上所论及的是由修而悟的思想。因此，明析了塘南的修悟关系，亦可以理解塘南在彻本体工夫与为学入手工夫之间时而相吻合、时而相区别的辩证关系。由此来看，不仅先悟后修表达了塘南工夫论先默识后敬存的特色，而且修贯悟前悟后丰富深化了塘南先默识后敬存的工夫论系统。

毋庸置疑，塘南对于"修"的强调是为了反两种时弊中更大的时弊，即反有悟无修之时弊。正是在此意义上，吴震先生认为"悟由修得"是"塘南所坚持的工夫论意义上的基本原理"。① 尽管反更大的时弊是塘南悟修关系中强调"修"的动力所在，但是塘南并未因此而将整个工夫论系统定位为"先修后悟""悟由修得"，而是在先默识后敬存、先悟后修的框架中对修进行强调。也就是说，塘南虽强调修，但其更为重视悟。先悟后修的工夫论框架才是塘南为学的义理主线，兼顾了反两种时弊的考虑。

在义理之需与反时弊之需两者之间，于塘南而言，前者更为重要，后者只能兼顾。② 正基于此，先悟后修更能体现塘南悟修关系的基本特色。

---

① 吴震：《王时槐论》，《聂豹 罗洪先评传》，南京大学出版社2001年版，第289页。

② 不论义理之需与反时弊之需是否合而为一，反时弊之需只是动力所在，义理之需才是为学特色。在此点上，一方面要晓畅兼顾反时弊之需并不意味着义理之需在反时弊之需之下，那种以双江、念庵、塘南兼顾反时弊之需为其以"反时弊之需取代义理之需"的论断，实甚主观。另一方面，特别是当反时弊之需与义理之需相一致之时，其中义理之需的揭示尤为重要，只有如此，才能显出义理上的意义。具体到塘南而言，反时弊之需（更大的时弊）与义理之需的不一致，处理不好，实亦可能导致其义理上的不圆融。问题的关键是要避免其极端化为悟而不修、修而不悟。就此点而言，塘南虽重悟甚于重修，但是其仍是强调有修有悟而不至走向极端。基于反时弊之需，而不局于反时弊之需，从义理上进行反思，而产生义理之需，此实是立说的基本考虑。此于朱子、阳明如此，于龙溪如此，于双江、念庵、塘南更是如此。

此种特色后来亦为袁中道（1570—1623）① 所提及。袁氏指出："东越良知之学，大行于江以西，而庐陵尤得其精萃，盖东越之学以悟入之，以修守之。近世一二大儒于本体若揭日星而其行事之迹，未免落人疑似。惟塘南先生广大绵密，庶几兼之。"② "近世一二大儒"或指龙溪后学、泰州后学等，其强调良知见在、自然，于本体"若揭日星"，但是由于不强调"以修守之"，遂成时弊。而塘南思想"广大绵密"，兼及悟修，既"以悟入之"，亦"以修守之"。

---

① 袁中道，字小修，湖北公安人。万历四十四年（1616）进士。与其兄宗道、宏道并有文名，时称"三袁"。
② 袁中道：《珂雪斋前集》卷九《枝江大令赵凤白初度序》，《续修四库全书》（集部），第1375 册，第557 页。

第五章 几微故幽 研几默识

——塘南工夫论中的研几思想

如果说彻悟本原、主于未发是塘南工夫论的原则与指向，先默识后敬存则是塘南工夫论的基本架构，先悟后修实是此种架构的另一种表达。以此为基础，分析塘南工夫论中颇具特色的研几与收敛思想，将会得出何种结论，不免令人期待。此章首先就塘南的研几思想进行考察。

王塘南在59岁首次提及"本心真机"①，在63岁以后的思想中，"几"出现之频繁令人惊叹。黄宗羲认为塘南的思想特征为"透性为宗，研几为要"，而塘南自己一方面于65岁时认为悟此生几是孔门求仁之旨，另一方面在79岁时又认为"生几"二字只是不得已的提法。塘南对生几论的评价，前后似有所变化。此是一个非常有意义的问题，其不仅关系着对塘南研几思想的评价，而且亦涉及塘南对阳明后学研几论辩的义理回应。在此处，笔者就塘南研几思想的渊源、演变及其本质进行考察，从而较为客观地呈现塘南研几思想的全貌，并对之进行定位与评价。

一 几、研几之历史渊源

关于"几"的历史渊源，在当下研究阳明后学的众多专著与论文中皆有所及。② 但是其中大多言及的是宋以前的几思想，而对于宋儒与明儒对

---

① 关于几与机，塘南未作明确区分，本书随原文用之。
② 专著如牟宗三《从陆象山到刘蕺山》、张学智《明代哲学史》、吴震《聂豹 罗洪先评传》、彭国翔《良知学的展开——王龙溪与中晚明的阳明学》等，博士学位论文如朱湘钰《平实道中启新局——江右三子良知学研究》、张卫红《罗念庵思想研究——以致知工夫为中心的生命历程与思想世界》等。

几的理解并未多加注意。研几本身的渊源对塘南研几思想极为重要，为了便于塘南的"几"的含义的呈现，亦为了避免重复，笔者此处主要从宋以前、宋儒、明儒三个时间段来论述塘南之前关于几的理解。

1. 关于"几"的简单追溯

（1）《周易》之几

《周易》中几的概念，主要体现在三个方面。其一，"研几""惟几"。《易传·系辞上》言："《易》，无思也，无为也。寂然不动，感而遂通天下之故。非天下至神，其孰能与于此！夫《易》，圣人之所以极深而研几也。惟深也，故能通天下之志；惟几也，故能成天下之务；惟神也，故不疾而速，不行而至。"此处的"几"与"深"相关，须联系寂然不动与感而遂通的关系来理解。既然寂然不动是感而遂通天下之原因，此处的几与深首先表达的就是与寂然不动相关的含义。而几与深的区别在于深能通志，几能成务。志是指内心的志向，而务是指客观的事务。

其二，"知几""几者，动之微，吉之先见者也""见几""庶几"。《易传·系辞下》言："子曰：'知几，其神乎？'君子上交不谄，下交不渎，其知几乎？几者，动之微，吉之先见者也。君子见几而作，不俟终日。《易》曰：'介于石，不终日。贞吉。'介如石焉，宁用终日，断可识矣。君子知微知彰，知柔知刚，万夫之望。子曰：'颜氏之子，其殆庶几乎！有不善未尝不知，知之未尝复行也。'《易》曰：'不远复，无祗悔。元吉。'"此处举君子"上交"与"下交"之合理状况来说明其知几并由此指出，"几者，动之微，吉之先见者也"，可以"见几而作"。"见几而作"说明此几实是一种有所呈现的事端。几首先是一种动，但是此动又是微而不彰。"庶几"则是言颜子知不善而未尝复行，几所表达的是未尝达于行的不善之端。由此来看，此时的几是动之端，是动之微，是事端，在其道德性质上可以为不善。

其三，"枢机"。《易传·系辞上》言："言出乎身，加乎民；行发乎迩，见乎远。言行，君子之枢机，枢机之发，荣辱之主也。言行，君子之所以动天地也，可不慎乎！"此处用"枢机"一词来表示关键点的含义。

其四，"几事"。《易传·系辞上》言："君不密则失臣，臣不密则失身，几事不密则害成，是以君子慎密而不出也。""几事"指审慎处事之意,此几作为动词使用。

以上实是就《系辞》所作的分析。后学论几,多是基于此。不仅《周易》言几,《尚书》亦尝讲到几。

(2)《尚书》论几

《书》:"安汝止,惟几,惟康。"此处的"几"与"康"恰好相对,表达的是思虑危险之所起、安宁之所生的含义,实亦是指几处要能够戒慎。由此来看,几具有危险之端的性质。

(3)《荀子》言几

荀子曾举《道经》中的"人心之危,道心之微"一词,并指出:"危微之几,惟明君子而后能知之。"荀子认为,人心道心之间的几,只有君子可以把握。荀子将几用于表达可人心可道心的一种不定状态。后来,此"几"被释为"萌兆",与之相关的"危"字则被释为"戒惧"。①

(4)韩康伯注几

韩康伯注《周易》而释"几"为:"几者,去无入有,理而无形,不可以名寻,不可以形睹者也。唯神而不疾而速,感而遂通,故能朗然玄照,鉴于未形也。合抱之木,起于毫末,吉凶之彰,始于微兆,故为吉之先见也。"② 韩康伯所理解的几更为强调几在无有之间所具有的无的特征,"无形","不可以名寻,不可以形睹者",是微兆。

(5)孔颖达疏几

孔颖达疏《周易》而释"几"为:"几,微也,是已运之微。动谓心动,事动。初动之时,其理未著,唯纤微而已。若是已著之后,心、事显露,不得为几;若未动之前,又寂然顿无兼,亦不得称几也。几是离无入有,在有无之际,故云动之微也。"③孔氏认为,几为已运之微,而称"已运"为动。初动之时,甚是纤微,此时可称为几。而已运之后,则心事显露,而不得为几。未动之时,亦不得为几。因此,几实是初动之时、已运之微、已运之始,而非已运之后。孔氏还通过未动之前"寂然顿无兼"来对照说明已运之始之几或微所具有的"离无入

---

① 杨倞:《荀子注》,《四库全书》(子部),第695册,第252页。

② 王弼、韩康伯注,孔颖达疏:《周易注疏》卷十三,《四库全书》(经部),第7册,第558页。

③ 魏了翁辑:《周易要义》卷八,《四库全书》(经部),第18册,第277—278页。

有""有无之际"之面向。不仅如此，已运之微与心事初动相联系，而与心事显露相区别。因此，孔氏通过几的理解区分出寂然、几与心事显露三种状态，为后来从"几前""几后"的特征来说明"几"埋下伏笔。

以上是宋以前对几的理解。

2. 周子、朱子论"几"

（1）周子论几

周敦颐①论几主要有两处："诚无为，几善恶。"② "寂然不动者，诚也；感而遂通者，神也；动而未形，有无之间者，几也。诚精故明，神应故妙，几微故幽。诚神几，曰圣人。"③ 周子将诚几对举，认为"诚无为"，此实是对"《易》，无思也，无为也。寂然不动，感而遂通天下之故"的理解。诚是寂然不动，几是指动而未形。与"诚无为"相比，几含有善恶之端的性质，但其无形而幽微。因此，周子所言的几明确具有三个方面的特征：其一，几善恶；其二，动而未形，有无之间；其三，几微故幽。继周子之后，朱子对几亦作出理解。

（2）朱子论几

朱子对《周易》中几的理解主要体现在：其一，将研几理解为审微。朱子认为，"凡事之几微"，要"思虑明审"，而之所以能"思虑明审"，其原因在于其德"安静而坚确"。其二，朱子承袭《汉书》的理解，认为《易》中所言的"几者，动之微，吉之先见者"应是指"吉凶之先见者"。朱子的此种理解，一方面是由于其站在《易》为卜筮之书的立场，另一方面还与其对周子"几善恶"的理解相关。朱子有《通书注》，其中对"几善恶"有明确解释。朱子释几为："几者，动之微，善恶之所由分也。盖动于人心之微，则天理固当发现，而人欲亦已萌乎其间矣。"④ 朱子又言：

① 周敦颐（1017—1073），字茂叔，世称濂溪先生。

② 周敦颐：《周敦颐集》卷二《通书·诚几德第三章》，《传世藏书》，子库，第 2 册，第 2022 页。

③ 周敦颐：《周敦颐集》卷二《通书·圣第四章》，《传世藏书》，子库，第 2 册，第 2023 页。

④ 朱熹：《通书注·诚几德第三》，《朱子全书》第十三册，上海古籍出版社、安徽教育出版社 2002 年版，第 100 页。

"周子曰：'诚无为，几善恶。'此明人心未发之体，而指其已发之端……"① 朱子继承荀子于人心道心之间言几的思想，认为几实是天理之"发现"与人欲之所萌处，几为已发而具善恶之性。不仅如此，朱子还将《易传·系辞上》中"忧悔吝者存乎介，震无咎者存乎悔"一语中的"介"理解为："介谓辨别之端，盖善恶已动而未形之时也，于此忧之，则不至于悔吝矣。"② 朱子认为，此介实是善恶已动而未形之时，是就已发而言。由此来看，朱子对几善恶的理解与对介的理解实际上亦是其视几为吉凶之先见者而非吉之先见者的原因。

继朱子之后，阳明及其弟子亦提出对几的理解。

3. 阳明及其弟子论"几"

（1）阳明论几

> 或问至诚前知。先生曰："诚是实理，只是一个良知。实理之妙用流行就是神，其萌动处就是几，诚神几曰圣人。圣人不贵前知，祸福之来，虽圣人有所不免。圣人只是知几，遇变而通耳。良知无前后，只知得见在的几，便是一了百了。若有个前知的心，就是私心，就是趋避利害的意。邵子必于前知，终是利害心未尽处。"③

阳明认为，诚是实理，是良知；神是流行，是妙用；几是萌动处。圣人不贵"前知"④，因而祸福不能免。但是圣人能知几，遇祸福之时，变通

---

① 朱熹：《晦庵先生朱文公文集》卷五十九《答赵致道》，《朱子全书》第二十三册，上海古籍出版社、安徽教育出版社2002年版，第2863页。

② 朱熹：《朱子全书》第一册，上海古籍出版社、安徽教育出版社2002年版，第125页。《周易·豫卦》言："六二，介于石，不终日，贞吉。"朱子释为："豫虽主乐，然易以溺人，溺则反而忧矣。卦独此爻中而得正，是上下皆溺于豫，而独能以中正自守，其介如石也。其德安静而坚确，故其思虑明审，不俟终日而见凡事之几微也。"（《朱子全书》第一册，上海古籍出版社、安徽教育出版社2002年版，第45页。）孔颖达疏曰："'介于石'者，得位履中，安夫贞正，不苟求逸豫，上交不谄，下交不渎，知几事之初始，明祸福之所生，不苟求逸豫，守志耿介似于石。然见几之速，不待终竟一日，去恶修善，恒守正得吉也。"（《周易正义》卷二，《传世藏书》，经库，第1册，第51页。）

③ 王守仁：《传习录》下，《王阳明全集》（上），上海古籍出版社1992年版，第109页。

④ 此是针对设问而言。

而能存其出处之则。良知无前后，无未发已发之分。只知得有"见在的几"，知当下的良知萌动，便一了百了。若是强调"前知"，就是有趋避的私心。阳明此处强调的"见在的几"即无前无后的良知本身。此后为龙溪发展为见在良知、现成良知。阳明认为，良知无前后，也就是说，寂、几与神皆言良知，而非指良知之前、中、后三个时段。但是阳明强调"知得见在的几"的工夫实际上是立良知本体的工夫。当然，此与龙溪"信得及"工夫亦有所不同。阳明言几较少，但是此条材料足以表达阳明对几的理解与前人理解之差别。阳明在继承前人以已发（见在）言几的基础上，将几视为良知之萌动，从而继《周易》之后，拓展了几所具有的"吉之先见者"的层面。几从经验层中所具有的善恶之端的性质转化为只善不恶的"良知萌动"，体现了经验层与本体层的合而为一。值得注意的是阳明论几时，所重在良知的扩充义，属立体工夫，而在四句教论"知善知恶是良知，为善去恶是格物"时，所重在良知的推致义，属达用工夫。

（2）龙溪论几，兼及双江

几与机有其互通性，在此先对龙溪论机作一论述。龙溪言机，有指"机锋、时机"而言，有指良知萌动而言。如其言良知"触机而发"①，言"机忘则用自神"②，即就前者而言。如其强调"一念真机"，即就后者而言。无疑后者才与"几"的含义相通。龙溪言："从一念真机绵密凝翕，不以习染情识参次搀和其间，便是混沌立根。良知本无起灭，一念万年，恒久而不已。"③此"一念真机"，便是"一念灵明""一念生生不息"④，是良知之萌动。

龙溪言几主要见之于其与双江的论辩中。龙溪为回应双江、东廓、念庵之思想撰《致知议略》，提及对几的理解。龙溪言："良知者，无所思为，自然之明觉，即寂而感行焉，寂非内也；即感而寂存焉，感非外也。动而未形，有无之间，几之微也。动而未形，发而未尝发也，有无之间不

---

① "先师良知之说，仿于孟子。……惟其自然之良，不待学虑，故爱亲敬兄，触机而发，神感神应。惟其触机而发，神感神应，然后为不学为虑，自然之良也。"（王畿：《致知议辨》，《王畿集》，凤凰出版社2007年版，第137页。）

② 王畿：《不二斋说》，《王畿集》，凤凰出版社2007年版，第493页。

③ 王畿：《答周居安》，《王畿集》，凤凰出版社2007年版，第335页。

④ 王畿：《答周居安》，《王畿集》，凤凰出版社2007年版，第335页。

可以致诘。此几无前后无内外，圣人知几，贤人庶几，学者审几，故曰：'几者，动之微，吉之先见者也。'知几，故纯吉而无凶；庶几，故恒吉而寡凶；审几，故趋吉而避凶。过之则为忘几，不及则为失几。忘与失，所趋虽异，其为不足以成务，均也。"① 龙溪认为，良知无思为而自明觉，即感即寂，即内即外，正是指几。几无前无后，即已发即未发，正是指良知。圣人知几，贤人庶几，学者审几。此处的审几，即研几。② 三者分别指向《易》中所言的孔子、颜回与君子。龙溪指出，知几为纯吉，为无凶，庶几为恒吉，为寡凶，审几为趋吉，为避凶，此就境界而言。龙溪认为，若不能如此而忘几、失几，则不足以成天下之务。无疑，龙溪继承阳明以良知萌动言几的思想，并强化了阳明"良知无前后"的理解。不仅如此，龙溪用"自明觉"之良知说明几，实是从阳明晚年推致良知思想之达用层面来融通其对知几所作的立体工夫的理解，可以说是扩充了阳明在致良知教的范围内对几的诠释。

双江评龙溪的观点为："圣学只在几上用功，有无之间是人心真体用，当下具足。"③ 对此，双江亦表明了自己的看法。双江认为，龙溪"是以现成作工夫看"，此处的工夫实是指立体工夫。双江无疑是反对龙溪取消阳明所倡导的立体工夫。双江认为，寂感、诚神皆具"有无之间"的特征。受朱子对"介"的注释的影响，双江将"介"与"几"的含义相融通，将"几在介""介如石"与"寂然不动之诚"相联系，从而认为诚（寂）不离几，不可离诚（寂）以求几。④

于此，龙溪再辩为：良知为"微而显""隐而见"之几，诚神是良知之体用，几为"通乎体用""寂感一如"之良知。良知"触几而应""自能知几"，即"介石"之诚，与几为一，并非良知（几）之前还有所谓"介石"（诚）可守。在此基础上，龙溪还指出：《大学》之诚意、《中庸》之复性皆是强调以慎独为要，独即指几。⑤

---

① 王畿：《致知议略》，《王畿集》，凤凰出版社 2007 年版，第 131 页。

② 朱子言："研，犹审也。几，微也。所以极深者，至精也；所以研几者，至变也。"引自朱熹《朱子全书》第一册，上海古籍出版社、安徽教育出版社 2002 年版，第 132 页。

③ 牟宗三认为，龙溪原无此语。参见牟宗三《从陆象山到刘蕺山》，上海古籍出版社 2001 年版，第 360 页。

④ 参见聂豹《答王龙溪》，《聂豹集》，凤凰出版社 2007 年版，第 379 页。

⑤ 参见王畿《致知议辨》，《王畿集》，凤凰出版社 2007 年版，第 137 页。

此是龙溪与双江关于几之精彩论辩。双江强调寂，认为寂具有几的有无合一之特征，从而反对龙溪离寂而言几、离寂而言良知。而龙溪继承阳明的观点，以良知言几，强调良知（几）具有寂感体用一如的特征。与双江强调几不离寂相反，龙溪强调寂不离几。由此来看，将良知归于寂还是将良知归于几，问题的关键并不在于几本身是否为有无合一、体用一如，而是在于以寂体来融通感，还是以感用来融通寂。将良知归于寂，实是以良知为有无一如之寂，是以寂体融通感；将良知归于几，实是以良知萌动、见在为几，是以感用融通寂。因此，龙溪与双江思想区分的关键并不在于是否区分体用、是否体用二元，而是体用一元于体还是一元于用的问题。

分析了龙溪与双江论几之不同，再来看龙溪关于"几"的理解。龙溪言："千古惟在归一。极深云者，即其几而深之。非研几之前复有此段作用也。吾人感物，易于动气，只是几浅。几微故幽，微者深之谓也。惟其几深故沉，而先物自不为其所动，而其要存乎一念独知之地。若研几之前复有此段作用，即为世儒静而后动之学，二而离矣。"[1] 龙溪主张几即为深，极深即为研几，并非研几之前还有所谓极深之工夫，此是"归一"之功。要得几深，即要"存乎一念独知之地"，而非于一念独知之前、良知萌动之前做极深之工夫。正基于此，龙溪一再强调："予惟君子之学，在得其几。此几无内外，无寂感，无起无不起，……此几之前，更无收敛；此几之后，更无发散。盖常体不易，即所以为收敛，寂而感也；应变无穷，即所以为发散，感而寂也。恒寂恒感，造化之所以恒久而不已。"[2] 若几前收敛，则为"沉空"，几后发散，则为"溺境"。[3] 龙溪对几的理解严格承袭阳明将良知理解为"见在之几"，强调其无前后、体用合一、已发未发一如的特征，然而在研几工夫上强调"存乎一念独知之地"，则体现了其对阳明思想的开发创造。

① 王畿：《别言赠沈思畏》，《王畿集》，凤凰出版社2007年版，第455页。
② 王畿：《周潭汪子晤言》，《王畿集》，凤凰出版社2007年版，第58页。
③ 王畿：《周潭汪子晤言》，《王畿集》，凤凰出版社2007年版，第58页。

（3）明水论几，兼及念庵

明水（1494—1562）曾用"意念事几"①一词，将心事对举，以意念言心、事几言事，此时的几是指事之发展趋向之端倪。而明水对几的较为主要的理解则见于其对自身为学阶段的描述。明水认为，其为学实有一个"三起意见，三易工夫，而莫得其宗"的阶段，第一阶段持对治念虑的工夫，而导致善恶轮回；第二阶段持直悟本体的工夫，而导致渣滓未化；第三阶段以"就中恒致廓清之功"为"致知"工夫，"致得良知始见几"。②此是针对第二阶段直悟本体而未化善恶之状况，强调化善恶于未形。就此而言，明水实是认同了一个善恶未形之本体，此先于"几"而存。于此处致得良知，才能化善恶。在此阶段，善恶之意为心之所发，而工夫在于化善恶于意之未发之时。诚意为效验而非工夫。后来明水受龙溪之影响，为学转向第四阶段，"从独知几微处严谨缉熙"③。此时的独几、几微实就是指良知，而"严谨缉熙"就是审慎地保存此良知之意。由此来看，在明水的为学经历中，几与良知关系的变化，决定了几的含义的变化。在第三阶段，良知先于几，此时的几实是属于现实发用层。在第四阶段，良知等于几，此时的几与良知既为本体层又为现实发用层。此与龙溪的理解甚近。

明水对几的理解，还体现在其与念庵关于几的论辩中。

明水尝书于念庵，指出为学能识本心，工夫才能有着落。而本心无定体，凡可致思，即为感，"故欲于感前求寂，是谓画蛇安足，欲于感中求寂，是谓骑驴觅驴"。在此基础上，明水进一步指出："夫学至于研几，神矣。然《易》曰'几者，动之微'；周子曰'动而未形，有无之间者，几也'：既谓之动，则不可言静矣，感斯动矣。圣人知几故动无不善。学圣

---

① 明水言："夫以为国为民为公，又必加察其意念事几，无所偏著意必于其间，然后为尽，故知为己之学者，则为国为家在其中矣。"［陈九川：《简聂双江》，《明水陈先生文集》卷一，《四库全书存目丛书》（集部），第72册，第11页。］

② 明水尝撰诗云："知几直握鬼神机，致得良知始见几。不向此中参透悟，那知精一道心微？"［陈九川：《咏良知四首》，《明水陈先生文集》卷九，《四库全书存目丛书》（集部），第72册，第136页。］

③ 以上关于明水为学阶段的理解，参见陈九川《答聂双江》，《明水陈先生文集》卷一，《四库全书存目丛书》（集部），第72册，第37页。明水对几的理解的前后变化，参见朱湘钰《平实道中启新局——江右三子良知学研究》，台湾师范大学博士学位论文，2006年。

者，舍是无所致其力，过此以往则失几，不可以言圣学矣。……故夫欲明昭性灵，浑化渣滓，与造化同游，非研几之学，其何以能与？"① 此是明水为学的第四阶段，其以几释良知而强调良知具有动、感的特征。明水强调先识本心，工夫才有着落，此时的工夫实是狭义的致用工夫，已经将识本心的立体工夫排除在外。识得本心为且感且动之良知，为学的工夫就是研几、知几。联系其"从独知几微处严谨缉熙"的理解来看，明水所倡工夫乃是审慎的达用工夫。

对于明水此书，念庵亦有回答。念庵认为，本心并不易识；明水识得本心为感，念庵言其自己识得本心为寂。念庵反对以动言几，而言"验之于心"，此心虽感，但是当"吾心之动，机在倏忽，有与无俱未形也。斯时也，若何致力以为善恶之辨乎？"同时，念庵指出："夫感无停机，机无停运，顷刻之间，前机方微，后机将著，牵连不断，微著相寻，不为乍起乍灭矣乎？"念庵不同意以这种"乍起乍灭"之动来言几，念庵"详《周易》与周子之旨"而指出，《周易》中以"介石"先于"知几"，是强调"寂然"，周子所以言诚、神、几，神妙而几幽，二者不可为，可为的只有寂然之诚。念庵认为，吾心之感，实是动而未形之几，几能辨善恶，惟有常戒慎于寂然，才能辨善恶。只有经过戒慎于不睹不闻的工夫，从而使"所持者至微至隐"，意念通微，如此才是知几的工夫，才是"先几之学"。② 在几与感的关系上，念庵以感为杂于善恶之经验层之感，几是有善无恶、能辨善恶之本体层于经验层的体现。但是知几的工夫并不在于几微达用。念庵认为，在周子诚神几的关系中，神妙而几幽，皆是本体之功

---

① 陈九川：《简罗念庵》，《明水陈先生文集》卷一，《四库全书存目丛书》（集部），第72册，第31页。按：此处的《简罗念庵》在原文中的题目为《简罗近溪先生》，但考察罗念庵所撰《答陈明水》庚戌（1550）（罗洪先：《罗洪先集》，凤凰出版社2007年版，第200—203页）一书中对陈明水来书的引言有部分出自《简罗近溪先生》。在此处不排除明水同时简于罗念庵与罗近溪的可能性。与此同时，明水书中提及"小儿还辱条析答教"一事，而在念庵的《答陈明水》中亦有回应。念庵言："六月批答犹未披诵，令郎来，承手书拳拳，诚惧终于迷途，不复知返，欲以指南为之相导，其为惠爱，如何可云？然于不肖近所持行似有相左，姑以听受而不复深论，以待众人可也，不肖于执事何如哉？"（《罗洪先集》，凤凰出版社2007年版，第201页。）另外查考罗汝芳《罗汝芳集》，凤凰出版社2007年版，欲得近溪与明水交往之概况而未得。由此认为《简罗近溪先生》或是指《简罗念庵》。

② 罗洪先：《答陈明水》庚戌（1550），《罗洪先集》，凤凰出版社2007年版，第200—203页。按：此书是唯一一封念庵书于明水且见载于《罗洪先集》的书信。

用，几之辨善恶是达用之效验。因此，为学的工夫只在于戒慎以立诚、立体，如此才得知几、得几。

明水对念庵此书亦有回答。明水认为，念庵之观点与双江有所不同。念庵强调感前有寂，是分寂感，而双江强调寂上用工、寂感未分。明水反对以未发为时，其认为良知是未发之中，是天下之大本，致良知是立大本，此即行天下之达道。"非立大本后乃推而为达道。"明水认为："知几即是研几，研几亦即是慎独，圣学元无二功。"几"微而显正"，但不可得而见与闻，无善无恶，与物无对，因此称之为独。圣人兢兢业业，亦是知此几、知此独而已。若是昧于此，则落善恶，此乃几后，不可用功。而几前亦无地可以用功。① 明水反对以善恶分几，亦反对念庵强调"极深"先于"研几"的倾向。针对念庵视"戒慎谨独"为研几之前的工夫，明水认为，念庵此实是不信几为良知，而是以几为善恶之端萌。因而强调善恶之端萌之前的工夫。明水指出，以几为善恶之端萌，实非圣门之几，几实是微动之良知，有吉而无凶。正基于此，明水反对念庵将极深与研几分开而言。"极深而研几"实是语势，而非有先后之顺序，并非先深而后几。② 明水还指出，念庵视戒慎为几前的工夫，实与自己为学第三阶段"炳于几先"提法相似，由此作出"独悟尚有病，却俱成法障"的感叹。③

明水与念庵关于几的论辩，总成以上内容。念庵亦尝言："明水以意念初动为几，而又以常感为心体，故鄙意指前念之初动、后念之相续，有难于止遏。研究者难之，谓其纵强支吾，不免落在起灭二界。"④ 而明水则

---

① 以上引自陈九川《答罗念庵》，《明水陈先生文集》卷一，《四库全书存目丛书》（集部），第72册，第32页。

② 龙溪亦言及"几深"。龙溪言："几微故幽，微者，深之谓也。惟其几深故沉，而先物……"（王畿：《别言赠沈思畏》，《王畿集》，凤凰出版社2007年版，第455页。）

③ 明水尝以"良知炯炯烛几先，此是乾坤未画前。不落吉凶并善恶，鬼神来此合先天"与"知几直握鬼神机，致得良知始见几。不向此中参透悟，那知精一道心微"二绝寄东廓、南野、双江、念庵，欲得诸子之认同。后明水以几为见在良知，因而有言曰："尝以寄双江、东廓、南野，虽未见契合，然窃自以为独悟，足以自娱，乃今观之，岂独悟尚有病，却俱成法障矣。"［陈九川：《答罗念庵》，《明水陈先生文集》卷一，《四库全书存目丛书》（集部），第72册，第33页。］

④ 罗洪先：《念庵罗先生文集》卷一《答郭平川》（1551）第五条，隆庆元年胡直序刊本。转引自张卫红《罗念庵思想研究——以致知工夫为中心的生命历程与思想世界》，中山大学博士学位论文，2006年，第273—274页。按：此条材料未见载于《罗洪先集》（凤凰出版社2007年版）。

认为，为学不可"测度一个廓然太虚体段"，不可"于几微处横抹忽过"。① 念庵反对明水以意念初动之感言几，而明水亦认为念庵将几理解为意念初动而强调几前之工夫，由此明水反对念庵强调几前测度本体之工夫。

念庵在 1562 年为明水所撰的墓志铭中指出："先生之学，得之阳明公致良知为深，以为能致吾心之良知于事物感应之间，是谓格物。物格也者，事物感应，各中天则之谓也。窃谓良知即未发之中，无分于动静者也。指感应于酬酢之迹，而不于未发之中，恐于致良知微而未尽。方欲求决于先生，而先生亡矣。"② 由此可知，直至终了，明水与念庵关于几的理解未能归一。明水以几为良知，即感即寂，即已发即未发，而念庵以明水之几为"意念初动"，而非能辨善恶之几，并且念庵强调"先几""几先"的工夫。念庵曾言双江"先几而归"③。几微是已发，与此相对的性是未发，念庵反对只言几微而不言性命。④ 念庵认为"几之先见"为至善，要通过慎独的工夫，"服膺"此善，"是谓先几"。若如此而有过失，"其复而改，方不甚远"。⑤ 明水以几言良知，此"几"实是"见在良知"的另一种表达。而念庵强调知得此"几""见在良知"的戒慎工夫，未经工夫，"世间哪有现成良知？"由此可见，明水与念庵实对对方皆有误解。明水、念庵言几，皆非意念初动，而皆指良知萌动、见在良知。但是念庵强调立体工夫以肯认此几（见在良知），而明水承袭龙溪之立场，不肯认在见在良知（几）之前还有可用功之地，强调无须立体工夫而肯认见在良知。此是两人研几之辩的实质所在。

以上是塘南以前关于几与研几的理解，此构成了塘南研几说的理论背景。

---

① 参见陈九川《冲玄会册》壬子（1552），《明水陈先生文集》卷一，《四库全书存目丛书》（集部），第 72 册，第 87—88 页。按：目录题目为《冲玄大会语》。

② 罗洪先：《明故礼部主客郎中致仕明水陈公墓志铭》，《罗洪先集》，凤凰出版社 2007 年版，第 804 页。

③ 念庵曾撰《贺双江公七十书》，其中有言："先生极人臣之位，窥圣贤之奥，而又明保身之节。先几而归，志遂而身益以健。"（罗洪先：《罗洪先集》，凤凰出版社 2007 年版，第 194 页。）

④ 念庵言："近始知性命紧切，平日收拾不密，乃今犹未还元。只几微处，未是丝毫不挂，乃容害性害命者，到得此处。"引自罗洪先《与黄洛村》丁未（1547），《罗洪先集》，凤凰出版社 2007 年版，第 200 页。

⑤ 参见罗洪先《与詹毅斋》，《罗洪先集》，凤凰出版社 2007 年版，第 341 页。

二 生几论之前身：本心真机

塘南58岁时，第一次使用"本心真机"的提法。

> 夫学无分于动静者也，特以初学之士，纷扰日久，本心真机尽汨没、蒙蔽于尘埃中，是以先觉立教，欲人于初下手时，暂省外事，稍息尘缘，于静坐中默识自心真面目。①

在强调静的作用时，塘南认为初学之士的"本心真机"易被"汨没""蒙蔽"，要能够于静坐中默识"自心真面目"。由此来看，"本心真机"即"自心真面目"，即指心体。

塘南在63岁时，提及自身的为学经历，并从境界的角度提及"真机自生"。

> 弟自归田以来，一纪有余，更无他念，独于此理实殚志研摩，今虽未能大彻，然绝非守昔年旧见，聊安一隅已也。盖弟②昔年实自探本穷原起手，诚不无执恋枯寂，然执之之极，真机自生，所谓与万物同体者，亦自盎然出之，有不容已者。此非由承接唇吻而得之，亦非学有转换，殆如腊尽阳回，不自知其然也。③

在塘南此时的描述中，真机是指一种与万物同体、不容已的内心感受。此时的真机是在一定的工夫之下自然产生的境界。也就是说此真机是工夫达到一定程度之后才能自然显露的；若达不到"执之之极"的工夫，真机就不会呈现。塘南认为，此种强烈的内心感受，不是承接别人唇吻而来，不是从别处习得，亦不是自己学有转换。如果将54岁时所说的倾向视

---

① 《友庆堂合稿》卷一《答周守甫》己卯（1579）。

② 唐鹤徵：《宪世编》卷六《塘南王先生》中为"某"字，参见《四库全书存目丛书》（子部），第12册，第843页。

③ 《友庆堂合稿》卷一《与萧兑嵎》甲申（1584）。

为一种不持门户的转换的话，那么，此时不是转换，而是在"执恋枯寂""执之之极"的基础上，犹如腊尽阳回，自然而然产生。此亦是塘南归田以来对进一步体认、证得之本体所作的描述。

以上两条材料，一是言本心真机易被汩没，另一条言真机自生。虽然前者是从本体论的角度立言，后者是从境界论的角度立言，但二者亦可融会贯通，可将"真机自生"理解为"真机呈露"。塘南本人亦有真机呈露的表达。塘南尝言："既透此体，则真机必呈露。"① 塘南认为，经历透体工夫，真机才能呈露。此与塘南所言的"万物同体"实异曲同工。由此可见，真机呈露，即指"万物同体而不容已"的内心感受，是"时时涌发于人的内心"的"活泼泼"的生发意向、生发力。② 从真机易被汩没与真机呈露来看，此真机实是塘南所证悟之本体，是人之本心真面目，是内心所具有的与物同体、不容已的意向。在对真机的把握方式上，58 岁时，塘南倾向于认为真机不能于纷扰中充分显露而要在静中默识，63 岁，塘南倾向于认为体认真机不仅仅要偏于枯寂，而且要对寂体执握到极点。

经过以上分析可知，塘南的真机即指与本心真面目相联系的心之本体。塘南 63 岁时，在《三益轩会语》中亦提及"生机"。塘南言："断续可以言念，不可以言意；生机可以言意，不可以言心；虚明可以言心，不可以言性；至于性，则不容言矣。"③ 塘南持分言的立场，从后天即现实发用一步一步上推及本体。此可图示为：

念（断续）──意（生机）──心（虚明）──性（不容言）

图1

在从后天到先天的逻辑序列中，念、意、心、性分属四个层次。生机（意）与心之虚明相比，具有"生"之特征；与念之断续相比，具有无生灭之特征。因此，生机所表达的是本体无断灭而生生不息之特征。此乃塘南生几说之前身。

---

① 唐鹤徵：《宪世编》卷六《塘南王先生》，《四库全书存目丛书》（子部），第 12 册，第 839 页。
② 参见张学智《明代哲学史》，北京大学出版社 2000 年版，第 205 页。
③ 《友庆堂合稿》卷四《三益轩会语》。

三 生几论之提出：无声臭而非断灭

塘南在《三益轩会语》中，不仅提及"机"，同时还提及"几"与"研几"的思想。

《三益轩会语》是塘南与门人的论学语要。关于几与研几的解释，虽只有一条，却是塘南研几思想明确提出的标志。

> 问：研几之说何如？曰：周子谓："动而未形，有无之间为几。"盖本心常生常寂，不可以有无言，强而名之曰几。几者，微也，言其无声臭而非断灭也。今人以念头初起为几，即未免落第二义，非圣门之所谓几矣。①

在此条材料中，塘南将几与本心相联系而与念头初动相区别。具体而言，可以从以下角度来分析。

其一，几体现本心所具有的有无合一的特征。几为"动而未形，有无之间"。凡体现动而未形、有无之间的，则为几。而本心具有"常生常寂"的特征，常生为动，常寂为未形，常生则非无，常寂则非有，因而，其不可以有无言，而为有无之间。此时的几是常生常寂、寂生合一、有无合一的本体，属于本体层。此是塘南的论证。此种论证实有其不完备之处。本心具有几的特征，并不意味着几就是本心。但塘南以几为本心无疑体现了其自身的解释倾向。

其二，几体现本心所具有的微、无声臭的特征。本心无声臭，但此又如何与微相联系呢？本心无声臭，本心具有几的特征，"几者微"，因此，本心亦具有微的特征。塘南通过"道心惟微"来证明本心之微，并将此微与本心之"无声臭"相等同。塘南指出："友人问：'性与心有辨乎？'曰：'道心，性也，性无声臭，故微。'"② 本心之无声臭即为本心之微。不

---

① 《友庆堂合稿》卷四《三益轩会语》。
② 《友庆堂合稿》卷四《三益轩会语》。

仅几能体现本心所具有的有无之间的特征，而且"几者微"能体现本心所具有的微密、无声臭的特征。因此，塘南后来指出："夫几之为言，微也，是道心惟微之旨也。……未发而曰动，此义微矣。"① 塘南认为，几者微，一方面与"道心惟微"相通，从而与本心之微、无声臭相联系，另一方面又与"动而未形"相通，从而与本体之有无合一之特征相联系。

其三，几体现本心所具有的非断灭的特征。本心本非断灭，与具有断灭性的念头有所区别。而几又与具有断灭性的念头初动相区别。在此意义上，塘南认为几具有非断灭的特征，从而与本心的特征相等同。在此处，塘南的论证亦有不完备之处。本心与断灭之念构成一种非此即彼的关系，但是几与念头初动，实际上并不是非此即彼的关系。在阳明后学中，几有时指念头初动之前的本心，有时指一念之微的良知。念头初动可以称为断灭之念，但是与之相对的本心实际上还可以为一念初动之前以及一念之微之时两种形态。而塘南言本心，强调其微、无声臭的特征，实际上主要是就前一种形态而言。此是强调未发之本心与已发之念头初动相区别的分言的立场；而强调一念之微，实际上是即发即未发的合言的立场。

与对几的理解相关的是关于研几的问题。设问为"研几之说何如"，此亦表明，在当时的阳明后学中，关于研几的讨论实较为普遍。而从塘南的回答来看，研几讨论的重点实际上还在于对所研得之"几"的理解。塘南通过对几的论述来说明研几理论本身的内容，而关于研几的具体工夫，塘南此处尚未明确提及。

以上是塘南生几论的提出。塘南虽是由周子所言的"动而未形，有无之间"以及《周易》"几者微"作出理解，但是其所提出的关于几的理解，若离开阳明后学关于几的理解则不能客观。塘南强调本心之特征"常生常寂"，而不言"常寂常生"，若寂表虚明，常寂常生实是指虚而生，所重为生，而塘南言"常生常寂"，此固然与"动而未形"相联系，毕竟，常生为动，而常寂为未形，此寂则非指本心之虚明，而是指本心的无声臭的特征。但是塘南"常生常寂"之言，仍体现了塘南对本心之未形、寂的特征的强调。在阳明后学中，龙溪、明水较为强调几的特征的"微而显"，重在显；而双江、念庵较为强调几的特征的"显而微"，重在微。在此点

---

① 《友庆堂合稿》卷二《答萧仲先》癸卯（1603）。

上，塘南实承后者。龙溪、明水强调本体为已发显在之几，为良知萌动、为几微处。而双江强调几所具有的寂的特征，念庵强调几前之"深"与"几"前之寂，两者皆偏重未发。而塘南与两者皆有不同，塘南以几为龙溪、明水之已发与双江念庵之未发之间的中道。一方面为无声臭之微，为生生而非断灭，从而与先天相联系，与后天已发之念相区别；另一方面此几又与生生之"机"相联系，具有生生不息之意，从而与虚明之本心有区别，更不同于不容言之性体。但是就未发、已发二分的立场来看，塘南以本心言几，本心为无声臭之未发，因此，几亦是指未发而言。

从以上关于"真机""生机"与"几""研几"的分析来看，塘南对于"机"的理解，较为倾向于其是本心所具有的与物同体、不容已的生发力；而几则是强调本心的"动而未形，有无之间"，且为"无声臭"，"非断灭"的特征。后者更为强调的是中道观的描述，但其仍有寂、未形与微的偏向。而前者则倾向于是本心所具有的生发的意向。两者之联系，实际上亦是通过意来实现的。塘南认为，几为非断灭，与念头初动相区别，而意为生机，与有断续之念相区别，因此，在非断灭的层面上，几实同于意（生机）。同时，从义理上来看，几之微是指本心所具有的"未发而曰动"的含义。实际上，未发就是心体，就是性体，"未发而曰动"即指"未发"之性本身所具有的生发力，是未发指向已发的生发力。由此来看，几实际上就是未发之本体，其在内涵上与机（意）具有相通性，恰体现了其是具有生发力、生发性的未发之本体。就此意义来看，关于"真机"与"生机"的讨论，实为"几"在未发与已发关系上的处理上提供了一个极好的注释。此是笔者视"真机""生机"论为塘南生几论之前身的原因所在。但是值得注意的是，塘南对于"几"与"机"两字的不同使用，本身亦是表达对于作为中道之"几"与作为生发力之"机"的不同侧重。

塘南在53岁到63岁之间，较为偏向于从寂处理解本心。但是通过其对"本心真机"的强调，从而又指出本心具有其生发力。正是此从寂而生的思想，使得塘南指出本心"常生常寂"。如果说"执恋枯寂""执之之极"所表达的是寂体，那么"真机自生"的生发力，某种程度上实与寂构成了一种相对待的关系。因寂而生发。此体现了塘南思想由寂体而走向生发之体、由存有之体走向活动之体的转变。塘南作此转变的原因与其对中道观的理解有关，但是从严格意义上来说，中道观并无偏向，而塘南实是借助于中道观而又超越中道。此体现在塘南对"常生常寂"的强调中。此处的寂的含义已经有所变化。此寂已经不是与照、生相对待的不动之寂，而是指生的存在形式，是微无声臭之义。塘南此时对于中道观的使用，并不是在寂体与生发之体之间持中道，而是借助于中道强调生发为体，在此基础上，强调生发之体所具有的"常生常寂"、无声臭而非断灭、幽微的生发形式。而正是此形式具有中道之特征。由此来看，塘南对本体体证的转变，在借助于中道观的同时，实际上还借助于其对"机"所作的生发之体的理解。因此，融通塘南关于几与机的理解来看，几作为本体，就具有了生发力，具有了活动性。

塘南从本体的活动性、生发力的意向性角度来理解几，对于后世亦有影响。

明代的魏濬撰《易义古象通》，在对《易》中的"知至，至之，可与几也"进行理解时，提及塘南在《三益轩会语》中对于几的界定，并提出了自己的理解。"王塘南曰：'周子谓，动而未形有无之间为几。盖本心常生常寂，不可以有无言，强而名之曰几。言其无声臭而非断灭也。'愚谓：几是性之萌处，向于情而未离于性，道心惟微是也，如水之为波，波动而水之静自如，正在忠信实地上至之，则到此实地，而萌动皆真，故曰，可与几。"[1]魏濬似乎并不满意于塘南以未发层面所具有的生发力来言几。魏濬以"性之萌处"言几，与阳明以良知萌动言几、龙溪以一念独知言几的立场相近；但是魏濬强调"正在忠信实地上至之"，"到此实地"，"萌动皆真"，从而"可与几"，此实际上肯认了一个先于性之萌动（几）的立体工夫。此无疑更类于念庵之立场。

不仅如此，明代的管东溟亦提及塘南《三益轩会语》中关于几的理解。管氏认为，塘南用"无声无臭而非断灭"来形容几，实际上是形容未发之性体。管氏自身则完全从阳明、龙溪已发的角度理解几。管氏认为，考几字，"俱脱不得动字"，"但动于圣心之无著谓之几"，动而未形是指动而不著。因此，无声臭而非断灭皆是指"无著之几"，此就是佛氏言的"无所住而生其心"之义。正由于无声臭而非断灭，几微故幽，此是以动言几。管氏认为，关于周子对诚神几的关系的理解，"亦当有辩"。管氏由

---

① 魏濬：《易义古象通》卷一，《四库全书》（经部），第 34 册，第 185 页。

此指出，塘南所言的无声臭与非断灭，"虽合微幽之义"，"而未免与寂然之诚、未发之中稍滥焉"，从而令学者"无摸索处"。同时，管氏又指出："研几者不研到此，则又执念头之初起以言几，而落第二义矣。"①此无疑又认同了塘南反对以念头初起为几的提法。管氏以动言几，并以动而无著言几，并引佛家"无所住而生其心"来说明无著之几。此在逻辑上并不贴切。"无所住"而后"生其心"实为不著而动，而"无著之几"实是指动而不著。动为几，为良知，"不著而动"，此是念庵立体的思路，而"动而不著"，此是龙溪无须立体的思路。就管氏的立场来看，他更接近于后者。

由此来看，在对几的理解上，实际上存在三种倾向。一是以念头初动为几，一是以未发言几，一是以已发言几。管氏从第三种倾向出发，认同塘南对第一种倾向的反对，与此同时，亦直言不讳地指出塘南所言之几属于第二种倾向。在阳明后学中，念庵强调几先的工夫，实际上仍是以已发言几，而双江强调几不离寂，但是本体仍是就寂而言。而塘南虽举几为未发，但其与念庵、双江皆有所不同。塘南以几言未发之本体，几所具有的已发未发一如的特征实际上所指向的是本体所具有的既表现为生发又表现为无声臭的生发力，此是一种具有活动性的生发意向。此种以意向言本体的倾向后来亦为刘宗周所继承并发展为意根说。但是塘南之意向与蕺山之意根仍有不同，前者强调本体的生发义、活动义，而后者就流行之心体的主宰义、存有义而言。

塘南对自己 63 岁时明确提出的生几理论，实际上颇为欣赏。在其 65 岁所撰的《自撰墓志铭》中，在言及为学经历时，塘南言自己是 53 岁有见于空寂之体，"又十年，渐悟于生几微密，不涉有无之宗，以为孔门求仁之旨，诚在于此"②。从孔门求仁之旨的高度来评价"生几"，实表明了塘南本人对生几理论的推崇。在此后相当长的一段时间内，塘南对生几的理解更加精彩。

---

① 以上关于管氏之观点，引自管志道《续问辨牍》卷二《问王塘翁疾因质传来语录中义》，《四库全书存目丛书》（子部），第 88 册，第 46 页。

② 《友庆堂存稿》卷五《自撰墓志铭》。

四　生几论之本质：常发而常微

67岁时，在言及"澄然无念"时，塘南提出对于真几的新理解。

夫澄然无念，是谓一念，非无念也，乃念之至微至微者也，此正所谓生生之真几，所谓动之微，吉之先见者也。此几更无一息之停，正所谓发也。若至于念头断续，转换不□①，则又是发之标末矣。此澄然无念，譬之澄潭之水也，非不流也，乃流之至平至细者也。若至于急滩迅波，则又是流之奔放者矣。惟此真机，随动随静，更无增减，常发而常微，故曰今人将发字看得粗，故以澄然无念为未发，不知澄然无念正是发也。然则所谓未发者安在哉？此尤难言矣。澄潭之水固发也，山下源泉亦发也，水之性乃未发也，离水而求水性曰支，即水以为性曰混，以水与性为二物曰歧，难言哉！难言哉！是在默契，未可笔宣，亦未可以力索，惟高明勿起知见，当自得之。②

与此前的思想相比，塘南此时关于真几的理解，有以下几点新解。

其一，此几具有"发"的特性。塘南认为，此几为一息不停。前文已经指出，几与机的相通之处使得几实际上所表达的是从未发到已发的生发力、生发意向。塘南于此将此种生发意向明确表述为此是"真几""常发而常微"而非"粗"的特征。此种生发力，无论动静，更无增减。

其二，几与"澄然无念"的异同。塘南认为，澄然无念是"念之至微至微者"，此正如同几为"动之微，吉之先见者"一样，几作为生发力，具有生发之倾向性特征。在此意义上，塘南通过念头动转为"发之标末"，既与澄然无念之发之"至微至微者"相对，又与"一息不停"之几相对，从而有将"几"等同于"澄然无念"的倾向。几若指澄然无念，此几实际上就是指已发层面而言。但是塘南在言及"未发者安在"时指出："澄潭

---

① 此字原文不甚清晰，疑为"定"。
② 《友庆堂合稿》卷一《答钱启新邑侯》戊子（1588）。

之水固发也，山下源泉亦发也，水之性乃未发也。"由此表明未发是就本体而言，发是就其现实发用而言。澄然无念为发，因其为一念，念是就现实发用而言，因此，澄然无念实际上是一种现实发用，但是最为理想的、合于本然的现实发用，笔者称之为本体之"本应然"的发用，此实际上类似于良知萌动，类似于见在良知。就此意义而言，即发用即本体。但是塘南所言的与念头断续相对的几，实际上是指本心所具有的生发力。此生发意义与澄然无念有类似性，但是其本身并非指澄然无念。"发"相对于"几"而言是"倾向性"特征，相对于"澄然无念"而言是"既定性"特征。具体而言，澄然无念是一种已发未发合于已发的状态，而几是未发已发合于生发力的状态。正是在此意义上，澄然无念，动而"有形"；而此几虽曰动，实是"未形"。

第三，几为发与几为未发含义之理解。正是基于与澄然无念异同的比较，塘南以发言几，实是就其生发力而言，未体现于形之生发力与生发已形的现实发用相比，前者可以称为未发，后者可以称为已发。值得注意的是此处所言的未发，实是具有生发倾向的未发。因此，称几具有发之"倾向性"亦可，称几为未发亦可，但是若称几具有发之"既定性"，从而以"已发"言几则不可。未发为体，已发为用。"倾向性"的发为体，为几；"既定性"之发为用，为几之发用。塘南将"发"分为发之细微与发之粗（发之标末）两个层面，实是就"既定性"的已发、发用而言："发之细微"为几之"本应然"的发用，此即前文所提及的本然发用；与"本应然"相对的是"实或然"，"发之标末"是几之"实或然"的发用，此即前文所提及的现实发用。

以上是塘南对于几的含义的新理解，此可图示为：

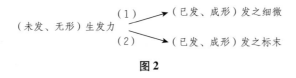

图 2

如图所示，其中（1）（2）所标为本体发用的两条路径，（1）为"本应然"的发用，（2）为"实或然"的发用。如果说阳明、龙溪肯认良知萌动，实际上是将道德修养的过程始于"本应有"的发用，那么塘南实肯认的是生发力，从而将道德修养的过程始于未发无形的生发力。此是两者的最大不同。正基于此，塘南与龙溪对各自所强调的"几前无未发，几后无已发"①的理解就完全不同。龙溪强调几时时显在，塘南强调几是"常微"。不仅如此，塘南与双江、念庵之不同也正是在于塘南更为强调未形、未发之体本身虽为未发却时时具有的生发意向，此是"常发"。因此，"常发而常微"恰当地体现了塘南生几论之本质。

塘南以常发而常微的生发力言几，在其后来的思想中亦有体现。塘南在68岁时言："盖此几之动，无初无终，白沙先生所谓'至无有至动'，所谓'静中端倪'。此几生生，无一刻停，岂有初终？"②一年后又言："惟生几者，天地万物之所从出，不属有无，不分体用。此几以前，更无未发；此几以后，更无已发。若谓生几以前，更有无生之本体，便落二见。……"③此皆是强调几作为生发力所具有的"动而未形""不落体用""无始无终"的特征。不仅如此，70岁以后，塘南还以"一阳潜萌于至静之中"言几。塘南指出："……夫一阳潜萌于至静之中，吾心真几本来如是，不分时刻，皆至也。"④所谓"潜萌"，其与"萌动"实有区分，其本身就是"动而未形"之义，此正是指几之含义。"一阳潜萌"是指向生发力而言的。"天地大德曰生，生而不有，声臭泯而非顽空，故命之曰几。"⑤此几虽为生，但"生而不有""动而未形"，是生之"潜萌"。此明确表达了生发力之含义。

五　生几论之融通：本心真面目

在阐明生几论"常发而常微"的本质之后，塘南用此"生而不有"的生发力对儒家的本心真面目进行了诠释与融通。此主要体现为以下三段材料：

---

① 塘南言："此几以前，更无未发；此几以后，更无已发。"引自《友庆堂合稿》卷一《与贺汝定》庚寅（1590）。
② 《友庆堂合稿》卷一《答祝士广》己丑（1589）。
③ 《友庆堂合稿》卷一《与贺汝定》庚寅（1590）。
④ 《友庆堂合稿》卷四《瑞华剩语》甲午（1594）。
⑤ 《友庆堂合稿》卷四《瑞华剩语》甲午（1594）。

（1）性者，天地人物同体，非有我之得私也。其在于人，此心太虚无际，而中含真机，息息不停，有无难名，善恶未分，恍惚杳冥，其中有精。孔门曰"独"、曰"礼"、曰"几"，孟曰"几希"，周曰"动而未形，有无之间"，程曰"天理"，白沙曰"端倪"，皆指此也。此盖性之呈露，亘万古而常然，通昼夜而不二。善学者默识乎此，勿涉纤毫安排，惟敬以存之而已。①

（2）尧舜言"执中"，孔子言"求仁"、言"约礼"、言"慎独"，程门言"主敬"、言"存天理"，白沙先生言"静中养出端倪"，立言似别，指归则同。学到致一处，直是质诸千圣，若合符节。②

（3）大率虞廷曰"中"，孔门曰"独"，春陵曰"几"，程门"主一"，白沙"端倪"，会稽"良知"，总无二理。虽立言似别，皆直指本心真面目，不沉空，不滞有，此是千古正学，更复何说！③

塘南从性、心、机的关系出发，指出相对于人而言，此心体既太虚无际又中含真机，是有无之间，因而有无难名，是"吉之先见者"。塘南还言此为"恍惚杳冥，其中有精"，此实就是"太虚无际，而中含真机"之义。此是1590年的表达。在1591年，塘南撰诗云："一片太虚弥宇宙，中涵不息自真几。绵绵穷劫无终始，万化根源此入微。"④ 此是对太虚中涵真几的强调。在1592年，71岁的塘南对其弟子贺汝定云："使至，得手翰，所述近来新功，皆切实明莹，平正而邃密，深为喜慰。别纸六条，皆无可疑者，惟第五条所问，'其中有精'之说。大抵鄙意所指精者，即中涵真几之谓，非气凝有质之云也。盖真几不可以有无言，若气凝成质，则涉于渣滓矣。"⑤ 塘南针对贺氏所问及的"其中有精"，指出所谓精，实是指中涵真几，而不是气凝有质之义。由此亦可以看出，塘南所言之几，实是不涉形质的生发力，其涵于太虚，又动而未形。

---

① 《友庆堂合稿》卷五《支笻漫语》庚寅（1590）。按：《友庆堂合稿》中所注时间为"壬辰（1592）"，而《自考录》"年六十九岁"条载："是夏，病疟杜门，手书所见八条，题曰'支笻漫语'。"因以《自考录》的时间为准。
② 《友庆堂合稿》卷五《静摄寱言》乙未（1595）。
③ 《友庆堂合稿》卷二《寄钱启新道长》辛丑（1601）。
④ 《友庆堂合稿》卷七"绝句"《庵中与客静对漫呈六首》辛卯（1591）。
⑤ 《友庆堂合稿》卷一《答贺汝定二首》壬辰（1592）。

不仅太虚中涵真几，真几亦中涵动静有无。塘南言："性本寂而无外，神遍照而无滞，静无而动有也。灵几中涵，动静有无，不可致诘，其乾坤合德之奥乎？"①几之所以具有动静有无合一的特征，此实是"乾坤合德之奥"，"不可致诘"。此是塘南从诚神几的关系来理解几具有的"中涵动静"的特征。

在阳明后学中，正是基于诚神几的关系而引发了关于几的辩论。双江以寂言几；念庵以良知言几，而强调几先；龙溪、明水以感言几；塘南以动静有无合一、乾坤合德言几。此几是太虚之中所含有的生生不已的生发力。塘南认为，此即虞廷所强调的"中"、孔门所强调的"独""礼""几"，孟子所言的"几希"，周子所言的"动而未形，有无之间"以及程子所言的"天理"、白沙所言的"端倪"、阳明所言的良知，皆是"本心之真面目"。

此可以从以下几个具体方面进行探讨。

1. 以几释独

此最早见于塘南68岁所撰的《答祝士广》一书中。

> 来翰云："识得太虚本体，更当于发用处加省察克治之功，然亦非待既著而后省克，惟在几之初动而致力焉。此之谓慎独。自少至老，无一息可懈。"此一段发明精切，具见实用其力，故能见到此也。甚幸。愿执事只如此用功，生亦无庸别为赘语矣。但所谓"几之初动"四字，更要深体。盖此几之动，无初无终，白沙先生所谓"至无有至动"，所谓"静中端倪"。此几生生，无一刻停，岂有初终？《易》所谓"动之微，吉之先见者"。微者，无声臭之谓。惟常生而常微，不涉声臭，故有吉而无凶。《学》《庸》所谓"慎于独者"，此也。独者，无对之谓。此几内不著空，外不著相，有无之间，不可名状，故曰独也。②慎独者，尽性之功；不慎独，则性虽人人具足，而吾不能实有诸己。故至道必以德而凝，待人而弘也。③

---

① 《友庆堂合稿》卷四《瑞华剩语》甲午（1594）。

② 唐鹤徵于此评曰："独与几当有别。"［唐鹤徵：《宪世编》卷六《塘南王先生》，《四库全书存目丛书》（子部），第12册，第834页。］

③ 《友庆堂合稿》卷一《答祝士广》己丑（1589）。

来书将本体"实或然"发用分为"几之初动"与"既著"先后两个层面，强调"在几之初动而致力焉"，并将此与"慎独"之功相等同。于此，塘南指出，"几之初动"实非指时间上的初始，而是指"此几生生，无一刻停"的生发意向，此无有初终。因此，"几之初动"本身指本体未发，而非指本体的"实或然"之发用。几是本心常生而常微之未发，不涉于声臭，是有吉而无凶。《学》《庸》强调的"慎于独者"，即指此几。独是无对之义。内与外相对，空与相相对，有与无相对，而几内外不著、有无之间，此不可名状，因而称之为独。慎独是使得人人具足之性"实有诸己"的工夫，此实是立体，即使本体由未发到已发，由本有而显在。

值得注意的是，对塘南以几言独的思想，唐鹤徵评点为"独与几当有别"。唐氏实是主张以未发言独，以已发言几，此点与念庵相类。而塘南对于独的理解，在此可作一考察。

在《三益轩会语》中，塘南指出："不睹不闻，隐且微矣，而又莫见莫显，有无之间，不可致诘，故曰独，谓其无对也。此是子思描尽此心以示人处。"① 独为本心所具有的"有无之间，不可致诘"的特征，所谓"有"，实是指"显""见"；所谓"无"，实是指"隐""微"。此时，塘南实是于中道的立场言独。同时，塘南指出："未发者，独之体，发者，独之用。但能慎独，则中和自致矣。"②独之体用为未发与已发，此独即已发未发的统一，而非就指未发而言。塘南还言："此心之独，无间于动静昼夜死生，故学惟在慎独，更无余事。"③ 由此来看，塘南在强调慎独工夫的前提下，用"无间于动静昼夜死生"说明"此心之独"实是心体。心体具有独的特征，即具有已发未发合一、不容致诘的特征。此是塘南在《三益轩会语》中对于独与慎独的理解。此时，塘南并未将几与独进行明确的联系。但是塘南关于独所体现的中道特征的界定，仍与几的界定在义理上具有联系。塘南从常生常寂界定几，但并未提及已发未发的关系，后来则将几理解为由未发指向已发的生发力，就此来看，几与独之联系亦成

---

① 《友庆堂合稿》卷四《三益轩会语》。

② 王吉辑《复真书院志》卷六，《王塘南先生语录·三益轩会语》。按：此条在唐鹤徵《宪世编》卷六《塘南王先生》中有载。但不为《友庆堂合稿》中的《三益轩会语》所载。

③ 《友庆堂合稿》卷四《三益轩会语》。

必然。

正是在此基础上，塘南 68 岁时将几理解为独。此后，塘南几乎将几与独相提并论。

　　（1）《学》《庸》吃紧致力处皆言慎独，独者，无对也。此心真几，不涉空有二边，为物不贰，故曰独。①

　　（2）真机非动非静，非体非用，非寂非感，至一而不二者也。以其无对故曰独……②

几与研几，本是《周易》所言，龙溪提及《学》《庸》强调慎独，并开创出“独即为几”的理解。塘南正是继承龙溪之思想，将独与此心真机相联系。但又与龙溪不同，龙溪指“见在”而论“几”，塘南指体用中道而论几。继承了《周易》从寂、感、神之关系中言几的思路，塘南指出：

　　寂然不动者诚，感而遂通者神，动而未形、有无之间者几，此是描写本心最亲切处。夫心一也，寂其体，感其用，几者，体用不二之端倪也。③ 当知几前无别体，几后无别用，④ 只几之一字尽之……⑤

几具有体用不二的中道性质，此正与独相等同。值得注意的是此处的体是指寂，用是指感，体用不二即动而未形之义。此可用图 3 表示。

此处的体用中道主要还是就本体界言几，因此，此处的寂、诚、无、体、未发，皆是指本体界之体，而感、神、有、用、已用，皆是指本体界之用。此是形上层面的发用。在此意义上，几本身具有中道之性质。

对于塘南“几者，体用不二之端倪”一语，唐鹤徵点评为：“几非寂感之间乎？”唐氏以独为未发，以几为已发，因而不能认同塘南将几理解

---

①　《友庆堂合稿》卷四《瑞华剩语》甲午（1594）。

②　《友庆堂合稿》卷一《答谢居敬》丙申（1596）。

③　唐鹤徵于此评曰：“几非寂感之间乎？”［唐鹤徵：《宪世编》卷六《塘南王先生》，《四库全书存目丛书》（子部），第 12 册，第 834 页。］

④　唐鹤徵于此评曰：“先生之言‘知前求体则著空，知后求用则逐物’，岂知即几乎？”［唐鹤徵：《宪世编》卷六《塘南王先生》，《四库全书存目丛书》（子部），第 12 册，第 834 页。］

⑤　《友庆堂合稿》卷六《书卷赠王林二生还琼州三条》戊戌（1598）。

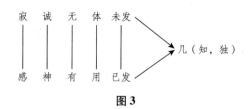

图 3

为有无之间、非寂非感。此实体现出唐氏不解塘南以生发力言几之本质。在塘南的思想中，几与独相等同，以几释独最为方便，由此在慎独基础上，开出研几工夫亦甚为方便。

不仅如此，知亦与独相等同。塘南指出："……但独处一慎，则人伦事物无不中节矣。何也？以独是先天之子后天之母，出无入有之枢机，莫要于此也。"① 此时的独就是先天之子、后天之母，能出无入有。而出无入有，实际上就是指几所具有的从未发指向已发的生发力。有趣的是，塘南76岁时，就尝明确指出，知是先天之子，后天之母。② 由此来看，几是独，亦是知。

对塘南所言的"几前无别体，几后无别用"，唐氏点评为："先生之言'知前求体则著空，知后求用则逐物'，岂知即几乎？"由此表明，塘南对生几说进行儒家思想上的融通，不仅表现为以几释独，而且还表现为以几释知。

2. 以几释知

塘南认为，阳明之良知，实际上亦是"直指本心真面目，不沉空不滞有"。此就是以"有无之间之几"言良知。

早在56岁之时，塘南就尝指出："夫知者，先天之发窍也。谓之发窍，则已属后天矣。虽属后天，而形气不足以干之。故知之一字，内不倚于空寂，外不堕于形气，此孔门之所谓中也。"③ 是时，塘南受朱易庵所指示的先后天之间"不可离且混"的关系的影响，从而直接从中道的角度对阳明之良知进行理解。76岁时，塘南仍有以窍言知的提法："性者先天也，知属发窍，是先天之子，后天之母也。"④ 可见，以窍释知，体现了塘南较

① 《友庆堂合稿》卷二《答郭存甫》乙巳（1605）。
② 《友庆堂合稿》卷一《答萧勿庵》丁酉（1597）。
③ 《友庆堂合稿》卷一《答朱易庵》丁丑（1577）。
④ 《友庆堂合稿》卷一《答萧勿庵》丁酉（1597）。

为一贯的理解。

与此同时，塘南以此窍言几。"此心真几，其混沌初辟之灵窍，而万有肇端之根柢乎？"① 塘南认为，此窍一开，则不无习气杂染。但是几实指本体所具有的生发意向，就其能够"混沌初辟"而言，其为灵窍；就其能够肇始万物而言，其为根柢。塘南此语，出自《瑞华剩语》。对于此点，管氏评曰，塘南所作《瑞华剩语》，"又拈出人心真几，指为混沌初辟之灵窍"②。几为灵窍，就其灵而言，亦为灵几。塘南言："灵几中涵，动静有无，不可致诘。"③此灵窍灵几，即本心真机，具有"虚""灵"之特征。"夫心量广大，包六合以无边，而真机微密，为万有之元宰，可以神会，而不可以力持。本虚也，然执虚则为著空；本灵也，然执灵则为恶觉；本即动即静而非动非静也，然执遂通与做主，则为二见。总之，皆测度想象，扭捏造作，虽云用功，而实自起风波，反成障碍矣。"④ 虚是指真机微密，造万有而本无形；灵是指可神会而不可执实。融通来看，虚强调的是作为生发力之几既为万物之根柢而自身又未形的特征，灵实就是指灵窍。

由以上分析不难看出，以窍言几是塘南在以窍言知的基础上，贯通知与几的基本方式。

1597 年，76 岁的塘南言：

> 混沌之中，一灵卓尔，既非顽空，亦非情识，是谓良知。此即先天，若于此知之外求先天，便是著空；此即后天，若于此知之外求后天，即是著相。故不得已而强言之曰：是先天之子、后天之母也。非谓此上有先天，此下有后天，此良知又为先后天之间，则是裂一而为三，殊不可也。⑤

---

① 《友庆堂合稿》卷四《瑞华剩语》甲午（1594）。

② 管志道：《续问辨牍》卷二《问王塘翁疾因质传来语录中义》，《四库全书存目丛书》（子部），第 88 册，第 46 页。管氏言："《瑞华录》，又拈出人心真几，指为混沌初辟之灵窍，而及于生死报应之说，俾始学者遣世累，发慈心，究其极于圣人之至命，且曰：'从世间毁誉利害起念者，学必伪；从本心生死起念者，学必真。'可谓不避世嫌，剖心相示矣。"

③ 《友庆堂合稿》卷四《瑞华剩语》甲午（1594）。

④ 《友庆堂合稿》卷一《答谢居敬》丙申（1596）。

⑤ 《友庆堂合稿》卷一《再答萧勿庵》丁酉（1597）。

"混沌之中，一灵卓尔"即"混沌初辟"的"灵窍"，即人心真几，其具有非顽空非情识的中道特征。塘南以此解良知。塘南言知为窍，实是就性气合一而言。在天地之间，唯人有"发窍之真灵"，草木只是"冥顽之物"①，鸟兽虽是造化之灵的体现，但其"不知学"，是"顽然蠢动"之物②。同时，塘南还指出，强调窍，实际上是言气③，是就形上形下合一于窍、合一于气而言。此是塘南从灵窍角度对良知进行的诠释。

在阳明后学关于先天与后天的本体工夫论的探寻中，塘南以灵几为先天后天之合一处，以反对外此求先天或外此求后天，此亦是以"先天之子、后天之母"立言之缘由。

塘南又指出，良知为"先天之子、后天之母"并非指良知为先后天之间的中间地带，并非"裂一而为三"。"一"是指本体，"三"实际上就是将此本体分为未发、已发以及两者之间这三个时段，无疑塘南反对此种以时言未发、已发的做法。

唐鹤徵不解塘南以生发力言几，对塘南所言之几作出"几非寂感之间乎"④的评价实有"裂一而为三"的倾向。对此，塘南则明确表示反对。就此来看，塘南之几，实际上是由先天而生发为后天的生发指向。具体到人而言，则可言其为良知，言其为灵窍。

塘南虽将灵窍指为气，但是此气并非指形气，塘南尝言："……性虽本善，而灵窍一开，渐涉形气，则外染得以乘之，将习气浸渍潜伏于意识之根而不自觉，乃知圣凡之介，于几焉辨之而已。"⑤由此来看，灵窍开而"渐涉"形气，此"渐涉"的过程性表明"灵窍"本身实非指形气。形气"潜伏于意识之根"而"意识""不自觉"。因此，此时的灵窍又具有意识之根的含义，但其并不能"自觉"出习气。如此来看，塘南所言的灵窍，所言的几、良知，实际上并不具有显在的"自觉"性，而就"灵窍"的角度来看，此又是一种自觉。为方便表述，笔者将之称为"潜在的自觉"，

---

① 《友庆堂合稿》卷二《答谢居敬》戊戌（1598）。

② 《友庆堂合稿》卷二《答王求石三条》己亥（1599）。

③ 塘南言："太极者，性也。天地人物，本同一原者也。谓之发窍，则属于气，人与物始有异矣。"（《友庆堂合稿》卷二《答王养卿五条》）

④ 唐鹤徵：《宪世编》卷六《塘南王先生》，《四库全书存目丛书》（子部），第 12 册，第834 页。

⑤ 《友庆堂合稿》卷六《书卷赠王林二生还琼州三条》戊戌（1598）。

与之相对应的是"显在的自觉"。前者为未发，后者为已发。此两种自觉即塘南之几（良知）与阳明、龙溪之几（良知）的本质区别之所在。就此点而言，塘南实是认同了一种具有生发力的本体，其运行的状态为气。因此，塘南强调与几相等同的灵窍、良知并不指成形的已发世界，而是从未发到已发之间的意向、运行。此为"潜在的自觉"，是倾向于复苏的意向。

1604 年，83 岁的塘南指出：

> 一窍之灵，脉脉常生而无生相，凝然在无边空寂之中，独立而无侣，故曰："如有所立卓尔。""一阳初动处，万物未生时。"白沙先生所谓"亥子中间得最真"，殆谓是与![1]

塘南尝以"一阳潜萌""常生而常微"来形容几所具有的生发力，而在此处，塘南又用"常生而无生相""一阳初动、万物未生""亥子中间得最真"来表明"一窍之灵"。此"一窍之灵"是知，更是几，是具有生发意向的生发力。

在阳明后学中，在几、独、知的关系上：有将此三者相等同者，如塘南在未发之层面将之等同，如龙溪、明水在已发层面将之等同；有将三者相区分者，如唐凝庵，以独为未发，以知为良知，以几为善恶之几[2]；有视独为未发，视几、知为已发良知者，如念庵；有继承朱子的理解者，以几为念头初动，为善恶之端倪。更具意味的是，阳明的江右弟子欧阳南野在继承阳明致良知教指已发言良知的基础上，将独与知融而为一，以"独知"言"良知"。由此来看，阳明后学纷繁浩荡的争辩在几、独、知的相互关系上展露无遗。

3. 以几释善

在 68 岁言及几为发的特征时，塘南指出，此几是"动之微，吉之先见者"。几为"吉之先见"者，其于《周易》的本义是能知几而能知事之

---

[1]　《友庆堂合稿》卷四《潜思札记》甲辰（1604）。

[2]　唐凝庵言："知几有善恶，必非澄然无念时矣。大都曰知曰几曰独，于不可分别中分别，毕竟不可混作一样说。"［唐鹤徵：《宪世编》卷六《塘南王先生》，《四库全书存目丛书》（子部），第 12 册，第 834 页。］

吉凶。此时的吉凶，实是就事而言，因此，作为事端的几，具有"先见"的含义。几本身的吉凶性质，实际上并非强调的重点。但是周子以"几善恶"与"诚无为"对举，强调几与诚之不同，由此，几则具有可善可恶之性质。此实际上是对作为"吉之先见者"之几所下的一个注脚。正基于此，后来朱子强调，几为"吉凶之先见者"。无论周子还是朱子，所言及的几皆属于感性层发用层。此后，阳明以良知萌动言几，此实际上又为作为"吉之先见者"之几下了另一个注脚。此几虽为现实发用层，但同时又是本体层。在此基础上，塘南又以孟子所言的"几希"来言几。塘南未对此作具体论证。但孟子"人之所异于禽兽者几希"①原为强调人之善性，就此来看，塘南所言之几，一定是与此善性相联系。实际上，塘南本人亦对几之性质有明确的讨论。

在当时学者写给塘南的书信中，郭墨池尝提及关于生几的理解。郭墨池认为："吾心浑是生几，善感而善应，恶感而恶应。"②塘南则表达了不同的理解。

> 夫生几者，性也。性本至善，岂有恶乎？惟性善，故发生无不善，其有不善者，乃自离其性，而染于外物耳。故善由性生，恶自外染。若曰恶生于性，其害道也甚矣。程子所谓"善固性，恶亦不可不谓之性"，犹言清固水，浊亦不可不谓之水耳。然水之本性岂有浊乎？其流之浊，乃染于外物耳。程子之言，其旨甚精，而执事引之以证恶生于性之说，则误也。③

塘南以生几为性，由性之至善而强调几之为善。实际上，关于生几与性的具体关系，塘南后来明确指出："性廓然无际，生几者，性之呈露处也。"④就前文对性体的理解来看，呈露实指性体之"本应然"之发用。但是此处的呈露只是就性与几的区别而言，无疑几更能体现"性本生生"的

---

① 《孟子·离娄下》，朱熹《孟子集注》，《四书章句集注》，上海古籍出版社、安徽教育出版社 2001 年版，第 346 页。

② 塘南言："来翰云：'吾心浑是生几，善感而善应，恶感而恶应。'此说殆未然也。"引自《友庆堂合稿》卷一《答郭墨池》壬辰（1592）。

③ 《友庆堂合稿》卷一《答郭墨池》壬辰（1592）。

④ 《友庆堂合稿》卷五《静摄窝言》乙未（1595）。

生发力；但是此并不妨碍塘南将生几归为未发、无声臭之本体。此可图示为：

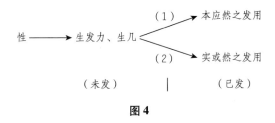

图4

相对于性体而言，生几具有发用之性质，此是形上本体的生发意向，仍属于未发边事。相对于生几而言，本应然与实或然是现实之发用，是形下之发用，是属于已发边事。此处，塘南无疑是使用了此种生成性的体用关系来表达其思想。生几相对于性而言为用，而相对于形下发用而言则为体。

正是基于以上分析，体现为性体呈露的生几的善恶性质实由性体之善恶性质所决定。性为至善，因而其"发生无不善"，性之呈露无不善。作为性之"发生"与呈露的几，其亦为善。由此，几之善实是因至善之性而生。而现实发用中的善，实际上亦是由此至善之性所生。而现实之恶，则来自性之外。郭氏引程子"善固性，恶亦不可不谓之性"来说明生几随感而善恶，随物而善恶。而塘南则认为程子之言，则是说明现实发用之恶犹如浊水，其仍具有水之本性，因此，恶自外染，而善才由性生。

在几与善恶的关系上，既然几"无不善"，那么，周子又缘何而言"几善恶"呢？对此，塘南亦有回答。塘南指出：

> 周子言"几微故幽"，则几无不善矣；而又曰"几善恶"，何哉？盖学者研几入于幽微，则善矣。不然，则性虽本善，而灵窍一开，渐涉形气，则外染得以乘之，将习气浸渍潜伏于意识之根而不自觉，乃知圣凡之介，于几焉辨之而已。[1]

塘南认为，几无不善是"研几入于幽微"的结果。对于周子"几善

---

[1] 《友庆堂合稿》卷六《书卷赠王林二生还琼州三条》戊戌（1598）。

恶"之提法，塘南认为，性与几不同，后者为性之呈露、为灵窍，而灵窍属气，灵窍一开，渐涉形气，外染借此而成习气潜伏。"几善恶"即指凡圣的差别正是在于几处。塘南尝言："真几非有亦非空，凡圣由来等是同。此理潜心须识取，莫教犯手妄加功。"① 作为本体的真几，于凡于圣皆是相同，而凡圣之所以"介于几"实际上是指凡人于几而不自觉，圣人于几而能自觉。因此，圣人能辨善恶，凡人则不能。由此可知，圣凡之区别在其是否能知几、能自觉此几。

塘南此种理解，实是继承念庵而来。念庵反对以善恶之念头言几，从而指出："'几善恶'者，言惟几故能辨善恶，犹云非几即恶焉耳。必常戒惧，常能寂然，而后不逐于动，是乃所谓研几也。"② 念庵又言："周子'几善恶'之言，言惟几故别善恶，能知几，非一念之善可能尽。故曰：几之先见，盖至善也。常以至善为主，是天命自主；常能慎独，常依中庸，常服膺此一善，是谓先几。"③ 念庵虽强调研几而能辨善恶，此是从效验而言，工夫则在于戒慎于未发以立体。而塘南亦是强调知几，显几之自觉，使其自觉到形气，此即是辨善恶。

值得注意的是，塘南此处所言的几能"别善恶"，在继承念庵理解的基础上，有将几推向已发良知层面的嫌疑。唐鹤徵对塘南此处所言的"几善恶"亦有评点："此论几又与先儒合，似此为正。知几有善恶，必非澄然无念时矣。大都曰知曰几曰独，于不可分别中分别，毕竟不可混作一样说。"④ 唐氏根据塘南将几推向已发层面的倾向而得出塘南认同几有善恶的结论，从而将塘南之几推向"实或然"的层面。此无疑是对塘南思想的误解。由此，唐氏认为几与澄然无念有别。此体现了唐氏强调几、知、独三者相区分的立场。唐氏以独为未发之性、以知为澄然无念与已发良知、以几为善恶事几的三重区分对应于塘南未发之几、发之细微、发之标末的三重区分。正基于此，唐氏才有几"必非澄然无念"的评价。但是与唐氏强调几、独、知的区分不同，塘南将几、独、知等同于由未发而指向已发的生发力。

---

① 《友庆堂合稿》卷七"绝句"《庵中与客静对漫呈六首》辛卯（1591）。

② 罗洪先：《答陈明水》庚戌（1550），《罗洪先集》，凤凰出版社 2007 年版，第 202 页。

③ 罗洪先：《与詹颜斋》，《罗洪先集》，凤凰出版社 2007 年版，第 341 页。

④ 唐鹤徵：《宪世编》卷六《塘南王先生》，《四库全书存目丛书》（子部），第 12 册，第 834 页。

就其所具有的至善之性来看，此实际上亦是包含善在内的生发力。

不仅如此，对于"几善恶"，塘南又言：

> "几微故幽"，则指本然之几而言。"几善恶"，则以善恶虽因发而后可见，然其原皆出于本然之几，正如程子所谓善恶皆天理之说也。不执其末而深悟其本，岂有精粗之异哉？①

塘南认为，周子的"几微故幽"所言实为"本然之几"，而"几善恶"实是指"本然之几""发而后可见"的善恶，是经验界的善恶，而非指本然之几而言。发用虽出于"本然之几"，但二者并不等同。只有不执善恶之末而深悟其本然之几，才能明晰几与善恶并非精粗之异，而是未发已发之别。此处，塘南是将"几善恶"理解为由几发用而成的善恶，实是就几作为未发与几之"实或然"的发用之间的关系而言，此与前文对"几善恶"所作的几能辨善恶的理解有所不同。如果说"几能辨善恶"有类似"知善知恶是良知"的理解，从而有将几推向已发层面之嫌疑，那么在此处，塘南实仍强调几与善恶并非发用处的精本粗末关系，而是内本外末之关系。此仍是就未发本体层面言几。

实际上，塘南通过对"几善恶"的理解所表达的"几"与善恶的关系类似于几与生灭、太极与动的关系。塘南指出：

> 足下又谓"几有根则有生灭"。周子曰"太极动而生阳"，然则太极亦为生灭之根乎？足下岂以太极无根而动处乃为生灭之根乎？然则太极自太极而动自动，太极与动固截然为二乎？若谓太极毕竟不动，则太极无乃为顽空乎？彼生灭者又从何处出乎？足下固信佛者，然得无反落佛家所斥断常二边之见乎？愿更密体之，此是圣学致一不二之宗，未可漫谈也。②

几与生灭的关系正如太极之动与生灭的关系，太极动而有生灭，几之

---

① 《友庆堂合稿》卷二《答胡浚洛》壬寅（1602）。
② 《友庆堂合稿》卷二《答萧仲先》癸卯（1603）。

"实或然"之发用而有生灭，若是因有生灭，而不言太极之动，不言几之"本应然"之发用，而是强调太极之"不动"，此实是堕于顽空。由此可见，善恶则是几之"实或然"之发用，不可以此发用之性质来言几之性质，但亦不可不言几之"本应然"之发用。正是在此意义上，塘南又言："吉凶悔吝生乎动，此心微动之几，出无入有之端也……"[1]"吉凶悔吝"以过之有无大小为言，"吉凶悔吝生乎动"，即指过之有无大小之呈现，皆是几之"实或然"之发用。此处所言的"动"即指几之微动，是作为生发力之几，是未发，而非指现实发用。此种生发力是出无入有之端。若是此几就已发而言，那么此就非"出无入有"，而是"自微而著"。几虽为未发之动，但其为生发力，因而能够发用为现实。

由此可知，塘南以生发力释几，在强调几的善恶性质上，此几实是有善而无恶，有吉而无凶。就此点而言，此是一种向善的生发力。塘南用孟子"几希"言几所表达的即是几所具有的向善性。

4. 以几释天理、端倪

塘南不仅以几释独、以几释知，同时还将程子所言之"天理"、白沙所言之"端倪"与此几相贯通。程子所言天理，实是"冲漠无朕而万象森然已具"者，此类似于心体太虚、中涵真机的表达，但是此处的"森然已具"在宋儒那里并未表达为一种"动"、一种"生生不息"。宋儒虽提及生理，但是从生生之几的角度来强调天理，仍是始于塘南。塘南明确以几言生理，从真机无时非发的立场强调天理、生理。塘南指出：

> 盖宇宙万古不息，只此生生之理，本无体用可分，真所谓可一言而尽也。惟此生生之理，无声臭可即，亦非可以强探力索而得之，故后学往往到此无可捉摸处，便谓此理只是空寂，原无生几，而以念头动转为生几，谓是第二义，遂使体用为二，空有顿分，本末不贯，而孔门求仁真脉遂不明于天下矣。[2]

---

[1] 《友庆堂合稿》卷四《潜思札记》甲辰（1604）。
[2] 《友庆堂合稿》卷一《答贺汝定》辛卯（1591）。

塘南认为，生理即生几，此非空寂，亦非念头动转，无体用可言。此生理即运行即本体，体用实已双泯。若是不能明晓生理即生几，将生几视为念头动转，那么生理与生几则"体用为二，空有顿分，本末不贯"。只有以生几言生理，才是孔子"求仁真脉"。

正是在此意义上，塘南还以几言仁。"周子特发'动而未形'之几，盖即孔门以生言仁之旨也。顾末学又或以意念初萌之端为几，则亦涉于形气，而于生之真体，且渐离之甚矣。"① 塘南认为，周子所言动而未形之几，则是以生言仁之旨。塘南还认为，孔子罕言仁，因仁之体不容言，情爱与灵识为生生之呈露，此只为仁之用而非仁之体。② 仁虽不容言，但是以生言仁则最为贴切。由此来看，仁实际上就是指几，就是指由体而达用的生发力，此并不涉于形气，因而此亦是就未发言几。由此可见，塘南所言之天理实是指生理。

塘南在 70 岁所撰的《仰慈肤见》中即言"生理"。辛卯（70 岁）夏，曾"掩关仰慈山中"，"昼夜默坐，密体自心，凡再阅月，外虑都绝，久之，若有迫于中而不能自已者。因笔存之以求正"。③ 塘南"迫于中而不能自已者"，此实际上就是一种自不容已的生发力，是一种善的生发力。管东溟尝指出："《仰慈录》，大概点出人心生理，通乎天地万物，要在必诚必信以存之，教意最密。"④《仰慈录》即《仰慈肤见》。塘南在《仰慈肤见》第二条中指出，此生理是命、性、中、至善、独、一、天理、易与仁这些不同侧面的统一；在《仰慈肤见》第九条中指出，生理前无寂，后无感，前无无后无有，无前无后，实是寂感、有无、前后一如。⑤ 此是几的特征，亦是生理的特征。就此来看，塘南所言的生理即几，几即生理。

塘南以生几言理，与宋儒所言的天理，实是不同。宋儒常言天理"冲漠无朕，万象森然已具"，所表达的是理为有、"理一分殊"、一理具众理之义。而塘南于天理处又强调其所具有的生发力，将宋儒所言的天理与生

① 《友庆堂合稿》卷三《玉阳会纪序》。

② 《友庆堂合稿》卷三《玉阳会纪序》。

③ 《友庆堂合稿》卷五《仰慈肤见》辛卯（1591）文末。

④ 管志道：《续问辨牍》卷二《问王塘翁疾因质传来语录中义》，《四库全书存目丛书》（子部），第 88 册，第 46 页。

⑤ 《友庆堂合稿》卷五《仰慈肤见》辛卯（1591）。

发力相结合，而成为具有生发力的生理。

不仅如此，塘南还将几与端倪相贯通。塘南认为，白沙所言的"静中端倪"即指"至无有至动""出无入有"之端倪。对于端倪的含义，唐君毅言其为"心体之呈露而为自然之觉之端始"①。此言及了端倪的两重含义，一为心体之呈露，二为明觉之端始。塘南言端倪、言几，并不强调明觉之义，或者说，只强调"潜在的自觉"，不强调"显在的自觉"。而唐氏所言之端倪，无疑是一种显在的"自觉"。就此来看，塘南之端倪只是本体形上运行、呈露，塘南亦不肯认未经工夫而体现为现实发用层的良知端倪。因此，塘南之几动而未形、未涉声臭，是一种生发力，端倪只是其出无入有的一个较为形象的表达而已。就此来看，此几实际上既非明水所言的"初可睹""初可闻"的良知②，同时亦非念庵所言的"不可睹""不可闻"之未发。此是由未发而指向已发的生发力。

5. 以几释意、气

69 岁，塘南撰《与贺汝定》一书。其中有言云：

> 惟生几者，天地万物之所从出，不属有无，不分体用。此几以前，更无未发；此几以后，更无已发。若谓生几以前更有无生之本体，便落二见。又以知属体，意属用，皆自生分别。且以知而照意，即是以一心照一心，心心相持如鹬蚌，然大属造作，非自然也。阳明先生曰："《大学》之要诚意而已矣。格物致知者，诚意之功也。""知者，意之体"，非意之外有知也；"物者，意之用"，非意之外有物也。但举意之一字，则寂感体用，悉具矣。意非念虑起灭之谓也，是生几之动而未形、有无之间也。独即意之入微，非有二也，以其无对谓之独。故程子云，其要只在慎独。……彼盖不知盈宇宙间一气也，即使天地混沌、人物销尽，只一空虚，亦属气耳。此至真之气，本无终始，不可以先后天言，故曰一阴一阳之谓道。若谓别有先天在形气之外，不知此理安顿何处。通乎此，则知洒扫应对便是形而上者，而

---

① 唐君毅：《中国哲学原论》（原性篇），台湾学生书局 2006 年版，第 447 页。

② 值得注意的是，明水以初可睹、初可闻言几，言良知，实际上又与阳明、龙溪所言有所不同。明水认同良知具有端倪之性质，从而兼具了致良知可能具有的扩充义。

孔子大中至正之矩，诚万世不可易也。①

塘南认为，此生几实是由未发指向已发的生发力，其是有无一如，体用一如，未形与生发一如。正是基于此，不可于生几之前求无生之本体，如此则落二边。体现在知与意的关系上，若以知为体、意为用，实是"自生分别"。知意物皆是指意，知为意之体，物为意之用。正如几为有无一如、体用一如，意即知物一如、体用一如。因此，举意而知体物用兼备。就此而言，此意并非指念虑起灭，而是生发之几。

此处塘南承继了《三益轩会语》中以生几言意之讲法，将意与几相等同，从而通过几来释《大学》所强调的诚意之工夫。但是塘南此处的论证仍有不严密之处。在《三益轩会语》中，塘南以意言生几，主要强调意念之别，意与心之虚明相别，此时的意是一种生而不有。但是在阳明所言的知意物的关系中，知为意之体，物为意之用，此意并非生而不有的意，而是现实发用的意。两者实有不同。而塘南因几不分体用，又因阳明之意包容体用，因此，认为此几与彼意为一，此是对阳明之"意"的误解。但是，此种误解同时亦说明了塘南以几释意的努力。

塘南还将独与"意之入微"相联系，所谓"意之入微"，就以几释意的角度来看，是指"意"本身具有"入微"之特征，此正是生几"微密"之特征。由此来看，塘南对生几说的融通还体现在其以几来言意，从而将诚意、慎独与研几的工夫打通为一。

不仅如此，塘南还指出，天地间只是一气，此为至真之气，无有先天后天，此是一阴一阳之谓道。此是塘南以几释气的思路。此"至真之气""意之入微"皆是指几。塘南认为，"通乎此，则知洒扫应对便是形而上者"，此是默识本体之后才能够具有的敬存工夫。由此来看，塘南虽以几释气、以几释意，但是此几、意、气仍是指动而未形的生发力而言，其工夫仍在于默识。

以上是塘南对几所作的融通，体现了塘南对几的创造性诠释。不仅如此，塘南对于生几说的融通还体现在止与几的关系上。塘南尝言："……知止即慎独也。……夫止之云者，真机之凝然隐于无朕，而非空也；跃然

---

① 《友庆堂合稿》卷一《与贺汝定》庚寅（1590）。

妙乎万有，而非作也。止之云者，非把捉束缚以为止也，亦非冥顽绝物以为止也。真机本妙应而常止，吾惟还其本然之止也。"① 塘南将《大学》知止的根据诉诸本心的"妙应而常止"，此止即指作为生发力的真几所具有的微密、无声臭的特征。当然塘南对止的强调还涉及其对《大学》的理解，在此不作详论。

塘南对几所作的融通呈现了儒家心学之道统，正如本章第五部分开头的三段材料所示，塘南以几在形式上所具有的中道特征来融通儒家的本心之真面目。塘南认为，此几是虞廷所言的"中"，是程门所言的"主一"。此处的"主一"，既不偏于已发，亦不偏于未发，而是强调主于已发未发合一之义。在此基础上，塘南指出，"此盖性之呈露"，其具有"亘万古而常然，通昼夜而不二"的特征。由图4可知，几实是性体及其运行呈露之用的统一，是生而不有的生发力。此既与程子之天理强调未发相区别，亦与阳明的良知强调已发、强调显觉相区别。②

六　研几工夫之定位：默识工夫

塘南对几的诸多强调，最终指向的是研几工夫。塘南对研几工夫之定位，大体可以体现为以下几点。

1. 潜心识取，唤醒自觉

研几首先是潜心识取的工夫。塘南指出：

> 真几非有亦非空，凡圣由来等是同。此理潜心须识取，莫教犯手妄加功。③

塘南在强调真几非有非空、凡圣皆同的基础上，更为强调研几，即

---

① 《友庆堂合稿》卷一《答谢居敬》丙申（1596）。
② 刘蕺山尝评价阳明良知为"所性之觉"，正是指此。参见黄宗羲《明儒学案》（上），中华书局1985年版，第6页。
③ 《友庆堂合稿》卷七"绝句"《庵中与客静对漫呈六首》辛卯（1591）。

"潜心识取"的工夫。真几凡圣皆同，研几工夫人人皆有可能。真几非有非空，研几工夫要在"潜心识取"。塘南由此反对的是"犯手妄加功"的倾向。此无疑是属于其先默识后敬存工夫中的默识工夫。

要默识非空非有、凡圣皆同的本心真几，而不是"犯手妄加"，在工夫上要能够真正做到"潜心"。此心是主观自我，既是习气之所积，亦为真几之所显。

对于习气之所积，即恶匿于心，塘南强调工夫在于"极深研几，密密内省"。大概在 1594 年，塘南言：

> 或者曰："习气之过，潜伏未露，何自而见之？"曰："戒慎不睹，恐惧不闻，是见于其所不见也。孔门有修慝之训，释之者曰恶匿于心，惟极深研几，密密内省，乃能自见其匿于心者，所谓见于其所不见，是见过之说也。"①

习气之过，乃过之隐微者，要通过戒慎不睹、恐惧不闻之工夫，才能"见于其所不见"。此处的"不睹""不闻"，是指无声臭而非睹闻的本心真几，是本心真体，戒慎不睹、恐惧不闻即立体之工夫，唯有立体，才能"见过"。此立体工夫即"极深研几，密密内省"之义。此是"潜心识取"之一种面向。此时，"极深"是研几的方式，是沉潜之义，是默识之默。

真几之所显，既为性之呈露，又无可致力，塘南强调要"研几入于极深"。塘南言：

> 性廓然无际，生几者，性之呈露处也。性无可致力，善学者惟研几入于极深，其庶矣乎！②

正是由于诚无为，性体无可措手，而生几为性体之呈露，为学的工夫才要"研几入于极深"。值得注意的是，生几只是本体的生发之意向、生发力，是本体及其运行之合一，其并不涉及已发。生几的发用包含"本应

---

① 《友庆堂存稿》卷二《寿一吾李君六十序》。
② 《友庆堂合稿》卷五《静摄窝言》乙未（1595）。

然"之发用与"实或然"之发用，前者既是"显在"又有"明觉"，后者只为"显在"而无"明觉"。但是性体运行呈露处只是生发意向、生发力，就此点而言，对于生几所做的"研几"工夫实具有默悟之性质，而"入于极深"实是默识的深度，是默识之识，指向几所具有的性体性质，是"潜心识取"的另一种面向。

"潜心识取"的"极深研几"与"研几入于极深"两种面向，在塘南后来的思想中，亦有集中呈现。

1598 年，塘南一方面强调要"终日乾乾""研几为要"。

> 寂然不动者诚，感而遂通者神，动而未形、有无之间者几，此是描写本心最亲切处。夫心一也，寂其体，感其用，几者，体用不二之端倪也。当知几前无别体，几后无别用，只几之一字尽之，故希圣者终日乾乾，惟研几为要矣。①

塘南认为，诚神几是"描写本心最亲切处"。其中，几介于寂感之间，是"体用不二之端倪"，几前几后皆不成工夫。工夫唯在"几"之一字。因此，需要"终日乾乾""研几为要"。此是对"极深研几"面向的再诠释，是"密密内省"的正向表述。

另一方面，塘南又言：

> 举要而言，其惟研几而底于极深乎？白沙先生所谓"亥子中间得最真"，殆谓是与？②

塘南在强调"无不修之性，无不性之修"的基础上，强调至约而至密的工夫，此便是"研几""底于极深"的工夫。"亥子中间得最真"即此几，是动而未形、生而不有的生发力。"研几而底于极深"，就是要能够进行定向识悟。

塘南亦将此定向识悟表述为"研几入于幽微"。

---

① 《友庆堂合稿》卷六《书卷赠王林二生还琼州三条》戊戌（1598）
② 《友庆堂合稿》卷六《书卷赠王林二生还琼州三条》戊戌（1598）。

周子言"几微故幽",则几无不善矣,而又曰"几善恶",何哉?盖学者研几入于幽微则善矣,不然,则性虽本善,而灵窍一开,渐涉形气,则外染得以乘之,将习气浸渍潜伏于意识之根而不自觉,乃知圣凡之介,于几焉辨之而已。①

面对善恶共存之现实,塘南强调"研几入于幽微"是善的获得方式。幽微是生几所具有的微密特性,"研几入于幽微",亦是指识取本体的幽微性,如此则所识之几体才显为现实之善。就此而言,研几的工夫实际上就是使具有至善性质的生发力发用为现实之善。此种现实之善的产生,要经过本体之几由隐而显的研几工夫。现实之善与善之生发力的一个根本区别就在于是否具有"显在性自觉"。若不能研几,即由外染而生的习气潜伏不能自觉,此时则不能辨善恶。因此,研得本然之几,即本然之几现实发用而具有"自觉",能够自觉觉他、辨善辨恶。由此来看,塘南的研几工夫的本质在于识取生几,唤醒自觉。此是对"研几入于极深"面向的再诠释。

以上两种面向表明,在方式上,或反向的"密密内省",或正向的"终日乾乾",皆属于"极深研几"之"极深",皆属于"默识"之"默";在程度上,研几之定向为"入于极深""入于幽微",皆属于"默识"之"识"。塘南亦将此两种面向合言为"克己入微"与"恐惧修省"于"此心初动"。

对于"克己入微",塘南言:"是故谈悟非难,而克己为切,研几者,克己入微之功,古之君子所以没齿而不敢懈者也。"② 如果说悟的方式有彻悟与默悟之别,彻悟或与"扬己"有关,那么塘南所强调的默悟,实与"克己"紧密相关。然而,此克己之义有所转换,塘南更为强调其间的修己因素。此点后文再表。"克己入微",即"密密内省"式"极深研几"与"研几入于幽微"之合言。

对于"恐惧修省"于"此心初动",塘南言:"震,一阳初动于下,帝出乎震,为后天之主宰。此心初动,万事之所从出,有长子之象焉。故

① 《友庆堂合稿》卷六《书卷赠王林二生还琼州三条》戊戌(1598)。
② 《友庆堂合稿》卷六《书卷赠王林二生还琼州三条》戊戌(1598)。

不丧匕鬯，乃可以守宗庙社稷而为祭主。而《象传》曰'君子以恐惧修省'，此义精矣。"① 塘南用"一阳初动"来释"此心初动"，同样是言本体生而不有的生发力。"万事之所从出，有长子之象焉"，正是塘南对此生发力的推崇。因此，戒慎于不睹不闻即戒慎于动而未形的生发力的工夫。"见于其所不见"，此处的"不见"，实际上是指"潜伏未露"之习气，是隐微之过。面对习气之存在，只有通过"极深研几""密密内省"之戒惧工夫，才能"显现"此心初动之本心真机。"此心初动"即是研几所入之"极深"处，"幽微"处。显在的本体，不仅自觉己善，而且能够辨得善恶，能"自见其匿于心者"。由此来看，研几的工夫就是戒慎立体以"见于其所不见"的工夫，而要能"见"其所不见，即要能够使得本体之几被唤醒，而具有自觉。

2. 思不出位，默默体认

研几工夫不仅是"潜心识取，唤醒自觉"的工夫，还是"思不出位，默默体认"的工夫。

一方面，塘南强调，"极深研几之思"，即近思，即思不出位。塘南言：

> 心之官则思，思者圣功之本。夫中常惺惺，即思也。思即穷理之谓也，即融会贯通之谓也。思愈入微，则性天朗彻，旁烛无疆，谓之有思亦得，谓之无思亦得。盖此思乃极深研几之思，是谓近思，是谓思不出位，非驰神外索之思也。②

思为"圣功之本"，此处的思实际上有两层含义。一是作为研几工夫的思，一是作为研几效验的思。前者是欲唤醒本然，使其具有自觉的工夫，后者即本然现实发用为自觉。塘南言"中常惺惺"之"思"与"思不出位"之"思"即指后者，而"思愈入微"与"近思"之思，则是指前者。所谓近思，塘南尝言，"只在心体上用力"，在"一处疑"而必

---

① 《友庆堂合稿》卷四《潜思札记》甲辰（1604）。
② 《友庆堂合稿》卷一《答曾肖伯五条》壬辰（1592）。

"豁然"，并认为，若不如此，"未免离根"。此是"近思"。① 极深研几之思就是要能够"近思"而"非驰神外索之思"，此即"思不出位"。正是在此意义上，塘南指出："《大学》贵'知止'，而《易象》之言'止'曰：'君子思不出位。'惟思不出位，则入微而得其本然之止，非强为也。思不出位，其极深以研几之指诀乎？"② 由此可知，思不出位是由思之"入微"而实现本体发用，具有显在性自觉。正是在此意义上，"思不出位"才是"极深以研几"之指诀。

思不出位，相对于思之入微而言是效验，而相对于本体显在性自觉的程度而言，则有工夫与境界之两途。就思不出位的工夫义而言，此是一个有思入于无思的过程；就思不出位的境界义而言，此是达于无思之境界。在"有思入于无思"的过程中，显在性自觉从参与到完全自主，最终完成整个道德修养过程。此在后文将有进一步论述。

塘南对于研几工夫所作的有思入于无思、近思达于思不出位的思考，实与其对"位"的理解相关。此位即几，即"生生之灵窍"。塘南言：

> 所云"千条万绪，总出一窍"，此语最为近之。惟此一窍，乃太虚中生生之灵窍也。一切念虑知识，万事万物，皆从此一窍流出。此是天然自有，不学不虑，而人人具足者也。但此灵窍，至微至密，本无声臭，日用间惟打并精神心思，一意归根，于此透入无声臭之原，此是圣门极深研几之实学，求仁之要诀也。若离此灵窍而外求，则学不归根，去道远矣。③

"太虚中生生之灵窍"，即指生发力，此是天然自有、人人具足的本体。但是其本微密而无声臭，处于隐而不显之状态。为学的工夫就是要能够"打并精神心思，一意归根"，此实际上就是"近思"之目标所在。唯"归根"于此，才能透得本原。若是离开近思，离开灵窍生几，那只是闲思杂思，不能归根。正是基于生几即作为天地万物之根"位"之灵窍，"一意归根"才是透悟本原的工夫，才是"极深研几之实学"，才是"求

---

① 《友庆堂合稿》卷一《作钱启新邑侯六首》丁亥（1587）。
② 《友庆堂合稿》卷四《瑞华剩语》甲午（1594）。
③ 《友庆堂合稿》卷一《答王养卿》甲午（1594）。

仁之要诀"。因此,"近思""思不出位"皆是归根之义。

由以上分析不难看出,为学工夫实是归于生几,透悟本原。在此意义上,塘南强调"默默体认"。

> 所云"日间不免有闲思杂想",夫此心常生者也,默默运行,生而无生,此所谓思之睿也。此思不著于有,不落于无,是生生之本然也。日间只默默体认乎此,即是圣人研机之学。若不知此,则中无定主,精神未免纷荡,闲杂思虑难收摄矣。《易》曰:"天下同归而殊途,百虑而一致,天下何思何虑。"夫惟知"同归一致"之学,则"殊途""百虑"总谓之"何思何虑"矣。何也?所存者神,则所过者化,故惟存神为要也。若不知此,而惟闲杂思虑之扫除,必不能矣。①

针对来书所云"闲思杂想",塘南指出,心之本然,即默运不息,常生而无生相。所谓默运,即指运而无声臭,即指常生而无生相,此即为几,为生发力,为生生之本然。于此要能够默默体认,即研几的工夫。若不能体认于此,则"中无定主","精神""思虑"就会"纷荡""闲杂",难以"收摄"。塘南还引《易》所言"同归而殊途"与"百虑而一致"来说明"殊途""百虑"皆是"何思何虑"。塘南认为,"百虑而一致"即存神之功,而"何思何虑"即"过化"之效。因此,"闲杂思虑"要能够归一于此心本然之思,如此才有"定主"。由此来看,本然之几,实际上就是本然之思,但是此并非自觉之思,研几的工夫即要"百虑一致",默默体认此种"生而无生"之思。此种能够"百虑而一致"的存神工夫,即前文所言的近思工夫,亦是指凝神工夫。所谓凝神,塘南指出:"性弥宇宙,绝名言,不可得而措心者也。性之用为神,神浮散而性不存,是故学道者,悟性至矣,凝神其要焉,神凝而性一矣。昔贤云:'先天无一字,后天方可著功。'后天之功以还先天之性,非有加也。凝神者,极深入微,不涉丝毫人力,庶其近之。"② 凝神即要"极

---

① 《友庆堂合稿》卷一《答曾德卿》丁酉(1597)。
② 《友庆堂合稿》卷六《书刘明之扇》壬寅(1602)。

深入微"式默默体认。

值得注意的是，虽然"日间只默默体认""此心""生生之本然"，以便于扫除闲思杂虑，但是本心真几之呈现，是否存在最佳的时日呢？

塘南尝多次提及"至日"。塘南指出：

> 天地生生为大德，阳生阴极见天心。此是求仁真学脉，闭关至日契其深。①

天地之大德曰生，此生是生而不有的生发力，是本心之真几，亦是孔门"求仁真学脉"。因而，为学求仁，"契"得本心真几的最佳方式即"闭关至日"。此"契"即默默体认之义。一般意义上的"至日"，即一年节气中的"一阳初动""一阳潜萌"之时。然而，塘南所强调的"至日"并非就具体时日而言。

塘南言：

> 《易》之"复"曰："先王以至日闭关，商旅不行，后不省方。"夫一阳潜萌于至静之中，吾心真几本来如是，不分时刻，皆"至"也。学者识此而敬养之，笃恭不显而大本立矣，故闭关非堕空也。"惟深，故能通天下之志；惟几，故能成天下之务。"闭关之义大矣哉！②

塘南认为，"一阳潜萌于至静之中"的状态，实是"吾心真几"之"本来如是"，非以时刻为言。因此，吾心真几作为生而不有的生发力，时时处于"至日"之欲发之状态。为学之工夫不止于"至日"那个具体时日的"闭关"，"至日闭关"只是为学工夫特别是静功的一种方便表达，其实质在于"识认"而"敬养"此本心真几。如此才是立大本，致大用，彻悟本体。此乃闭关之大义所在。

因此，闭关不是"堕空"，而是"极深研几"的工夫。只有极深

---

① 《友庆堂合稿》卷七"绝句"《庵中与客静对漫呈六首》辛卯（1591）。
② 《友庆堂合稿》卷四《瑞华剩语》甲午（1594）。

研几才能"通天下之志""成天下之务"。与道德修养初始之志不同，此时的志实际上以显在本体的形式出现，此就是本心真几的显在，此时的务亦是显在的。因此，"通志""成务"都是极深研几之后的工夫或效验。

由此来看，塘南肯认本心真几时时处于"一阳初动"之至日状态、生发状态，而道德修养的工夫首先不是持守此"一阳初动"之生发力①，而是通过闭关之工夫，体认得生发力之"不分时刻"，时时显在。唯有如此，才是本体显在自觉之实现；唯有如此，才是通得天下之志；唯有以此为依循，才能成天下之务。

3. 极深研几，立诚存神

塘南尝言："圣学以研几为宗，盖中道也。几未易言，故必极深，乃为实际。"② 正是由于几为中道，不落有无，因而"未易言"。也正因几未易言，研几的工夫才要落实于极深。关于极深与研几的关系，本出于《周易》"极深而研几"一语。对此关系有所讨论，则始于阳明后学。在阳明后学中，念庵强调极深而研几，通过戒慎于未发之性的极深工夫，研得体现为良知的几。而龙溪认为极深即研几，此是归一之学。几前无可用功之地，研几的工夫"其要存乎一念独知之地"③。而明水继承龙溪之立场，认为："所谓极深而研几者，……乃语势然耳，非有先后也，……非先深而后几也。"④ 明水认为，研几的工夫即致良知的工夫，即于"独知几微处严谨缉熙"。正是在此种讨论的基础上，塘南才提及"研几以底于极深"以及"极深以研几"。就上文的分析来看，塘南对研几工夫的理解，实承念庵先举极深、戒慎之功以得几的思路而来。此亦是塘南在研几工夫的具体做法上强调戒慎之功的原因所在。但是塘南与念庵对几之理解有所不同。念庵以几为良知、为显在，在此点上，实与龙溪的立场相一致。而念庵更为强调的是显在良知背后的未发之性，强调立体而得见在良知、得几。此

---

① 同样，塘南肯认四端为本体的现实发用。但是由此四端体得本体，使得此种发用表现为自觉，才是塘南之本意，此即立体工夫。

② 《友庆堂合稿》卷四《瑞华剩语》甲午（1594）。

③ 王畿：《别言赠沈思畏》，《王畿集》，凤凰出版社2007年3月，第455页。

④ 陈九川：《明水陈先生文集》卷一《答罗念庵》，《四库全书存目丛书》（集部），第72册，第32页。

点则与龙溪相区别。① 塘南亦以几为良知，但此几只是生发力、生力意向，而非显在。正是此几所具有的既非显在，又非不发的特征成就了塘南生几论之特色。塘南将此生发力之几走向显在的工夫视为研几。因此，塘南之反对"几与深分言"②，虽然继承了明水、龙溪以极深研几为归一工夫的立场，但是，塘南对研几、极深工夫的默识本体的工夫论定位，使其研几工夫实不同于龙溪"存几"的工夫，更类于念庵"得几"的工夫。正是在强调实现本体显在、自觉的工夫的必要性上，塘南作为生发意向的几才与念庵所强调的未发之性同具未发层面之意义。此是塘南研几思想类于念庵之原因所在。

　　在阳明后学中，与极深研几相关的讨论还见之存神与立诚的讨论中。明水认为："诚、神、几，一也。立诚即是存神，存神即是知几，知几即是研几，研几亦即是慎独。圣学元无二功，但慎独通乎上下，忠恕一贯之义也。慎独，亦即是戒慎不睹，恐惧不闻，但析而言之耳。"③ 明水以立诚、存神、知几、研几、慎独为一种工夫。而念庵认为："至诚与至神有辨者，非生之言，周子之言也。其言曰：'寂然不动者，诚也；感而遂通者，神也。'以无为属诚，以发微不可见、充周不可穷属神，言各有当矣。言不可以执一也，有专指言者，则神无不该，孟子所谓'存神'是也；有对待言者，则诚为体，神为用，周子之言是也。欲人知所先，故多本周子。"④ 此书乃念庵书于郭平川，讨论至诚与至神之关系，恰好体现了念庵对明水视立诚与存神为一功的反应。念庵认为，至诚与至神不同，诚是本体无为，此为体；神是充周流行，此为用。此是"有对待"而言，亦是周

---

　　① 张卫红将念庵与龙溪研几的观点相提并论，无疑看到了念庵之几与龙溪见在良知的一致性，但是就研几而言，念庵的研几实指知几、得几，是立体之效验义；而龙溪之研几、知几乃为致用之工夫义。二者实不可相混。张卫红言："念庵晚年转向之后，其良知观已与阳明、龙溪有相当的接近，其研几（也作'知几'）工夫也与龙溪之说有相当的一致性。"张氏又言："念庵与龙溪关于研几之功的论说理路具有相当的一致性，二人之不同，大概在于各自工夫所臻境界有生熟之别。"（以上分别参见张氏《罗念庵思想研究——以致知工夫为中心的生命历程与思想世界》，中山大学博士学位论文，2006 年，第 273、275 页。）张氏以境界之生熟来判念庵龙溪，不无意义，亦不免以龙溪判念庵之嫌。

　　② 《友庆堂合稿》卷一《答萧仲先》癸卯（1603）。

　　③ 陈九川：《明水陈先生文集》卷一《答罗念庵》，《四库全书存目丛书》（集部），第 72 册，第 33 页。

　　④ 罗洪先：《答郭平川》庚戌（1550），《罗洪先集》，凤凰出版社 2007 年版，第 259—260 页。

子之言。不仅如此，若言神无不该，此实是合体用而言神，是"有专指"而言，孟子的"存神"即此意。念庵认为，"欲人知所先，故多本周子"，也就是说，要先至诚，然后才能至神。至诚实就是指立体的工夫，至神是达用的工夫，而孟子统体而言为"存神"的工夫。由此来看，念庵实是反对明水将立诚、存神统一为"从独知几微处严谨缉熙"的敬存工夫。

在此种讨论的基础上，塘南指出：

> 夫"诚寂然不动"即"诚无为"之谓。"发微充周"之神即"感而遂通"之神之谓。尊教以为无二者，是也。"几微故幽"，则指本然之几而言。"几善恶"，则以善恶虽因发而后可见，然其原皆出于本然之几。……周子谓"诚神几，曰圣人"，盖指圣人能会体用之全而言。孟子以"大而化"为圣，以"圣不可知"为神，分而为二，虽先儒谓"非圣人之上有神人"，然孔子圣域优入与夷惠之圣不同，则孟子分而为二，亦可也。但孟子言"神"字，又与周子言"神"自别。盖周子指心之用而言，孟子指造之极而言也。①

在诚神几的关系上，如果说念庵强调的是立诚、立体，明水强调的是存神、致用，那么，塘南强调的是本然之几。上文已经指出，塘南在思路上近于念庵，也就是说，塘南虽强调本然之几，但是在工夫上，仍是重立诚的工夫。塘南继承念庵对孟子与周子言神进行区别的立场，在指出孟子之神可分为"圣"（夷惠之圣）与"神"（孔子圣域优入之圣）的同时，认为周子以心体之用言神，而孟子之神实是言"造之极"。就此来看，塘南认为，孟子之神，实是指工夫所至之程度、境界，而周子之神，实是指心体之用。塘南尝指出，"殊途""百虑"是存神，"何思何虑"是过化，"存神为要"。②而所谓存神，实际上即要凝神。而之所以要凝神，就是基于"性之用为神，神浮散而性不存"③。由此可知，塘南存神之工夫实是基于神为心体"实或然之发用"（发之标末）的观点而立言。而在周子的思想中，所存之神实际上是心体"本应然之发用"（发之细微），因而存神就

---

① 《友庆堂合稿》卷二《答胡浚洛》壬寅（1602）。
② 《友庆堂合稿》卷一《答曾德卿》丁酉（1597）。
③ 《友庆堂合稿》卷六《书刘明之扇》壬寅（1602）。

是致用的工夫。与周子不同，塘南此处所言的存神，实际上是通过"殊途""百虑"以立体的工夫。于此，亦须明辨。正基于此，塘南虽强调存神，其仍是念庵立诚、立体的思路。

通过以上分析可以看出，塘南研几的工夫，即默识本体，即"亲证"本心真几。"几前说寂为空缚，几后谈修逐境移。若问此中亲证处，清宵灵籁独闻时。"① 塘南认为，"清宵灵籁独闻时"实体现了对本心真几的亲证。如果说，塘南强调"一阳潜萌"与"至日闭关"，体现了其对本心真几生发力的肯认，虽然此种肯认仍是就体认工夫之可能而言，并非由此而持守、依循；那么塘南于"清宵灵籁独闻时"的亲证，实际上体现其对本心真几的悟得。正基于此，塘南对贺氏所言的"生几不可识，不可为，则存乎悟"的评价为"甚是甚是"。②

悟得本心真几的研几工夫就是"终日终身，绵绵密密，暗然自体"的工夫，所谓"暗然自体"即"不求人知"，只求"亲证"之义。③ 当然，"自体""亲证"首先是默识真几的工夫，而道德修养过程并不止于真几发用为显、有所自觉。塘南指出："……学者识此而敬养之，'笃恭''不显'，而大本立矣……"④ 工夫在于"识此而敬养之"，此即先识取此几，然后敬以存之。"笃恭""不显"是默识本体之后的敬存工夫，此于后文再论。塘南还尝言："吉凶悔吝生乎动，此心微动之几，出无入有之端也，学必敬慎于此则吉矣。"⑤ 此处所言的敬慎，实际上即具有敬存工夫的指向。在塘南的思想中，工夫虽皆关于几，但是仍有"得几"与"存几"、默识与敬存的区分。此亦须辨。塘南认为，只有通过先默识后敬存、先立体后达用的工夫，最终才能达到"大本立矣"的境界。

塘南从本心真面目的角度对生几说进行儒家理论上的融通，使得生几说被推致到一个极点，在此点上，生几说又出现了另外的因素。此在下一章作具体论述。塘南在其79岁所撰的《自考录》中指出："惟著空著相，堕落二边，后学通患，乃不得已，姑提生机二字与及门之士共商之，且以

---

① 《友庆堂合稿》卷七"绝句"《庵中与客静对漫呈六首》辛卯（1591）。

② 《友庆堂合稿》卷一《答贺汝定二首》壬辰（1592）。

③ 以上引自《友庆堂合稿》卷一《答王肯斋》甲午（1594）。

④ 《友庆堂合稿》卷四《瑞华剩语》甲午（1594）。

⑤ 《友庆堂合稿》卷四《潜思札记》甲辰（1604）。

请正于四方有道者。"塘南提出生几说的基本动因在于反对"著空著相"的"后学通患"。既然如此，塘南之"生几论"是否为"因病发药"的一时权法呢？此不难回答。塘南提出生几说时，生几所具有的生而不有的本质在其后来对生几的融通性的推崇中并没有发生改变，亦未有义理上的明显缺陷。塘南基于时弊而提出生几论，并不意味着此种理论本身在塘南的工夫论系统中不具有重要地位。实际上，塘南对生几论本质的理解以及融通，已经体现了其完全是从义理上对阳明后学作出回应的立场。就此而言，生几论实是塘南工夫论的一大特色所在。其在塘南工夫论系统中所具有的默识本体的工夫定位，使得其与塘南所强调的彻悟本原的工夫论指向紧密相连。正是在此意义上，黄宗羲对塘南为学特征予以"透性为宗、研几为要"的概括，可谓简明而扼要。

关于塘南研几思想之来源，有这样的评价："先生之学，致知极王新建之诣，研几契陈新会之奥，悟性于修，修悟双融。尝曰：'盱江①言性有不学不虑之说，以此言性是矣。但世人不无习气之弊，不知兢兢业业，操炼研摩以入精实，而冒认以为不学不虑之性，其不放恣而叛道者几希。'"②陈新会即陈白沙。确实，塘南多次引用白沙之语"端倪"③，"至无有至动""静中端倪"④ 以及"亥子中间得最真"⑤ 等来说明真几。塘南还尝教人细读《白沙集》。⑥ 但是白沙所言端倪与塘南所言之真几，实有区别。白沙更为倾向于就已发而言，而塘南倾向于就生发力而言。此是两者最大的不同。

此条材料对塘南思想的评价则是将致知与研几的关系从悟修关系的角度进行评价。塘南的致知思想涉于其对《大学》的研究，从其对阳明"乃若致知，则存乎悟"一语大加赞扬的角度来看，致知确实为悟的含义。研几为修，此是立言者相对于隐藏的本体而言，而其根据在于塘南所言的

---

① 此指罗近溪。

② （清）张召南编修：《明王时槐传》，载于（清）张召南编修《安福县志》卷三《人物志·理学传》，清康熙十八年刻本。

③ 《友庆堂合稿》卷五《支笥漫语》庚寅（1590）。

④ 《友庆堂合稿》卷一《答祝士广》己丑（1589）。

⑤ 《友庆堂合稿》卷六《书卷赠王林二生还琼州三条》戊戌（1598）。

⑥ 塘南言："本朝白沙先生以致虚立本为教，最为近之。执事可取《白沙集》细心一阅，亦入悟之梯航也。"引自《友庆堂合稿》卷二《答刘用平》壬寅（1602）。

"兢兢业业，操炼研摩以入精实"。此语出自塘南 83 岁所撰的《答按院吴安节公》一书。① 从上文的分析来看，塘南实未以"操炼研摩"来解"研几"，几本身生而不有，此须通过静功来默识体认，而"操炼研摩"更倾向于"刊落渣滓，以入精实"之工夫，塘南以其为修。修是"入悟之方"。与此相比，研几实是"入悟"之程度。

以研几为研摩，较类于与塘南同时代的万思默之思想。思默认为，一念微处，"便有诚伪王霸之辨"，学贵在研几。② 思默言："诚无为，几则有善恶。何者？凡动便涉于为，为便易逐于有，逐于有则虽善亦粗，多流于恶，故学问全要研几。研者，磨研之谓。研磨其逐有而粗的，务到极深极微处，常还他动而未形者，有无之间的本色，则无动非神，故曰'诚神几，曰圣人'。"③ 思默以研磨解研几，强调其去粗至微的工夫。思默此解的前提是其从善恶言几，研几就是还得几之动而未形、有无之间的本然。就此来看，思默实以善恶言几而强调几背后之本然。正基于此，研磨才是一个不断修炼的工夫。而塘南以几为本体，所强调的研几工夫更多是指体认、默识之义。

因此，以研几为修来理解塘南思想，从而导致其与致知、与悟得本体相对待，实有不妥。在塘南先默识后敬存、先悟后修的工夫论系统的观照下，研几更倾向于默识本体、悟体、立体之工夫。

---

① 《友庆堂合稿》卷二《答按院吴安节公》。
② 万廷言：《万思默约语》，载黄宗羲《明儒学案》（上），中华书局 1985 年版，第 510 页。
③ 万廷言：《万思默约语》，载黄宗羲《明儒学案》（上），中华书局 1985 年版，第 510 页。

第六章 真性本潜 收敛敬存

——塘南工夫论中的收敛思想

在儒家思想中，视收敛为专门的工夫，宋代始有苗头，到阳明乃显其迹。阳明后学更有甚者，视收敛为宗旨。收敛之于儒学，在阳明有"登堂"之迹，在其后学则有"入室"之势。如念庵强调收摄保聚的工夫，龙溪强调收敛以流行，皆是证明。不仅如此，在塘南的众多弟子中，即有"专主于收敛"①者。此时收敛俨然为一显在话题。在阳明后学中，为收敛工夫寻找义理依据，并由此对本体与工夫的关系进行探讨，从而将收敛工夫推致到合于本体的地位，若有其人，则非塘南莫属。基于先默识后敬存的工夫论系统，塘南对收敛退藏所作的理解独具特色。此章拟作专门介绍。

一 收敛之缘由与提出

1. 缘由：非本体工夫与实践工夫

塘南对收敛工夫并非一开始就完全认同，而是恰恰相反。在 63 岁所撰的《三益轩会语》中，塘南对"收敛凝聚"工夫从非本体工夫的角度加以反对。塘南言：

> 未发之中，性也，有谓必收敛凝聚以归未发之体者，恐未然。夫

---

① 贺沚：《续补〈恭忆先训自考录〉》篇末，见载于王时槐《自考录》文后。

未发之性，不容拟议，不容凑泊，可以默会，而不可以强执者也。在情识则可收敛，可凝聚；若本性，无可措手，何以施收敛凝聚之功？收敛凝聚以为未发，恐未免执见为障，其去未发也益远。①

塘南撰《三益轩会语》之时，所持立场为性与情识、体与用二分。正基于此，塘南认为："必收敛凝聚以归未发之体者，恐未然。"性为未发，于此只可"默识"，不可强执为实。情识可收敛、可凝聚，而性体本身"不可得而放""不可得而卷"。同样在《三益轩会语》中，塘南指出："先儒言：放之则弥六合，卷之则退藏于密。愚则谓：性无为者也，其弥六合而藏于密，本来如是，不可得而放，不可得而卷也。先儒此言，学者亦须善会。"②此处的先儒是指小程。在此不妨对程子的"退藏于密"与塘南所言的"弥六合而藏于密"进行比较。性体弥六合而微密，无有声臭，此可谓之藏。此是性体本具的特性，不可加诸放、卷的工夫。小程所言的"放""卷"，其本义实非言工夫，而是从翕聚与发散的主体视角立言。而塘南认为，若是从工夫的角度来理解放与卷，则违背了本体无为的特征。正是基于此，塘南认为，收敛凝聚并非针对本体而言，并非彻悟本体的工夫，而只是针对情识之工夫，套用塘南自己的讲法，此是在末上用功。若以此为本上的工夫，难免"执见为障"。由此来看，塘南认为，收敛凝聚并非指本体工夫。

所谓本体工夫，阳明尝言："功夫不离本体。本体原无内外，只为后来作功夫的分了内外，失其本体了。如今正要讲明功夫不要有内外，乃是本体功夫。"③阳明强调工夫不分内外，才是本体工夫。而阳明后学，实际上是将本体工夫理解为究竟工夫、第一义的工夫。④

塘南1588年（67岁）尝言及本体工夫。时塘南之弟子、东廓之曾孙邹子予认为："本体工夫，只可语于成学。若初学之士，不于念虑事为著力，而止于本体用工，恐不能无遗漏处。"塘南不同意此种观点。塘南认

---

①　《友庆堂合稿》卷四《三益轩会语》。
②　《友庆堂合稿》卷四《三益轩会语》。
③　王守仁：《传习录》下，《王阳明全集》，上海古籍出版社1992年版，第92页。
④　此在彭国翔《良知学的展开——王龙溪与中晚明的阳明学》、林月惠《良知学的转折——聂双江与罗念庵思想之研究》中皆有所言。

为："夫所谓本体者，念虑事为之体也；念虑事为者，本体之用也。体外无用，用外无体，一而二，二而一者也。夫能于念虑事为著力者，果为谁之著力乎？能著力者，即本体也。故学者以本体为主，而照察于念虑事为，不少缺欠，则即念虑事为之致力，而本体于是乎全矣。若谓只存本体，而念虑事为任其遗漏，则岂有悬空之本体？若谓只于念虑事为著力，而本体可缓，则所谓念虑事为者又从何处流出？是皆自作二见，而不知'体用一原，显微无间'之理矣。且本体存乎悟者也，念虑事为存乎修者也。故本体上著'用工'二字不得。舍念虑事为，亦无用工处矣。"① 塘南认为，本体工夫是以本体为主的工夫，本体上不可用力，只"存乎悟"。悟即本体工夫，此是不可用工的工夫，而修是可致力、可用工的工夫。由此来看，收敛凝聚并非本体工夫。

塘南《三益轩会语》所言的"有谓必收敛凝聚以归未发之体者"，所指实是念庵的观点。塘南在 63 岁始撰的《吉安府志》中，对念庵的思想有所评价。② 其中虽未明确评价念庵之收敛退藏的工夫，但是引用了念庵《松原志晤》中的文字来表达其收敛的思想。其引文为："吾辈所以必须学者，皆缘习气作梗……诚不可以平日虚见为得手，须是终日应酬，终日收敛，不使习气乘机潜发，始不负一生耳。"③ 念庵此语无疑将收敛工夫的必要性与习气、情识相联系。塘南引此语，表明此时其对念庵收敛之功的理解大体亦基于此。此与塘南在《三益轩会语》中视收敛为情识上的工夫，并无二致。吴震在分析塘南此句之思想时指出，"收敛凝聚"是念庵之观点，"以归未发之体"是双江"归寂"的主张；塘南既反对念庵之"收敛凝聚"，亦反对双江之"归寂"。④ 归寂只是归于未发之体之意，此既可以指向主于本体的悟的本体工夫，亦可以指向主于修的可用工的工夫。此在

---

① 《友庆堂合稿》卷一《答邹子予》戊子（1588）。

② 此在时间上与撰于 1584 年《三益轩会语》最为接近。

③ 王时槐：《罗洪先传》，载王时槐纂、余之桢修《吉安府志》卷二十四"理学传"，书目文献出版社 1991 年版，第 361 页。按：念庵原文为："吾辈所以必须学问者，皆缘习气作梗……诚不可以平日良知虚见，附和习气，顺其安便，以为得手。须是终日应酬，终日收敛安静，无少奔放驰逐之病，不使习气乘机潜发，始不负一生谈学耳。"（罗洪先：《松原志晤》，《罗洪先集》，凤凰出版社 2007 年版，第 697 页。）塘南引用以"良知虚见"为"虚见"，此亦可以看出塘南肯认良知本体义，而对念庵以良知为现实发用义多加怀疑。

④ 吴震：《王时槐论》，《聂豹 罗洪先评传》，南京大学出版社 2001 年版，第 281 页。

后文将进一步分析。而塘南在此时更为强调的是悟的本体工夫。正基于此，塘南才对念庵的"收敛凝聚"之工夫加以反对。此是塘南 63 岁时对待"收敛凝聚"的态度。

塘南后来在 81 岁所撰的《念庵罗先生文要序》中，曾引念庵所言的"知之良者以未发也，收摄敛聚以全吾未发，是致之之功也"① 一语来对念庵的思想进行肯定。由此亦可以看出，塘南对念庵的"收摄敛聚"之功有一个从不认同到认同的过程。

塘南对收敛工夫的认同始于 65 岁之时。此主要体现在其是年所撰的《西原会规十七条》中。塘南认为，在言行举止上皆要做到静敛。"学贵潜心"，要能够"凝神习静"②，"会时宜肃容敛气""以静肃受益为主"，③"闻人规劝"，要"虚心听受"。④ 要能够"自攻其恶"，"日夜且自检点"，"丝毫不尽，则歉于心"。⑤ 塘南承认静敛之工夫，并立为会规，此具有极强的实践性。也就是说，静敛工夫于实践非常必要。塘南对静敛、收敛工夫的实践性强调，正是其认同并坚持收敛工夫之缘由。

塘南重收敛有其反时弊与重世用的双重考虑。面对阳明后学只重玄谈而不重修证、立言不兼顾中下根人之流弊，塘南强调要能够收敛。不仅如此，塘南认为，收敛还是"高贤用世之秘诀"⑥。由此来看，实践因素构成了塘南强调收敛退藏工夫的主要动力。正基于此，塘南后来才为收敛工夫寻找到了义理根据。但是在 65 岁时，在论学的义理上，在其自身的工夫论系统中，塘南并没有给"收敛退藏"的工夫以定位。在是年所撰的《自撰墓志铭》中，塘南只提及其"有悟于生几微密"，而未言及"收敛退藏"的工夫。

三年之后，68 岁的塘南对静敛工夫明确加以强调，指出：

> 承别楮所云，具占向往之志，但似未有专功，惟意想测度而已。

① 《友庆堂合稿》卷三《念庵罗先生文要序》。
② 塘南言："学贵潜心，勿恃言说，凡同志共聚一堂，务在凝神习静，切己体认……"（《友庆堂合稿》卷六《西原会规十七条》）
③ 参见《友庆堂合稿》卷六《西原会规十七条》。
④ 参见《友庆堂合稿》卷六《西原会规十七条》。
⑤ 参见《友庆堂合稿》卷六《西原会规十七条》。
⑥ 《友庆堂合稿》卷一《与刘文光工部》丙申（1596）。

此恐未足语学也。夫学贵尽却尘缘，一味收敛归静，务令此心澄然无一物，将世上一切可喜可嗔、平生利钝顺逆之境，尽皆摒舍，于我了不干涉，如此久之，然后真性渐露。以此应事，如太虚之涵万象，明镜之鉴众形，触之即通，物各付物，更无阻碍，又安有先事筹度及事过生悔之失乎？①

对于学生为学中的"未有专功""意想测度"之倾向，塘南指出，为学的工夫当是"尽却尘缘，一味收敛归静"，令心澄然无一物，如此真性才能显露。此是塘南第一次明确从工夫之义理上倡导收敛归静。

融通以上几个时段的思想来看，塘南一方面认为，性体只可默会，收敛凝聚只就情识而言，若以收敛凝聚而归未发之体，则是"执见为障"；另一方面认为，收敛归静之功于实践而言又非常必要。此无疑构成了矛盾。而塘南 68 岁时从工夫的角度强调"收敛归静"无疑表明了其解决此种矛盾的立场，即坚持收敛归静之功，而改变其将收敛凝聚归为于情识上用功的定性。当然这还不是此种矛盾的真正解决。

2. 提出：不克则不能生

塘南对收敛工夫所作的反对与其对收敛工夫所作的实践性的强调皆不可以看作收敛工夫的正式提出，而塘南在 68 岁时对"收敛归静"从工夫的角度进行倡导，还只是收敛工夫提出的前声。一年之后，即 69 岁时，塘南为收敛工夫找到了义理依据，才可以真正视为收敛工夫之提出。

塘南对收敛工夫义理依据的理解，主要体现在《与贺汝定》一书与《支筹漫语》中。

在《与贺汝定》一书中，塘南指出：

意非念虑起灭之谓也，是生几之动而未形、有无之间也。独即意之入微，非有二也，以其无对谓之独。故程子云："其要只在慎独。"意本生生，惟造化之机，不克则不能生，故学贵从收敛入，收敛即为慎独，此凝道之枢要也。孔子系《易》，发明《咸》之"九四"，所

---

① 《友庆堂合稿》卷一《答邹子予》己丑（1589）。

云"同归""一致"，"尺蠖屈""龙蛇蛰"者，正以示收敛入微之义，其旨精矣，此孔门心学之传也。孟子言不学不虑，乃指孩提爱敬而言，今人以孩提爱敬便属后天，而扩充四端皆为下乘，只欲人直悟未有天地之先，言语道断，心行处灭，乃为不学不虑之体，此正邪说淫词，诱人以入于败伦伤教之归者，不可不察其微而慎之也。彼盖不知盈宇宙间一气也，即使天地混沌，人物销尽，只一空虚，亦属气耳。此至真之气，本无终始，不可以先后天言，故曰"一阴一阳之谓道"。若谓别有先天在形气之外，不知此理安顿何处。通乎此，则知洒扫应对，便是形而上者，而孔子大中至正之矩，诚万世不可易也。①

此是塘南在融通生几论时，以几释意、以几释气的思想。但是在此融通的过程中，塘南加入了收敛之工夫。塘南在强调诚意与慎独之工夫的同时，指出："独即意之入微。"意即生发之几，具有"入微""无声臭"之特征。若不从以几释意的角度来看，"意之入微"实具有从现实发用之意入于生而不有的状态的含义。继而塘南指出，"意本生生"，此亦是以生几言意。但紧接着塘南又指出："造化之机，不克则不能生，故学贵从收敛入。"此处，塘南提出造化之机的运行规则。前文尝言，塘南"本心真机"的提法实是"生几论"的前身。而造化之机，作为本心之几的另一种表达，具有"造化"的不确定因素。此表现为"几"在具有生的特征的同时，亦具有克的特征。

值得注意的是，此处的"克"，在中华书局 1985 年版的《明儒学案》中写作"充"字，"不充则不能生"恰好与"不克则不能生"构成了截然相反的理解。而在塘南是年所撰的《支筇漫语》中，塘南亦提及"不克则涉于妄生"②。与此相应，牟宗三先生在《从陆象山到刘蕺山》中提及塘南此段材料时，亦言为"不克则不能生"。③ 由此表明，塘南原意即为"不克则不能生"。

塘南认为，正是基于造化之机的克的特征，为学才须"从收敛入"。

---

① 《友庆堂合稿》卷一《与贺汝定》庚寅（1590）。

② 《友庆堂合稿》卷五《支筇漫语》庚寅（1590）。

③ 牟宗三同时还案道："克字不明。"（牟宗三：《从陆象山到刘蕺山》，上海古籍出版社 2001 年版，第 306 页。）

此处，塘南为强调收敛工夫，在造化之机上加入了克的特征。实际上，塘南已经通过"意之入微"作了伏笔。意即为生几，独即为意，此实是最自然不过的推理。但是塘南却要将独理解为"意之入微"，从而使得"意之入微"从生而不有之意转向现实发用之意。而现实发用之意的入于细微，实际上就是收敛之工夫。正是在此意义上，独等同于意之入微，"收敛即为慎独"。

由此来看，收敛工夫的根据主要体现在"意之入微"与"造化之机，不克则不能生"两个方面。就前者而言，塘南通过意的内涵从几到现实发用的转化，肯认了一个由形气、情识而归于本体的工夫，此恰好将收敛工夫从非本体的工夫推为由情识、形气上入微的工夫，从而与合于本体的工夫相联系。就后者而言，本体之"克"成了收敛工夫合于本体特征的最为直接的依据。继而塘南还通过孔子系《易》，发明"咸"卦"九四"爻的"同归""一致""尺蠖屈""龙蛇蛰"，说明孔子强调"尺蠖之屈""龙蛇之蛰"是喻示收敛入微之微言大义。塘南认为，此为孔门心学之传。此是塘南所言收敛工夫的义理根据。

为说明此种工夫之必要，塘南紧接着还指出当时为学之时弊在于只悟而不修。塘南指出，孟子不学不虑之良知，实是就孩提爱敬而言，而当时学者以孩提爱敬为后天、以扩充孩提爱敬之四端为下乘，而欲悟先天之前，"言语道断，心行处灭"，认为只有如此，才可得不学不虑之体。此实必归于"败伦伤教"。此种流弊，主要基于体用区分之立场，强调通过"言语道断，心行处灭"的方式来悟得"先天""不学不虑之体"。此是只强调悟而遗弃伦物的做法。融通塘南的理解来看，此是冒悟，而非真悟。真悟既可以渐修，亦可以顿悟。但是冒悟以悟斥修，塘南认为，它割断了先天与后天之间的关联。

有趣的是，塘南63岁时在《三益轩会语》中反对"收敛凝聚"之功时，正是基于后天情识与先天性体相区别的立场。但是在此条材料中，塘南实际上更为强调先天后天之间的联系。此是塘南思想的前后变化，须加以关注。正是此种变化，使得塘南有将"意之入微"理解为从后天以入于先天的意味。塘南继而所言的"盈宇宙间一气也""不可以先后天言"，亦是基于先天后天相关联的立场。当然此种立场的获得，与塘南对生几此种先天后天合一特征的强调有关。而正是在此种立场上，塘南强调洒扫应对便是形而上者。此再次为收敛从情识（洒扫应对）入手以归于本体（形而上者）的思路进行了证明。

同年，塘南在《支竿漫语》中又对收敛工夫进行了新的证明。《支竿漫语》虽为语录，但是就其整体内容来看，亦自有其脉络。塘南认为，性体即生理，生几为性体之呈露，于此要能够默识而敬存。"善学者默识乎此，勿涉丝毫安排，惟敬以存之而已。"① 在此基础上塘南指出：

> 先儒论敬者多矣，愚谓惟"收敛"二字近之，《易》所谓"退藏于密"，所谓"思不出位"，《大学》所谓"止"，《中庸》所谓"笃恭不显"，周子所谓"几故幽"，程子所谓"在腔子里"，邵子所谓"沉珠于深渊"，白沙所谓"缄藏极渊泉"，皆收敛之义也。是之谓敬，此心真机常生者也，然不克则涉于妄生，故克己乃能复礼。《易》曰："尺蠖之屈，以求伸也；龙蛇之蛰，以存身也。"故收敛非堕于空也，善藏其用，而其为用也大矣。②

塘南在强调先默识后敬存的基础上，用收敛释敬存之"敬"。塘南并未证明敬何以为收敛，而是更为系统地指出收敛在儒家传统中的根据之所在。塘南举《易》所言的"退藏于密""思不出位"，《大学》所言的"止"，《中庸》所言的"笃恭不显"，周子所言的"几故幽"，程子所言的"在腔子里"，邵子所言的"沉珠于深渊"，白沙所言的"缄藏极渊泉"，作为收敛工夫在儒学史上的根据，认为其所表达的就是敬存之义。接着塘南指出，"此心真机常生者也，然不克则涉于妄生"，"克己乃能复礼"。融通塘南视本心生理、真机常生为性体呈露的思想来看，此时的"不克则涉于妄生"则是表明若无克的工夫，那么性体之呈露亦非本然，而是有染，为妄。此时塘南所言的克、克己，皆是收敛工夫存在的依据。与此同时，塘南还引《易》中的屈伸之理来表明收敛实非堕空，而是"善藏其用"以成大用。"善藏其用"本是塘南对收敛作为实践工夫所具有的重世用之作用的强调，但是在此条材料中，"善藏其用"则完全成为儒学史上的一种

---

① 《友庆堂合稿》卷五《支竿漫语》庚寅（1590）。
② 《友庆堂合稿》卷五《支竿漫语》庚寅（1590）。

经典工夫。

在收敛的具体做法上，塘南指出：

> 此性充塞宇宙，然测之愈离，惟一切放下，当体自在，故收敛者乃绝驰求，息万缘，潜神于渊，以凝道之功也。故曰："苟不至德，至道不凝焉。"白沙曰："藏而后发，明其几矣；形而斯存，道在我矣。"又曰："吾能握其几，何必窥陈编。"收敛归根，是握几凝道之方也。①

性体不可臆测，测之则不可得。工夫唯有"一切放下"，才能使本隐之体当下呈现，此即"当体自在"之义。要做到"一切放下"，即要收敛者"绝驰求，息万缘，潜神于渊"，使精神处于内敛的状态，如此，才能悟得当下本体之自然存在。收敛实是凝道之功，要做到至德，才能凝至道。塘南还举白沙之言来说明，通过"藏"的收敛工夫可以"明其几"，即使几由隐暗而光明。由此来看，收敛是研几识几的具体工夫，此是默识工夫。在此种工夫中，并不能看出收敛工夫之依据。但是对于"收敛归根"，塘南又指出：

> 收敛归根亲切处，难以口授，惟潜心至极，大休大歇，久自得之。乃天然真止，非造作也。若著意扭捏，执方安顿，则远之远矣。②

"收敛归根亲切处"即指通过收敛归根之工夫所达到的对本体的承领，塘南认为，此难以口授，只有"潜心至极"，到得"大休大歇"，久当自得。此时本体的自觉性已经得以充分呈现，塘南称此为"天然真止"，本来即止，而非造作而止。若是"著意扭捏"或"执方安顿"，此皆是执实本体，皆未能真得本体，而于本体的显现相去甚远。由此来看，"收敛归根"工夫并非出于凭空造作，其根据在于本体的"天然真止"。正是由于本体真止，收敛的工夫才是合于本体的工夫。此工夫最终所达到的境界才

---

① 《友庆堂合稿》卷五《支筇漫语》庚寅（1590）。
② 《友庆堂合稿》卷五《支筇漫语》庚寅（1590）。

是本体自觉性的完全显现，才是自然而然。塘南此处所言的"天然真止"虽是就境界而言，但同时亦喻示了本体之止。只有存在本体上的止，才能在境界上存在"天然真止"。此是塘南思想为收敛工夫所寻找的本体论依据。

以上是塘南《支筇漫语》中所言及的收敛思想，与《与贺汝定书》相比较，两者在时间上撰于同一年，在义理上连贯不悖，但是《支筇漫语》更具系统性，其不仅提及了本体的"不克则不能生"，而且还暗示了本体之止，为收敛提供了本体论依据。在收敛的工夫论依据上，塘南还将其与"敬"的工夫相等同，并为其寻找贯通整个儒学史的依据，从而将收敛与克己、与藏用相贯通，有效拓展了收敛的工夫论内涵。另外，塘南还从工夫所至的境界而言本体的"天然真止"，由此来说明本体显在所具有的自觉性对道德修养工夫所具有的意义。此喻示了敬存工夫的两个阶段，在后文将进一步论述。在收敛的具体做法上，塘南则指出要"绝驰求，息万缘"以敛精神。

如果说在《答贺汝定》一书中，塘南对收敛工夫的义理强调有"捉襟见肘"之嫌，那么在《支筇漫语》中，塘南则更为注重义理本身的连贯。正基于此，笔者认为，《答贺汝定》一书可能在创作上略早于《支筇漫语》，此也是笔者先介绍《答贺汝定》一书、后介绍《支筇漫语》之原因所在。

在《答贺汝定》中，塘南实是基于以"意之入微"贯通收敛、诚意与慎独的立场，并通过"不克则不能生"来强调收敛，继而基于后天与先天相统一的立场，为收敛乃是从后天情识入手以归于先天的工夫进行证明。而对收敛工夫加以倡导的义理前提就是悟得本心真几的不克则不能生，悟得先天与后天之合一。只有默识本体之特征，使得本体显在并具有自觉，收敛之工夫才有依据。就此而言，收敛工夫从属于敬存的工夫论系统。

在《支筇漫语》中，塘南一方面以收敛释敬，而将收敛纳入敬存之工夫论系统；另一方面又将收敛视为研几以识取本体的具体工夫，而归入默识之工夫论系统。由此，收敛实际上分属两个系统。此是《支筇漫语》中所呈现的收敛工夫的两种指向。

就默识本体的工夫来看，塘南尝指出，为学入手工夫亦多端。因此，此时的收敛工夫虽为研几工夫的具体化，但其本身只是体认本体的一种方式，是最大限度地呈现本体的方式。此种工夫与作为识取本体的静中涵养工夫、至日闭关工夫、默默体认的工夫只是所言不同，实质并无二致。

就敬存之工夫来看，此时的收敛是悟得本体之后才能够去做的工夫，此是塘南收敛工夫有别于前人的关键所在。也正是在此点上，收敛工夫才是合于本体的工夫。而且，正是对作为敬存系统的收敛工夫的强调，才是塘南对上述矛盾——既重收敛工夫又以之为非本体工夫之间的矛盾——的真正解决。

二　收敛与研几之关系

上文已对作为默识的收敛与作为敬存的收敛有所区分。在此，主要对作为敬存工夫的收敛与作为默识工夫的研几的关系——特别是两者之间可能存在的矛盾——进行分析，并考察塘南对此种矛盾进行融通的思路。

1. 矛盾及其化解思路

在 69 岁所撰的《与贺汝定》一书中，塘南主要从"意之入微""造化之机，不克则不能生"以及"先天后天合一"三个角度来论证收敛工夫作为实践工夫所具有的义理根据。此三个角度皆与几相关。在此不妨作一细析。

其一，"意之入微"，意由几之不显义转向显在义。此无疑造成了塘南意的含义在本体与发用之间摇摆。对此问题有所提及的学者有唐君毅与钱明。唐君毅就尝对塘南的意作过双面性分析。一方面，塘南之意实是指"心性之用之不息处"，而"忽此意之在，而离意或无意"，断不可言心性之学；另一方面，塘南"虽不以意为念，又谓意必化为念，则于意与念，亦斩截得不分明"。[1] 在此基础上，钱明用"动摇"一词来说明塘南意的含义之矛盾性。钱明认为，塘南主意说的"矛盾性"与"动摇性"在于，一方面其肯定意为本体之"生生不息"，另一方面又肯定意为"有善有恶"的意念之动。此是意作为本体与其作为现实发用之间的动摇。[2] 此无疑是

---

[1]　参见唐君毅《中国哲学原论》（原教篇），台湾学生书局 1990 年版，第 475—476 页。
[2]　参见钱明《阳明学的形成与发展》，江苏古籍出版社 2002 年版，第 228 页。

正确的，塘南从意念善恶之处言意的情形亦甚多。但是笔者此处所言的是"意"之"摇摆"，还不是指意之本体界与经验界之两面性，而是就本体界而言。笔者所言的现实发用之"意"是指本然的现实发用。而之所以塘南有此摇摆，其原因在于研几作为默识工夫，旨在实现未发本体之几由隐而显。因此，研几工夫依凭的是隐而不显之几，而收敛作为敬存工夫，所依凭的是本心真几的当下显在。作为工夫，两者依凭的本体之隐显程度不同，此乃研几与收敛之矛盾之一。

其二，当塘南将收敛的根据诉诸本体之几、造化之机的"不克则不能生"时，此时的"克"与"生"的含义形成了对立。强调真几的生而不有，此是塘南研几论的根基。若是否定了此种生而不有，无疑就否定了研几论。此须回到塘南的原文中进行分析。塘南言："意本生生，惟造化之机，不克则不能生。"塘南强调"意本生生"，此"意"不论是作为本体之几，还是作为现实发用，此"生生"皆应是指本体的生而不有之意。但是塘南继而言"不克则不能生"，实际上已经将"生"的含义进行了转化。此时的生，实际上就是现实之发用的含义。此在同年所撰的《支笭漫语》中亦有体现。塘南言："此心真机常生者也，然不克则涉于妄生。"[1] 由此来看，本心真几具有生而不有的生发力，但是生发力要能够现实发用为本体之明觉、发之细微处，而不是发用为妄生、发之标末处，首先要悟得造化之机的"克"的特征。此是塘南将收敛工夫诉诸本体之几时所提出的对本体的要求，此亦是首先要悟得本体之"不克则不能生"之后，才能实行收敛工夫的根据。但是在生几论中，研几是默识本体的工夫，所识内容为生而不有之几。而收敛工夫的前提则是默识本体的"不克则不能生"。此无疑形成了两种本体指向。此是研几与收敛之矛盾之二。

其三，"先天后天合一"，此是塘南承认收敛工夫所要悟得的内容。本心真几生而不有，是指作为先天之子、后天之母的发生力，其非先天未发，亦非后天已发。但是收敛之根据在悟得"后天与先天"合于后天，正基于此，从后天情识、形气着手的收敛工夫才是合于本体的工夫，从而具有儒家工夫论之意义。此种"先天后天合一"并统一于后天的理解，实际上与"先天后天为一"而为"生而不有"的生发之几，其立足点有本质的

---

① 《友庆堂合稿》卷五《支笭漫语》庚寅（1590）。

区别。一是立足于生而不有的无声臭的生发力，一是立足于后天之形气。此是研几与收敛工夫的矛盾之三。

上述三种矛盾中，第一种与第三种可归为一类。若是承认"先天后天"之统一于后天，就必然认同"后天之意"能够入微而为先天，若是承认"后天之意"之入微，此实际上就是将"先天后天"统一于后天。

正是基于以上矛盾，可以说，塘南在《与贺汝定》一书中，对于收敛工夫的根据的强调有"捉襟见肘"之嫌。但是在《支笫漫语》中，塘南随即对于这样的矛盾进行了融通。塘南以收敛释敬存之敬，并指出，此即周子所言的"几故幽"。由此可知，收敛的根据实际上在于几所具有的生而不有的幽微性。具体而言，生而不有即指其为生但并不炫露为现实生发，此即指生几具有敛藏的特征。正是本心真几作为生发力的此种隐藏性，使得依据于此种隐藏性的工夫必须是收敛。于此来看，悟得本体的敛藏与悟得本体的生发实际上统一于真几，因此，上述第二个矛盾已经得以解决。此本身说明了生几与收敛在悟得本体的指向上并不矛盾，正基于此，塘南在强调作为默识的研几工夫时，亦强调作为敬存的收敛工夫。接下来所要做的是在此思路下，化解先天后天归一于后天与归一于真几的矛盾。归于后天，是就工夫而言；而归于真几，是就本体而言。因此，两者之间矛盾的解决，首先要诉诸本体与工夫的关系。

2. 本体与工夫

当塘南将收敛的根据诉诸本体的敛藏特征时，已经暗含了其对本体与工夫关系的理解。本体与工夫关系的讨论，实始于阳明。阳明尝言："合着本体的，是工夫；做得工夫的，方识本体。"[1] 所谓"合着本体的，是工夫"即指工夫要合于本体特征之要求，此是在悟得本体显在当下的基础上所进行的工夫。此与前文阳明所言的本体不分内外、工夫亦不分内外的本体工夫的含义有所不同。所谓"做得工夫的，方识本体"即指本体是由工夫而识得。由此来看，识本体的工夫与合本体的工夫所指向的是两种工夫。此亦是阳明后学主要是以龙溪与聂罗为代表，各执一端所强调的工夫。

---

[1] 王守仁：《传习录拾遗》，《王阳明全集》（下），上海古籍出版社 1992 年版，第 1167 页。

在此背景下，塘南亦对本体与工夫的关系有明确的讨论。塘南言：

> 来翰云："功夫合本体为难。"夫本体者，即能做功夫之本人也。日间能做功夫者，即是本体，则本体自在矣，何必更求本体乎？何必更疑其不合本体乎？且即此求合者，亦本体也；能作疑者，亦本体也。若舍此他求，便是骑驴觅驴矣。日间知觉运动，种种事为，皆本体之流行，时时认得皆是本体流行，只还他本色，顺以达之，强名曰功夫耳。若更起心动念，造作把持，以为功夫，便是无风起浪，此是做病，非做功夫矣。即自于本体上添此一障，宜其愈做功夫而愈不合本体也。①

塘南指出，本体就是做工夫的本人。此是将本体与主体相统一而言。若将本体理解为性体，主体理解为心体，那么此实际上强调的是心性为一的思路。"日间能做功夫者，即是本体"，此处的本体实际上是"自在""显在"的本体。此时的工夫不必疑其不合本体。同时塘南又指出"求合者""能作疑者"皆是本体，此实际上是强调本体"自在"而对于包含"作疑""求合"在内的工夫所具有的带动、依循义。既而塘南认为，日用种种，是本体流行，体认得此，即通过默识本体的工夫体认得本体当下呈现。在此基础上，还其本色，顺以达之，就是敬存之工夫。塘南将此称为"功夫"。在此处，塘南实是将工夫狭义化为"顺以达之"的敬存工夫。此种工夫无须"起心动念，造作把持"，其原因就在于其以所识、所体认之本体为依循。因此，若是"无风起浪"，便是未依循本体而做工夫，此即"自于本体上添此一障"，"愈做功夫而愈不合本体"。塘南此处所探讨的即阳明所言的合于本体的工夫。而阳明所言的识本体的工夫即塘南所言的体认本体、默识本体的工夫，在此条材料中并未作详细讨论。由此来看，合本体的工夫是就敬存工夫而言。正是在此意义上，塘南指出：

> 来翰云"梦中得知止而后有定"一语，此语真圣学要诀，惟自性微密，本来自止，亦非作意以止之也。若作意以止之，又是自添一病

---

① 《友庆堂合稿》卷一《答刘以刚》丙申（1596）。

矣。大凡学者有两种病，一种是以情欲为天机，冒认本体，全不用真修之功者；一种是以意见障本体，自谓能做功夫，而实自作疑弊者。总之，皆不识自心原一毫散漫不得，亦一毫把捉不得，故或纵或执，两病而俱失之也。如执事者，未免落在后一种病中，愿姑舍造作而直认不学不虑之本心，当有洒然契入处矣。①

为学的首要工夫是直认不学不虑之本心，此是默识的工夫。言本心之"不学不虑"实表明识得此本心，此本心由隐而显，自能对此后的工夫有所带动。识得本心真止，则工夫就不能"作意以止之"。若是"作意以止之"，则不仅未识本心，而且于本心上"自添一病"。学者通病在于或是以情欲为天机而冒认本体，或是执意见而障本体。于此两者，本体皆是隐而不显，工夫自不能以本心为依循。

正是基于对本体与工夫的此种关系的认识，塘南才将收敛工夫视为合于本心真几幽微特征的合本体工夫。由此来看，由"先天后天"合于"后天"还是合于"本心真几"的问题即转化为作为本体的本心真几与合于本体的后天工夫之间的关系问题。

3. 收敛与养盛自致

前文提及阳明强调本体工夫，此是无分内外、指向本体的工夫。在塘南先默识后敬存的工夫中，默识无疑是本体工夫，而敬存是在本体的带动下所进行的工夫，是体现工夫合于本体特征的合本体工夫。此种合本体工夫是本体自觉性的逐步展开，无疑此亦是本体工夫。与默识不同，合本体工夫实是肯认显在的本体，强调"顺以达之"而复得本体。此即"称性而修"的工夫。此时的工夫虽由本体带动，塘南称之为"强名曰功夫耳"，但其仍具有工夫之意义。塘南尝言："既透此体，则真机必呈露。到此更有小德川流一段，合要理会。其路道愈长，功夫愈无歇手时，如此方是全体大用之学。"② 透体而显露真机，此是默识本体的工夫，由此真机由隐而显、由不自觉而为自觉。正是由于本体显在而具有自觉，此后的工夫才为

---

① 《友庆堂合稿》卷一《答刘以刚》丙申（1596）。
② 唐鹤徵：《宪世编》卷六《塘南王先生》，《四库全书存目丛书》（子部），第12册，第839页。

本体所带动。但是塘南又指出，到此只是"小德川流"，还要通过工夫达到"大德敦化"的境界。71 岁时，塘南书《与贺汝定》，指出"真性用事"，如此才能习气自销。能达到此，则能够"不言收敛，自得其本然之真收敛矣"。① 所谓"真性用事"，此实际上已经不是本体的自觉带动工夫之义，而是本体的自觉即工夫，此时工夫的意义则已经取消，正基于此，塘南指出，此阶段，是"得其本然之真收敛"。就以上分析来看，敬存工夫可以分为两个阶段。前一阶段为悟得本体之后的收敛退藏的阶段，后一阶段为真性用事、不言工夫的阶段。若就悟修关系来看，前一阶段则是指悟后之修的工夫义，后一阶段则是指悟后之修的效验义（境界义）。

此两个阶段，在塘南自身的经历中，亦有明证。塘南在 81 岁时，曾书于其同年好友陈蒙山，提及其在修养工夫上的阶段性特征。

> 弟以病卧三年，自分不起，觉往年见解多系扭捏，全靠不著，乃一味休歇，不但世缘尽弃，即道理思索，一切放下，久之，似觉神气归根，身心渐忘，病亦随愈，自以为于道稍近，然犹未免在形气上收摄，于真性究竟处，尚有毫厘千里之差。今当密密自破宿障，以证真常之理，庶不枉此一生耳。②

所谓"病卧三年"，实是始于塘南 78 岁时。塘南认为自己在为学的工夫上，不依"往年见解"，而是"一切放下"，此实际上就是持收敛工夫。既而塘南指出此收敛工夫虽"于道稍近"，但仍是"在形气上收摄"，而"于真性究竟处，尚有毫厘千里之差"。由此可见，收敛工夫与"往年见解"相比，在塘南"病卧三年"之时，更值得依靠。塘南在 78 岁时，将自己以前的造作扭捏理解为"穷索"，而引程子"识得此体，不须防检穷索"以及先哲所强调的"只贵日减"来强调在工夫上"大休大歇"。③ 80 岁时，塘南在《答徐鲁源》一书中，强调工夫上"不念世缘"，"息机澄

---

① 《友庆堂合稿》卷一《答贺汝定二首》壬辰（1592）。
② 《友庆堂合稿》卷二《答陈蒙山年丈》壬寅（1602）。
③ 塘南言："但识此体，亦非易易者。先哲云：'此学不求日增，只贵日减。'故不若大休大歇，放下一切伎俩，栖心虚澹无为之地之为近也。"引自《友庆堂合稿》卷二《答许甸南》己亥（1599）。

虑，一切休歇"。此皆说明了塘南对悟得本体之后的收敛工夫的强调。与此同时，收敛工夫具有形气上收摄的修的性质。因此，与倾向于"穷索"的工夫相比，收敛工夫不仅合于本体，而且更具实践性。但是收敛工夫如何从形气上入于真性，此仍是塘南要思考的问题。由此表明，从形气上收摄的收敛工夫只是悟得本体之后的敬存工夫的第一阶段，而"于真性究竟处""毫厘不差"的真性用事才是第二阶段。正基于此，塘南在79岁所撰的《自考录》文末指出：

> 此理无可操执，无可趋向，才一措心，便觉为二，惟可默契而已。戒谨恐惧，保任乎此，非有所①加也。学者但退藏收敛，知识不用，以还浑沌未凿之初，庶为近之。至大休大歇，机忘而性复，在养盛自致，非人力所及也。

塘南认为，为学的工夫在于默契本性，然后是"戒谨恐惧，保任乎此"。在具体方式上，即要做到退藏收敛。但此退藏收敛只是"庶为近之"的工夫，持之以恒，才能最终达到"养盛自致"的状态，此时是"机忘而性复"，道德修养的工夫得以完成。正基于此，塘南敬存的工夫可以划分为"退藏收敛"与"养盛自致"两个阶段。

关于敬存工夫的两个阶段，塘南自己亦多次加以说明。塘南指出："下手工夫，贵收敛退藏于密，到得静久，渐入自然，了无安排，而身心尽忘，宇宙浑成一片，庶几可以言复性矣。"②此处所言的"渐入自然，了无安排"即指"养盛自致"的阶段。这两个阶段实际上是一个从真性带动到真性直接用事、从勉强到自然、从"著意"到"矜持浑化"的过程。塘南指出："盖此理虽不分动静，然不专一则不能直遂，不翕聚则不能发散。天地且不能违，而况于人乎？古人每以敬字为千圣传心之要，盖敬则动静皆主于收敛，是动亦静也，静亦静也。但初学不免以著意为收敛，是以动静亦未能合一。若到矜持浑化之日，则应酬与打坐无二矣。收敛到浑化之

---

① 此字在《自考录》为空，据吴士奇《明理学太常寺卿王塘南先生传》（贺沚：《续补〈恭忆先训自考录〉》文后）补得。

② 《友庆堂合稿》卷二《答谢居敬五条》戊戌（1598）。

日，则此理凝然在宇宙间，独立而不改，来翰所谓不可磨灭之精神者，此也。"① 此处所言的"动静皆主于收敛"说明收敛的工夫并非只指静坐，还包含动功。此即念庵所言的"终日应酬，终日收敛安静"② 的工夫。收敛于初学有著意之成分，动静未能合一，但是到得"浑化之日"，动静无别。此实际上是一个从"以心制事"到"即事即心"的过程。塘南尝言："……以心制事，初学则然，非二乘也；即事即心，诚为大乘……"③由此来看，默识本体之后的敬存工夫，虽有本体之自觉的带动，仍有一个从勉强到自然的过程。塘南尝对"性体从无生有，工夫必从有而入无"④ 一语有所肯认，所谓"性体从无生有"即指本体由本然而当下得以呈现、由隐而现，所谓"工夫必从有入无"即指工夫从收敛之著意到养盛自致之无工夫可言。此亦体现了塘南对敬存工夫的两个阶段的肯定。

当言及收敛从形气上入手、从情识上收摄之时，此就是一个著意、勉强的因子。由勉强而自然的关键在于"意之入微"在本体自觉带动下归于本体如何可能。由此来看，本体真几与合本体的工夫的关系就转化为从形气上如何归于本体的问题，此即"归寂"的问题。

4. 归寂

塘南在强调识得本体之后的敬存工夫时，尝指出："……自觉往年为学皆意气也，精明犹是检察，克治亦属安排，重以分别拣择之心，大障无思无为之体。是以先圣教人，必由定静安而后能得，不识不知乃顺帝则。程子谓'识得此体，不须防检穷索，必有事焉，未尝至纤毫之力'，其垂示后学，至深切矣。"⑤ 识得本体之无思为之后，所须做的工夫则是"不识不知""不须防检穷索"的工夫。对于本体之无思为与工夫之间的关系，塘南进一步指出：

> 问：无思无为也，只是廓然大公否？曰：然。廓然大公固无思

① 《友庆堂合稿》卷二《答族侄蕴柳》辛丑（1601）。
② 罗洪先：《松原志晤》，《罗洪先集》，凤凰出版社 2007 年版，第 697 页。
③ 《友庆堂合稿》卷一《答刘抑亭》壬午（1582）。
④ 塘南言："性体从无生有，工夫必从有入无，亦是。"引自《友庆堂合稿》卷二《答王养卿三条》己亥（1599）。
⑤ 《自考录》文末。

为，物来顺应亦无思为，故曰："禹之行水也，行其所无事也。"行所无事，何思为之有？又曰："吾有知乎哉？无知也。"无所知识，又何思为之有？又固请：毕竟理如何穷？性如何悟？先生嘿然久之，曰："也只须从末上去求本，从用上去寻体。"①

正是由于所悟本体之无思为，由此而产生的工夫就是要能够达到"行其所无事""无所知识"境界。此种境界即穷理、悟性的极致状态。正基于此，在默识本体之后，仍有所谓"理如何穷""性如何悟"的问题。而塘南认为，默识本体之无思为之后，所要做的工夫就是"从末上去求本，从用上去寻体"，即从形气上收摄的收敛工夫。此处，塘南无疑是将无思为视为收敛之后的养盛自致的境界，而将收敛退藏视为敬存的第一阶段的工夫。正基于此，后来龚修默尝提出异议。塘南有书为证。

> 蒙谕"洗心退藏于密，似与无思为之说异者"。若鄙意则谓此语似异，总之只直透本性而已，非有二也。盖本性即密也，即无思为也。岂有上下详略之殊哉？本性不容言，若强而言之，则虞廷曰"道心惟微"，孔子曰"未发之中"，曰"所以行之者一"，曰"形而上"，曰"不睹闻"，周子曰"无极"，程子曰"人生而静以上"，皆即所谓密也，无思为也。总之一性之别名也。②

龚氏认为塘南所言的"洗心退藏于密"与"无思为"之说具有矛盾之处。无疑"洗心退藏于密"是具有"著意"的工夫，而"无思为"强调的是"无著意"。于此，塘南认为，为学的工夫就是要直透本性，就此点而言，二者并不相异。塘南从彻悟本原的指向上肯定二者"并不相异"，此无疑具有合理性。但是具有同一指向的两种工夫，并不代表其没有矛盾。正基于此，塘南继而又言："盖本性即密也，即无思为也。"塘南认为，无思为即指性体本是微密而无声臭。与上文仅从境界义言"无思为"不同，塘南此处主要强调"无思为"的本体义，兼及境界义。本体的无思

---

① 唐鹤徵：《宪世编》卷六《塘南王先生》，《四库全书存目丛书》（子部），第 12 册，第 842 页。

② 《友庆堂合稿》卷二《答岭北道龚修默公》甲辰（1604）。

为即本体之敛藏，因此，合于本体的工夫上即要收敛，此亦可称之为无思为。而最终达到养盛自致、即本体即工夫的状态，此即无思为之境界。此是塘南对收敛与无思为关系之合说。塘南强调无思为的本体义、境界义，而在提及工夫时，主要强调的是收敛退藏的工夫，而非"无思为"的工夫。无思为之工夫，实际上是默识本体、悟得本体的工夫，其在默识工夫的系统中才被塘南言及。但是作为默识系统，无思为之工夫并不须诉诸本体的无思为。在默识本体之后，悟得本体之无思为，在工夫上则要求收敛，并最终达到养盛自致的状态。

由此来看，从末上求本、从用上寻体，是塘南对收敛工夫的最终定位。此就是从后天发用入手，以归于本体自然之明觉。而本体的特征为无思为，为密，此亦可称为寂。就此意义而言，此种收敛工夫亦是敬存意义下的归寂工夫。

（1）寂之内涵

对于寂之内涵，塘南主要从以下两个方面进行理解。

其一，寂为性之未发，为不堕二边之中。塘南言：

> 未发之中，性也。性本空寂，故曰未发。性能生天、生地、生万物，而空寂固自若也。天地有成毁，万物有生灭，而空寂固自若也。此空寂之性，弥宇宙，贯古今，无一处不遍，无一物不具，无一息不然；无边际，无方所，无始终；常为天地万物之根柢，而了无声臭，不可睹闻，以其不可得而名，故强名之曰未发而已。[①]

在第四章言及塘南主于未发的思想时已经引用过此条材料，此处，主要就寂与未发之性的关系进行理解。一方面，塘南认为："性本空寂，故曰未发。"此空寂是性体生天地万物的形式，其不随天地万物之成毁生灭而成毁生灭。另一方面，塘南认为，性体本身具有"了无声臭，不可睹闻"的特征，"以其不可得而名，故强名之曰未发"。由此来看，空寂就是性体之"了无声臭，不可睹闻"的特征。

对于性之空寂，塘南的理解有一个辩证发展的过程，塘南53岁时有悟

---

① 《友庆堂合稿》卷四《潜思札记》甲辰（1604）。

于空寂之体；十年后，在回顾自己的为学历程时曾指出彼时的理解偏于空寂，而强调性本生生；但随着其对收敛工夫的强调，因收敛工夫要诉诸本体的特征，在此情形之下，塘南再次反诸本体之空寂的特征。但此时的空寂是应收敛工夫在本体上的要求而提出的，因此，与其53岁时所强调的空寂之体实有所不同。如果说53岁时所悟的空寂之性，在本体层面是只强调其存有与功用的话，那么在塘南后来的思想中，此空寂实际上所指为未发之性的本然的运行方式，即本体发用运行的无声臭。此时的无声臭运行，有别于只存有不运行的功用，同时，亦与有声臭之现实发用有所区别，此是本然之运行。

此点亦表现在塘南以"中"释"寂"的思路中。塘南指出："心体之寂，万古不变，此正所谓未发之中。舍此则学不归根，未免逐末，将涉于憧憧往来而于道远矣。"① 心体之寂，就是未发之中。塘南又言："未发之性，以为有乎，则非色相，以为无乎，则非顽空，不堕有无二边，故直名之曰中。"② 未发之中，既非顽空，亦非色相，而是"不堕有无二边"之中。此是塘南从反空相二边的视角来言未发之性的中道特征。而正如第二章所言，由于中道观的介入，塘南强调本体的生生之用。此时的生生之用，实际上是指本体之运行而言。因此，心体之空寂就是无声臭之性体的既非顽空亦非色相的"不堕二边"的含义。顽空为无，色相为有，心体寂无声臭，是"有"而具有"无"之运行形式。

塘南正是通过寂与未发、寂与中的贯通，从而将53岁所悟得的只存有不运行的空寂之体转化为既存有又本然运行的空寂之体。

其二，寂为至真无妄之诚，为密运常生之体。塘南不仅将寂理解为未发无声臭，而且还通过周子所言的"寂然不动者，诚也"，将诚与寂相联系。塘南以寂言体，强调其体本寂。塘南指出："天地万物，一切色相，其体本寂，寂非断灭之谓，盖至真无妄之理也。故周子曰'寂然不动者，诚也'，是知宇宙间一诚焉尽矣，更有何事？"③ 塘南认为，一切色相之本体具有"本寂"的特征。此寂并非断灭，而是至真无妄之本然。寂是指本体的至真无妄的特征。此是性体本寂的一层含义。另外，塘南还指出：

① 《友庆堂合稿》卷二《答丰城太尹陆仰峰》乙巳（1605）。
② 《友庆堂合稿》卷四《潜思札记》甲辰（1604）。
③ 《友庆堂合稿》卷四《潜思札记》甲辰（1604）。

"周子曰'寂然不动者诚'，盖言性体也。性体本寂，万古不变，然性非顽空，故密运而常生。"① 塘南认为，寂作为性体的特征，万古不变。但是此寂实非顽空，而是指此体的密运常生。此是性体本寂的另一层含义。由此来看，至真无妄表达的是性体之本然，密运常生表达的是性体运行的无声臭之特征，两者合而言之，性体本寂即指性体本然的无声臭之运行。

塘南对于寂的以上两个方面的分析，其一是强调寂体作为生发力所具有的生而不有的中道特征，其二是强调寂体常运不息之本然。此正是生生之几的本质所在。正基于此，塘南此时所言的性体本寂即指生生之几。在此基础上，才可以进一步分析塘南所言的归寂工夫。

（2）归寂工夫

塘南常将归寂的工夫称为"息息归寂""物物归寂"。

对于"息息归寂"，塘南指出：

> 盖性本寂然，充塞宇宙，浑然至善者也。性之用为神，神动而不知返，于是乎有恶矣。善学者，息息归寂，以还吾至善之本性，是之谓真修。②

塘南从性体神用的关系出发，认为恶产生之原因在于"神动而不知返"。面对这样的"神动"，所要做的工夫是"息息归寂"以还"至善之本性"。由此来看，归寂并不是简单的归于性体，而是归于性体本身的至真无妄与密运常生。所谓"息息归寂"，塘南亦称为"息息入微"，也就是入于性体常运之微密。"息息入微亦是后天功夫当如是，若真性则本微，何入之有？既知真性本微，然日间必用息息入微之功，所谓'做得功夫是本体，合得本体是功夫也。'"③ 息息入微是入于性体之本微。在本体与工夫的关系上，性体本微；在本体义上，性体本微，则不待入而微。在工夫义上，首先是"既知真性本微"的工夫，即默识工夫，是"做得功夫是本体"之义，体现了工夫对本体的作用；其次是收敛入微，息息入微，此是敬存工夫，是"合得本体是功夫"之义，体现了本体对工夫的作用。塘南

---

① 《友庆堂合稿》卷二《答唐凝庵》乙巳（1605）。
② 《友庆堂合稿》卷四《病笔》甲辰（1604）。
③ 唐鹤徵：《宪世编》卷六《塘南王先生》，《四库全书存目丛书》（子部），第12册，第838页。

认为，息息入微是后天日用之工夫，更是由本体所带动、指导下的合于本体的工夫。融通凝神的工夫来看，道德修养的契入实际上是面对"神动而不知返"的状态来作工夫。塘南一方面强调凝神归根、收敛归根，此是默识本体的工夫。另一方面，在识得本体为寂的基础上，塘南强调的收敛归根实际上就是归寂的工夫。此亦是指息息归寂之义。值得注意的是，处于"神动而不知返"之"神"以及"息息入微"之"息"，皆为现实发用，具有善恶之性质。而塘南强调息息归寂，实是建立在真息之说的基础之上的。关于真息之说，塘南指出："所云数息之功，亦敛念之一法，但当知息从虚无中生，惟此心廓然太虚，则息不待数而自调，由此入微，息本无息，是谓真息。"[1]"当知息从虚无中生"，此是默识本体的工夫，"由此入微"，达到"息本无息"的"真息"状态。由此来看，塘南所言的真息，实际上是性体发用之本然状态。塘南还尝对"真息本无息"作过更为细致的分析。

> "静坐从调息入"，此是王龙溪先生语也。但龙溪先生所指"息"字亦甚微，若只以呼吸出入为息，则恐未尽。盖真息原无呼吸出入之相，故曰"真息本无息"。所谓无息者，非顽空断灭之谓也，乃息之至微至细，不可以象求而可以神会者也。若呼吸出入之息，乃是真息之末流耳。龙溪先生所谓调者，亦欲人由粗而入细耳。真息即是真心，得此机括入手，则万事万化之原，时时在吾掌握，动亦定，静亦定，即此是本体，即此是工夫。时时入微而非把捉也，时时默运而非息弛也。即此便是戒慎恐惧，即此便是不睹不闻，所谓得一而万事毕矣。[2]

塘南在此处将真息与有相之息相区分，真息无"呼吸出入"之相，其至细至微，无象可求，只可神会。此时的真息即生而不有、至细至微的生几，"真息即是真心"。塘南还尝对以"真息"言本心作出说明。塘南言："盖此心本无形象，极而言之，亦只是一息而已。古人有真息之说，盖天地一元，默运不容已之机，不可以呼吸言，而实为呼吸之根也。"[3]对于真

---

① 《友庆堂合稿》卷一《答曾用震》己丑（1589）。

② 《友庆堂合稿》卷一《答曾德卿》丙申（1596）。

③ 《友庆堂合稿》卷二《答周时卿》。

息，只可"神会"。"神会"即指默识本体的工夫。在默识此本体的基础上，本体即成工夫之依循，因此，"时时入微"，"时时默运"，就是本体自觉性带动下的工夫。塘南认为，龙溪所言的"静坐从调息入"是欲"调者""由粗而入细"。塘南亦言："由呼吸而渐细渐微、渐入无声臭之原，是谓真息。即此真息，便是吾心本来真面目。今姑从呼吸而入，勿助勿忘，若有若无，绵绵若存，渐入佳境，则庶几近之矣。然非静久功专，恐未可以粗疏率易之功而倖得之也。"① 从呼吸入而绵绵若存，"庶几近之"，此即息息入微的收敛工夫。因此，息息入微是建立在默识真息基础上的敬存工夫，其目的仍在于"入微""归根""渐入无声臭之原"。塘南指出："真息之说，在初学入手，于此归根，亦方便法。佛家亦有反息循空之说，到得大透，则息即性，性即息，亦无二也。"② 塘南将从呼吸而入的调息工夫，归为"初学入手"敛念归根之方便法门。塘南认为，此类似于佛家所言的"反息循空之说"，即通过静坐观息，反归于空灭，悟佛性之圆通。此是循息归根以透性的工夫。此处的透性，指彻悟本体的道德修养过程而言，并非指默识本体的工夫。循息归根，仍是就敬存工夫而言。

以上是塘南对真息之说的理解，其主要是强调真息为本心真面目，调息是敛念归根的工夫。息息归寂之"息"是具有呼吸之相之息，但是"归寂"是由呼吸而入于呼吸之根的含义。塘南还有诗云"一息深深住，群机脉脉融"③，此实际上表达了归寂以达真息之状态。

塘南不仅强调"息息归寂"，而且还常言"物物归寂"。

　　或曰："性本寂也，故一悟便了，若云归寂，是以此合彼，终为二之。"曰："非然也。夫性生万物，则物物皆性，物物归寂，即是自性自寂，何二之有？"④

性体本寂，对于上根人而言，是一悟便了的工夫，不必言归寂。但是

---

① 《友庆堂合稿》卷二《答周时卿》。

② 《友庆堂合稿》卷二《答王养卿三条》己亥（1599）。

③ 塘南诗云："病骨支离久，行吟独倚筇。极目谁为伴，顾影漫遗踪。一息深深住，群机脉脉融。万古复万古，此理将安穷？"引自《友庆堂合稿》卷七"古诗"《又一首》。按：此诗继《病中口占三首》乙巳（1605）、《又三首》之后。

④ 《友庆堂合稿》卷四《病笔》甲辰（1604）。

对中下根人而言，只默识本体之寂，还未能达到彻悟之状态，此时言归寂，并非以此合彼。因为归寂是敬存的工夫，以默识本体之寂为前提。本体之寂，是能生天地万物之根柢，就此而言，物物皆性。默识此本体，即要在工夫上合于本体的要求。既然物物皆性，性本空寂，工夫即要物物归于性，物物归于寂。此种工夫是在本体自觉的不断带动下所进行的，就本体的自觉性而言，物物归寂，达于归寂，亦是性体自觉性之呈现。因此，归寂在最终意义上并非以此合彼。值得注意的是，就敬存工夫的两个阶段来看，第一阶段的收敛归寂的工夫，实际上有一种勉强、"著意"的意味，但此仍是在本体的带动下去实施，最终达到从勉强到自然的状态。此时的勉强或有以形气合本体的意味，但是本体显在与自觉，亦会通过形气而慢慢呈现，就此而言，"以此合彼，终为二之"的理解在敬存的工夫论中并不成立。

塘南52岁时对"见寂即非真寂"有所讨论，体现出对双江观点的部分继承。而在此时，塘南所言的"归寂"实亦是继承双江而来。双江之归寂，强调未发本体之寂以及在工夫上要能够归寂，此是一种主于未发的工夫，更为体现彻本体的工夫论原则。而塘南在此基础上，融通其对本心真几的理解，从而将寂与本心真几相等同，归寂就是以本心真几为依循而归于本体的完全自觉。塘南通过归寂较为详细地处理了作为从后天入手的收敛工夫如何最大限度地展现本体的本然发用，实现本体自觉的最大程度的呈现。此才是塘南强调息息归寂、物物归寂的本意之所在。因此，将塘南划归为归寂派，就主于未发的彻本体工夫而言，不无道理。但是就归寂的具体内涵而言，此实是潜藏收敛以归寂之意。此是"反身而诚"的"反之之功"。① 如果说牟宗三所言的"逆觉体证"之"逆觉"即"反身而诚"之"反"，如蔡仁厚所言，是在逆觉中含有一种肯认或体证，② 那么在塘南的思想中，此种肯认与体证，实是通过潜藏收敛来实现的。就此来看，潜藏收敛以归寂，即致用的工夫，而非立体的工夫。塘南在敬存、致用的工夫论中强调归寂，此与双江主于立体的归寂实有区别。就此而言，将塘南划为归寂派，实有不妥之处。

正是通过以上的思路，塘南研几与收敛之间的矛盾才最终得以化解。

---

① 《友庆堂合稿》卷二《答唐凝庵》乙巳（1605）。
② 以上参见蔡仁厚《王学流衍——江右王门思想研究》，人民出版社2006年版，第11页。

悟得本心生几为敛，因此，要通过收敛归寂的工夫，从形气上接近于本体现实发用的要求，久而久之，则能养盛自致，使得本体的自觉性得以最大限度地呈现。

通过以上的分析可以看出，研几工夫与收敛工夫处于塘南工夫论先默识后敬存之两端，相互支持，彼此呼应，自成圆融之说。正基于此，塘南撰诗云："寄语善学者，默识此生几。无论静与闹，绵绵其若存。握之不盈掬，廓然周法界。"① 默识生几，然后不分"静与闹"，"绵绵其若存"。此即指不分静与动，皆是要收敛。塘南还指出："精一者，摄情复性之功也。研几以造于极深，洗心以入于藏密，是谓惟精。精则垢尽天全，情归性初，致一不二，是谓惟一。"② 惟精，即指研几与退藏的工夫，而惟一即达到了退藏之后养盛自致的阶段，即此而能"情归性初"，先天后天致一不二，后天只是先天本具的自觉性之实现。

三　收敛工夫之实质

如果说收敛工夫属于塘南先默识后敬存的工夫论系统中的敬存工夫，此是对收敛工夫的定位；那么，收敛工夫的实质则与克己复礼相关。

1. 克己复礼：负的讲法

塘南在将收敛工夫诉诸造化之机的"不克则不能生"的特征时，此时的"克"可以理解为生几的幽微性。塘南何以要用与现实发用之"生"相反的"克"来表达本体发用之"生"所具有的幽微性？此在塘南69岁所撰的《支筇漫语》中或可找到原因。塘南指出："此心真机常生者也，然不克则涉于妄生，故克己乃能复礼。"由此来看，"克己复礼"是塘南强调"不克则不能生"的主要根据。

塘南对克己复礼的理解，最早可以追溯到《三益轩会语》。塘南指出："克治也己，即为仁由己之己，无二己也。为仁由己而不由人，言己之所

---

① 《友庆堂合稿》卷七"古诗"《口占答友问二首》甲午（1594）中的第二首，塘南指其为"真生偈"。

② 《友庆堂合稿》卷三《道心堂记》。

系至重如此，以见不可不用克之之功。"① 此处所言"克治"应指"克己复礼"。塘南一方面强调"己"的重要性，另一方面又言"不可不用克之之功"，己与克之间的必要性实未能清晰呈现。塘南对克治的强调主要基于其对颜子克己复礼的认同。塘南认为："原宪未悟本体而强制于念虑，诚为未尽。颜子有不善未尝不知，知之未尝复行，此正悟本体而能消意念之习气者也。何也？知之一字，本体也。有不善未尝不知，则是以本体之真知而消意念之习气也。此颜子克复之学……"② 塘南多次将颜渊与原宪对举，并从悟的角度对颜子的克复之学进行肯定。颜子悟得本体，因此，其能够克己、能够消习气以复礼。克己复礼的工夫就是致心之条理于事事物物的工夫。"礼者，本心生生之条理也，心之条理，必达于视听言动，举视听言动则万事万物尽于是矣。"③ 塘南明确指出："夫礼也者，理也，是心之体也，而爱特其用也。惟不克己，则本原泊于习气而礼不复，礼不复而徒以徇情逐物，托之乎万物一体之说，只见其袭世态，染俗纷，而卒为胶扰流荡之归矣。"④ 由此来看，克己复礼的过程即阳明致良知于事事物物的过程，亦是达之于用的敬存的过程。

克己的必要性在于己私的存在。"凡吾人之心未仁，则以有我之私为累也。"⑤ "不克己，则本原泊于习气而礼不复。"既然"克己"与"为仁由己"为一己，但是若是将己视为"己私"，两者就必然存在张力。塘南后来对此有所解释。塘南指出：

> 此心生生之端，是吾自己真宰。所谓己也，非己私之谓也。克己犹言修也，非克去之谓也。学者诚能切己修治，不受攻取之累，则生理浑全，是谓修己以复乎礼也。己与人对，故又曰"为仁由己，而由

---

① 《王塘南先生语录·三益轩会语》，出自《复真书院志》卷六《先贤语录》。［（清）王吉辑：《复真书院志》十卷，北京图书馆藏康熙三十二年原刊本卷一至卷六，卷内题作《安成复真书院志》。］

② 《友庆堂合稿》卷一《答邹子予》戊子（1588）。

③ 《友庆堂合稿》卷四《三益轩会语》。唐鹤徵于此有评为："万事万物未有不由视听而与吾接者，故只于视听言动当礼，应事接物不必言矣。"［唐鹤徵：《宪世编》卷六《塘南王先生》，《四库全书存目丛书》（子部），第 12 册，第 838 页。］

④ 《友庆堂合稿》卷三《论学绪言序》癸巳（1593）。

⑤ 《友庆堂合稿》卷六《西原会规十七条》。

人乎哉"，言不必舍自己而他求也。①

此处，塘南所言之"己"的含义有两个层面，一是此心生生之端，而非己私，因此，克己为修己；二是自己而非他人，因此，为仁由己而不由人。这两方面是统一的。由此来看，塘南实际上将克己与修己的主体视为作为"吾自己真宰"的"此心生生之端"。此时的克己就是"切己修治"的含义，而"不受攻取之累"即就效验而言。

塘南将克己从修己以敬的角度进行理解，实受念庵之影响。念庵曾对东廓言及其对克己的理解。念庵指出："克己之教，途中已能了了。克己之己，即由己之己，亦即己私之己，莫非己也。稍不能忘，便属己私，故'己'字甚微。惟尧舜然后能舍己，惟夫子然后能无我，非颜子承当'克己'二字不得。克己只应作克治看。若训作克去，不特不尽夫子之学，亦于文义不完。故夫子尝言'修己以敬'，即是克己之意。使不忘有我，即修己亦只成一个私意，岂能安人、安百姓哉！但谓由己之己，更无私意可克，却稍涉执著，俱不类当下本色话矣。先生谓如何？仲弓持养与颜子复礼，先儒提开作乾道、坤道二项，却是紧要语。"② 由此来看，念庵认为克己与由己是一己，从而强调"莫非己也"。但同时又指出，克己并非克去之义，而是克治、修己以敬之义。克己首先须忘我，若不能忘我，不论是"修己以敬"还是"为仁由己"，皆非颜子所承当的克己。

念庵提及仲弓持养与颜子复礼实是依据于朱子的理解。朱子曾言："仲弓资质温粹，颜子资质刚明。'克己复礼，天下归仁。为仁由己，而由人乎哉！'颜子之于仁，刚健果决，如天旋地转，雷动风行做将去！仲弓则敛藏严谨做将去。颜子如创业之君，仲弓如守成之君。颜子如汉高祖，仲弓如汉文帝。伊川曰：'质美者，明得尽，渣滓便浑化，却与天地同体。其次惟庄敬以持养。'颜子则是明得尽者也，仲弓则是庄敬以持养之者也，及其成功一也。"对此，朱子的弟子潜夫曰："旧曾闻先生说：'颜冉二子之于仁，譬如捉贼，颜子便赤手擒那贼出！仲弓则先去外面关防，然后方

---

① 《友庆堂合稿》卷二《答王球石三条》甲辰（1604）。
② 罗洪先：《寄邹东廓公》，《罗洪先集》，凤凰出版社 2007 年版，第 195 页。

敢下手去捉他。'"① 由此来看，在朱子及其弟子的理解中，颜子实更倾向于质美者，其于本体明得尽，因而在工夫上，更多是为仁由己。而仲弓更倾向于根质居次者，其明不尽，因而"庄敬以持养"。

在此基础上，念庵则认为，颜子质美，能够忘我，因而能真正克己。念庵实是从忘我的角度来理解克己，颇有创新。念庵还将克己定义为克治。正是在此意义上，塘南在《三益轩会语》中才言"克治也己，即为仁由己之己，无二己也"，将"克己"写为"克治"。塘南正是继承了念庵将克己与修己视为一己、克己非克去而是克治的思想。

无独有偶，阳明后学中，近溪尝与许孚远②讨论"克己"之问题，强调"克己"与"为仁由己"之"己"的含义一致。③ 罗近溪较为强调将克己理解为任己、由己之义。④

从以上对克己的理解上，实亦可以看出阳明后学的分野，近溪强调任己，是肯认一个见在良知、当下自我，从而在工夫上强调任其流行。而念庵虽视"克己"之"己"与"修己以敬"之"己"为一己，但是其强调无形、隐微的私欲难以克除，因而克己的工夫转化为忘我的工夫，其立足点仍在于己私（不忘我）。正基于此，克己才为克治之义，是忘我以挺立本体的立体工夫。塘南则将克己释为修己，其以肯认一个本心生生之端、吾心之真宰这样一个"己"为前提。此时的修己（克己）工夫，实是在吾心之真宰的带动下而进行的修养工夫，此属于敬存的系统。又由于其具有工夫的性质，因而克己并非养盛自致的境界，而是收敛之工夫。

塘南对克己作修己的理解，可以说，在继承了念庵视"克己"与"修己"为"一己"的诠释思路的同时，又超越念庵工夫立足于己私的立体立场，将"克己"与"修己"纳入敬存的工夫进行探讨，此无疑又近于近溪的立场。正是在敬存的工夫论系统中，在视"己"为吾心之真宰、视克己为修己的基础上，为仁由己与克去己私具有的张力才可能消除。

---

① 以上引自朱熹《朱子语类》卷四十二，《朱子全书》第十五册，上海古籍出版社、安徽教育出版社2002年版，第1492页。

② 许孚远，字孟仲，号敬庵，浙之德清人。参见黄宗羲《明儒学案》（下），中华书局1985年版，第975页。

③ 罗汝芳：《柬许敬庵郡守》，《罗汝芳集》，凤凰出版社2007年版，第666—667页。

④ 此点王汎森在《明代心学家的社会角色》一文亦有提及，参见王汎森《晚明清初思想十论》，复旦大学出版社2004年版，第21页。

阳明后学中关于克己的讨论实与扫念头的理解紧密相关。此基源还在于阳明。阳明一方面将道德修养的工夫视为正念头，另一方面又强调致良知于事事物物。由此而产生前者为对治工夫与后者为第一义工夫、究竟工夫之间的张力。此种张力，在阳明致良知教的体系中可能通过视正念头为效验而得以化解。但是在阳明后学中，德洪强调"后天诚意"、龙溪强调"先天正心"，实际上就是此张力的一种直接体现；双江念庵强调立体工夫、龙溪强调致用工夫，更是由此张力而引发的追寻究竟工夫、第一义工夫的体现。在此基础上，塘南所强调的克己或具扫念头之性质，但是其为悟得本体之后的修己工夫，与悟本体之间并不存在张力。同时，由于其有本体的带动，排除了对治的性质。

由此再来分析塘南所言的"不克则不能生"之含义。塘南指出："……造化之理，不克则不能生，逆行主克以归于一，其圣学之宗乎！孔子以克己示颜渊，其以是与?"[①]塘南认为，造化之理通过克，即通过敛藏，才能得以生发，而不为妄生。此即孔子示克己于颜渊之原因所在。克己为修己，此表明了克与己之间并非对峙，克是在本体的自觉带动下所进行的修治的工夫。由此来看，造化之理之"克"实与其"生"亦不为对峙，而是本体自身自觉发用的形式的两种讲法，克是负的讲法，[②] 生是正的讲法。两者是一体两面。而塘南所言及的收敛工夫，比较接近于负的讲法。塘南弟子贺汝定尝言："收敛非为也，藏乎无朕，入于至寂，绝其妄生之端，而真生之几盎然顺流矣。"[③] 贺氏之观点无疑是受塘南之影响，塘南认为贺氏所言"甚契我心"。就此而言，收敛是敛藏以绝其妄生之端的工夫，唯有如此，才有"真生之几"的盎然流出。正是在此意义上，收敛才具有"绝其妄生之端"即克的特征。因此，塘南将收敛的根据诉诸"不克则不能生"与"克己复礼"，实际上是因为其视收敛为负的讲法。

2. 致曲：为中下根人立言

前文在言及默识而悟时尝提及由孝弟入手而悟的致曲的方法，此是由

---

① 《友庆堂合稿》卷四《病笔》甲辰（1604）。

② 此处所言的"负的讲法"是正话反说之义，不同于冯友兰所言的"负的方法"。冯先生负的方法是强调体悟本身所具有的不可言说的性质。参见冯友兰《中国哲学史简编》，北京大学出版社1996年版，第293—295页。

③ 《友庆堂合稿》卷一《答贺汝定》癸巳（1593）。

修而悟，通过修之曲来达到悟之直的效果。此属于默识工夫。在敬存的工夫系统中，塘南亦存在着致曲的讲法。曲为心之隐微，致曲为存养此隐微的工夫。

> 尽性者，是生知安行之事；致曲者，是学利困勉之事。程子言"质美者明得尽，渣滓便浑化，却与天地同体"，此尽性之说也。又言"其次则庄敬以持养之"，此致曲之说也。鄙意谓，曲非一偏也。《诗》曰"乱我心曲"，曲者，此心隐微之地也。学者时时反诸心源，存养于不睹不闻之地，是谓致曲，此下学思诚之功也。故曰"曲能有诚"。①

在尽性与致曲的关系上，塘南指出尽性为生知安行之事，此实是指上根人之工夫。而致曲为学利困勉事，此乃下学思诚工夫。此时的尽性与致曲实并列为两种工夫。如果说默而识之的过程性体现了默识本体工夫相对于中下根人而言所具有的致曲的性质，那么敬存工夫，则更是致曲工夫的体现。在阳明后学中，龙溪主张一悟便了以达用。塘南则认为，上根之人，一悟便了，即体即用。但是中下根人，未能彻悟本体，而只能默识本体；在此之后，还须加以敬存的工夫。塘南认为，"曲"并非指"一偏"，而是指隐微之心体，致曲的工夫就是反诸心源，默识本体，继而存养心体，敬以存之。由此来看，塘南强调敬存工夫实际上亦与人的根器相关。塘南对此亦有明确的表述。塘南言：

> 未发之性，先天也。此理本自圆成，非假人力。一涉拟议凑泊，即与性隔矣，其惟贵悟乎！真悟者，则灵识意念自融，习气尽销，浑然一先天矣。此惟圣人能之，自大贤以下，虽云有悟，而后天灵识意念或未顿融，习气未能②尽销，必时时收敛归根，退藏于密，所谓无修证中真修证也。即后天以还先天，在学利困勉者当如此。《中庸》有"自诚明""自明诚"之分、"尽性""致曲"之辨；程伯子云"质

---

① 《友庆堂合稿》卷二《答王儆所十条》甲辰（1604）。
② 唐鹤徵：《宪世编》卷六《塘南王先生》以"未能"为"或未"，《四库全书存目丛书》（子部），第 12 册，第 842 页。

美者明得尽，渣滓便浑化，却与天地同体；其次惟庄敬以持养之"；
阳明先生以尽心知性为生知安行之事、存心养性为学知利行之事：皆
至言也。①

塘南指出，圣人与大贤以下在为学方式上有所不同。圣人能真悟，一
悟便了；而大贤以下，虽有悟，但是因识念未能顿融、习气未能顿销，因
此，仍须敬存、修证的工夫，此即悟后之修，即"时时收敛归根，退藏于
密"，从而"即后天以还先天"。塘南亦指出，此在"学利困勉者"当如
此。中下根人，虽有悟，虽能默识本体，但是仍须敬存的工夫以销习气，
此是致曲的工夫，即通过后天以还先天。塘南还举《中庸》、大程与阳明
之言，说明儒学史上为上根人立言与为中下根人立言之不同。由此来看，
塘南先默识后敬存的工夫论系统，实际上就是对中下根人而言。塘南尝指
出："……立教慎密谨严，常若引其端而不竟其说，宁示人以可践之途，
而不欲开其恣诞之渐，庶使上智者可俯就，下根者可企及，世教赖以久
存，所谓良工心独苦也。"② 先默识后敬存的工夫正是"上智者可俯就，下
根者可企及"的工夫论系统。

致曲工夫主要体现在敬存工夫于中下根人的必要性上，就敬存系统的
两个阶段而言，致曲工夫主要体现为收敛工夫。塘南言：

> 《中庸》有"致曲"之说，《诗》曰"乱我心曲"，朱子以"心中
> 委曲之处"释之，然则所谓致曲者，亦收敛入微之义与?③

塘南认为，致曲即收敛入微之义。此一语道破了收敛工夫的实质，从
而明确呈现了塘南先默识后敬存特别是其强调收敛以敬存的工夫论的用意
所在。正是基于人的根器不同，中下根人才不能于本体一下子有所彻悟，
必是通过先有所悟、后有所修的过程从而达到彻悟本体的结果。相对于最
终彻悟本体的结果来看，此可以视为渐修的过程。此亦是塘南强调由修而
悟的一个重要原因之所在。此与作为默识工夫系统中的"由修而悟"实有

---

① 《友庆堂合稿》卷四《潜思札记》甲辰（1604）。
② 《友庆堂合稿》卷二《答刘公霁》壬寅（1602）
③ 《友庆堂合稿》卷四《潜思札记》甲辰（1604）。

区别。在默识工夫中，此悟虽是修极而悟，但是此后还有称性而修的敬存工夫。相对于中下根人而言，先默识后敬存即渐修而彻悟的过程，彻悟即养盛自致之境界。此与上根之人一悟便了后的境界并无区别。

通过以上分析可知，塘南所主张的收敛工夫是诉诸本体所具有的负的讲法而产生的工夫。收敛工夫在塘南的工夫论中之所以被强调，就其义理而言，主要在于塘南基于对人的根器的区分而为中下根人立言的立场。

四　收敛工夫之《易》学根据

塘南对收敛退藏工夫因实践之需、反时弊之需而加以重视，并从义理上加以阐释，使之成为工夫论系统中独具特色的理论，此不仅由于收敛退藏属于敬存工夫，是本体自身自觉性不断作用的、合于本体的工夫，而且还由于收敛退藏是合于儒学史的工夫。塘南言：

> 先儒论敬者多矣，愚谓惟收敛二字近之，《易》所谓"退藏于密"，所谓"思不出位"，《大学》所谓"止"，《中庸》所谓"笃恭不显"，周子所谓"几故幽"，程子所谓"在腔子里"，邵子所谓"沉珠于深渊"，白沙所谓"缄藏极渊泉"，皆收敛之义也。是之谓敬，此心真机常生者也。然不克则涉于妄生，故克己乃能复礼。《易》曰："尺蠖之屈，以求伸也；龙蛇之蛰，以存身也。"故收敛非堕于空也，善藏其用，而其为用也大矣。①

与此相类，塘南还指出：

> 《易》曰"潜龙勿用"，曰"退藏于密"，《大学》曰"止至善"，《论语》曰"克己复礼"，《中庸》曰"未发之中""尚絅""笃恭"，以至"无声臭"，孟子曰"反身而诚"，周子曰"主静"，程子曰"鞭辟近里"，邵子曰"人之精神，贵藏而用之"，白沙先生曰"藏而后

---

① 《友庆堂合稿》卷五《支筇漫语》壬辰（1592）。

发"，阳明先生曰"收敛为主"，念庵先生曰"收摄保聚"，皆复性之旨也。①

以上两段材料集中展示了塘南收敛工夫的儒学史根据。在众多的根据中，塘南提及较多的是《周易》，于此展开的讨论也最多。应该说，塘南提出收敛退藏的思想并加以系统化，最为重要的经典根据即《周易》。此可以从以下几个方面进行探讨。

1. 由克而生，由晦而明

收敛思想的提出是基于《周易》由克而生、由晦而明的基本原则。

首先，收敛思想于本体之依据在于《周易》的"不克则不能生""不屈则不能伸"这些基本原则。塘南指出："意本生生，惟造化之机，不克则不能生，故学贵从收敛入，收敛即为慎独，此凝道之枢要也。"塘南通过先克而后生来强调为学工夫当收敛。继而塘南指出："孔子系《易》，发明《咸》之九四，所云'同归''一致'，'尺蠖屈''龙蛇蛰'者，正以示收敛入微之义，其旨精矣……"②塘南认为，《周易》中所强调的先屈后伸思想是收敛入微工夫的根据之所在。

其次，收敛工夫的世用根据亦体现在《周易》"不翕聚则不能发散"的原则中。塘南指出："先儒言，不专一则不能直遂，不翕聚则不能发散。"③塘南还指出："不冬则不能春，不夜则不能昼，不晦则不能朔，天道则然也。木凋而后能荣，蠖屈而后能伸，羽戢而后能舒，物理则然也。"④"……故学者求端用力，必凝神敛曜，默成于晦焉。夫冬过燠则年不丰，华过艳则果不实，故精元大泄，则物生不遂。在化工且然，而况于人乎？"⑤塘南认为，由翕聚而发散，此乃天地造化之必然法则。从万化到人事，皆是服从此种法则。因此，为学当晦敛。

最后，正是基于本体与世用的双重依据，塘南用《周易》中所指出的

---

① 《友庆堂合稿》卷四《病笔》甲辰（1604）。
② 以上引自《友庆堂合稿》卷一《与贺汝定》庚寅（1590）。
③ 《友庆堂合稿》卷五《刘生如晦字说》。
④ 《友庆堂合稿》卷六《启新钱侯 内召送别四条》。
⑤ 《友庆堂合稿》卷五《刘生如晦字说》。

晦与明的关系来说明为学的工夫当晦敛。

> 《易》曰："日月得天而能久照。"夫天之理不可名，盖至晦也，而日月之明生焉。是以圣人藏密以为神知之原，藏用以立显仁之本，潜龙以豫见跃之基。而《诗》称文王"不显以纯德，不识知以顺帝则"，夫孰非用晦而明之旨哉？且夫一阳之复生于坤，一日之子起于亥，一月之朔胎于晦，一气之元涵于贞，大哉晦乎，其万化之肇端而资始者乎！①

《周易》中所言及的由晦而明的思想体现在众多方面，如藏密而能知原，藏用则能立本，潜龙而能"见跃"；如阳起于坤、子起于亥、朔胎于晦等。② 塘南认为，在"藏密"与"神知"，"藏用"与"显仁"，"潜龙"与"见跃"，贞与元，剥与复，冬与春，晦与逆，亥与子，吸与呼之间，前者为后者的必要条件，前者虽不容言，不可名，实是万化之肇始。

塘南还通过"屈伸合散"之理来说明收敛为"学问第一义"。

> 冬大燠则阳气泄，来岁必不登矣；花太艳则繁郁盛，果实必不结矣。此屈伸合散之理，不独在圣学当然，即世人欲享俗福，亦必静朴退藏，而后能悠久。故收敛为学问第一义。③

与此相关的表述在塘南的思想中屡见不鲜，塘南认为，为学收敛，此是"法天之学"。④ 所谓"天"即造化之理，即《周易》所呈现的由克而生、由晦而明的原则。

值得注意的是，《周易》本身强调相反而相成的原则，塘南收敛工夫所依据的由克而生、由晦而明的原则只是相反相成原则的一个面向，与之相关

---

① 《友庆堂合稿》卷五《刘生如晦字说》。
② 塘南言："一气必贞而后元，必剥而后复，一岁必冬而后春，一月必晦而后朔，一日必亥而后子，一息必吸而后呼……"引自《友庆堂合稿》卷四《病笔》甲辰（1604）。
③ 《友庆堂合稿》卷六《书族生永卿扇》。
④ 塘南言："天道气机之密运，日月星辰之缠度，四时晷刻之潜移，品汇微生之荣谢，一一皆有节次，毫发不爽其则，故君子大德不逾，细行必谨，无敢疏漏，法天之学当如是。"引自《友庆堂合稿》卷四《潜思札记》甲辰（1604）。

的另一个面向则是由生而克、由明而晦。塘南基于阳明后学所存在的无视现实发用与本然发用之差异的流弊，强调以一种收敛的方式呈现本然之发用。正因如此，塘南所强调的只是《周易》相反相成原则中的前一个面向。

2. 坎离、剥复

在具体卦位上，塘南还通过《周易》的坎卦与离卦、剥卦与复卦以及艮卦来为收敛思想作论证。

> 夫坎正北方之位，由是帝出而渐进以见乎离，即坤以养之，而其极必归于坎，故曰坎者万物之所归也。《易》之以晦示人也至矣哉！[1]
>
> 意者性之用也，性遍满宇宙，意亦遍满宇宙。坎者意之根柢，离者意之发见，学必归根以立天下之大本，故意贵乎潜矣。[2]

塘南根据《周易》所示的坎与离的关系来说明意之根柢与意之发见之间的关系。坎为意之根柢，是已发未发合而为一的本心真几，是性体的本然发用、理想发用；离为意之发见，为性体之现实发用。塘南还尝用坤来说明其为"吾心之意根"。塘南言："夫乾，静专动直，吾心之知体，寂然一也，故曰静专；知发为照，有直达而无委曲，故曰动直。夫坤，静翕动辟，吾心之意根，凝然定也，故曰静翕；意发为念，则开张而成变化，故曰动辟。知包罗宇宙，以统体言，故曰大；意裁成万务，以应用言，故曰广。"[3] 此虽是言知体意用、知乾意坤，但是从一个侧面也说明了坤为"吾心之意根"，具有灵窍之意义。正基于此，为学的工夫要"即坤以养之"，也就是说，即性体本然呈露、本然发用而存养之，最终必"归于坎"，必"归根"，以使此种理想之发用同时亦为现实之发用。在此存养工夫的具体做法上，塘南认为，此即《易》所示的"晦"的工夫，亦为"意贵乎潜"的工夫。

不仅如此，塘南还指出：

---

[1] 《友庆堂合稿》卷五《刘生如晦字说》。
[2] 《友庆堂合稿》卷四《潜思札记》甲辰（1604）。
[3] 《友庆堂合稿》卷四《三益轩会语》。

> 学贵收敛，剥落之极，然后可入。大《易》"复生于剥者"
> 以此。①

此是用《周易》中所言的"复与剥"的关系来说明，相对于道德修养的"复性"目标而言，"收敛"而"剥落之极"是实现此目标的工夫。由此来看，塘南将收敛工夫等同于剥落工夫，并通过《周易》中的剥复关系，为收敛工夫达于复性目标提供根据。

塘南还言及艮卦。塘南指出：

> 图书一，皆在下，图为体，书为用，而书则逆行而主克。伏羲八卦，孔子以为逆数；文王八卦，孔子以艮为成始而成终。盖一者，止之归宿之地也。止于一者，逆数也，造化之理，不克则不能生，逆行主克以归于一，其圣学之宗乎！②

此条材料主要言及"逆行主克"的思想。塘南强调"逆"，实是强调克之意。不克则不能生，此是收敛思想的根据之所在。塘南将此克与艮止相联系，借孔子"以艮为成始而成终"来说明艮止既为本体亦指向最终的境界，由此来强调工夫必须以艮止即克的形式出现，而收敛正符合此种合于本体的工夫的要求。

3. 潜龙勿用

塘南还通过《周易》中"潜龙勿用"的思想为收敛工夫提供论证。此可以从两个角度来论述。

其一，潜为乾道变化之根柢。

塘南对潜龙勿用思想的最初提及见之于其为龚修默的《老子或问》所撰的《〈老子或问〉跋》。塘南指出：

> 昔孔子称老子曰"犹龙"，夫龙，乾道也。在《易》"乾"，龙六

---

① 《友庆堂合稿》卷六《启新钱侯 内召送别四条》。
② 《友庆堂合稿》卷四《病笔》甲辰（1604）。

位，初曰"潜龙"，盖惟潜龙而后能见惕跃飞，故潜为乾道变化之根柢也。①

此后，塘南对"潜龙勿用"的思想多次加以引用、阐释。塘南在83岁所撰的《病笔》中指出："乾始潜龙，惟潜而后能见惕跃飞，故潜龙为天地万物之根柢也。"② 塘南通过"潜"与"见惕跃飞"之间的承递关系来表明潜的重要性，并指出潜龙为"乾道变化"之根柢。乾因"潜"而能生发、成变化。

塘南不仅用"潜"与"见惕跃飞"之间的关系来说明乾所具有的潜的特征，而且，塘南还通过乾本身与"潜见惕跃飞亢"的关系来说明乾所具有的生而不有、运行而不涉于迹的特征。

> 乾元"首出庶物"，而又曰"见群龙无首，吉"。盖乾元为天地万物之资始，故曰"首出"。乾元能潜见惕跃飞亢，而不涉于迹，莫测其变化云为之所以然，故曰"无首"。若有首可睹闻，则亦一物而已，安能时乘六龙以御天耶？③

《易》以"潜、见、惕、跃、飞、亢"为时位，塘南认为，乾之所以能"时乘六龙以御天"即在于其具有"无首"的特征。

塘南还从"乾元用九，乃见天则"的角度说明乾元的这一特征。

> 潜见惕跃飞亢，以时位言，皆乾元之用也。因其时位而各当其可，即孔子仕止久速皆不逾矩之谓，总之一乾元之为也，故曰"乾元用九，乃见天则"。④

不仅"潜见惕跃飞亢"为"乾元之用"，而且"坤"亦为"乾之用"。

---

① 《友庆堂合稿》卷五《〈老子或问〉跋》。
② 《友庆堂合稿》卷四《病笔》甲辰（1604）。
③ 《友庆堂合稿》卷四《偶书所见》甲辰（1604）。
④ 《友庆堂合稿》卷四《偶书所见》甲辰（1604）。

坤者乾之用也，乾元无对，深达乾元之理，则坤在其中，盖一切皆乾道之变化也。彼以乾坤，歧而为二，以为学当并致其力，如车轮鸟翼然，非圣门一贯之宗矣。[①]

塘南认为，乾坤并非二元对峙，而是一元之贯彻。塘南对乾坤的关系有另外一种表达。塘南指出："乾元资始，坤元资生，此理人人具足，必于此灼见分明，不离不混，非由安排，本来如是，乃为见道。则于学也，高之不涉于笼统，卑之不落于枝节矣。"[②] "乾元资始，坤元资生"此处所表达的实是本体与万物的关系。就此意义而言，道德修养的工夫不可舍坤元而涉笼统，亦不可舍乾元而涉枝节。塘南关于乾元与坤元的理解在塘南所撰的《送郡别驾忠斋王公祖督运北上序》中亦有言及。塘南言："公又尝以大《易》乾元坤元之旨下问于予，予不愧浅陋，陈其肤见以对，公不予鄙也。"[③] 由此表明，塘南所言的乾元坤元之思想在当时亦有其影响。但是在将收敛归根的工夫诉诸《易》学之根据时，塘南主要诉诸的是"坤者，乾之用"的思想。此须详察。

乾所具有的无首的潜之特征使得乾之变化能够一以贯之。塘南言："宇宙生生之理，涵于性中而无声臭，故曰元，由微而著，乃为亨利贞，总之一元之贯彻而已。故但言乾元，则天地万物、古今之变化，皆举之矣。故圣学莫要于体元。"[④] 由微而著，此实际上是乾道之变化，此即指坤，此是一元之贯彻。举乾元而万物皆得以尽。因此，为学的工夫就是要体认乾元。塘南称之为"体元"。元乃微无生臭、生而不有的本心真几、生生之理。体元就是体得此本心的微无生臭的特征。正是在此意义上，塘南言："学者终日专心致志，体认乾元之理。"[⑤] 又指出："学者体认乾元之理，果有真契，密密停涵，潜修邃诣，必习气尽消，底于纯一，如良贾深藏，于少炫露，此实得也。"[⑥] 此处的体认乾元，实是指默识的工夫。体认此理、"果有真契"之后，还要"密密停涵，潜修邃诣"，敬以存之。塘

① 《友庆堂合稿》卷四《偶书所见》甲辰（1604）。
② 《友庆堂合稿》卷四《潜思札记》甲辰（1604）。
③ 《友庆堂存稿》卷二《送郡别驾忠斋王公祖督运北上序》。
④ 《友庆堂合稿》卷四《偶书所见》甲辰（1604）。
⑤ 《友庆堂合稿》卷四《偶书所见》甲辰（1604）。
⑥ 《友庆堂合稿》卷四《偶书所见》甲辰（1604）。

南言：

> 乾元之理，充塞宇宙，万古常生，而无生相。一切群有，赖其胎育显现，而此理无成坏，无始终，无欠剩，程子所谓"识仁体"者此也。此理可默会而不可以力求，识得此理，惟敬以存之，小心翼翼而了无安排，顺万事而无情，浑然同物而不留物我之见，造次颠沛一于是，直养无害，塞乎天地，至于至诚无息、浩浩其天之境，惟圣者能之。学者当以此为标的而自勉也。①

体认得乾元之理，实际上就是体认此理"常生而无生相"之"潜"的特征。在此指导下，进行合于本体之潜的收敛工夫。由此工夫从由本体之带动到完全达于本体之自觉，从不自然到自然，最终达于"至诚无息、浩浩其天"之境界。此条材料体现了塘南工夫论系统的总体框架。具体到收敛工夫而言，正是由于体得本体之潜，才有收敛退藏此种潜的工夫。在《偶书所见》的末尾，塘南指出："《文言》曰'乾元用九，乃见天则'；又曰'乾元用九，天下治也'。然则用九之道，必本于乾元，而天下之治胥此矣。大《易》示圣学之宗，不亦深切而著明哉！"②"乾元用九"之道就是乾元本身所具有的生而不有的潜的特征。因此，体认得此潜之后，以收敛为代表的敬存工夫必本于乾元，最终达到养盛自致的境界。

由此来看，潜是乾道变化之根柢，收敛之根据正在于此。此是就本体对工夫的指导而言，亦即从工夫合于本体的角度立言。

其二，潜是"反之之功"，"后天而奉天时"。此是就工夫所至的程度而言。

塘南不仅将潜理解为根柢，同时亦将潜理解为"反之之功"。塘南于84 岁所撰的《答唐凝庵》③ 一书中指出：

> 所示潜龙之旨，此真入道之至要也。……故曰"反身而诚，乐莫大焉"。潜者，反之之功也。然潜非以人力按伏之谓也。天地之化，

---

① 《友庆堂合稿》卷四《偶书所见》甲辰（1604）。
② 《友庆堂合稿》卷四《偶书所见》甲辰（1604）。
③ 《友庆堂合稿》卷二《答唐凝庵》乙巳（1605）。

不克则不能生，理固然也。性者，先天也。先天本寂，何必言潜？几萌知发，便属后天，则必贵潜，所谓阴必从阳，后天而奉天时也。

塘南83岁时，唐凝庵来会，① 于乾元之旨发挥详尽。② 别后，唐凝庵亦曾书于塘南，提及"潜龙之旨"。塘南称此为"入道之至要也"。塘南认为，"潜龙勿用"之"潜"实是"反身而诚"的"反之之功"。称之为"反"，表明此工夫是由本体的自觉带动的工夫，不涉人力安排。潜亦与"不克则不能生"的造化之理相联系。在本体的意义上，"先天本寂，何必言潜"，联系塘南对本体不可敛放的理解来看，此处的潜，即收敛之工夫义，对于本体，不或施以收敛之工夫，只能是默识，因而言"何必曰潜"。此与塘南从特征义来理解本体之潜并不矛盾。本体之潜是本体生而不有、寂无声臭的特征。工夫之潜并不如默识本体那样直接指向本体，而是通过形气上收摄以合于本体，归于本体，其所表达的是由后天返诸先天的工夫。

此种工夫可以通过乾坤的关系加以说明。塘南指出：

> 乾用九，"见群龙无首，吉"，坤用六，"利永贞"。盖乾元者，性也，首出庶物者也。然首不可见，若见有首则非矣，故曰"天德不可为首也"。坤者，乾之用也，坤必从乾。贞者，收敛归根以从乎乾也，故曰"利永贞"。③

塘南通过"首出庶物"与"群龙无首"表明性之首出而不可见的思想，此性体即指生而无生相的本心真几。正是由于此体具有潜即"无首"的特征，为学的工夫才要从坤上入手。此处坤的含义，与上文所言及的"意之根柢"有所不同。在坎离的关系中，坎与坤相近，为意之根柢；在乾坤的关系上，坤则指向后天之工夫。与此同时，乾又是"首出庶物"，因此，从坤上入手的工夫必要从于乾，此即"收敛归根以从乎乾"之义。

---

① 关于凝庵来会之时间，刘元卿撰《南太常寺卿塘南王公行略》曰："卒之岁，唐太常自毗陵至。"［《刘聘君全集》卷八《南太常寺卿塘南王公行略》，《四库全书存目丛书》（集部），第154册，第199页。］而据贺汧：《续补〈恭忆先训自考录〉》篇末（《自考录》文后）所载，唐太常是于塘南卒之前一年来访。

② 此乾元之旨主要体现于是年夏所撰的《偶书所见》中，见载于《友庆堂合稿》卷四。

③ 《友庆堂合稿》卷四《潜思札记》甲辰（1604）。

此体现了《周易》以乾为主的思想。此处，可以看出，塘南通过本体之"潜"、本体之"首出庶物""首不可见"的特征，对收敛工夫特别是对其作为入手工夫可归于本体的可能性提供证明。正如上文所言，塘南在为收敛思想寻找根据时，所诉诸的是"乾者，坤之用"的思想，在强调潜所具有的"反之之功"时，塘南将此诉诸"坤必从乾"的关系。塘南指出：

> 乾元统天，圣学之宗旨也。宇宙间一性而已，性万古不毁，至健也，故名之曰乾。性之至健，能生天地万物，以其为一切群有之资始，故名之曰元。元者，首也，所谓善之长也。圣门言仁言一，盖指此也。故曰"天下归仁"，又曰"一以贯之"。夫天下之归在仁而贯在一，正乾元统天之谓，故曰是圣学之宗旨也。①

乾之所以为元、之所以能"首出庶物"，就在其能生天地万物，是"善之长"。"乾元统天"亦是就此意。正基于此，天下归仁，一以贯之，皆是指归于乾元之意。此实际上是就收敛工夫能够归根的根据而言。

正是基于本体乾元所具有的贯万物而为元的特征，作为"反之之功"的收敛工夫最终能够从形气上达本体之自觉、自然的呈现。

以上是塘南收敛工夫所诉诸的《易》学根据。同时，塘南还引《周易》"退藏于密""思不出位"来说明收敛的思想。塘南指出，"《易》所谓'退藏于密'，所谓'思不出位'"，皆是指收敛之义。②"大《易》首示'潜龙'，《中庸》终于'不显'，而孔子特揭'退藏于密'之一言，其有旨乎？"③由此来看，《周易》是塘南收敛思想最为重要的经典依据。塘南在强调《周易》乾元之性的同时，又提及"坤元"，将"坎""坤"视为意之根柢，并强调艮止的思想。在三《易》中，《连山》由艮来表示，代表夏，表达依山而居的安定之义。《归藏》由坤来表示，表达生活能力的来源之义。《周易》由乾来表示，代表一种进取之义，"以

---

① 《友庆堂合稿》卷四《偶书所见》甲辰（1604）。
② 《友庆堂合稿》卷五《支笻漫语》壬辰（1592）。
③ 《友庆堂合稿》卷五《汤生君敛字说》。

高明刚克为主、沉潜柔克为辅"。① 在此意义上，塘南对收敛工夫之
《易》学根据的探寻，不仅受《周易》之影响，亦受《连山》与《归
藏》之影响。此亦表明塘南本人有极高的《易》学素养。

在塘南的思想中，收敛工夫不仅有《易》学根据，实际上还有"四
书"上的根据，如《论语》所谓"克己复礼"、《大学》所谓"止"、《中
庸》所谓"笃恭""不显"、《孟子》所谓"反身而诚"。塘南还尝言及收
敛工夫在《诗经》上的根据。塘南指出："《诗》云'不识不知，顺帝之
则'，此义微矣。"② 塘南认为，默识本体之后的敬存工夫，"必如文王之小
心翼翼，缉熙敬止，不显亦临，无斁亦保，而后可"③。此即收敛保任的工
夫。④ 不仅如此，塘南还将收敛的根据诉诸宋明儒之言论。塘南引周子
"几故幽"、邵子"人之精神贵藏而用之"、程子"鞭辟近里"、白沙"藏
而后发""至无有至动，至近至神焉，发用兹不穷，缄藏极渊源""收敛为
主"⑤、念庵"收摄保聚"来说明其收敛思想的根据。塘南认为，这些依据
在"复性之旨"上皆相贯通。

在收敛工夫的诸多根据中，其最基源的根据则是《周易》。塘南对收
敛根据所作的儒学史上的追溯，体现了塘南以收敛思想为主线对儒家经典
所作的解读与诠释。

五　收敛工夫之评价

在塘南的工夫论系统中，为解决收敛工夫作为非本体工夫与作为实践
工夫之间的矛盾，塘南通过对收敛工夫的义理根据进行探寻，从而将收敛
工夫归入敬存工夫的系统。在此基础上，作为敬存工夫的收敛与作为默识

---

① 参见成中英《中国哲学的重建》一文，见载于汤一介等编《百年中国哲学经典：八十年
代以来卷》，海天出版社 1998 年版，第 345—349 页。

② 《友庆堂合稿》卷五《汤生君敛字说》。

③ 《友庆堂合稿》卷五《谭生二南字说》。

④ 明水工夫的第四阶段强调"从独知几微处严谨缉熙"。由此来看，在敬存的工夫中，塘南
强调收敛亦与明水的工夫有相近之处。

⑤ 塘南言："阳明先生曰：'性情道德言动，皆以收敛为主，发散是不得已。'至哉言乎！"
引自《友庆堂合稿》卷六《启新钱侯 内召送别四条》。

工夫的研几之间似乎存在张力。此种张力在塘南的思想中亦由于本体与工夫关系的介入、收敛与敬存关系的推进、形气与归寂关系的打通而最终得以化解。塘南提出收敛工夫的实质，一方面与克己复礼之"克"所具有的负的讲法相关，另一方面与为中下根人立言的致曲立场相关。不仅如此，收敛工夫还是合于儒学史的工夫，其最重要的义理根据则在于《周易》。

塘南将收敛工夫定位于敬存之工夫，其根据在于，只有悟得本体之生而不有的敛藏特征，才能够实施此种收敛工夫。此是"思入于无思""摄末归本"的工夫，此时的"思""末"是指后天之形气、情识。由形气、情识而"归本"，此是通过形气、情识上模拟本体合于本然的发用状态，在此基础上，使得两者渐而能合一。如果说，默识工夫是悟得本体之自觉，敬存即本体自觉作用的逐步呈示，那么，收敛工夫则是从形气上为其自觉的呈现扫除障碍、铺平道路，最终使得形气与本体发用之间的区分彻底消除。毕竟在默识本体之后，并未能彻悟本体，此时本体之自觉虽"显"但不"著"，还不能完全表现为行动。此种自觉只是知上的自觉，不是行上的自觉，但能带动、指导行。在此自觉的带动下，收敛工夫在形气上进行实施，通过形气上的模拟而使得本体之自觉由知而行，最终得以完全呈现。此种过程实际上类似于阳明的致良知教。良知虽自身明觉，但是仍须致良知的工夫。同样，默识的本体虽具自觉，但是仍须收敛以敬存的工夫来推致此种自觉。

《续补〈恭忆先训自考录〉》有言曰："……先生（塘南）一以直透太虚为教。诸生中有专于参究者，有专于收敛者，皆折衷于先生。"[1] "皆折衷于先生"表明塘南是在自身"直透太虚"、彻悟本原的为学指向下融通收敛之理解。与塘南对收敛工夫的强调相应，唐鹤徵与黄宗羲皆提及塘南的收敛工夫。唐氏尝评价塘南思想为："悟此心之虚体为生，持之以收敛退藏，以裕其生生不已之机。"[2] 由此来看，收敛工夫就是悟得本体之后的敬存工夫。黄氏亦言："……又十年，渐悟生生真机，无有停息，不从念虑起灭。学从收敛入，方能入微，故以透性为宗，研几为要。"[3] 黄氏言及

---

[1] 王时槐：《王塘南先生自考录》，江西省图书馆藏民国初年重刻本。

[2] 唐鹤徵：《宪世编》卷六《塘南王先生》，《四库全书存目丛书》（子部），第 12 册，第 845 页。

[3] 黄宗羲：《明儒学案》（上），中华书局 1985 年版，第 468 页。

悟得生几，又言及为学要收敛以入微，但是其中研几与收敛之关系并不明确。同时黄氏对塘南思想作出"以透性为宗，研几为要"的概括而并未给予收敛思想以地位。就黄氏所言的"研几为要"来看，其并未在塘南的研几工夫中区分悟得生几与敬持生几，而此种区分非常重要。因为此种区分是当时阳明后学特别是龙溪一派与双江、念庵一派对研几所作的不同理解。唐氏对塘南思想的概括暗示了此种区分，而黄氏则模糊了此种区分。因此，黄氏虽提及收敛，但是其在塘南为学宗旨的根据上未给予收敛以地位，此易产生一种误解，即视收敛工夫为悟得本体的入手工夫。此无疑将收敛归结为"由修而悟"、默识本体的工夫，而化解了塘南以收敛为代表的敬存工夫。实际上，若仅将收敛归为入手工夫，而无视收敛工夫本身的合本体的特征，那么收敛工夫是否可以视为本体工夫则成疑问。继黄氏以后，未有学者较为系统地提及塘南思想中的收敛思想。

有趣的是，何以形成塘南重视收敛而当下之研究漠视其收敛思想这样一个悖论？此实与塘南本人的思想发展历程相关。在强调生生之几以及研几的工夫之后，塘南将收敛之根据诉诸"意本生生，不克则不能生"，此似乎使得收敛工夫具有了相较于研得生生之几的工夫的逻辑上的优先性。不仅如此，塘南收敛工夫的实质与"克己"相关，而塘南对"克己"的理解存在着一个从消除杂念到反求诸己的过程。正基于此，收敛才易被视为入手工夫。大部分学者亦只是基于塘南研几思想而作分析，却未能看到塘南69岁以后对收敛工夫的不断强调，从而未能看到收敛与研几两种工夫之间可能存在的张力，以及塘南思想对这一张力的化解所作的思考。毕竟对作为克除杂念的收敛与研得生生之几之间的关系作出更进一步厘清仍显困难。此是收敛工夫易被理解为研几的入手工夫并被忽视的原因。

若是承认了研几与收敛之间的张力，而未能看出塘南对此张力的义理化解，则易产生另一种错解，即过分重视收敛而忽视研几。此似乎可以找到证明。塘南在其79岁所撰的《自考录》中指出："此理无可操执，无可趋向，才一措心，便觉为二，惟可默契而已。戒谨恐惧，保任乎此，非有所①加也。学者但退藏收敛，知识不用，以还浑沌未凿之初，庶为近之。

---

① 此字在《自考录》为空，据吴士奇《明理学太常寺卿王塘南先生传》（贺沚：《续补〈恭忆先训自考录〉》文后）补得。

至大休大歇，机忘而性复，在养盛自致，非人力所及也。惟著空著相，堕落二边，后学通患，乃不得已，姑提生机二字，与及门之士共商之。"① 就此来看，塘南认为，为学的工夫是先默契此理，然后戒谨恐惧，保任此理。此似乎说明塘南强调收敛工夫时，并没有给予研几说以地位。此易形成研几说被塘南搁置的嫌疑。但是塘南所强调的"寂运双泯，有无绝待"之生理，实际上就是常运而不息、有生而无生相的生生之几。而且收敛之所以可能，其根据实际上就是常运不息的生生之几所具的寂微的特征。就此来看，塘南并未搁置生几说。实际上，塘南所搁置的只是体用对待的中道观。此在第二章已有明言。

塘南对研几与收敛皆很重视，此在《续补〈恭忆先训自考录〉》中即有体现。其前言部分有言曰："是冬（时塘南 79 岁），同门士订伏腊十日之会于敬业堂，以便请益置簿。先生序之谓：'学必以孔孟为宗，以伦物为实践，以彻宇宙贯古今为分量，以精研入微为根柢，以合德天地为究竟。'"② 所谓"精研入微"即研悟生几微密之义，悟此并以此为根柢，此处的根柢即自觉的初始状态，而"合德天地"实际上就是后天归于先天的养盛自致的境界。不仅如此，一年之后，塘南还指出："所云研几者，或于未发时微用觉照，或于发动时拔去一切人为之私，此二说皆未尽。夫所谓几者，盖此体空寂之中脉脉呈露处，乃无中生有，自然不容已，无一刻间断，非谓念头发动时，亦非谓泯然不发也。若于此用觉照，及拔去人为之私，即涉于造作，反害其自然呈露之几矣。惟是收敛沉潜，退藏于密，则研几底于极深，所谓'渊渊其渊'，立天下之大本也。日用应酬，无分动静，一以退藏为主，此尧舜周孔主敬立极之实学，《大学》所谓'知止'，《中庸》所谓'戒惧''笃恭'者，此也。"③ 由此可知，塘南言"几"是"无中生有"的不容已，此时并非未发，亦非念头发动，而是自然呈露之端倪。就此意义而言，此时的几即当下见在的几。在此种情形之下，工夫即以几为依循进行收敛退藏。收敛的工夫只有在见在的生几的进一步呈露中才具有合本体工夫之意义。值得注意的是，在此条材料中，研几的含义实际上已经扩大为包括敬存之工夫，就此来看，视塘南的收敛工

---

① 《自考录》文末。
② 贺沚：《续补〈恭忆先训自考录〉》，见载于王时槐《自考录》文后。
③ 《友庆堂合稿》卷二《答周时卿》辛丑（1601）。

夫为研几的入手工夫，亦不为误。但是，若是将研几工夫具体为敬存之前的默识本体的工夫，那么作为研几入手工夫的收敛则是塘南所认同的众多入手工夫中的一种，不具有典型性。

不仅如此，塘南亦多次强调，只有信得本体真几，才可以施以收敛工夫。塘南指出："今既信得真机原自不息，日间不必起心动念，自生扭捏，只万缘放下，收敛归根，无思无为，亦无善恶分别之想，复还浑然不凿之体，庶几近之矣。果能如是，到得纯熟时，自有契……"①由此来看，信得真几，然后收敛归根，此才是工夫论之具体步骤。此"信"，并非盲目相信，实是由默识而来的信。塘南指出："善学者，自生身立命之初，逆溯于天地一气之始，穷之至于无可措心处，庶其有悟矣。则信一切皆性，戒惧于一瞬一息，以极于经纶事业，皆尽性之实学也。"② 由此来看，为学的顺序首先是悟，因悟而信，因信而施戒慎之工夫。因此，收敛退藏之前提是因悟而信真几不息。在此基础上，收敛归根才能渐归于本然，而最终达于纯熟。不仅要信得真几之不息，而且要信得本性真几之微密，唯有如此，收敛工夫才有其本体上的根据。

此信得真几之"信"是否可以称之为"信仰"呢？彭国翔在言及"作为信仰对象的良知"时提及了"内在的良知""首先需要以自信为基本的出发点"，并提及了阳明晚年的"信"。彭氏认为："如果说良知为信仰的对象在阳明处还只是初露端倪的话，到龙溪这里便已经成为其思想的重要组成部分之一了。"③无疑彭氏看到了信得本体对于道德修养工夫所具有的依循作用。与此相类，张卫红亦指出此信具有"终极性意义"，并强调此信具有"实践行动力"，是"当下承当的'做得及'"。④ 与龙溪信得良知时时当下见在、不失不疑的信仰立场不同，塘南对本体的信更多指向一种证信、悟信，时常存疑，更为审慎。龙溪的信，是道德修养之前提，而塘南之信，实际上具体构成了道德修养过程的第一步，是为接下来的道德修养过程提供依据的工夫。因有此信，才能继之以合于本体的收敛

① 《友庆堂合稿》卷二《答李养端》己亥（1599）。
② 《友庆堂合稿》卷四《病笔》甲辰（1604）。
③ 彭国翔：《良知学的展开——王龙溪与中晚明的阳明学》，生活·读书·新知三联书店2005年版，第81页。
④ 张卫红：《罗念庵思想研究——以致知工夫为中心的生命历程与思想世界》，中山大学博士学位论文，2006年，第192页。

工夫。

因此，研几与收敛之间的关系有一个存在张力与化解张力的诠释角度。由此可以看出，塘南看似搁置研几论，实际上是将研几论与收敛论安置于其工夫论系统之两端，一属默识，一属敬存，相互支持、彼此呼应。在工夫论的定位上，研几工夫无疑是直接指向本体、悟得本体的工夫，即为本体工夫，而收敛工夫是合于本体的工夫，是本体由知而趋于行的自觉性地参与而进行的从后天入手以归于本体的工夫。就后天形气而言，此似乎是非本体工夫，但是，其本身为本体之由知而趋于行的自觉所带动，同时亦是对本体本然发用加以模拟，就此来看，收敛归根亦是本体自觉性得以参与并逐步取得主宰的工夫，此正是本体工夫。因此，在塘南的思想中，默识与敬存，研几与收敛，两者共同构成了塘南思想中的本体工夫，而彻悟本原就是此先默识后敬存、先研几后收敛的终极指向。

结语：调适之遍在

作为阳明的二传弟子，塘南一方面受到先考之训、科举之试的影响，而具有程朱思想之背景；另一方面，又受到以阳明一传弟子为主的先师群体之牵引、阳明二传弟子为主的良友之夹持，而具有阳明思想之倾向。两者在塘南50岁以后自求自试的为学过程中，相互碰撞与融通，最终形成了塘南基于阳明后学，又反思、融通阳明后学的为学特色，即良知学的调适。此种调适所呈现的融通与反思实又上承宋儒。就此点而言，塘南思想有集宋明儒思想之大成之势。

在本体层面上，塘南虽言及心性之辨，但其更为主要的观点则是心性互融。

塘南对本体的理解，有一个从寂体到生生之体的递进过程。心性关系贯穿其间。塘南自身所言及的心性之辩主要有道心人心之辩、先天后天之辩。

（1）友人问性与心有辨乎？曰：道心，性也，性无声臭，故微；人心，情也，情有善恶，故危。惟精者治其情也，惟一者复于性也。情与性一，则体用隐显融镕无二，故曰中。

（2）道心，体也，故无改易。人心，用也，故有去来。孔子所谓"操存舍亡，出入无时，莫知其乡"，亦是指人心而言。若道心，为万古天地人物之根，岂有存亡出入之可言？①

（3）承谕心性之辨甚精当。大率性者，先天之理也，心则兼属后天之气而言，理在气中，故性非在心外，亦非截然二物。性无边际而

---

① 《友庆堂合稿》卷四《三益轩会语》。

心亦无限量也。若强而言之，则性体而心用也，性无为而心有觉也，心可致力而性则存乎悟也。故尽心则性可知矣，存心则性得其养矣。[1]

就此三条材料来看，心性之辩实际上是言作为本体的性与作为经验世界的心的关系之辩。材料（1）中所言及的"心"，是指善恶之情，并非指本体层面的心。在材料（3）中，心是兼气而言，此时的心，即"有觉"之心，与性之"无为"不同。若将之引申为本体层面的心性之辩，那么性无觉、心有觉，就是心性最大的不同。

就此意义而言，阳明所强调的本体是有觉之心体，而朱子所强调的本体实际上是无觉之性体。与朱子思想相近的罗整庵亦持此意。整庵曰："孔子教人莫非存心养性之事，夫心者，人之神明；性者，人之生理。理之所在谓之心，心之所具谓之性，不可混而为一也。其或认心以为性，真所谓差毫厘而谬千里矣。"[2] 强调心性之分，是朱子学的特色。阳明视心性为一，并赋予此性以"觉"的色彩。刘蕺山评阳明之思想为："先生（阳明）承绝学于词章训诂之后，一反求诸心，而得其所性之觉，曰'良知'。"[3] 蕺山所言，亦是此意。

伴随着心性之辩的视野，塘南将心性关系理解为"性体而心用"，呈显心性互融倾向。塘南言：

> 夫盈宇宙、亘古今，一性而已。性者，万物之一原，非有我之得私也。以其为天地万物之所从出，寂无声臭，不可名状，强名曰性。然性非枯塞也，盖於穆常运，以其常运，故有命之名焉。然命非形气也，盖廓然太虚，以其太虚，故有心之名焉。三者一之三也。……盖自道之统体言之，则性命与心，如空中鸟迹，不可得而异也。自道之禀受言之，则性命与心，如镜之金为质，明为体而照为用。镜一而名三，不可得而混也。……又谓性以心为舍，则是宋儒心大性小之说，恐未然。盖性无边际，心亦无边际，但谓性体而心用则可，谓心大而

---

① 《友庆堂合稿》卷一《作钱启新邑侯六首》丁亥（1587）。

② 王时槐：《罗钦顺传》，载王时槐纂，余之桢修《吉安府志》卷二十四"理学传"，书目文献出版社1991年版，第354页。

③ 参见黄宗羲《明儒学案》（上），中华书局1985年版，第6页。

性小不可也。①

宇宙之间，皆是道体流行，就"道之统体"而言，性指万物之根柢，命指於穆之常运，心指廓然之太虚。因此，三者所指实为一，不可得而异。就"道之禀受"而言，性如镜之金为质，命如镜之明为体，心如镜之照为用。由此塘南认为，"谓性体而心用则可，谓心大而性小不可也"。总体来看，言其为心，言其为性，皆是指道体。当言其为根柢时，并不意味着要否认此道体廓然太虚之特征。此是塘南对心性关系所作的融通。

但是综合以上分析来看，塘南在强调心体与性体所具之互融性时，此心体之廓然太虚与"心有觉"两者是否为一呢？此可以通过塘南所言的"灵窍"的概念来理解。在塘南的思想中，几即为知、即为独，此是先天之子、后天之母，是生生之"灵窍"。言其为"灵窍"，即肯认了本体之心所具有的"觉"的能力。

在本体层面，塘南对心性之融通还体现为对仁知关系的理解。塘南言：

> 医书以手足痿痹为不仁，夫手足痿痹是不知也，而曰不仁，盖仁知非二也。圣人与天地万物一体，痛痒相关，俱立俱达，是谓致知，亦谓任仁。②

在阳明后学中，面对以用为体之学弊，各家立言不尽相同。浙中王门二传弟子徐鲁源反对"言知者，误认虚明光景"以及"言仁者，或堕情爱意见"两种倾向，认为为学宗旨"不若学之一字，功密而义至精也"③。徐氏尝与塘南有仁知关系之辩。与其不同，塘南以"仁知为一"言本体。塘南认为，作为本体的生理既仁且知。

> 《大学》言致知，《鲁论》言求仁，非有二也。如手足痿痹，是谓不知，亦即谓之不仁。盖此理充塞宇宙，更无别体，惟一生生而已。

---

① 《友庆堂合稿》卷一《答郭青螺》甲午（1594）。
② 《友庆堂合稿》卷四《三益轩会语》。
③ 《友庆堂存稿》卷十《螺川请益别言》。

生则为知，不生则顽然枯朽矣；生则为仁，不生则悍然隔碍矣。故致知求仁，非有二也。彼言知，则起精灵超脱之想，而不切于伦物；言仁，则起爱昵系恋之情，而益远于性真，其失均也。《易》称乾知大始，则知非精灵超脱之谓，而先儒有桃仁杏仁之喻，则爱昵系恋不足以语仁也明矣。①

塘南强调仁知合于生理，同时又认为，仁知作为本体与以仁知为"精灵超脱之想""爱昵系恋之情"有着区别。因此，在本体层面，心性仁知互融为一。正是在此意义上，塘南言："心性本无二，若强言之，则程子所谓'心如谷种，仁则其生之性者'是矣。"②

塘南对本体的互融性理解，有融通宋明儒之势。钱穆认为，塘南之性合仁道与知理，包含有生理之仁与灵通之知两个方面，其为朱子、阳明思想之合流。③牟宗三认为，塘南的思想"是由误解良知，而复撍拾良知，扭曲而成"④。此两种观点，反映了钱先生与牟先生对塘南思想评价所持的立场之不同。钱先生立足于宋明儒学之大势，而牟先生专注于阳明思想之一家，但皆体现了塘南思想对朱子、阳明之融合。

在本体与经验界的关系层面，塘南就本然之体及其现实发用之间的异同进行分析，此无疑更为接近于朱子的立场。朱子对现实人性特别是对恶之来源的正视与诠释，实构成了其哲学思想极为精彩的一环。而阳明的致良知教，自有其圆融之处，而不必对朱子这一立场有所继承。身处阳明后学之中的塘南，从反阳明后学之流弊出发，强调现实之恶之存在，强调现实发用与本然发用之间的区分，则继承了朱子的思想。

在本体与工夫的关系层面，塘南以彻悟本原、主于未发为其工夫论的原则。在此基础上，塘南基于反时弊之需求、恶之现实之考虑，从而针对人的根器之差异——上根之人一悟便了，下根之人悟后须有修持——从而提出了先默识、后敬存的工夫论体系。这一点体现了塘南对阳明及其后学的理解与反思。

① 《友庆堂合稿》卷六《西原会规十七条》。
② 《友庆堂合稿》卷二《再答宪使修默龚公》壬寅（1602）。
③ 参见钱穆《宋明理学概述》，台湾兰台出版社2001年版，第329—330页。
④ 牟宗三：《从陆象山到刘蕺山》，上海古籍出版社2001年版，第313页。

在阳明的思想中，其对致良知工夫的理解，存在着两个方面。一是对"四句教"的理解，一是对"事上磨炼"的理解。在四句教中，阳明以良知为心之本体，当下本有而呈现，因此，"知善知恶"是良知，而"为善去恶"的格物工夫实际上就是致当下呈现的良知于事事物物之工夫。在对"事上磨炼"的理解上，阳明强调磨炼良知而使其精精明明。此实际上是致良知工夫的两个层面：一是推致，一是扩充。此点在张学智先生所撰《明代哲学史》中有较为精彩的分析，在此不作具体展开。① 总体而言，在阳明的思想中，致良知是达用的工夫。推致与扩充实是两种达用方式，前者是使得良知由知而成行，后者使得良知由源而成流。

阳明一传弟子关于阳明思想所作的辩论，基本围绕以上两个方面进行，并由此形成了以龙溪为代表的推致派与以双江、念庵为代表的扩充派。此是以阳明的思想体系来划分其一传弟子的思想倾向。

阳明一传弟子自身围绕"见在良知"这一中心议题进行辩论，实是将阳明思想中的推致与扩充推向两个极端。龙溪肯认见在良知，强调一悟便了，推致良知的工夫即转化为悟的工夫。双江、念庵否认良知之当下见在性，从而强调一个主于未发的工夫，由此而体得良知当下见在，"体立而用自生"。此时由源而流的扩充工夫实是通过由未发本体而见在良知的立体工夫来体现。就此来看，体用关系是两者思想之不同的关键所在。

龙溪以见在良知为体，因此，工夫就是达用。而双江、念庵以见在良知为用，因此，强调立体工夫。若将体视为知，用视为行，龙溪面对的是知而不行的问题，此点与阳明相似，因而在工夫上强调达用以成行。而双江、念庵面对的是知体未立、以行为知的问题，因而强调立体以成知。

比较而言，后者是否易有只知不行的流弊呢？阳明尝言："先儒解格物为格天下之物，天下之物如何可格得？且谓一草一木亦皆有理，今如何格？纵格得草木来，如何反来诚得自家意？"② 阳明反对朱子只知不行，双江、念庵在此点上是否类于朱子呢？实则不然。双江、念庵的立体工夫实包含达用工夫，立体是工夫，达用是效验。

因此，双江、念庵与龙溪之不同，主要在于其对见在良知的体用定位

---

① 参见张学智《明代哲学史》，北京大学出版社 2000 年版，第 117 页。
② 王守仁：《传习录》（下），《王阳明全集》（上），上海古籍出版社 1992 年版，第 119 页。

不同，由此而分化为立体与达用之两途。

就此两途的比较来看，见在良知的呈现，使得龙溪悟得良知的工夫有了必然性之保证；而未能肯认见在良知，使得双江、念庵主于未发的工夫难免缺少依循。此涉及阳明思想所开发出的另一议题——本体与工夫关系之辩。也就是说，本体在何种层面上对工夫具有作用。

在阳明的思想中，阳明通过"良知为天理的昭明灵觉"消解了立体的工夫，而通过良知的推致与扩充二义肯认了良知本体对工夫的指导意义。龙溪强调本体的见在层面，而双江、念庵强调本体的本有层面。无疑龙溪更能坚持阳明本体对工夫具有引领作用的立场。但是若细析龙溪之工夫为何而易，主于未发的工夫为何为难，所得出的结论可能就更为复杂。

肯认见在良知，在某种程度上，就是肯认了包括工夫在内的任何发用皆可能具有"见在良知"的性质。就此来看，工夫的意义则被取消。双江言龙溪"俱以见成作工夫看"即此意。[①] 否认见在良知，在某种程度上，即对一切发用首先持怀疑态度。因此，作为工夫的发用又如何不被怀疑？双江、念庵之工夫难以令龙溪信服，即在于此。此是本体与工夫关系上较为极端的理解。

变通而言，龙溪肯认见在良知，并不意味着包括工夫在内的现实发用皆具见在良知之性质，因此，见在良知于人而言，则是时有时无。双江、念庵不肯认见在良知，但是肯认通过一种发用工夫可以抵达见在良知，那么此时的发用工夫实际上即具有见在良知的性质。就此来看，见在良知时无时有。因此，阳明后学之两派，在见在良知时有时无这一点上实有共识。但其着眼点有所不同。龙溪着眼于见在良知的"显"而做工夫，双江、念庵着眼于见在良知的"不显"而做工夫。而就工夫的本体依据来看，此须诉诸"志"，后文将有进一步论述。此是阳明一传弟子围绕良知当下呈现与否所展开的争辩。

在此基础上，塘南彻悟本体、主于未发的思想，是以不肯认"见在良知"为前提，因此，其思路上较为接近于双江、念庵。但是塘南更为详细地从人的根器出发，强调由根器融入后天的入手方式而形成的悟体工夫。彻悟本体是指向，具体要通过先默识后敬存的过程来实施。此是塘南兼顾

---

① 聂豹：《答王龙溪》，《聂豹集》，凤凰出版社 2007 年版，第 378 页。

中下根人而提出的修养工夫。若是为上根人立言，强调一悟便了，那么中下根人要么谨守细枝末节，要么以冒认为彻悟，此皆成流弊。因此，先默识后敬存的工夫是塘南针对人之不同根器与阳明后学之流弊，从义理上提出的上根人"可俯就"、中下根人"可企及"的修养工夫。

此不仅能够融通龙溪之悟得容易与双江、念庵之悟得不易之间的差异，同时亦能融合立体、达用之两端于一途。默识指向立体、扩充，敬存指向达用、推致。就上根人而言，立体即能达用。就一般根器而言，先立小体，后达小用，此一过程不断往复，而最终彻悟大体。

同时，塘南先默识后敬存的工夫与其对悟修关系的理解紧密相关。默识为悟，敬存为修，先悟后修，此乃塘南悟修关系的基本义。在此基础上，肯认立小体以成小悟，达小用以成小修，如此往复，此实是一个悟中有修、修中有悟的过程。正基于此，塘南的悟修关系才呈现出极为复杂的表达面向。但是若能分析出塘南先默识后敬存的工夫论系统，悟修关系问题的复杂性便迎刃而解。就此点向上溯及，在阳明的思想中，扩充良知，实有悟之成分，而推致实有修之成分。而阳明在指点良知时，较常利用禅宗机锋之方法，此实是较为典型的悟得本体的工夫。此悟只是立体的工夫。而在致良知的系统中，阳明则视致良知于事事物物为达用之工夫。因此，塘南先默识后敬存的工夫论系统中所涵盖的悟修关系，与其说是对佛学悟修关系之融通，不如说是借助于佛学之悟修关系的多种面向，对阳明及其后学思想所作的融通。

在具体工夫上，塘南强调极深研几与收敛退藏。

在阳明后学的研几之辩中，龙溪、念庵之几虽有区别，而皆有以已发言几的倾向。而塘南所言之几，则不偏重于已发层面，而是更为强调由未发到已发的无声臭之生发力。研几就是几的生发力从无声臭到显在于人之内心的工夫，此属于默识之立体工夫。

收敛退藏之工夫，在阳明后学中亦有强调，龙溪认为，"有意有欲""皆为良知之障"，于此"愈收敛"，良知则"愈精明"。[①] 此即通过收敛以致得良知精明之义。念庵更是强调"收摄保聚"的工夫。在此基础上，塘南之收敛实是融合双江、念庵与龙溪之义。塘南认为，收敛工夫是悟得本

---

① 王畿：《不二斋说》，《王畿集》，凤凰出版社 2007 年版，第 493 页。

体真几所具有的潜的特征之后，以之为依循的工夫，此乃敬存、达用工夫。收敛，在本体与工夫的关系上，是合于本体的工夫；在敬存从"著意"到"自然"的过程中，是经由本体的带动而走向养盛自致但未达养盛自致的"著意"工夫；在形气与本体的关系上，是摄末归本的归寂之工夫。收敛工夫只有属于敬存系统，才具有本体工夫的性质。无疑，塘南将收敛工夫归属于敬存系统实是对龙溪思想的继承。与此同时，塘南对收敛工夫所作的摄末归本的归寂理解，亦是继承念庵与双江的立场。

在此意义上，塘南研几与收敛工夫亦是集阳明后学之大成。

就塘南的工夫论而言，在总体上，塘南强调敬存工夫更类于阳明、龙溪，而塘南所强调的主于未发的立体工夫，更类于念庵、双江。阳明、龙溪肯认体之存在，肯认四端即良知，昭昭之天即广大之天。而念庵、双江与塘南实际上对四端作现实发用之理解，强调由此现实发用而进行反溯，最终悟得本然之发用。就此来看，此实是即用即体与更广意义上的摄用归体、摄末归本之差别。[①] 此乃念庵、双江、塘南之立体工夫与阳明、龙溪无须立体工夫之不同之处。在此点上，亦可说主于未发的工夫实际上是出离良知学之外的工夫。而立体的工夫如何与宋学相联系，后文有进一步论述。

值得注意的是，塘南在强调彻悟本原的指向下，强调先默识后敬存的工夫论，其主要的立论根据在于其对人的根器所作的区分。此种区分，实与阳明学及其后学密切相关。

"天泉证道"使得阳明思想有了上根与中下根人工夫进路之分途。在阳明推致良知的工夫论范域之内，龙溪强调工夫在于一悟便了，此实际上是为上根人立言；而德洪强调后天诚意，此是基于现实而立言，基于中下根人而立言。在推致良知的方式上，德洪与龙溪的区别表现为立言方式的不同。聂双江、罗念庵工夫的起点是立体。上根之人，生而知之，无须立体之工夫；中下根人，体实未立，由此达用，皆成妄用，因此，为学首先要立体。而龙溪、德洪并无立体工夫。就此来看，中下根人有无立体工夫则是双江、念庵与龙溪工夫论之不同。在为中下根人立言这一点上，双

---

① 此"更广意义"相对于塘南工夫论敬存系统中的收敛工夫所具有的"摄用归体、摄末归本"之性质而言。

江、念庵或类于德洪。但是，德洪言致用，双江、念庵言立体，终究不同。

在此基础上，塘南继承双江、念庵为中下根人立言的立场，同时又吸收了龙溪肯认良知之后的致用工夫的立场，从而将两者合而为先立体后达用的工夫论系统。此种先后顺序的安排，无疑是为中下根人立言。在达用敬存的系统中，塘南强调收敛工夫，以呈显中下根人于此阶段的具体做法，此无疑与德洪为中下根人立言有相近之处。

不仅如此，塘南的工夫论系统，不论立体还是达用，皆包含了上根人可以俯就的因素。在立体工夫中，默识本体就是以彻悟本原为指向的工夫，在致用工夫中，养盛自致就是上根人之境界。此又与龙溪有相近之处。

此是塘南工夫论从人的根器出发所得的结论。就此来看，塘南的思想无疑集浙中龙溪、德洪，江右双江、念庵思想之大成。彭国翔尝言及聂、罗与塘南之不同，认为聂、罗等人，在追求"究竟工夫"时，着力点放在"体"上。[①]而以刘师泉、塘南、见罗为代表，"在分体用为二的前提下在体与用两方面同时作工夫"[②]。彭氏无疑看到了师泉与塘南立体达用的两重工夫论，但是若就此而将塘南先立体后达用的工夫与师泉性命兼修的思想相等同，此无疑错解了塘南。若将师泉的悟性视为立体，修命视为达用，塘南明确反对以此为二功。因此，塘南在体用两个方面做工夫是一个前后相继的过程。正是在此点上，其继承聂、罗、龙溪、德洪，同时又与他们各自有别，可谓集其大成。

通过以上的分析可知，塘南思想乃是基于阳明后学的多种分疏，并对之进行融贯。此是塘南基于阳明学又反思、融通阳明学的体现。

就立体达用两途来看，达用无疑是阳明学强调的重点，那么，立体是否在阳明学之外呢？若从致用的角度理解阳明的致良知，确实在致良知的系统中没有立体工夫的地位。但是阳明指点良知、龙溪强调"混沌立根"，实皆有立体工夫的性质，只不过此体一立，良知则为信仰，毋庸置疑。此与双江、念庵强调立体工夫的艰难性、反复性则完全不同。阳明、龙溪之

---

① 彭国翔：《良知学的展开——王龙溪与中晚明的阳明学》，生活·读书·新知三联书店2005年版，第354页。

② 彭国翔：《良知学的展开——王龙溪与中晚明的阳明学》，生活·读书·新知三联书店2005年版，第357页。

体一立永立，一劳永逸，工夫重在达用。而双江、念庵工夫重在立体。由此来看，即便承认阳明学本身具有立体与达用两个层面，无论在立体还是在达用方面，双江、念庵之立场对阳明、龙溪之立场仍是有所出离。双江、念庵之所以不言、淡化达用工夫，是因为此种达用乃立体工夫之效验、随立体工夫之完成而完成。因此，立体工夫体现了双江、念庵与阳明、龙溪之思想的最大不同。

但是值得注意的是，双江、念庵的立体工夫之所以被强调，一方面是由于阳明后学以用为体、以情识为良知之流弊；另一方面，亦是由于阳明学强调良知由源而流的扩充义本身说明了良知之体有程度上的差别。正基于此，立大体工夫才得以产生。也就是说，双江、念庵之立体工夫产生于阳明学。由此将双江、念庵之学归属于阳明之学，亦有理有据。

塘南继双江、念庵之后，在强调立体工夫的同时，亦强调达用工夫，对阳明之学实有更多的继承。若是将念庵、双江、塘南视为阳明学之外，实际上是对阳明思想体系本身的封闭化与狭窄化。只要阳明思想中的良知具有扩充之义、阳明后学存在以情识为良知之流弊，那么强调立体工夫的念庵、双江与塘南就不在阳明学之外。

在此立足点上，再来探讨塘南之学与宋学的接近之处。此种接近体现为两点：一是塘南对人性之恶的关注更类于朱子，一是塘南先默识后敬存的工夫更类于大程。此两者本一脉相承。正是由于对恶的关注，才使得对见在良知不能未经工夫就加以肯认。此在双江、念庵亦是如此。也正是由于不肯认见在良知，工夫才须从立体开始；又基于阳明学对人的根器所具有的两途之分殊，塘南才借助于大程的"先识仁""然后以诚敬存之"的思想而提出"先默识后敬存""先悟后修"的工夫论框架，并以此来融通阳明后学的各种流派。

在立足于"恶的现实"这一点上，双江、念庵与塘南更类于朱子。面对时而为显、时而为隐的本体，双江、念庵从"隐的本体"出发，而阳明、龙溪实是从"显的本体"即"良知"出发。前者成"立体工夫"，后者成"达用工夫"。由此来考察宋儒之工夫，大程强调识仁的工夫；小程、朱子强调格物穷理的工夫；象山强调"先立乎其大"的工夫，具体表现为"剥落得净尽"的"易简工夫"。就此来看，宋儒以立体工夫为主。因此，双江、念庵、塘南基于阳明后学而产生的立体工夫，在宋儒那里亦有其依据。正是在此意义上，双江、念庵、塘南之思想可上达宋儒。

对上述江右诸子之学，当下有一种较为普遍的评价，认为其接近于朱子。独提朱子，而不言其他，此有两种可能。一是双江、念庵、塘南之思想，在涉及本体的现实发用而具有的恶的因素这一层面上，强调体用之别，此类于朱子。若就此而言，实无疑义。但是此种相类，亦只是关注点的相类而已。前文尝言，阳明致良知教自有其圆融性，不必太多涉及恶之来源的问题，但是，阳明亦不能用"体用一如"对现实之恶作出理解。也就是说，在现实之恶的关注上，双江、念庵、塘南更类于朱子，但此并不能说明阳明与朱子在义理上的差异。为方便讨论，在此对此种可能予以排除。

另一种可能在于，立足于朱子与阳明二元对峙的立场，双江、念庵与塘南之思想不近于阳明，必近于朱子。此种评价甚为笼统。

就工夫层面而言，双江、念庵与塘南将阳明思想中扩充良知的工夫发展为立体的工夫。此种工夫既是基于阳明学而产生，又上达于宋儒。但是，其在何种层面上类似于朱子学呢？

回到前文所言的阳明学与朱子学之区分在于性体有无自觉的问题。在阳明致良知的两种含义中，推致良知无疑较为明晰地体现了此种自觉，而在扩充良知的理解中，此种自觉的作用体现得不甚明显。

在塘南的思想中，通过肯认本体为灵窍而肯认本体之觉。但是在肯认灵窍的同时，必然要肯认习气之染，同时塘南的思想也表明，若是不加以工夫，本体就隐而不显，不能够判断现实之善恶。就此来看，本体虽有自觉，但是此自觉所能够发挥的对工夫的指导作用非常有限。因此，就本体自身的自觉性而言，如果以自觉之能力为始点，以本体即知即用的自觉的最终呈现为终点的话，那么，塘南的工夫实际上就是这样一个由始而终的过程。而龙溪所肯认的见在良知，实际上就是处于中间，是一种由知而行的趋向力。塘南所言的本心生生之几，在始点处，是一种内心的生发力，由未发指向已发；在终点处，则是本体自觉性的完全呈现，即知即行，即本体即工夫。此可用图示为：

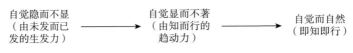

图 5

念庵、双江亦肯认本体所具有明觉能力，但是将其视为一种隐而未发的能力，只有到悟得良知时，此种能力才得以显发。而塘南所言的生发力虽然隐而未显，但其具有从未发到已发的生生之意、生发指向，正是在此意义上，塘南的思想可能要比双江、念庵的思想更为接近于阳明推致意义上的良知之本义。因此，若不区分塘南本体之真实内涵，而仅从其不肯认见在良知就判断其同于念庵、双江，进而言其近于朱子，实有不妥。

从阳明致良知工夫的扩充义来看，所承领之本体之自觉程度由小而大、由弱而强，此是一个良知自觉程度的扩充，而非自觉本身的从隐到显，从无到有。双江、念庵的立体工夫，强调的是自觉能力的从隐到显，而朱子学倡导的立体工夫，强调的是自觉能力的从无到有。在此点上，双江、念庵，虽不类于阳明，亦不类于朱子，而实类于象山。象山主张心即理，但其强调"先立乎其大"的立体工夫，实是使体之自觉由隐而显。

如果将道德修养的过程视为始于立志的过程，那么，工夫所依循的本体，即志向中呈现的本体。在朱子、阳明、双江、念庵、塘南等人的工夫体系中，此种本体存在程度上的差别。朱子以性言志，阳明以见在自觉的良知为志，双江、念庵以自觉隐而不显之本体言志，而塘南以未发指向已发的生发力言志。塘南尝言："此心真宰即是志。"此即体现了本体与志的关系。就此来看，何种承载本体的志对于工夫更具有指导意义，不言自明。正因如此，在难易程度上，朱子的格物之功、双江念庵的归寂之功、塘南的默识之功、阳明的扩充良知之功、阳明的推致良知之功、龙溪的一悟便了之功实际上就是一个由困难走向容易的过程。塘南之本体要比双江、念庵之本体更强调显，但比阳明的良知更强调隐。此是一种具有冲创性的生发力。在此点上，既然双江、念庵不类于朱子，那么塘南之思想必更不类于朱子。

当下有一种观点认为，双江、念庵、塘南类于朱子，其原因在于，一方面，双江、念庵、塘南肯认一个未发本体，意味着其肯认一个未发时段；另一方面，朱子较为明显地肯认一个未发时段。此种理解看似合理，但是经不住推敲。姑且不论朱子的未发时段实非就未发本体而言，念庵、塘南从未肯认未发时段的存在，而双江虽有"未发之时"的表达，但仍是就朱子思虑未起之义而言。肯认未发之体，并不意味着肯认本体未发之时。道德修养的工夫始于志向，途经工夫，达于终点。若有肯认本体未发时段，那么只能是在始点处。但是，在始点处，本体之未发、已发皆是通过"志"来体现，"志"本身即"未达于行"的现实发用。因此，涵于志的本体的已发未发实是就程度而言，并不存在一个独立于"现实发用之志"而存在的悬空本体。双江、念庵、塘南对未发之体的肯认，亦是在志向中的肯认。因此，言其为未发之体或可，言其为本体未发之时段，实不可。

在志向中的本体具有的未发已发程度，恰好可以构成一个由朱子到双江、念庵，再到塘南，最后到阳明、龙溪的序列。在此点上，可以说双江、念庵之类于朱子。若说双江、念庵本身所强调的静坐工夫，有类于朱子思虑之未发时的工夫，此是对静坐的评价，后文再进一步分析。此种静功与本体未发之时段并不相关。若批评肯认思虑未发之时段，那么，阳明对此"思虑之未发"亦有肯认。此在陈来先生即有所言。① 此是对双江、念庵、塘南思想在类于朱子还是类于阳明之间的定位。林月惠认为，"双江用'虚灵知觉'来形容良知之体用，是阳明与朱子之思惟的混合型"，并指出，双江的"虚灵之本体，是良知的同义词，是天命流行之性体"。② 此同样适用于念庵、塘南对本体的理解。此亦是三子之学上承宋儒的体现。

双江、念庵与塘南，在何种程度上游走于阳明与朱子之间，此首先取决于阳明与朱子在何种程度上存在差异。通过前文的分析可知，此是本体所具有的自觉程度之差异。笔者在绪言中尝指出，朱子以觉为用，阳明以觉为体。

思想近于朱子的罗整庵亦尝指出："虚灵知觉，心之妙也，精微纯一，性之真也。释氏之学大抵有见于心，无见于性，其所谓空即虚也，所谓觉即知觉也，觉则神用无方，即灵也，是皆心之灵而岂性之谓哉！"③ 此以"灵""觉"为用的观点与朱子以"觉"为用的观点最为接近。朱子、整庵所强调的"用"属于经验界，而非指本体界。因此，"用"上的"觉"与"体"上的"觉"就没有必然性联系。就此意义看，朱子、整庵所理

---

① 参见陈来《有无之境——王阳明哲学的精神》，人民出版社1991年版，第65—69页。
② 林月惠：《良知学的转折——聂双江与罗念庵思想之研究》，台湾大学出版中心2005年版，第564页。
③ 王时槐：《罗钦顺传》，载王时槐纂，余之桢修《吉安府志》卷二十四"理学传"，书目文献出版社1991年版，第354页。

解的本体实无觉。

另外，整庵尝言："近世道学之昌，白沙不为无力。而学术之误，亦恐自白沙始。至无而动，至近而神，此白沙自得之妙也。彼徒见夫至神者，遂以为道在是矣，而深之不能极，几之不能研，其病在此。"① 此表明了略早于整庵的白沙之学，有强调以"至无而动，至近而神"为本体的倾向。白沙强调"静中养出端倪"，此仍是就立体之工夫而言。白沙尝言："以圣贤之心，廓然若无，感而后应，不感则不应。又不特圣贤如此，人心本体皆一般，只要养之以静，便自开大。"② 白沙在象山心即理的基础之上，强调静养立体的工夫。白沙亦尝言及"觉"。白沙言："人争一个觉，才觉便我大而物小，物尽而我无尽。"③ 白沙又言："学无难易，在人自觉耳。才觉退，便是进也。才觉病，便自药也。"④ 由此来看，白沙之学实是通过静养之工夫来体得"端倪"，即"人心本体"之自觉。"觉"实是体得之后的境界。

在此，不妨以本体的自觉程度，即以觉从朱子之"用"转为阳明之"体"之趋向为纵坐标，以时间跨度为横坐标，作图如下：

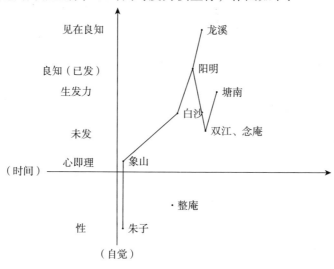

图 6

① 黄宗羲：《明儒学案》（上），中华书局 1985 年版，第 79 页。
② 黄宗羲：《明儒学案》（上），中华书局 1985 年版，第 84 页。
③ 黄宗羲：《明儒学案》（上），中华书局 1985 年版，第 85 页。
④ 黄宗羲：《明儒学案》（上），中华书局 1985 年版，第 87 页。

由图 6 来看，如果说双江、念庵只是肯认本体只隐不显的自觉，那么，与此相比，白沙更为强调本体自觉的重要。而塘南则将此自觉转化为本体自身的冲创力、生发力，比白沙更近于良知本身所具的见在性。另外，整庵虽在性、心的区分上同于朱子，但是其对理气关系的理解实有强调"就气认理"①、"理气一致"②的倾向，融通来看，其对本体的理解要比朱子稍肯认本体自身的活动性指向，显示出由朱子走向阳明的义理过渡性。因此，此图置整庵于朱子之性与象山之"心即理"之间，偏于朱子。在此图中，与阳明相比，言双江、念庵、塘南近于朱子，不若言其近于象山、白沙。塘南对宋明儒思想之融贯，实际上亦是指在其性与见在良知之间，基本处于中间偏上之状态。此是就本体而言。

就工夫而言，有一种观点认为，双江、念庵与塘南皆强调静的工夫，在此点上实承延平一脉。就静功本身而言，前文对此已作肯认，但就涵养未发的具体内涵而言，前文已经作了区别：塘南以涵养未发为彻悟本原的究竟工夫，具有立大体之性质；延平以涵养未发为持守工夫，具有达大用之性质。但是若将立体与达用皆融通为体之自觉性的呈显，那么，或可以说，双江、念庵、塘南偏于以静功来显，阳明、龙溪则偏于动功，用牟宗三之语来言，即"超越"与"内在"的区别。但是，值得注意的是强调静功的塘南并不否认动功，强调动功的阳明亦不否认静功。因此，动静之区别并不是问题的关键所在。

问题的关键在于以"志"的形式表达出来的本体本身从未发趋向已发的程度。此即上文图式中纵坐标由下而上所表明的内容。因此，若从动静之别对阳明后学进行归类，那么就必然无视静坐本身的立体达用之别。静坐实是肯认后天形气具有方便本体呈露或持守的最佳状态。就达用而言，静坐是持守的工夫。就立体而言，静坐是由修而悟，从而使本体由隐而显的工夫。本体之隐只是肯认一个未发本体。此在阳明、龙溪实亦有肯定，只不过不以此为工夫的立足点。双江、念庵、塘南以此为立足点。此立足点是通过"志向"呈示，而经过保持内心廓然大公的静坐工夫，使得本体由隐而为显。同样是静坐，可为修持，可为悟显。此在阳明后学中实截然

① 张学智：《明代哲学史》，北京大学出版社 2000 年版，第 319—324 页。
② 蔡家和：《罗整庵哲学思想研究》，台湾"中央大学"博士学位论文，2005 年。

有别。因此，对于静坐的判定，只有在联系阳明后学立体与达用的工夫之分别时，才具有意义。

以上是通过对塘南思想特色的概括与分析，形成塘南思想在宋明儒中的定位。总体来看，塘南之思想是介于朱子与阳明之间，更近于象山。细析来看，塘南之学介于白沙与阳明之间。

有趣的是塘南对宋明儒尝有多种评价，其言曰："孔颜之学，千载而下，惟程伯子直接其正脉。此外，有宋及我朝诸名儒皆得孔门之支派者。"① 又言曰："孔门绝学，至程门始大明，宋末渐晦，阳明先生思救其支离之弊，稍辨正之，实则非有异于程门也。"② 其又曰："宋儒之学，虽未大明，而皆卓然，足以名世，且传远而人信者，以其践履端方，不少玷缺也……"③ 又曰："本朝白沙、阳明两先生，学脉虽稍不同，然于道皆卓然独悟，挽末学之支离，而扶乾坤于再造，可谓有大功于圣门矣。"④

总体上，"程伯子直接其正脉"一语表明塘南对大程评价较高，唐鹤徵于此语之后有评语为："此至言也，先生其正脉乎！"⑤ 因此，言塘南上承大程，实不为过。在塘南所言"有宋及我朝诸名儒皆孔门之支派者"一语之后，唐鹤徵亦有评语为："未深察晦庵、敬轩二先生也。"⑥ 此体现了唐氏自身的为学立场。

塘南不仅上承大程，而且还深受白沙、阳明思想的影响。唐鹤徵言："先生又以先儒所著论学之书皆出其所自得，一一购求庄诵，择而行之，乃读《白沙先生集》，尤觉有契于心，以为后学但遵白沙之学而入，庶乎其不差矣。"⑦ 塘南对白沙与阳明之学亦多有肯定。塘南尝指出，白沙、阳明学脉之"稍不同"，主要表现为阳明之学"悟性以御气"，白沙之学

---

① 唐鹤徵：《宪世编》卷六《塘南王先生》，《四库全书存目丛书》（子部），第12册，第844页。

② 《友庆堂合稿》卷六《西原会规十七条》。

③ 《友庆堂合稿》卷四《三益轩会语》。

④ 《友庆堂合稿》卷四《三益轩会语》。

⑤ 唐鹤徵：《宪世编》卷六《塘南王先生》，《四库全书存目丛书》（子部），第12册，第844页。

⑥ 唐鹤徵：《宪世编》卷六《塘南王先生》，《四库全书存目丛书》（子部），第12册，第844页。

⑦ 唐鹤徵：《宪世编》卷六《塘南王先生》，《四库全书存目丛书》（子部），第12册，第828页。

"养气以契性", 两者"学所从入"不同。① 塘南的工夫论框架强调先悟后修, 先默识后敬存, 而融通先修后悟, 亦体现了其对阳明、白沙之学所作的融通。就此来看, 言塘南之学"介于白沙与阳明之间", 实不至大谬。

由此再来反观"绪论"中所提及的后人对塘南之评价。此种评价实分两派, 一是塘南思想出阳明之外, 如四库馆臣认为其"不尽主姚江", 高攀龙认为其"实则象山之派"; 二是塘南思想实是阳明之嫡传, 胡煦认为, "阳明之传, 唯王时槐最得圣道之精", 袁中道则认为塘南之学, 悟圆而形方, 相对于阳明之学而言, "实为嫡派"。由此来看, 明末清初对塘南思想的两个方面的评价, 实际就已经显示出对塘南思想进行派别划分的复杂性。

在此不妨回应一下当下阳明后学研究中所提及的派别划分的问题, 并对塘南之思想派别作一澄清。

就对见在良知的肯定与否, 以及强调立体工夫的方式上, 塘南无疑更类于双江、念庵。在此点上, 冈田武彦将塘南、双江、念庵归为一派, 甚为公允, 但是以"归寂"命名此一派别, 实有以偏概全之嫌, 可以言其为"彻悟本体"派。之所以对塘南作这样的归类, 实是以阳明一传弟子是否肯认见在良知为本体为前提。实际上, 阳明的良知、龙溪的见在良知, 皆是上承孟子四端之心而提出。但是有所不同的是孟子的工夫强调扩充四端, 而阳明致良知工夫则具扩充、推致之两义, 从而与孟子的思想有所偏离。而龙溪的见在良知, 更是一悟便了, 将道德修养的工夫归之于与根器极具相关性的悟, 此重悟不重修的思想难免偏禅。在此意义上, 塘南肯认四端, 但是四端只是良知的现实发用, 且是合于本然的发用, 但并非良知本然发用自身。工夫实是由此入手而悟得本然之发用 (见在的本体), 如此才为立体。立体即体于现实经验界而挺立之义。立体工夫具有"悟"的性质乃为关键。

在不肯认见在良知为本体这一点上, 塘南、双江、念庵如出一辙。但是在对本体的悟得上, 塘南与双江、念庵实有不同。双江、念庵强调主于未发, 悟得未发, 此与龙溪强调见在良知为已发构成两个极端。而塘南强调所悟本体实是未发已发之合一, 体用之一如。与双江、念庵相比, 塘南

---

① 《友庆堂合稿》卷四《三益轩会语》。

开拓了一个本体由未发而指向已发的生发力之层面。正是在此意义上，塘南认为念庵于良知之外强调未发是"头上安头"①。因为良知本身就是体用之合一。但是与龙溪以见在良知、现实发用言本体又不相同，塘南所言的本体终究属于未发层面。由此来看，塘南虽归为双江、念庵主于未发之一派，其对双江、念庵之思想有继承，亦有改造；同样对龙溪之思想亦有继承与改造。就此点而言，塘南思想又集阳明后学之大成，从而表现出派别上的模糊性。

尽管塘南之思想有其派别上的模糊性，但是并不意味着对塘南可以冠以各种派别。如以塘南为主敬派、为研几派等，皆不足于代表塘南的基本派别倾向。塘南主于未发，此乃即存在即流行、生而不有的生发力，在此点上，与朱子只存有运行而无心体活动、只存有而无自觉的未发之性不同。因此，以双江、念庵、塘南为偏于朱子学而不契阳明学之评判，实亦不确。因为只存有而不活动，只适用于对朱子性体思想的评判。继阳明之后，无论双江、念庵还是塘南，皆是认同一个寂感一如、已发未发一如之本体。所不同的只是归结点：双江、念庵归为寂、龙溪归为感。就此而言，塘南只是归于寂感之外的第三条道路，即偏向于寂，但同时又具有不同于现实发用的本然运行层面。此是塘南之学不属阳明学之外的原因之一。

另外，塘南之思想基于阳明思想本具的立体工夫、致良知以达用以及在达用工夫上所存在的推致与扩充之别。在阳明后学中，工夫有立体达用之两极，而塘南先默识后敬存、先悟后修的工夫论体系对此两极有所兼容，此是继双江、念庵之后，直承阳明思想之势头。就此来看，塘南思想要比双江、念庵之思想更近于阳明之学。当然，塘南敬存以致用的工夫有一个摄末归本的收敛工夫，此处的"归"体现了后天达于先天的"悟"的色彩，此与阳明由源而流的扩充实际上亦有不同。此亦须细察。

以上是对塘南派别归属问题的探讨。就塘南本人对理学史的理解而言，其尝指出：

> 承谕"朱子之格物与阳明先生之见，稍有内外之不同"，某于此究心久矣。盖朱子之说，本于程子。程子以穷至物理为格物，性即理

---

① 《友庆堂合稿》卷四《三益轩会语》。

也，性无内外，理无内外，即吾之知识念虑，与天地、日月、山河、草木、鸟兽，皆物也。皆物则皆性也，皆理也。天下无性外之物，无理外之物，故穷此理至于物，物皆一理之贯彻，则充塞宇宙，绵亘古今，总之一理而已矣。此之谓穷理尽性之学，此其义不亦甚精乎？此与阳明先生致良知之旨又何异乎？盖自此理之昭明而言，谓之良知，良知非情识之谓，即程门所谓理也、性也。良知贯彻于天地万物，不可以内外言也。通乎此，则朱子之格物非逐外，而阳明先生之说非专内，明矣。故曰朱子与阳明先生之说实相通贯者，此也。但朱子之说，欲人究彻弥宇宙、亘古今之一理，在初学遽难下手，故教以姑从读书而入，即事察理，以渐而融会之。后学不悟，遂不免寻枝摘叶，零碎支离，多歧亡羊而不知止，则是徒逐物而不达理，其失程朱之本旨远矣。故阳明先生以学为求诸心而救正之，可谓有大功于世，而后学又不悟也，复以心为在内而物为在外，且谓"理只在心，不在物"，殊不知心无内外，物无内外，徒执内而遗外，又失阳明先生之本旨也。程伯子谓"与后学言，如扶醉人，救得一边，倒了一边"，信矣。①

塘南认为，朱子学与阳明学本相通贯。朱子本诸程子，而强调性即理，但是朱子后学不解朱子本意而致时弊；阳明为反朱子学之流弊而提出心即理，其后学又因此而是内非外，形成倒向另外一边之流弊。由此可以看出，塘南实是强调理学史上义理本身所具有的贯通性以及立言上所具有的反时弊之特征。在塘南看来，反时弊之需与义理之需实相统一，此亦是塘南本身立言的基本立场。正基于此，过分强调阳明、朱子本身的分判并以此判塘南，似乎并不符合塘南自身的逻辑。塘南对理学史的融通的理解，似持有儒学发展"一系说"②之主张。当然，此并不妨碍当前学者——包括对理学史持有"二系说""三系说"③的学者，对塘南思想作

---

① 《友庆堂合稿》卷二《答杨晋山》辛丑（1601）。
② "一系说"乃借劳思光的讲法，参见劳思光《新编中国哲学史》卷三（上），广西师范大学出版社2005年版，第35页。塘南"一系说"不仅体现其对理学史之理解上，而且还体现在其用"几"与"收敛"来会通儒学史之过程中。
③ 参见劳思光《新编中国哲学史》卷三（上），广西师范大学出版社2005年版，第31—35页。

派别划分，问题的关键在于此种划分须以个案研究为基础，而不是相反。此亦是笔者在结论部分探讨塘南派别归属之缘由所在。

在此还须提及的是塘南的为学宗旨问题。明人讲学，好言宗旨。塘南本人亦尝指出，为学立言"只于紧要处揭示其端"①，"提宗示的"②。综合塘南的思想来看，主于未发、彻悟本原，此是塘南为学的一大宗旨，就此意义而言，黄宗羲以塘南思想为"透性为宗"实亦不谬。但是塘南先默识后敬存、先悟后修的工夫论系统并未为塘南以后的学者所提及。而正是这一系统，上承大程，下启东林③，从而形成塘南思想极具特色的环节。

黄宗羲认为，塘南之学的特色在于强调"学从收敛入，方能入微"，其为学宗旨为"透性为宗，研几为学"④，黄氏无疑提揭了塘南为学特色的关键词，"收敛""入微""透性""研几"，并指出了塘南为学的工夫论原则，但是塘南工夫论的基本框架，黄氏未尝言及。倒是与塘南同时代的唐鹤徵指出："……以故先生之学，见之甚确，诣之甚深，悟此心之生理为仁，因悟此心之虚体为生，持之以收敛退藏，以裕其生生不已之机；征之伦物应感，以证其生生不已之用。"⑤ 唐氏虽未明言塘南彻悟本体的工夫论原则⑥，但是其对塘南先悟本体，后以收敛退藏持守本体的思想有所揭示，此恰是对塘南先悟后修、先默识后敬存、先研几后收敛的工夫论框架的暗示。

在阳明后学中，无论透性，还是研几、收敛，皆有立体与达用两种不

---

① 《友庆堂合稿》卷一《答陈蒙山》丁酉（1597）。

② 《友庆堂合稿》卷二《答徐鲁源》。

③ 塘南思想"下启东林"主要体现为：其一是分主东林讲席的钱一本，其学"得之王塘南者居多"。[黄宗羲：《明儒学案》（下），中华书局1985年版，第1436页。] 其二是塘南思想对东林主讲顾宪成、高攀龙有所影响。此种影响实与塘南对"无善无恶"的理解相关。塘南理解无善无恶有正反两解。其反解为："'心意知物皆无善无恶'，此语殊未稳。学者以虚见为实悟，又依凭此语，如服鸩毒，未有不杀人者。"（《友庆堂合稿》卷四《三益轩会语》。）其正解为："本心不可以形容拟议得，即《中庸》无声臭之旨，非禅家话头也。"（《友庆堂合稿》卷二《答吴安节公二首》。）"阳明先生言'无善无恶心之体'，盖言性也……"（《友庆堂合稿》卷四《潜思札记》）"……盖性中本无恶，即善亦无声臭，不得以有善名之也。善不可名，乃为至善。先儒谓，孟子性善之说不与恶对，是矣。性善而曰无善，即太极本无极之旨。"（《友庆堂合稿》卷四《潜思札记》。）

④ 黄宗羲：《明儒学案》（上），中华书局1985年版，第468页。

⑤ 唐鹤徵：《宪世编》卷六《塘南王先生》，《四库全书存目丛书》（子部），第12册，第845页。

⑥ 后文提及唐氏对这一原则或有所暗示。

同取向的辩论。因此，塘南为学特色并不在于是否强调透性、强调研几与收敛，而是其以透性为指向，建构了先默识后敬存、先悟后修的工夫论框架，并将研几归为默识工夫、将收敛归为敬存工夫，从而形成了一个极为完整、极具特色的工夫论系统。此恰是唐氏与黄氏对塘南思想的评价合而为一所呈现的内容。不仅如此，唐氏还评价塘南思想为："先儒未发之妙义，殆有过详而无复遗漏者矣。"① 此当是唐氏对塘南"彻悟本原"的工夫论原则的一大暗示，更是对塘南"主于未发"宗旨融会贯通程朱陆王的一大暗示。②

以上是基于宋明理学特别是阳明后学背景的塘南思想之评析，调适之遍在是其最大的特色。由此特色，亦可展望阳明后学之研究向度。

阳明后学围绕见在良知的肯认与否而展开，此在阳明一传弟子特别是龙溪与江右双江、念庵的争辩中表现得异常明显。而站在龙溪一派的实还有欧阳南野与陈明水。南野"独知"是对见在良知的肯认，而明水关于几的理解的最终定型，亦是以几由念头初发转化为见在良知为标志。此是就本体而言，若用已发未发之关系来看，阳明后学皆肯认本体是未发已发为一之本体。但其不同在于，肯认见在良知派是将此"未发已发"一源于"已发"，否认见在良知派是将此"未发已发"一源于"未发"。另有一种观点，是对以上良知学的调适，主要以塘南为代表，已发未发一源于"生而不有"的生发力。此是本体之辩，与此相关的是几、知、独的关系。

在此基础上，阳明后学中的工夫之辩不断展开。本体理解的三种方向，直接导致了阳明后学工夫之辩的三种指向。肯认见在良知派，则强调达用之工夫，而否认见在良知派，则强调立体的工夫。另外一种即以塘南为代表的调适派，强调先立体后达用的工夫。与此相关的讨论主要有研几之辩、悟修之辩、戒惧慎独之辩、收敛之辩、致知之辩等。以达用工夫所具有的推致与扩充两个向度来看，此又构成了争辩。如明水与龙溪在工夫上实又有不同。在立体的工夫上，又有着人之根器与入手工夫的差别，特别是入手工夫还涉及三教之辩的问题，此则又形成了争辩。此即纷繁多样

---

① 唐鹤徵：《宪世编》卷六《塘南王先生》，《四库全书存目丛书》（子部），第 12 册，第 845 页。

② 张学智言："王时槐是个调和程朱陆王二大派的心学家。这种调和是明代后期王阳明再传弟子中出现的新动向。"（张学智：《明代哲学史》，北京大学出版社 2000 年版，第 209 页。）

的阳明后学得以生成的义理线索之所在，而其基源在于对"见在良知"的肯认与否。

与阳明后学中的收敛之辩相关的是克己之辩。此在前文分析收敛作为"负的讲法"时已经有所涉及，在此作进一步深入。阳明后学的克己之辩围绕"见在良知"而展开，所涉及的人物与范围亦非常之广泛。

罗近溪在《谏许敬庵郡守》中言："前蒙我公祖见谕：往时'克己'之教不以为定，必欲改从旧解，鄙心闻之，殊为伤切，尤重珍惜。"① 近溪在《报许敬庵京兆》中言："公祖与不肖共话三年，只是克己'己'字两人稍合，后竟为邓潜谷所决裂，殊不知'己'字一裂，则遍地荆榛，令人何处安身而立命也？所幸潜谷今已少转，独公祖不得一会，故中心甚是悬切。"②

对于许敬庵的为学倾向，黄宗羲尝言："先生之学，以克己为要。"敬庵言："人心本具此生理，名之曰仁。此理不属血气，不落形骸，故直云'克己'。己私一克，天理具存，视听言动，各有当然之则，故云'复礼'。"③ 敬庵"克己"之义为克去己私，近于念庵之意。

念庵克去己私、近溪任由自己、塘南的修己以敬实体现了阳明后学克己之辩的三种取向。在此，可以将克己之辩视为阳明后学"见在良知"之辩的一个子辩题。但是，考虑到克己之辩所具有的广泛影响——其不仅在阳明一传弟子中存在，还涉及其后的二传、三传，甚至涉及非王门的众多学者，实可视"克己"为继"见在良知"之后的又一为学争辩的基源问题。从"见在良知"到"克己"之"己"，其间的关系，又将衍生出更多的视角，联系着身与心、己与人、内圣与外王……此乃良知学的再调适，非本作所能穷尽。就此搁笔，寄望于来日。

---

① 罗汝芳：《谏许敬庵郡守》，《罗汝芳集》，凤凰出版社 2007 年版，第 666 页。
② 罗汝芳：《报许敬庵京兆》，《罗汝芳集》，凤凰出版社 2007 年版，第 669 页。
③ 黄宗羲：《明儒学案》（下），中华书局 1985 年版，第 977 页。

参考文献

1. 古典文献

王弼、韩康伯注，孔颖达疏：《周易注疏》，《四库全书》（经部），第7册。

王弼注，孔颖达疏：《周易正义》，《传世藏书》，经库，第1册。

周敦颐：《周敦颐集》，《传世藏书》，子库，第2册。

张载：《张载集》，中华书局1978年版。

邵雍：《皇极经世》，九州出版社2003年版。

二程：《二程集》，中华书局2004年版。

胡宏：《知言》，《四库全书》（子部），第703册。

朱熹：《朱子全书》，上海古籍出版社、安徽教育出版社2002年版。

朱熹：《近思录》，广陵古籍刻印社1990年版。

朱熹编：《延平答问》，《近世汉籍丛刊思想初编本》第6册，京都中文出版社1985年版。

陆九渊：《陆九渊集》，中华书局1980年版。

胡居仁：《居业录》，《四库全书》（子部），第714册。

陈献章：《陈献章集》，中华书局1987年版。

罗钦顺：《整庵存稿》，上海古籍出版社1991年版。

罗钦顺：《困知记》，中华书局1990年版。

湛若水：《湛甘泉先生文集》，《四库全书存目丛书》（集部），第56—57册。

王守仁：《王阳明全集》，上海古籍出版社1992年版。

王畿：《王畿集》，凤凰出版社2007年版。

李中：《谷平先生文集》，《四库全书存目丛书》，集部，第 71 册。

邹守益：《东廓邹先生文集》，《四库全书存目丛书》，集部，第 65—66 册。

邹守益：《邹守益集》，凤凰出版社 2007 年版。

徐爱、钱德洪、董澐：《徐爱、钱德洪、董澐集》，凤凰出版社 2007 年版。

欧阳德：《欧阳德集》，凤凰出版社 2007 年版。

聂豹：《聂豹集》，凤凰出版社 2007 年版。

陈九川：《明水陈先生文集》，《四库全书存目丛书》，集部，第 72 册。

罗洪先：《罗洪先集》，凤凰出版社 2007 年版。

罗洪先撰、王时槐删订：《念庵罗先生文要》，上海图书馆藏万历三十一年吴达可序刻本，国家图书馆馆藏《念庵罗先生文要》（缩微胶片）六卷。

罗汝芳：《罗汝芳集》，凤凰出版社 2007 年版。

刘元卿：《刘聘君全集》，《四库全书存目丛书》，集部，第 154 册。

刘元卿：《诸儒学案》，《四库全书存目丛书》，子部，第 12 册。

王时槐：《友庆堂存稿》，湖北省图书馆藏明万历三十八年刻本。

王时槐：《友庆堂合稿》，清华大学图书馆藏清光绪三十三年重刻本。

王时槐：《王塘南先生自考录》，江西省图书馆藏民国初年重刻本。

王时槐纂，余之桢修：《吉安府志》（日本藏明万历十三年刊本），书目文献出版社 1991 年版。

王时槐辑：《广仁类编》，江西图书馆藏清宣统二年刊本。

万廷言：《学易斋集》，国家图书馆藏明万历刻本。

胡直：《衡庐精舍藏稿》，《四库全书》（集部），第 1287 册。

李材：《正学堂集》，民国元年丰城李希泌刻本。

唐鹤徵：《宪世编》，《四库全书存目丛书》（子部），第 12 册。

邓以赞：《邓定宇先生文集》，《四库全书存目丛书》（集部），第 156 册。

邹德涵：《邹聚所先生文集》，《四库全书存目丛书》（集部），第 157 册。

邹元标：《愿学集》，《四库全书》（集部），第 1294 册。

王艮：《王心斋先生全集》，日本嘉永元年和刻本。

王襞：《东崖王先生遗集》，《四库全书存目丛书》（集部），第146 册。

王栋：《一庵王先生遗集》，《四库全书存目丛书》（子部），第 10 册。

罗汝芳：《罗近溪先生全集》，《四库全书存目丛书》（集部），第129—130 册。

曹胤儒辑：《盱坛直诠》，台湾广文书局 1991 年版。

颜均：《颜均集》，中国社会科学出版社 1996 年版。

何心隐：《何心隐集》，中华书局 1960 年版。

耿定向：《耿天台先生文集》，《四库全书存目丛书》（集部），第131 册。

焦竑：《国朝献征录》，《续修四库全书》（史部），第 525—531 册。

袁中道：《珂雪斋前集》，《续修四库全书》（集部），第 1375—1376 册。

管志道：《问辨牍》《续问辨牍》，《四库全书存目丛书》（子部），第88 册。

许孚远：《敬和堂集》，《四库全书存目丛书本》（集部），第 136 册。

顾宪成：《顾端文公遗书》（附年谱），《四库全书存目丛书》（子部），第 14 册。

顾允成：《小辨斋偶存》，《四库全书》（集部），第 1292 册。

高攀龙：《高子遗书》，《四库全书》（集部），第 1292 册。

孙奇逢：《理学宗传》，山东友谊书社 1989 年版。

周汝登：《圣学宗传》，山东友谊书社 1989 年版。

万斯同：《儒林宗派》，台湾商务印书馆 1969 年版。

李颙：《二曲集》，中华书局 1996 年版。

刘宗周：《刘宗周全集》，浙江古籍出版社 2007 年版。

黄宗羲原著，全祖望补修：《宋元学案》，中华书局 1986 年版。

黄宗羲：《明儒学案》，中华书局 1985 年版。

沈佳：《明儒言行录》，《四库全书》（史部），第 458 册。

王吉辑：《复真书院志》十卷，国家图书馆藏清康熙三十二年刊本。

何乔远：《名山藏》，广陵古籍刻印社 1993 年版。

张廷玉等：《明史》，中华书局 1974 年版。

黄虞稷：《千顷堂书目 附索引》，上海古籍出版社 2001 年版。

唐鉴：《清学案小识》，商务印书馆 1935 年版。

段玉裁：《说文解字注》，江苏广陵古籍刻印社 1997 年版。

纪昀等撰：《四库全书总目提要》，河北人民出版社 2000 年版。

谢旻等监修：《江西通志》卷七十九、卷一百三十三、卷一百三十九，《四库全书》（史部），第 515、517、518 册。

康有为：《康有为学术著作选》，中华书局 1988 年版。

梁启超：《节本明儒学案》，商务印书馆 1925 年版。

2. 著作（按姓氏音序排列）

鲍世斌：《明代王学研究》，巴蜀书社 2004 年版。

蔡仁厚：《宋明理学》，台湾学生书局 1980 年版。

蔡仁厚：《王学流衍——江右王门思想研究》，人民出版社 2006 年版。

陈来：《有无之境——王阳明哲学的精神》，人民出版社 1991 年版。

陈来：《朱子哲学研究》，华东师范大学出版社 2000 年版。

陈来：《现代中国哲学的追寻》，人民出版社 2001 年版。

陈来：《宋明理学》，华东师范大学出版社 2003 年版。

陈来：《中国近现代思想史研究》，商务印书馆 2003 年版。

陈来：《诠释与重建——王船山的哲学精神》，北京大学出版社 2004 年版。

陈荣捷：《王阳明传习录详注集评》，台湾学生书局 1983 年版。

陈荣捷：《朱子新探索》，台湾学生书局 1988 年版。

陈荣捷：《宋明理学之概念与历史》，"中研院"中国文哲研究筹备处 1996 年版。

陈荣捷：《王阳明与禅》，台湾学生书局 1984 年版。

成中英：《合内外之道——儒家哲学论》，中国社会科学出版社 2001 年版。

邓艾民：《朱熹王守仁哲学研究》，华东师范大学出版社 1989 年版。

邓志峰：《王学与晚明的师道复兴运动》，社会科学文献出版社 2004 年版。

杜维明：《儒学思想新论——创造性转化的自我》，江苏人民出版社1991年版。

杜维明：《道、学、政——论儒家知识分子》，上海人民出版社2000年版。

冯达文：《宋明新儒学略论》，广东人民出版社1997年版。

冯友兰：《中国哲学史》（上下册），华东师范大学出版社2000年版。

冯友兰：《中国哲学史简编》，北京大学出版社1996年版。

冯友兰：《中国哲学史新编》，人民出版社1986年版。

冯契：《中国古代哲学的逻辑发展》，上海人民出版社1983年版。

葛兆光：《中国思想史》（第二卷），复旦大学出版社2001年版。

何冠彪：《明末清初学术思想研究》，台湾学生书局1991年版。

何俊：《西学与晚明思想的裂变》，上海人民出版社1998年版。

侯外庐等主编：《宋明理学史》（上下），人民出版社1984年版。

黄仁宇：《万历十五年》，生活·读书·新知三联书店1997年版。

嵇文甫：《晚明思想史论》，东方出版社1996年版。

贾顺先：《宋明理学新探》，四川人民出版社1987年版。

蒋维乔、杨大膺编：《宋明理学纲要》，中华书局1936年版。

劳思光：《新编中国哲学史》，广西师范大学出版社2005年版。

李材栋：《江西古代书院研究》，江西教育出版社1993年版。

李霞：《道家与中国哲学》（明清卷），人民出版社2004年版。

李霞：《生死智慧——道家生命观研究》，人民出版社2004年版。

李泽厚：《中国思想史论》，安徽文艺出版社1999年版。

李泽厚：《李泽厚哲学文序》，安徽文艺出版社1999年版。

李纪祥：《两宋以来大学改本之研究》，台湾学生书局1988年版。

林继平：《明学探微》，台湾商务印书馆1984年版。

林继平：《宋学探微》，台湾兰台出版社2002年版。

林安悟：《人文学方法论：诠释的存有学探源》，台湾读册文化事业有限公司2003年版。

林国平：《林兆恩与三一教》，福建人民出版社1992年版。

林月惠：《良知学的转折——聂双江与罗念庵思想之研究》，台湾大学出版中心2005年版。

刘述先：《理一分殊》，上海文艺出版社2000年版。

罗永吉：《良知与佛性——阳明心学与真常佛性之比较研究》，台湾万卷楼图书股份有限公司2006年版。

罗光：《儒家形上学》，台湾学生书局1990年版。

吕澂：《中国佛学源流略讲》，中华书局1979年版。

吕妙芬：《阳明学士人社群——历史、思想与实践》，"中研院"近代史研究所2003年版。

蒙培元：《理学的演变》，福建人民出版社1984年版。

孟森：《明清史讲义》，中华书局1981年版。

牟宗三：《从陆象山到刘蕺山》，上海古籍出版社2001年版。

牟宗三：《心体与性体》，上海古籍出版社1999年版。

钱明：《阳明学的形成与发展》，江苏古籍出版社2002年版。

钱明主编：《阳明学新探》，中国美术学院出版社2002年版。

钱穆：《中国思想史论丛》（七），安徽教育出版社2004年版。

钱穆：《宋明理学概述》，台湾兰台出版社2001年版。

钱穆：《中国近三百年学术史》，商务印书馆1997年版。

彭国翔：《良知学的展开——王龙溪与中晚明的阳明学》，生活·读书·新知三联书店2005年版。

彭国翔：《儒家传统：宗教与人文主义之间》，北京大学出版社2007年版。

任文利：《心学的形上学问题探本》，中州古籍出版社2005年版。

容肇祖：《明代思想史》，齐鲁书社1992年版。

沈善洪、王凤贤：《王阳明哲学研究》，浙江人民出版社1981年版。

释圣严：《明末中国佛教之研究》，台湾学生书局1988年版。

谭丕谟：《宋元明思想史纲》，开明书店1936年版。

汤用彤：《汉魏两晋南北朝佛教史》，商务印书馆1938年版。

汤一介等编：《百年中国哲学经典：八十年代以来卷》，海天出版社1998年版。

唐君毅：《中国哲学原论》（原教篇），台湾学生书局1990年版。

唐君毅：《生命存在与心灵境界》（上册），台湾学生书局1986年版。

唐君毅：《中国哲学原论》（原性篇），台湾学生书局2006年版。

王治心：《中国宗教思想史大纲》，东方出版社 1996 年版。

王汎森：《晚明清初思想十论》，复旦大学出版社 2004 年版。

王先顺主编，王复先总纂：《金溪王氏族谱》（未出版），2005 年第 10 次编修。

韦政通：《中国思想史》，上海书店出版社 2003 年版。

吴光主编：《阳明学研究》（中华文研究集刊之二），上海古籍出版社 2000 年版。

吴震：《聂豹　罗洪先评传》，南京大学出版社 2001 年版。

吴震：《阳明后学研究》，上海人民出版社 2003 年版。

吴震：《明代知识界讲学活动系年：1522—1602》，学林出版社 2003 年版。

吴宣德：《江右王学与明中后期江西教育发展》，江西教育出版社 1996 年版。

熊十力：《体用论》，中华书局 1994 年版。

熊琬：《宋代理学与佛学之探讨》，台湾文津出版社 2005 年版。

杨国荣：《王学通论——从王阳明到熊十力》，上海三联书店 1990 年版。

杨国荣：《心学之思——王阳明哲学的阐释》，贵州民族出版社 1999 年版。

杨祖汉：《当代儒学思辨录》，台湾鹅湖出版社 1998 年版。

杨祖汉：《儒家的心学传统》，台湾文津出版社 1992 年版。

印顺：《中国禅宗史》，上海书店 1992 年版。

余重耀辑：《阳明先生传纂　附阳明弟子传纂》，中华书局 1928 年版。

余英时：《士与中国文化》，上海人民出版社 1987 年版。

余英时：《中国思想传统的现代诠释》，江苏人民出版社 1995 年版。

余英时：《现代儒学论》，上海人民出版社 1995 年版。

章太炎：《章太炎学术论著》，浙江人民出版社 1988 年版。

张岱年：《中国哲学大纲》，中国社会科学出版社 2004 年版。

张学智：《明代哲学史》，北京大学出版社 2000 年版。

张学智：《心学论集》，中国社会科学出版社 2006 年版。

郑志明：《明代三一教主研究》，台湾学生书局 1988 年版。

郑晓江主编：《江右思想家研究》，中国社会科学出版社 2003 年版。

周晋：《道学与佛教》，北京大学出版社 1999 年版。

左东岭：《王学与中晚明士人心态》，人民文学出版社 2000 年版。

〔日〕岛田虔次：《朱子学与阳明学》，蒋国保译，陕西师范大学出版社 1986 年版。

〔日〕冈田武彦：《王阳明与明末儒学》，吴光、钱明、屠承先译，上海古籍出版社 2000 年版。

〔日〕沟口雄三：《中国前近代思想的演变》，索介然、龚颖译，中华书局 1997 年版。

3. 期刊论文

葛荃：《晚明思想研究述评》（以阳明学发展为线索），（日本）《中国史学》第七卷，1997 年。

戢斗勇：《略论王时槐的性本论》，《江西社会科学》1990 年第 6 期。

钱明：《王学流派的演变及其异同》，《孔子研究》1987 年第 4 期。

任大援：《晚明学者王时槐思想初探》，《孔子研究》1987 年第 4 期。

王凤贤、丁国顺：《"工夫即本体"命题的形成及其时代意义》，《孔子研究》1995 年第 4 期。

徐圣心：《船山〈论语〉诠释之"应病予药"喻辩——兼及方以智药病喻》，载于《台湾第三届"中国文哲之当代诠释"学术研讨会会前论文集》，2007 年。

杨国荣：《作为本体的良知及其多重意蕴》，《孔子研究》1997 年第 1 期。

张学智：《王时槐的透性研几说》，《中国哲学史》1997 年第 3 期。

〔日〕冈田武彦：《明代的文化与思想论纲》，吴光等译，《孔子研究》1991 年第 2 期。

4. 博硕士论文

蔡家和：《罗整庵哲学思想研究》，台湾"中央大学"博士学位论文，2005 年。

蔡世昌：《罗近溪哲学思想研究》，北京大学哲学系博士学位论文，

2004 年。

　　金演辛：《宋明理学和心学派的易学与道德形上学》，北京大学哲学系博士学位论文，2003 年。

　　张卫红：《罗念庵思想研究——以致知工夫为中心的生命历程与思想世界》，中山大学博士学位论文，2006 年。

　　朱湘钰：《平实道中启新局——江右三子良知学研究》，台湾师范大学博士学位论文，2006 年。

后　记

　　万物皆在调适中，本书亦由博士学位论文修改调适而来。在 2008 年 5 月 18 日的北大万柳，在为博士学位论文撰写"后记"时，未曾想到，此种调适的穿云透雾，会历经十三年。当初的"后记"如下，甚具豪情。

　　四年前，北大博士学制由三年改为四年。虽乘着这趟首班车，博士论文的完成却并未如想象中那样有序而从容。由于篇幅与时间的限制，塘南对三教关系的融通与争辩，其对朱子《大学》、古本《大学》与《石经大学》的理解，实未能在论文中加以体现。因此，论文的完成并不意味着关于塘南思想的研究可以画上句号，相反，可以画上的只是一个有待于进一步研究与思考的省略号。

　　论文的完成虽然显得意犹未尽，而北大四年的读书生涯即将告一段落，却是横亘于眼前的现实。回首为学的四年流光，衷心感谢我的导师张学智先生。张老师传道授业，不以余鄙；耐心教导，谆谆善诱。从论文的选题到论文最终的完成，张老师无不悉心指导：在选题上，高屋建瓴，提宗示的；在撰写中，积极鼓励，耐心督促；在修改时，句斟字酌，精心指授；在完成时，多加肯定，提撕来学。张老师再造之期，接引之望，学生无以为报，唯图铭记于心，勤学于行，以不负师恩。

　　衷心感谢陈来教授、李中华教授、魏常海教授、胡军教授、王博教授等。他们在学生求学过程中，给予众多的宽容、期待、鼓励、推荐；在论文写作过程中，给予众多的切实、可行之建议与意见。他们提携后学的热忱将是学生毕生为学的永恒动力。

　　衷心感谢上海复旦大学吴震教授、浙江社会科学院钱明教授。他们对论文写作所给予的帮助亦是不容忽视的。衷心感谢台湾"中央大学"杨祖汉教授及其弟子。本文关于阳明后学的一些重要观点正是在与他们的交流与讨论中形成的。

衷心感谢师弟张昭炜、周广友、钟治国、师妹李春颖对论文所作的细心校阅。衷心感谢蒋丽梅、高海波、王楷、周锋利、甘祥满、于晓宁，衷心感谢黎萌、刘笑非，与他们的相处令我备受夹持、切磋之益。

衷心感谢我的父母、丈夫和儿子。没有他们的理解、支持与配合，想要如期完成博士学位论文实是不可能的。

豪情是调适之用，用之形态万千；一心向学之初衷乃调适之体，体之始终一贯。调适之路，即体即用，摄用归体。

回首过往，无限感恩，感恩中国哲学之来路与归途，感恩明代哲学之开放与宏阔，感恩阳明学之高峻与孤绝，感恩江右王门之思辨与圆融，感恩生活溢示之德性与慧命。

立足当下，无限感慨，感慨相关系统研究再次展开之诸种因缘，感慨为学热情得以激荡之多重途径，感慨为学方法渐次积累之时空要件，感慨为学过程不断延展之动力体系，感慨为学意义不断生发之内外作用。

生命之洪流，经由过往，调适于当下。感谢高效促成此书出版的中国社会科学出版社编辑韩国茹女士，感谢生命中经由调适的——既有的、未来的现有的，有形的、无形的、有无之间的——所有的相遇！

程海霞

2021 年 5 月 18 日于扬州可可斋